La liberté de circulation et le développement humain en Afrique de l'Ouest et du Centre

Mamadou BAMBA

LA LIBERTE DE CIRCULATION ET LE DEVELOPPEMENT HUMAIN EN AFRIQUE DE L'OUEST ET DU CENTRE

L'Harmattan

5-7, rue de l'École-Polytechnique ; 75005 Paris
http://www.editions-harmattan.fr
ISBN : 978-2-343-09461-8
EAN : 9782343094618

SIGLES ET ABRÉVIATIONS

AIR Accords d'Intégration Régionale
AOF Afrique Occidentale Française
AEF Afrique Equatoriale Française
AIRBDHL Approche du processus de l'Intégration Régionale Basée sur la Dimension Humaine et Linguistique
AFRC Conseil des Forces armées révolutionnaires
BAD Banque Africaine de Développement
BANUGBIS Bureau de l'ONU pour la Consolidation de la Paix en Guinée-Bissau
BRS Banque Régionale de Solidarité
CADHP Charte Africaine des Droits de l'Homme et des Peuples
CEIP Commission Électorale Indépendantes Permanentes
CEDEAO Communauté Économique des États de l'Afrique de l'Ouest
CEEAC Communauté Économique des États de l'Afrique Centrale
CEMAC Communauté Économique et Monétaire de l'Afrique Centrale
CE.Ass Conseil d'État réuni en Assemblée
CEA Communauté Économique pour l'Afrique
CFA Communauté Française d'Afrique
CER Communauté Économique Régionale
CEAO Communauté Economique de l'Afrique de l'Ouest
COPAX Conseil de Paix et de Sécurité de l'Afrique Centrale
CDS Commission de Défense et de Sécurité
CEPGL Communauté Économique des Pays des Grands Lacs
CEPAL Commission Économique des Pays d'Amérique Latine
DH *Développement Humain*
ECOMOG EconomicCommunityof West African States Cease-fire Monitoring/Groupe de contrôle de la Communauté Economique des États d'Afrique de l'Ouest
DUDH Déclaration Universelle des Droits de l'Homme
EIMU Enquête Ivoirienne sur les Migrations et les Urbanisations
ECOFORCE Force de la CEDEAO pour la Paix en Côte d'Ivoire
EMSC Comité Permanent de Médiation
ECOMIL Force d'Interposition de la CEDEAO au Libéria

FEANF Fédération des Étudiants d'Afrique Noire Francophone
FPR Front Patriotique Rwandais
FOMAC Force Multinationale de l'Afrique Centrale
HCDH-BRAO Bureau Régional pour l'Afrique de l'Ouest du Haut Commissariat des Nations Unies aux Droits de l'Homme
INDH Institutions Nationales des Droits de l'Homme
IDH Indice du Développement Humain
MARAC Mécanisme d'Alerte Rapide de l'Afrique Centrale
MUNICI Mission des Nations Unies en Côte d'Ivoire
NEPAD Nouveau Partenariat pour le Développement Economique de l'Afrique
OCDE Organisation de Coopération et de Développement Economique
OIT Organisation Internationale du Travail
OMC Organisation Mondiale du Commerce
OMD Objectifs du Millénaire pour le Développement
ONUCI Opérations des Nations Unies en Côte d'Ivoire
ONU Organisation des Nations Unies
OUA Organisation de l'Unité Africaine
PAS Plans d'Ajustement Structurel
PDCT-AC Plan Directeur Consensuel des Transports en Afrique Centrale
PIB Produit Intérieur Brut
PIT Programme D'Initiatives Transfrontalières
PNUD Programme des Nations Unies pour le Développement
PME Petites et Moyennes Entreprises
PRE Programme quadriennal de Relance Economique
PRSA Programme Régional de Sécurité Alimentaire
RDC République Démocratique du Congo
RDA Rassemblement Démocratique Africain
SAA Syndicat Agricole Africain
SSE Stratégie Européenne pour l'Emploi
UDE Union Douanière Equatoriale
UMAC Union Monétaire de l'Afrique Centrale
UEAC Union Economique d'Afrique Centrale
UDEAC Union Douanière et Economique des États d'Afrique Centrale
UE Union Européenne
UA Union Africaine

UEMOA Union Économique et Monétaire de l'Afrique de l'Ouest

UGTAN Union Générale des Travailleurs d'Afrique Noire

REMERCIEMENTS

À toutes ces personnes qui n'ont cessé de croire en ce difficile projet et ne cessent de faire confiance à la capacité de la rencontre des cultures et des ethnies africaines pour l'unité du continent.Mais au-delà, en la foi d'un droit fondamental à la liberté d'aller et de venir pour tous les Africains partout sur la terre africaine
Je vous dire très sincèrement merci.

INTRODUCTION

Dès leur création, la CEDEAO et la CEEAC se sont vues assigner comme rôle par les pères fondateurs de faire de la circulation des peuples de ces deux sous-régions du Continent africain, un leichmotiv pour atteindre les objectifs de développement des États. Au-delà des objectifs de développement des États, la libre circulation devrait contribuer à fédérer ces peuples autrefois contenus dans de grands ensembles qui arrivaient à en faire une seule patrie. L'histoire des grands empires dont celui du Mali ou encore celui de l'empire du Ghana nous donne une parfaite illustration d'un ensemble qui allait au-delà des frontières des États actuels du Mali et du Ghana.

L'empire du Ghana s'étendait jusqu'au Soudan occidental et atteignait la vallée supérieure du Niger jusqu'au Haut-Sénégal à la frontière de l'Afrique blanche.1 Bien que séparée à la faveur de la colonisation, la reconstitution de ces entités humaines demeure le plus ambitieux projet que lançait l'OUA, à travers le Plan d'Action de Lagos de 1980, notamment dans des conditions économiques et sociales difficiles que connaissait le Continent.2 En effet, les crises économiques et financières des années 1970 et 1980 ont su convaincre les décideurs africains de faire de l'intégration de leurs économies et de leurs diverses ressources une alternative à même de contenir les défis que constituaient la mondialisation et l'interdépendance qui désormais frappaient aux portes de l'Afrique.[3]

La liberté de circulation devenait une exigence étroitement liée aux engagements régionaux de l'État africain bien que revêtant un caractère obligatoire reconnu par les textes internationaux en tant que Droits de l'Homme. Ainsi, la liberté de circulation s'est vue promue à la faveur de nombreuses études comme un moyen de réaliser le développement aussi bien des individus que des entités étatiques. Du reste, elle sera consacrée par des instances internationales à l'instar du PNUD ou encore de la CEA comme facteur participatif de la

---

[1] Djibril Tamsir Niane, «*Vitalité de al civilisation noire*», in Revue socialiste de culture négro-africaine-Ethiopiques, "Culture et civilisations", n°9, 1977

[2] Moustapha Kasse, «*Les enseignements des plans de développement pour l'Afrique : Du Plan d'action de Lagos au Nouveau Partenariat pour le Développement de l'Afrique*», www.mkasse.com/IMG/doc/Kasse_Du_Plan_de_Lagos_au_NEPAD.doc

[3] CNUCED, *Le développement économique en Afrique : Renforcer l'intégration régionale économique pour le développement de l'Afrique*, Rapport, New-York, 2009. http://unctad.org/fr/docs/aldcafrica2009_fr.pdf

démocratisation, de la paix et de la sécurité à l'intérieur des États et dans les régions. Une telle idée résiderait dans le lien de cause à effet direct existant entre ces notions dont la présence de l'une sans l'autre s'avère difficile à faire du développement une donnée durable. À juste titre, parle-t-on aujourd'hui de développement humain qui associe à la dimension économique, les exigences sociales de toute politique de développement. Par ailleurs, en observant les nombreuses avancées au niveau des Communautés Économiques Régionales (CER) qui n'ont pas manqué de s'engager dans l'effectivité du droit à la libre circulation, à travers divers actes de matérialisation de la citoyenneté sous-régionale.

La présente étude s'inscrit dans cette dynamique à travers une approche analytique des dynamiques et autres liens existants entre ces différents concepts. Pour ce faire, nous consacrerons la partie introductive à la présentation des différents contours de l'étude avant de nous lancer dans les analyses de ces dynamiques, tout en appréciant les impacts de l'effectivité du droit à la libre de circulation sur le développement économique et social.

Paragraphe I : Contexte et justification de l'étude

A. L'Afrique et la mondialisation

Avec la mondialisation, apparue, le monde a connu une vulgarisation des valeurs et normes démocratiques facilitée par la chute du Mur de Berlin et l'hémogénie du bloc de l'Ouest ou encore le libéralisme. On assistera également à une propagation des instruments et outils de communication issue de la révolution technologique et qui contribueront essentiellement à faciliter le rapprochement des peuples[4], tout en favorisant l'émergence de ce que certains auteurs ont

[4] Les accords commerciaux régionaux (intra-régionaux et interrégionaux) sont aujourd'hui une caractéristique essentielle de l'économie mondiale. Depuis le début des années 1990, le processus de création de ces actes se poursuit. Jusqu'en juillet 2007, près de 380 accords de ce type avaient été déclarés au GATT/OMC, dont environ 300 notifiés au titre de l'article XXIV du GATT de 1947 ou du GATT de 1994. À la même date, 205 accords étaient entrés en vigueur. Le processus de mise en place de ces accords a essentiellement été marqué par trois vagues d'accords. Entre les années 1940 et 1970, les pays s'accommodaient du libre échange multilatéral et les accords régionaux étaient peu nombreux. Plus fréquents dans les années 1960-1970, ils avaient pour but principal d'étendre à l'échelle régionale les politiques de substitution aux importations pratiquées au niveau national. Politique visant à satisfaire la demande domestique en remplaçant progressivement les produits importés par la production locale, la stratégie de substitution aux

vite faire de nommer le village planétaire. D'essence lointaine,[5] le concept de la mondialisation revêt une forte tendance humaniste et fortement attachée à promouvoir les rencontres entre les peuples, les cultures et les religions, en totale contradiction avec les valeurs nationalistes.[6] Néanmoins, il faudrait faire remarquer que dans son acception ancienne, ce concept avait une tendance à la promotion des classes sociales ayant en partage certaines valeurs et certaines

---

importations renvoyait à des objectifs d'industrialisation, de croissance équilibrée et de réduction de la dépendance d'une économie à l'égard des marchés internationaux. Puis, au cours des années 1980, est apparue une nouvelle vision de l'intégration régionale, dite de «régionalisme ouvert», qui se caractérisait par une absence de politiques commerciales discriminatoires à l'égard des pays non membres de l'espace d'intégration régionale concerné afin de privilégier le libre échange mondial, et par un unilatéralisme concerté.

[5]Relativement aux liens susceptibles d'exister entre l'idéologie de la démocratie libérale et l'époque dite des lumières, *Nzinzi Pierre,* situe l'origine de la première dans la philosophie des Lumières. Pour lui, la démocratie libérale est, en son sens propre, une idéologie du respect de la personne humaine, d'abord dans ses droits et ses choix fondamentaux, puis récemment dans sa dignité. Cf. Nzinzi Pierre, «*La démocratie en Afrique : l'ascendant platonicien*» In Revue Politique africaine n°77-Mars2000, " Le Dossier-Philosophie et politique en Afrique"

[6]Il faut situer cela dans le contexte où le christianisme a pris naissance, une période marquée par une nouvelle conscience du monde et un progrès technique et scientifique. En effet, divers facteurs avaient permis cette évolution : des événements d'ordre politique tels que les conquêtes d'Alexandre et l'avènement de l'Empire romain, le développement d'échanges commerciaux et des migrations de l'époque hellénistique, l'essor de la philosophie stoïcienne (qui élargissait l'idéal de la cité antique et présentait l'homme comme citoyen du monde), l'ouverture à des sagesses et religiosités venues de l'Asie mineure ou même de l'Inde. Fort de tout cela, *Fédou Michel* ne rejette pas l'idée selon laquelle cette période ait influencé le christianisme, en ce qui concerne sa vision du monde. En outre des visions universalistes invoquées dans la Bible (La notation significative de l'évangéliste Luc : Jésus naît à l'époque même où Auguste vient d'ordonner «le recensement de toute la terre» (*Luc* 2,1) ou encore («Il n'y a ni juif ni grec, il n'y a ni esclave ni homme libre, il n'y a plus l'homme et la femme car tous vous ne faites qu'un dans le Christ Jésus» (*Ga* 3, 28).). Par ailleurs, il faut dire que la mondialisation ne menace pas nécessairement l'originalité des cultures, qui assimilent certes des apports extérieurs, mais qui ont aussi de grandes ressources pour affirmer durablement leurs spécificités. Cf. Fédou Michel, *Le christianisme à l'heure de la mondialisation,* Études, 2002/9. Tome 397, p. 215-225 ; Valadier Paul, *La mondialisation et les cultures,* dans *Etudes,* novembre 2001, p. 505-515 ; Perrot, *Penser la mondialisation,* In *Recherches de Science Religieuse,* n°86, 1998, p. 16

affinités.[7] Par ailleurs, le concept de la mondialisation connaîtra un ensemble de mutations au fur et à mesure des évolutions aussi bien au plan intellectuel qu'à la faveur des progrès réalisés par la science permettant ainsi la découverte d'autres espaces ou terres dites vierges.[8] Les progrès scientifiques étant localisés dans le seul espace occidental d'où le plein profit à cette époque par ces derniers des acquis de la mondialisation, elle a ainsi servi à nourrir et à entretenir les projets expansionnistes et impérialistes à travers la colonisation.[9] On comprend alors que la politique expansionniste de l'Occident, notamment sur les terres vierges d'Afrique ait pu faciliter l'entrée sur celles-ci de religions et civilisations autrefois étrangères pour ces peuples fortement attachés à l'animisme.[10]

Les sociétés traditionnelles d'Afrique au sud du Sahara seront fortement affectées par les politiques conduites par les conquérants européens. Désormais, les populations seront toutes considérées comme des citoyens dotés des mêmes droits inaliénables et sacrés que leur reconnaissent des normes extérieures à leur environnement local.[11] Nombreuses sont les thèses négationnistes de l'organisation politique de l'Afrique noire précoloniale, qui ont essayé de justifier cette œuvre occidentale. Ainsi, Hegel estimait déjà, en 1830 que :

---

[7] Vazoumana Meite, *L'intégration régionale dans la dynamique de la mondialisation*, Conférence publique lors des vendredis du Centre de Recherche et d'Action pour la Paix (CERAP), le 17 mars 2006

[8]Vazoumana Meite, *L'intégration régionale dans la dynamique de la mondialisation*, Conférence publique lors des vendredis du Centre de Recherche et d'Action pour la Paix (CERAP), le 17 mars 2006.*Op.cit*

[9]Grimal Henri, *La décolonisation de 1919 à nos jours*, Editions Armand Colin 1965, p 6 et 7

[10]Les propos d'un juriste tenus en 1912, cité par *Henri Grimal* sont illustratifs de cet état de fait : «*Coloniser c'est se mettre en rapport avec les pays neufs, pour profiter de leurs ressources et les mettre en valeur dans l'intérêt national, et en même temps apporter aux peuplades primitives qui en sont privées, les avantages de la culture intellectuelles, sociales, culturelles, morales, artistiques, industrielles et commerciales, apanages des races supérieures. La colonisation est donc un établissement fondé en pays neuf par une race à civilisation avancée pour réaliser le double but que nous venons d'indiquer.*» Cf. Grimal Henri, op.cit, p.6 et 7

[11]La mondialisation a donné lieu, à cette époque, à l'émergence de la citoyenneté universelle qui découlerait de la propagation des doctrines des droits de l'homme, divulguées à la faveur des nombreuses révolutions en faveur des droits de l'homme parmi lesquelles, la révolution française de 1789. Pour cette raison, la mondialisation entretient un lien étroit avec la citoyenneté. Dans lequel rapport le premier influence et propulse le second à un niveau qui va au-delà des frontières d'une seule communauté humaine.

«l'Afrique ne fait pas partie du monde historique, elle ne montre ni mouvement, ni développement, et ce qui s'est passé, c'est-à-dire au nord, relève du monde asiatique et européen...Carthage fut là un élément important et passager. » Il ajoutait en outre *: « Mais, elle appartenait à l'Asie en tant que colonie phénicienne. L'Égypte sera examinée au passage de l'esprit humain de l'Est à l'Ouest, mais ne relève pas de l'esprit africain ; ce que nous comprenons sous le nom d'Afrique, c'est un monde anhistorique non développé, entièrement prisonnier de l'esprit naturel et dont la place se trouve encore au seuil de l'histoire universelle.»*[12] Cette volonté de l'Occident de justifier sa politique de conquête comme étant salvatrice, sera empreinte de l'impérieuse nécessité pour celui-ci, d'assimiler l'Afrique à un élément propre à la nature. L'Afrique sera alors regardée comme un acteur passif de l'histoire et par conséquent, n'ayant nullement contribué à l'histoire de l'humanité.[13] Roland Pourtier qualifie ce regard de l'Occident en faisant remarquer que la *«...grille de dénomination des territoires coloniaux est à cet égard symboliquement parlante : la plupart porte des noms de nature, en majorité des hydronymes, tandis que les scionnâmes sont pour ainsi dire absents. L'identification par la nature n'est pas neutre. Elle proclame que les colonies sont de pures créations de l'Europe et qu'elles n'ont pas d'histoire pour le regard européen.»*[14] Ainsi, les communautés précoloniales africaines ont été considérées comme des entités claniques et tribales, ne pouvant prétendre même pas à la qualité de nations et de peuples sans aucune structure étatique et n'ayant aucun sens du territoire et de ses frontières.[15] Partageant cette vision négationniste de l'organisation politique de l'Afrique précoloniale, l'historien hongrois, Endré Sik, considère que : *«la grande majorité des peuples africains n'ayant pas de classe ne constituait pas d'État dans le sens propre du mot. Plus exactement, l'État et les classes embryonnaires n'existaient qu'à l'état embryonnaire. C'est pourquoi on ne peut, en ce qui concerne ces*

---

[12]Hegel.G.W.F, *La raison dans l'histoire*, Paris, 10/18, 1971, p269

[13]Tredano Abdelmoughit Benmessaoud, *Intangibilité des frontières coloniales et espace étatique en Afrique,* Tome XLVII, Bibliothèque Africaine et Malgache, Librairie Générale de Droit et de Jurisprudence (L.D.G.J) Paris 1989, pp.18, 19 et 20

[14]Pourtier Roland, *«Les géographes et le partage de l'Afrique»* In numéro spécial d'Hérodote sur les frontières n°41, avril-juin 1986, pp91-108, p.91

[15]Tredano .A.Benmessaoud, *Intangibilité des frontières coloniales et espace étatique en Afrique,* L.D.G.J, 1989, pp.18, 19 et 20, *op.cit*

peuples, parler de leur histoire, dans le sens scientifique de ce terme, avant l'apparition des usurpateurs européens.»[16]

À l'antipode de ces thèses négationnistes, de l'historicité politique de l'Afrique, les auteurs comme l'historien sénégalais Cheikh Anta Diop, sont arrivés à convaincre de l'existence d'une histoire africaine qui, du reste, se veut ancienne par rapport à celle de l'Europe, notamment, la civilisation gréco-romaine. Pour Cheikh Anta Diop, l'origine de l'histoire est nègre et non pas indo-européenne.[17] Au-delà de la nécessité pour les auteurs africains de défendre une thèse relative à l'existence d'organisations politiques dans l'Afrique précoloniale, il aurait été question pour ces derniers de démontrer l'existence de grands ensembles politiques à cette époque. En effet, cette thèse a été orientée vers la reconnaissance de grands empires comme l'Empire du Mali ou encore l'Empire du Congo, en tant que regroupements de plusieurs autres royaumes.[18] Ces empires étendaient leurs frontières au-delà des limites reconnues aux États modernes d'aujourd'hui, au point que, ceux-ci ont été considérés comme des entités fédérées. Par conséquent, il est question de reconnaître à l'Afrique une familiarité avec le concept de mondialisation qui date de la période précoloniale. Ainsi, les théories du panafricanisme et de la négritude ne font que cristalliser une idée vieille de plus d'un siècle et, qu'elles entendent régénérer, dans le cadre de l'État moderne afin d'aboutir à l'Unité Africaine. L'Afrique ne pouvant rester en marge de ce mouvement

---

[16]Sik Endré, *Histoire de l'Afrique noire,* Budapest, 1965, Tome 1, p19, cité par Ki Zerbo, *Histoire de l'Afrique Noire : d'hier à demai*, Paris, Edition Hatier, 1978, p.11

[17]Extrait de texte de témoignage sur Cheikh Anta Diop, Jeune Afrique n°1323, du 14 mai 1986, in *Intangibilité des frontières coloniales et espace étatique en Afrique,* Tredano.A.Benmessaoud, *Intangibilité des frontières coloniales et espace étatique en Afrique*, 1989, p19, op.cit

[18]Sur ce point, la position du professeur Barry Boubacar est claire sur le rôle joué par les anciennes puissances coloniales dans la désintégration des espaces précoloniaux africains. Dans un premier temps, le professeur dans «*Histoire et perceptions des frontières en Afrique aux XIXe et XXe siècles : les problèmes de l'intégration africaine*», constate un échec des tentatives d'unification des leaders musulmans du XIXe siècle, ce qui selon lui explique l'urgence de l'intégration économique mais aussi politique et culturelle des États ouest africains. Pour atteindre cet ultime objectif qui est au cœur du combat panafricain, le professeur Boubacar Barry invite à une plongée dans l'histoire qui permettrait d'éclairer le débat actuel sur l'intégration. Voir. Barry Boubacar, *La grande Sénégambie au XXe siècle : le défi de l'intégration régionale* In *La Sénégambie du XVe au XIXe siècle. Traite négrière, Islam et conquête coloniale*, Paris, L'Harmattan, 1988, 430p

s'est laissée «emportée» par cette tendance mondiale.[19] Ainsi, le Continent connaîtra, au début des années 1960, un processus de regroupement des États auquel s'est ajouté le processus de regroupement sous-régional[20], lequel s'est accentué à la faveur de la mondialisation, notamment, en Afrique de l'Ouest et du Centre, autour du concept du Panafricanisme.

B. Le Panafricanisme ou la volonté d'appropriation du concept de la mondialisation

L'Unité africaine, comme instrument de transformation et de promotion des populations africaines, est en réalité un vieux problème.[21] Elle prend source et racine dans une vision panafricaniste dont les noirs de la diaspora (Amérique, Antilles, etc.) se sont faits,

---

[19]Il faut dire que la motivation sous-jacente de toute intégration régionale provient de la conviction que l'union fait la force dans un monde globalisé où les équilibres entre les principaux acteurs mondiaux reposent sur des éléments de rapport de puissance . Le principal enjeu consiste alors à concilier ces objectifs de pouvoir avec les demandes de respect des identités et spécificités nationales. Une autre motivation pour l'intégration régionale plus ou moins explicitement évoquée est celle du développement. Il s'agirait pour les organisations économiques régionales de stimuler l'économie par la promotion des échanges et de mobiliser des ressources supplémentaires pour l'investissement. D'un point de vue pragmatique, la régionalisation permet aux décideurs africains d'attirer des capitaux à travers l'aide de l'Union européenne surtout (Coussy, 1995) en faveur de l'agriculture et au-delà.

[20] Cette tendance sera fortement encouragée par le Plan d'Action et l'Acte final de Lagos (Avril 1980), visant le développement économique, social et culturel de l'Afrique et l'incitation à la prise de mesures visant la création de structures sous-régionales et le renforcement de celles existantes en vue de l'établissement progressif et graduel d'un marché africain, en prélude à une communauté africaine.

[21] Revenant sur le chemin parcouru par ce courant de pensée, on pourrait remonter à sa naissance qui plonge ses racines dans la lutte contre l'esclavage. Durant cette période, le panafricanisme s'est manifesté à travers le refus de la traite négrière, de l'esclavage et de toutes leurs conséquences sur le statut juridique des noirs, sur l'image et sur le destin que les grandes puissances de l'époque réservaient aux Africains et à leur Continent, la place de l'Afrique dans le monde. Cf. Conférence des intellectuels d'Afrique et de la Diaspora, organisée par l'Union Africaine (UA), à Dakar, du 7 au 9 octobre 2004 sur le thème : l*e mouvement panafricain au vingtième siècle*, Organisation Internationale de la Francophonie ; Le rejet de l'esclavage par les noirs de la Diaspora et leurs frères d'Afrique, commença à prendre une forme intellectuelle et un contenu politique au XVIIIème siècle dans des textes philosophiques et religieux, dans des pamphlets politiques, dans des procès intentés par des Africains contre leurs maîtres réels ou prétendus. Par ce rejet, il était question d'affirmer l'égalité des peuples et le droit des africains, à vivre dans la liberté et la dignité comme les autres êtres humains.

très tôt, les porte-paroles. Cette idée du panafricanisme qui surgit d'abord comme une manifestation de solidarité fraternelle entre Africains et populations d'ascendance africaine fut conçue par un avocat antillais Henry Sylvester Williams de Trinidad.[22] Le mouvement connaît par la suite une extension en Afrique dans les années 1950-1960, avec les leaders politiques tels que Kwamé Nkrumah et plus tard avec l'historien Cheikh Anta Diop. Mais, il faut dire que ce processus a connu plusieurs phases en Afrique, tout en restant en phase avec le besoin de réaliser le développement humain.[23]

I- La grande marche vers l'intégration régionale des États africains

Ainsi sommes-nous passés de la période des théories à la période des clivages entre les leaders politiques pour enfin aboutir au compromis d'Addis-Abeba, en 1963, mentionné dans le discours d'ouverture de l'Empereur Hailé Sélassié qui s'exprimait en ces termes : «*...l'avenir du Continent réside en premier lieu dans une union politique. Cette conférence ne peut pas se terminer sans l'adoption d'une Charte unique. Nous ne pouvons pas nous séparer sans créer une seule organisation.*» L'adoption de la Charte de l'Organisation de l'Unité africaine (OUA) en 1963 a favorisé, à partir des années 1970, l'émergence des structures sous-régionales pour accompagner et soutenir le processus au niveau national.

Le processus d'intégration sous-régionale débuté en Afrique Occidentale avec la création, en 1977, de la Communauté Économique des États d'Afrique de l'Ouest (CEDEAO) et en Afrique du Centre avec la création, en 1964, de l'Union Douanière et Économique de l'Afrique Centrale (UDEAC), se veut jusqu'aujourd'hui imparfait de par ses faiblesses à satisfaire les besoins des peuples des deux sous-régions, mais aussi, et surtout, à intégrer les exigences du moment, notamment, les impératifs du développement humain. En effet, la nécessité d'une plus grande intégration se veut criante dans ces régions arbitrairement morcelées, posant ainsi le besoin de l'intégration régionale, de déterminer le choix des priorités et des stratégies. Si, l'intégration dans ces régions a

[22] George Padmore, *Panafricanisme ou communisme ? La prochaine lutte pour l'Afrique*, Editions Présence Africaine, Paris, 1960, p.129

[23] Conférence des intellectuels d'Afrique et de la Diaspora, organisée par l'Union Africaine (UA), Dakar, du 7 au 9 octobre 2004 sur le thème : l*e mouvement panafricain au vingtième siècle*, Organisation Internationale de la Francophonie

eu pour maître mot l'intégration des économies, encore sous intégrées, elle a cependant laissé les communautés à intégrer sur leur faim de «réintégration». Mais aussi peine-t-elle à s'approprier pleinement les implications liées au développement humain.

En Afrique, l'intégration régionale aura pendant longtemps consisté en la signature d'accords restés lettre morte par suite des incertitudes politiques, des affrontements ethniques et des suspicions réciproques entre signataires.[24] Par ailleurs, elle revêt un biais à prédominance économique dans la littérature, marquée par des collaborations économiques et commerciales comme en témoigne l'une des réussites en matière d'intégration sur le Continent, à savoir l'intégration monétaire au sein de certains pays de l'Afrique de l'Ouest et du Centre par le biais du franc CFA.[25] Force est de noter que l'intégration régionale, à l'opposé de l'intégration économique englobe plus d'un domaine, et dépasse le cadre plus restreint de l'intégration économique. Néanmoins, les Africains restent sensibles au fait que les royaumes et cultures de l'Afrique de l'Ouest et du Centre de l'époque coloniale traduisaient un niveau d'intégration économique et sociale relativement élevé.[26] En dépit des difficultés rencontrées par les États pour l'intégration, les commerçants ont été vus comme les principaux agents de la circulation des marchandises locales et importées en Afrique de l'Ouest.[27] C'est pourquoi l'intégration régionale implique pour plusieurs d'entre eux, la recherche d'un patrimoine historique perdu, la recherche d'une identité culturelle et sociale dont les racines et la légitimité historique sont plus fortes que celles proposées par les États actuels.[28] C'est aussi

---

[24] Régis Bénichi, *Histoire de la mondialisation,* Edition Jacques, Marseille, Juillet 2003, p245

[25] Héritage de la colonisation française, le franc CFA a été introduite par la France le 25 décembre 1945

[26] Réal Lavergne, *L'intégration régionale en Afrique de l'Ouest,* Edition Karthala-CRDI, Paris, 1993

[27] Lambert Agnès, *La dynamique des réseaux marchands en Afrique de l'Ouest,* Club du Sahel, Paris-CILSS, Ouagadougou-Octobre 1989

[28] Pour plus d'informations voir : Lambert Agnès, *La dynamique des réseaux marchands en Afrique de l'Ouest,* Club du Sahel, Paris-CILSS, Ouagadougou-Octobre 1989 ; Lambert Agnès. *Les hommes d'affaires guinéens.* In: Cahiers d'études africaines. Vol. 31 N°124. 1991. pp. 487-508 ; Lambert Agnès, *L'intégration par les échanges : le cas du sous-ensemble Sénégal, Mali, Gambie, Mauritanie, Guinée et Guinée-Bissau,* Club du Sahel, Paris-CILSS.Ouagadougou, Octobre 1989-17pages

un vecteur de construction économique et sociale des sociétés d'alors y compris la mise en place de grands ensembles économiquement solides et socialement établis. Cette forme d'intégration des peuples africains de la période postcoloniale avait certainement réussi à réaliser un niveau de développement social et économique qui aujourd'hui serait rapprochable de la notion de développement humain. Aujourd'hui, à travers la recherche d'une intégration de leurs économies, les États africains visent aussi à réaliser le développement de leurs peuples par le biais des rapprochements voire de la reconstitution des nations.

II- L'intégration régionale et le Développement Humain (DH)

La notion de développement humain apparue sur la scène internationale, en début des années quatre-vingt-dix, visait entre autres à ouvrir une autre voie du développement à visage plus humain. Autrement dit, elle entendait apporter des alternatives face aux nombreuses crises économiques et financières que connaissaient les nations du monde, notamment, celles des Pays les Moins Avancés (PMA).[29] Dans cette dynamique, l'intégration régionale a été vue comme une voie offrant diverses opportunités aux synergies nationales d'exceller, mais aussi d'acquérir aussi bien des devises que des produits à même de les consolider. Néanmoins, l'on note une faiblesse en matière d'échanges intra-africains pour plusieurs raisons, dont la vétusté des infrastructures. Dans un rapport du PNUD, il est mentionné que seuls quatre États africains (Afrique du Sud, Nigéria, Côte d'Ivoire et Kenya) arrivent à exporter des produits manufacturés du fait de leurs économies diversifiées. (CNUCED, 2009). Selon, le même rapport, il apparaît que le développement de l'infrastructure intra-africaine pourrait générer des bénéfices substantiels pour le commerce, la croissance économique et le développement humain. On comprend alors que pour pallier à une telle insuffisance, les États africains aient décidé de mettre en place le NEPAD, avec un accent particulier sur le développement d'infrastructures routières reliant les grandes villes africaines. L'effectivité des projets définis dans ce cadre boosterait les échanges intra-africains avec des résultats considérables pour le commerce, la croissance économique et le développement

[29] À ce sujet, voir : PNUD, *Intégration Régionale et Développement Humain : une voie pour l'Afrique*, Rapport, Avril 2011, 116pages ; poverty.reduction@undp.org, www.undp.org/poverty

humain.[30] Pour accompagner ce processus, le PNUD fait remarquer que les États africains ont un intérêt considérable à se doter d'institutions capables de soutenir, aussi bien au niveau national qu'au niveau sous-régional, les politiques et programmes développés à cet effet, ce qui n'est pas forcément le cas actuellement.

Fort de ces constats, on comprend alors l'intérêt grandissant des États africains pour le processus d'intégration régionale. Mais, il convient de noter que ce regain d'intérêt même s'il est aujourd'hui constaté par le haut, avait déjà l'adhésion de la population à la base qui n'y voyait qu'une façon de la replonger dans un héritage aussi ancien que le processus de constitution des États modernes d'Afrique. Ce regain d'intérêt pour l'intégration régionale représente une tentative de réponse à l'incapacité notoire des États à générer le développement et des services publics, ainsi que la recherche de solutions dont la portée excède ce que les États-nations actuels sont en mesure de fournir, qu'il s'agisse d'une meilleure infrastructure régionale, d'une meilleure gestion des ressources naturelles, ou d'un plus grand éventail de libertés. Cette recherche de solutions nouvelles fait ainsi appel à une plus grande décentralisation des gouvernements et des services publics, à une plus grande participation des communautés à la prise de décisions et au retrait de l'État de certaines formes d'interventions économiques.[31] Pareille situation est de nature à contraindre l'État à partager le pouvoir aussi bien avec les niveaux subalternes de gouvernement et la société civile qu'avec les entités régionales existantes ou futures.[32] Loin de nier l'existence de l'État, ces tendances sont explicatives de l'évolution de l'État-nation remplissant toutes les fonctions, du maintien de l'ordre public à la providence sociale. Elles témoignent de l'aspiration des populations, à aller vers une plus grande efficacité dans l'accomplissement des fonctions par les détenteurs de missions d'intérêt général. L'intégration régionale appellerait alors une plus grande implication, un engagement des populations à l'égard de la communauté, une plus grande attention à la construction d'un sens d'identité communautaire, fondée sur la multiplicité des identités culturelles. Il s'agit d'un

[30] Cf. PNUD, *Intégration Régionale et Développement Humain : une voie pour l'Afrique*, Rapport, Avril 2011, p21

[31] Real Lavergne, *«Champ d'action pour l'intégration et la coopération régionales en Afrique de l'Ouest»* In *Intégration régionale et coopération en Afrique de l'Ouest* sous la direction de Real Lavergne, Édition Karthala CRDI, 1996, p13

[32] *Op.cit*

modèle d'intégration qui prône la liberté humaine et la libération des énergies créatrices des individus afin de susciter les possibilités de développement économique et social pour eux-mêmes et pour la société. Il préconise un processus de développement humain dont le but est l'épanouissement et l'utilisation de toutes les capacités humaines, bouleversant cette approche du développement, longtemps opérée dans le cadre de l'intégration en cours sur le Continent.[33] D'où tout l'intérêt de notre étude qui porte sur le thème : *Les impacts de la liberté de circulation sur le développement humain en Afrique de l'Ouest et du Centre.* C'est cette préoccupation majeure qui fera l'objet de notre étude avec pour objectif de contribuer à l'amélioration des politiques et stratégies de développement de ces deux sous-régions de l'Afrique. Une telle perspective ne saurait se réaliser sans obéir aux impératifs de la discipline scientifique, notamment, en ce qui concerne l'identification d'un certain nombre de questions autour desquelles s'articulera notre recherche.

III- Problématique

L'évolution du Droit International classique est aujourd'hui telle qu'on admet généralement que les Droits de l'Homme ne relèvent plus de la chasse gardée du domaine réservé des États.[34] L'individu est devenu ainsi un sujet de Droit International au moins dans le domaine des Droits de l'Homme. Une telle situation a contribué à mettre fin à la conception de la souveraineté qui prétendait se fonder sur son

---

[33] Cette approche s'inspire de la conception du développement promue à partir des années 1990 par le PNUD. Voir.Rapport mondial sur le développement humain, PNUD.1990. Ce rapport intervenait dans un contexte politique et économique mondial très particulier, marqué par des bouleversements majeurs aussi bien au plan de la politique qu'au plan financier et économique international. Ainsi, prenant acte de ces faits, les Nations Unies en tiraient la conséquence majeure et les leçons devant aiguillonner désormais les relations internationales. L'Administrateur du PNUD, *William.H.DraperIII*, qualifiait cette situation, en ces termes: « *Nous vivons une époque troublée. Une vague irrésistible de liberté balaie de nombreux pays. Ce ne sont pas seulement les systèmes politiques, mais aussi, les structures économiques qui commencent à changer dans des pays où les forces démocratiques ont été longtemps réprimées. Dans ces pays, les peuples commencent à prendre en main leur propre destinée.... Face à ces événements, nous redécouvrons une vérité essentielle : les femmes et les hommes doivent être au centre de tout développement.* »

[34] La promotion et la protection des droits fondamentaux dans le cadre de la CADHP et du Protocole facultatif addtionnel de juin 1998 Cf Docteur Mactar Kamara, Revue trimestrielle des droits de l'homme, Nemesis Bruylant, juillet 2005

incompatibilité avec tout régime de protection internationale des Droits de l'Homme. Elle a par ailleurs favorisé la prédominance d'une nouvelle Approche du Développement basée sur les Droits Humains (ABDH).[35] De ces considérations, il ressort que l'homme devient le centre de toute politique, programme et projet de développement au moins en ce qui concerne les activités de la communauté internationale. Il s'agit aussi de promouvoir les droits humains dans le contexte de la mondialisation, notamment, le droit fondamental à la libre circulation des capitaux, des biens et des personnes. Alors, l'effectivité du droit fondamental au libre mouvement des capitaux, des biens et des personnes serait à juste titre, dans un contexte de mondialisation, la base du développement en Afrique de l'Ouest et du Centre.

Depuis quelques années, la question de l'intégration régionale est au cœur des préoccupations. Au plan international, les bailleurs de fonds et les divers partenaires[36] sont arrivés à un point où, ceux-ci tendent à l'imposer à leurs partenaires du sud, comme moyen efficace de rentabiliser leur appui financier au développement de ces pays.

---

[35] « *Action 2. Le Haut Commissariat aux droits de l'homme arrêtera et mettra en œuvre, en coopération avec le Groupe des Nations Unies pour le Développement et le Comité Exécutif pour les Affaires Humanitaires, un plan en vue de renforcer l'action des Nations Unies dans les pays au service des droits de l'homme*» Koffi Annan, Secrétaire général de l'Organisation des Nations Unies

[36]La remarque générale qui pourrait être faite en la matière, réside dans le fait que les États africains sont désormais convaincus et encouragés par leurs partenaires techniques et financiers, que la stratégie pour réaliser leur développement demeure l'intégration régionale. Du fait de la mondialisation qui a entrainé la dilution du concept de développement, passant ainsi au développement social. Dans son message, le Président de la Commission de la CEDEAO, disait en ces termes *: «La trentième session ordinaire des Chefs d'État et de gouvernement de la CEDEAO, a réaffirmé l'engagement des Etats membres pour l'approfondissement du processus d'intégration régionale, à travers l'accélération des reformes et la conjugaison des efforts pour le développementéconomique etsocial de l'Afrique de l'Ouest, dans un environnement de paix, de sécurité et de bonne gouvernance»* (extrait du Rapport Annuel 2009 de la Commission de la CEDEAO, intitulé *''Approfondissement de l'intégration régionale en réponse à la crise mondiale''* . Les entraves et autres obstacles qui constituent des freins à la réalisation de progrès relèvent de la responsabilité des Communautés Économiques et Régionales (CER). Voir Rapport sur l'état d'avancement du processus d'intégration en Afrique Centrale, mars 2011. Dans le cadre de l'évaluation du processus en cours en Afrique Centrale, il est fait un constat majeur relatif au non réalisation, de manière complète et irréversible des fondamentaux classiques de l'intégration régionale en Afrique Centrale. Voir Rapport Annuel 2011 UNECA *Opcit*

Ainsi, dans son rapport mondial 2009 sur le Développement Humain, le PNUD fait une analyse de la migration sous le prisme du développement, et conclut par des propositions sous forme de réformes suggérées aux politiques. Selon son administrateur, Helen Clark qui s'exprimait en ces termes : «*Le rapport suggère que les réponses politiques aux phénomènes migratoires peuvent s'avérer peu appropriées*». Il estime *: «...qu'en adaptant ces propositions au contexte de chaque pays, elles sont susceptibles d'amplifier l'apport déjà important de la mobilité au développement humain*».

Les experts de la question sont aujourd'hui au diapason avec leurs paires des sciences économiques, surtout, en ce qui concerne le développement économique et social des pays, sur le fait que l'intégration régionale est la seule stratégie requise à cet effet.[37] En d'autres termes, l'intégration régionale apparaît pour ces deux classes d'intellectuels comme une stratégie efficace et à même de contribuer à l'atteinte des objectifs d'un développement durable perçu non

[37]C'est dans cette perspective que certains auteurs préconisent, en matière d'intégration régionale, la poursuite de politiques macro-économiques. Voir. Badiane Ousmane, *Les politiques nationales et l'intégration régionale* In Réal Lavergne (dir.), *Intégration et coopération régionales en Afrique de l'Ouest*, Edition Karthala, Paris, 1996, pp181-196. De ce qui a trait à l'intégration économique, notamment, dans la zone franc, les auteurs mettent l'accent sur les effets de l'intégration monétaire sur le processus interne de création de monnaies, sur les modalités du financement des économies africaines et par ce biais, indirectement, sur la croissance et le développement de chaque pays. Voir. Hubert Gérardin.1994, op.cit. Face à l'écart grandissant entre pays pauvres et pays riches, les défenseurs de la théorie de l'intégration régionale insistent sur le rôle du commerce international comme moteur de la croissance, de la productivité et du revenu. Autrement dit, elle préconise, eu égard aux exigences de la mondialisation et de la globalisation, l'ouverture économique et l'intégration. Selon, les détenteurs de la théorie de l'intégration, celle-ci donne à la participation (et aux obstacles à la participation) à l'économie mondiale un rôle prépondérant dans la promotion de la convergence économique entre les régions pauvres et les régions riches. Voir. Kouassi Hugues Kouadio, *Intégration économique développement et croissance*, Thèse de Doctorat, Mars 2008. Lorsque les politiques d'intégration régionale garantissent la libre circulation des personnes, elles contribuent ainsi à l'amélioration du savoir-faire des différents espaces concernés. En effet, lors de leur périple, les compétences des migrants viennent compléter celles des locaux, ce sont les deux groupes qui en profitent. Les sociétés dans leur ensemble peuvent également récolter des bénéfices très variés, allant de l'augmentation du niveau d'innovation technique à la diversification des pratiques culinaires. Cf. Rapport Annuel sur les IDH.PNUD.2009.

individuellement, mais de façon globale. Par conséquent, elle devient la problématique au cœur des nombreuses réflexions sur la définition des politiques et programmes de développement. Ainsi, les recherches sur l'intégration régionale se sont multipliées ces dernières années. Ceci montre tout l'intérêt des chercheurs pour la thématique. Plusieurs pans de la thématique ont été abordés dans diverses études.[38] Dans ces

---

[38]Il s'agit des ouvrages suivants : Souleymane Yéo, *Les états-nations face à l'intégration régionale en Afrique de l'Ouest : Le modèle ivoirien d'intégration*, sujets de questionnements disciplinaires et objet d'expériences controversées Séminaire national de la Côte d'ivoire sur les états-nations face à l'intégration régionale en Afrique de l'Ouest, Abidjan, les 7 et 8 novembre 2007 Philippe Hugo, Naima Pages, *Ajustements Structurels, emploi et rôle des partenaires sociaux en Afrique Francophone*, Cahier de l'Emploi et de la formation, N°28, 1ère édition 1998 Organisation Internationale du Travail, Geneva ; Stanislas Adotevi, *Les facteurs culturels de l'intégration économique et politique en Afrique In Intégration et coopération régionale en Afrique de l'Ouest*, Sous la direction Real Lavergne, CRDI, 1993, pp80-93; Alexis.B.A.Adande, *Intégration régionale, démocratie et panafricanisme : Paradigme anciens et nouveaux défis*, Conseil pour le Développement de la Recherche en Sciences Sociales en Afrique (CODESRIA) 2007; Kalilou Sylla, «*Pourquoi le processus d'intégration économique piétine-il en Afrique? nouvelles explications de l'échec de la politique d'intégration*» In *Intégration régionale, démocratie et panafricanisme: Paradigme anciens et nouveaux défis*, sous.Dir d'Alexis.B.A.Adande, CODESRIA 2007; Banque Africaine de Développement (BAD)-Organisation de Coopération et de Développement Economique (OCDE); Séminaire du Centre de Développement sur le thème:"*L'intégration régionale en Afrique*" ; BAD-OCDE.2002; Barthelemy Biao, «*Intégration régionale en Afrique de l'Ouest: Bilan et perspectives*» In *L'intégration régionale en Afrique Centrale: Bilan et perspectives*, Sous la direction de Hakim Ben Hammouda, Bruno Bekolo-Ebe et Touna Mama, Éditions Karthala 2003; René Otayek, «*La démocratisation entre mobilisations identitaires et besoins d'Etat : Y a t-il une exception africaine?*» In *Afrique : Les identités contre la démocratie*, Revue AUTREPART, Éditions de l'Aube, IRD (ex ORSTOM), 1999; Bintou Sanankoua, *Les États-nations face à l'intégration régionale en Afrique de l'Ouest : Le cas du Mali*, Édition Karthala 2007; Alioune Sall, *Les mutations de l'intégration des États en Afrique de l'Ouest : Une approche institutionnelle*, Études Africaines, Édition l'Harmattan 2006 ; Karine Bennafla, *Le commerce frontaliers en Afrique Centrale : Acteurs, espaces et pratiques*, Édition Karthala 2002 ; Daniel.C.Bach, *Régionalisation, mondialisation et fragmentation en Afrique subsaharienne*, Édition Karthala, 1998; Donald Jean Marc N'Guessan, *Développement et intégration régionale en Afrique de l'Ouest : Analyse des contributions de l'OHADA et de l'UEMOA*, Thèse de Doctorat en Droit Public-Droit International et relations Internationales, Université de Reims-Champagne Ardenne, Ecole Doctorale des Sciences de l'Homme et de la Société, Juillet 2010; Mamadou Camara et Alpha Mamadou Diallo, «*Langues et cultures guinéennes comme facteur d'intégration régionale en Afrique de l'Ouest*» In *Les états-nations face à l'intégration régionale en Afrique de l'Ouest : Le cas de la République de Guinée*,

études, divers aspects de l'intégration régionale ont été abordés. Il s'agit entre autres : des espaces transfrontaliers, du lien entre l'intégration et le processus de construction de l'État-nation ou encore de l'impact des politiques d'intégration régionale sur les politiques nationales. Cependant, même si la question portant sur le lien étroit entre développement et intégration régionale a été abordée, il reste qu'elle n'a pas suffisamment touché à la question du développement économique et social.[39] Autrement dit, ces études ont consacré la notion de développement selon son acception économique et non en tant que Droit de l'Homme tel qu'envisagé par le développement humain.

Édition Karthala 2009 ; Pierre Kipré, *Les migrations en Afrique noire : La construction des identités nationales et la question des étrangers*, Les Éditions du CERAP, Abidjan 2010; Angela Meyer, *Intégration et son influence sur la structure, la sécurité et la stabilité d'États faibles : L'exemple de quatre États centrafricains*, Thèse de Doctorat en Sciences Politiques, Institut d'Etudes Politiques de Paris-École Doctorales de Science Politique, Programme doctoral Relations Internationales-Centre d'Études et de Recherches Internationales (CERI). Décembre 2006; A.B.Tredano, *Intangibilité des frontières coloniales et espace étatique en Afrique*, Librairie Générale de Droit et de Jurisprudence (L.G.D.J), sous la direction de Pierre.F.Gonidec et A.Bourgi, Paris 1989; Edouard.G.Tonnang, *Droit matériel et intégration régionale en Afrique Centrale : Contribution à l'étude des mutations récentes et du droit de la concurrence CEMAC*, Thèse de Doctorat en Droit et financement du développement, Université de Nice-Sophia Antipolis (U.N.S.A)-Institut du Droit de la Paix et du Développement (I.D.P.D), Mars 2004.

[39]Ce constat effectué dans le cadre de l'intégration régionale, pourrait conduire à relever le fait que l'approche du processus d'intégration régionale a laissé les populations africaines sur leur faim d'une réunification ethnique, linguistique et religieuse. Par conséquent, celles-ci se sont senties moins concernées par ces politiques et cela pourrait expliquer les réactions périphériques, affaiblissant et rendant très peu efficaces ces politiques. À juste titre, *Cheikh.A.Diop* et *Pape Diagne* mettent l'accent sur l'urgence et la nécessité de l'intégration économique et culturelle des peuples africains. Le premier par la culture historique a montré l'importance de la langue dans le processus de l'intégration des peuples. Aussi font-ils remarquer que les langues africaines présentent, d'une certaine manière, la même unité et constituent une même grande famille linguistique aussi homogène que celle des langues indo-européennes. Cette unité linguistique est sans contexte le garant de l'unité culturelle. En effet, la langue constitue un facteur fondamental de tout processus d'intégration. C'est le cas du *Dyula* qui est une langue parlée par la quasi-totalité des peuples de la Côte d'ivoire, du Burkina-Faso et du Soudan (Son foyer originel). Voir. Cheikh Anta Diop, *Les fondements économiques et culturels d'un Etat fédéral d'Afrique noir,* Paris, Édition Présence Africaine 1974. Pathé Diagne, *Pour l'unité ouest-africaine. Micro-Etats et intégration économique,* Paris, Anthropos1972

Par conséquent, l'aspect social de la question de l'intégration régionale a été très peu mis en exergue. Pourtant, le fait sociologique se veut un élément déterminant dans tout processus de conception et de mise en œuvre de politique et programme de développement. [40] Par ailleurs, ces études ont laissé moins de possibilités à l'aspect social du développement d'intégrer le processus de conception et de planification du développement. Aussi ont-elles axé leur approche de la notion du développement sur la croissance économique et les autres facteurs susceptibles de générer la richesse, notamment, dans le cadre de l'intégration régionale.[41] Cette préoccupation suscite un regain d'intérêt pour les processus d'intégration sous-régionale en cours dans ces parties du continent et soulève un certain nombre d'interrogations. Il s'agit de se demander si : *La liberté de circulation est-elle un facteur de développement humain*? En outre de s'interroger sur la réalisation de ce processus de développement économique et social

---

[40]Dans certaines études portant sur les espaces transfrontaliers, les auteurs abordent certes la question de migration, cependant, l'accent est très peu mis sur le fait que ces espaces constituent des lieux où le fait social et sociologique affecte le plus le processus d'intégration régionale. En effet, ces espaces sont marqués par une dynamique diversement appréhendée par les nombreuses disciplines. Ainsi, les économistes mettent l'accent sur les conséquences négatives des échanges transfrontaliers pour les États. Selon, ceux-ci, ces conséquences se traduisent en termes de manque à gagner fiscal, concurrence des entreprises nationales, renforcement de la nature rentière de l'État, accélération de la désintégration étatique, «routinisation» du contournement des règles, faible marge de manœuvre. Néanmoins, il faut dire que ces espaces jouent un rôle de régulation de la société. Sur ce plan, nombreux sont les auteurs qui reconnaissent, avec plus ou moins d'enthousiasme, la dimension régulatrice du commerce transfrontalier, qui compense l'effondrement des structures étatiques et forme une soupape de sécurité sur le plan social et politique. Karine Bennafla, *La fin des territoires nationaux ? État et commerce frontalier en Afrique Centrale*, revue Politique Africaine, n° 73, mars 1999

[41]Le reproche majeur que certains auteurs font aux politiques et programmes d'intégration régionale en cours en Afrique, réside dans l'option politique profondément étrangère à la tradition historique et culturelle africaine. Abondant dans ce sens, *Stanislas Adotevi*, insiste sur la nécessité de colorer les politiques et programmes d'intégration régionale d'une dimension fortement axée sur les identités communautaires enracinées dans l'histoire et la culture africaine. Par conséquent, l'option politique adoptée a conduit à une non-correspondance entre l'état-nation postcolonial et les aires fluides d'intégration régionale sociopolitique et culturelle des peuples africains de l'aire précoloniale. Voir. Stanislas Adotevi, *Les facteurs culturels de l'intégration économique et politique en Afrique* In *Intégration et coopération régionale en Afrique de l'Ouest,* Sous la direction Réal Lavergne, CRDI, 1993, pp80-93

des individus : *L'aménagement institutionnel de la liberté de circulation dans la CEDEAO et la CEEAC-CEMAC participe-t-il du plein épanouissement des individus*? Ou encore : *Participe-t-il du développement économique et social des citoyens de ces communautés*?

Fort de cette interrogation, une tout autre est mise en exergue, celle de savoir si : *Le principe de l'intangibilité des frontières ne va-t-il pas à contresens du processus de l'intégration régionale*? Et si tel est le cas, il se poserait alors la question de savoir : *De quelle manière le maintien des frontières étatiques pourrait contribuer à l'efficacité des politiques et programmes d'intégration régionale*? Ou encore : *Le principe de l'intangibilité des frontières étatiques serait-il dans une posture de maintien absolu, surtout dans le cadre de la mondialisation et de la globalisation des facteurs de l'échange et des ressources*? Tenant par-devers nous le fait incontournable selon lequel le processus d'intégration régionale, notamment, en Afrique, vise le développement durable et auto-entretenu des États,[42] on se demanderait alors : *Quels sont les liens qui pourraient exister entre la liberté de circulation et le développement humain*? Ou encore pour mieux adapter la problématique au cadre de notre étude, il serait utile de se poser la question suivante[43] : *Ne faudrait-il pas intégrer une dimension du développement humain dans les politiques d'intégration sous-régionale*?

L'intégration en Afrique est plus de nature «intergouvernementale» que «supranationale», marquée par un faible partage de la souveraineté qui se traduit par plus d'un facteur dont la prédominance de l'interétatisme (le primat de l'intergouvernementalisme) qui constituent des freins à la réalisation des objectifs des communautés à intégrer et soulève la préoccupation, de savoir : *Doit-on réorienter la conception «développementaliste» de l'intégration sous régionale*

---

[42]L'Acte Final de Lagos d'avril 1980, traduit au mieux cela en ces termes : «*...Notant que l'évolution intervenue dans les relations économiques internationales et dans les négociations globales entre les pays développés et les pays en voie de développement confirme le bon choix de l'Afrique de promouvoir un développement collectif, auto-dépendant et endogène et une intégration économique*» .

[43]Ce souci est partagé par les pères fondateurs de l'OUA, qui n'ont pas manqué de traduire cela dans le Plan d'Action de Lagos pour le développement économique de l'Afrique, 1980-2000. Dans le préambule de ce Plan d'Action, il est mentionné, (3-iv. i): «*...à veiller à ce que nos politiques de développement reflètent d'une manière adéquate les valeurs socioculturelles pour consolider notre identité culturelle*»

CEDEAO et CEEAC-CEMAC? Ou encore : *Ne doit-on pas s'orienter vers une redéfinition de la notion de souveraineté nationale*?
Ce sont ces questionnements majeurs qui guideront notre étude. Mais au préalable, il nous appartient de déterminer le cadre de l'étude.

IV- Cadre de l'étude

Dans l'optique de faciliter la compréhension de notre sujet, nous procéderons par une élucidation de certains termes clés.

A)- Notion de Développement

Pour mieux cerner ce concept si vaste, nous avons privilégié l'approche historique afin d'examiner les différentes mutations du contenu du terme. Aussi serons-nous conduits, dans le cadre de notre examen, à partir (1) de la notion de développement économique (2) vers la notion de développement humain.

1)-De la notion de développement économique

Dans la phase de construction de la pensée par les pionniers du développement, croissance économique et développement économique étaient synonymes.[44] Mais, il faut préciser que ce concept polysémique, est tantôt assimilé à la construction théorique, tantôt idéologique ou encore perçu comme relevant de la croyance.[45] Si, les auteurs comme Gilbert Rist[46] voyaient en l'idée de développement un concept purement attaché à une croyance, d'autres en revanche,

---

[44]Rist Gilbert, *Le développement, histoire d'une croyance occidentale*, Edition des Presses de Sciences Po, Paris 1996, 427 p

[45]*Op.cit*

[46]Rist Gilbert (*Le développement, histoire d'une croyance occidentale*, 1996-2001) fait une analyse critique de la formation et de l'essor de l'idée de développement en tant qu'impossible poursuite de l'occidentalisation du monde. En effet, il met davantage en cause l'existence même du développement (qu'il assimile à un mythe ou à une croyance) que la nécessité de l'aide. S'il fait œuvre d'historien, c'est pour mettre en perspective et démonter une croyance ayant acquis la force d'une évidence. Ainsi, il met en évidence l'écart entre, d'une part, la croyance qui proclame l'obligation morale de porter secours aux pauvres et de travailler pour le bonheur de tous, mobilisant d'innombrables organisations qui peinent à faire advenir ce qu'elles espèrent, et d'autre part, des pratiques économiques qui reflètent les intérêts des acteurs en présence et produisent des résultats contraires à la croyance dont elles se réclament. Voir. Servet, Jean-Michel, *Le grand renversement : de la crise au renouveau solidaire*, Édition Desclée De Brouwer, Paris, 2010

comme Serge Latouche[47], le percevaient comme relevant de l'idéologie ou encore adossé à des théories économiques. Par ailleurs, Suzanne Tremblay[48] part du fait que le développement est associé à la théorie de l'évolution naturelle et, de ce fait, admet que de l'évolution naturelle au changement social, la transposition semble assez simple à réaliser dans le temps. Alain Becart[49] convient lui aussi que le développement est un long[50] et difficile processus de transformation des structures de la société. Selon lui, ce processus met l'accent sur l'individu,[51] guidé en permanence par la recherche de liberté, seul

---

[47]Latouche Serge, *«En finir une fois pour toute avec le développement»*In *les mirages de l'occidentalisation du monde,* Le Monde Diplomatique, Mai 2001, pp. 6 et 7. Pour Serge Latouche, le concept de développement est piégé dans un dilemme. Soit, il désigne tout et son contraire, en particulier, l'ensemble des expériences historiques de dynamique culturelle de l'histoire de l'humanité, de la Chine des Han à l'empire de l'Inca. Alors, il n'a aucune signification utile pour promouvoir une politique, et il vaut mieux s'en débarrasser. Soit, il a un contenu propre et définit alors nécessairement ce qu'il possède de commun avec l'expérience occidentale du «décollage» de l'économie telle qu'elle s'est mise en place depuis la révolution industrielle en Angleterre dans les années 1750-1800. Dans ce cas, quel que soit l'adjectif qu'on lui accole, son contenu implicite ou explicite réside dans la croissance économique, l'accumulation du capital avec tous les effets positifs et négatifs que l'on connaît. Aussi, *Serge Latouche* considère que ce conceptde *"développement", présenté comme la solution aux problèmes du Sud, n'est souvent qu'un autre visage de l'occidentalisation du monde.* Qu'il soit *«durable», «soutenable» ou «endogène», le développement s'inscrit toujours, de manière plus ou moins violente, dans la logique destructrice de l'accumulation capitaliste. Il signifie inégalités, destruction de l'environnement et des cultures. Pourtant, des solutions peuvent être imaginées et qui prennent en compte la diversité du monde en outre de s'appuient sur les expériences, menées ici ou là, d'économie non marchande.*

[48] Tremblay Suzanne, *Du concept de développement au concept de l'après développement : Trajectoire et repères théoriques,* Université du Québec à Chicoutimi, Décembre 1999, Collection «Travaux et études en développement régional»

[49]Becart Alain, I*ntégration et développement*; *Bilan et perspective de la zone Franc en Afrique,* Editions L'Harmàttan, 1997, p11

[50]La définition que *B.Higgins* donne au concept développement se veut plus décisive quant au temps imparti pour la réalisation de l'état de développement. En effet, il appréhende le concept ''développement'' comme étant un accroissement manifeste dans le revenu moyen par tête, diffusé largement parmi les groupes professionnels sociaux qui dure au moins deux générations et devient cumulatif.Voir. Higgins Benjamin, *Economic development: principles, problems, and policies*, Constable, London, 1959

[51]Mettant l'accent sur l'individu dans le processus de développement, *Becart Alain* note : «*Encore faudra il dépasser les résistances structurelles dans les mentalités,*

moyen qu'il ressent dans ses relations avec l'environnement multiforme. Pour toutes ces raisons, on pourrait dire que le développement signifiait l'obtention d'une croissance économique significative durant une longue période. L'économiste américain, Rostow,[52]définit le processus[53] universel de développement des nations à partir de la croissance. Ainsi, la sortie du sous-développement, impliquait pour les États, un grand effort d'investissement. Le concept de développement est réduit à sa dimension économique.[54] Il s'agit de la croissance du revenu réel par

---

pour changer totalement les comportements dans les institutions car la perte des rentes traditionnelles va être douloureuse, et encore dans les modèles de production pour être en mesure d'adopter les techniques nouvelles ajoutant de la valeur aux matières premières, ou montant en gamme les productions industrielles ». Voir. Becart Alain, *Intégration et développement*; *Bilan et perspective de la zone Franc en Afrique,* Éditions L'Harmattan, 1997, p 42

[52]Rostow Walt Whitman, *Les étapes de la croissance économique,* ancienneÉdition MAJ MASSE, 1960, Édition Points Économie, 2001

[53]Bien que diverses théories qui essaient de définir ce concept lui attribuent des origines, souvent en l'attachant au milieu d'évolution, il conserve, cela dit, une originalité, fortement liée au temporel. En effet, le concept de développement, dans sa définition, intègre le fait qu'il s'agisse d'un processus qui est étendu dans le temps. *Suzanne Tremblay* part d'une comparaison entre les théories économiques qui sous-tendent le concept de développement et les théories du naturalisme. Elle considère qu'à l'instar de la théorie naturaliste, les principes de directionnalité (la finalité), de continuité (le processus ininterrompu), de cumulativité (l'effet cumulatif) et d'irréversibilité (l'impossible retour à un stade antérieur) sont présents dans l'acception de la notion de développement. En mettant tous ces principes ensemble, le développement apparaît comme un processus de changement ininterrompu, ayant des effets cumulatifs qui sont irréversibles et qui sont dirigés vers une finalité précise. Cf.Tremblay Suzanne, *Du concept de développement au concept de l'après développement : Trajectoire et repères théoriques,* Université du Québec à Chicoutimi, Collection «Travaux et études en développement régional», Décembre 1999

[54]C'est en début des années 1960 que le débat sur le développement prendra une tournure importante marquée par un grand optimisme qui va se traduire dans le lancement de la première décennie des NationsUnies pour le développement. L'initiative revient au Président des États-Unis d'Amérique, John. F. Kennedy qui, en septembre 1961 à l'Assemblée générale des NationsUnies, déclare que : « ….*si les Etats-Unis peuvent envoyer un homme sur la lune à la fin des années 1960, alors ils peuvent bien aussi contribuer significativement à améliorer les conditions de vie des populations des pays les plus pauvres*». Suivra alors l'institution par la résolution 1710 (XVI) de l'Assemblée Générale de l'ONU de la Décennie des Nations Unies pour le développement, en tant que premier programme global, coordonné et adopté à l'échelle mondiale pour le développement du tiers-monde. Ainsi, la vision essentiellement économique se trouve officiellement consacrée. Le

habitant dans les pays du Sud. On parle alors de développement économique. Cette acception étroite du développement, à bien des égards, conduisait à une confusion entre la croissance et le développement. Les économistes ont été par la suite amenés à distinguer le développement et la croissance. Selon François Perroux,[55] la croissance est l'augmentation soutenue pendant une ou plusieurs périodes longues d'un indicateur de dimension ; pour une nation, le produit global net en termes réels. En revanche, le développement est ''la combinaison des changements mentaux et sociaux qui rendent la nation apte à faire croître, cumulativement et durablement, son produit réel global.[56] Il faut dire que même si le développement implique la croissance, il ne saurait, cependant, se résumer à celle-ci, qui reste une dimension prédominante du concept, car le concept de développement intègre d'autres dimensions. En effet, le développement va au-delà de la croissance qui se veut d'ordre quantitatif et, se traduit par l'augmentation des grandeurs économiques (augmentation des quantités produites et accroissements des revenus). Ainsi, le développement impliquerait une hausse du bien-être social, des changements dans les structures (accroissement de la qualification de la main-d'œuvre, l'organisation de la production se complexifie). Selon Fréderic Teulon,[57] le développement passe par l'urbanisation, l'industrialisation, l'alphabétisation et la formation et produit au confluent de cette combinaison, un système plus efficace (par accumulation de richesses) où les besoins humains se révèlent mieux satisfaits. Même si, l'on a tendance à recourir alternativement aux notions de croissance économique et de développement économique, il est nécessaire d'y voir une distinction fondamentale.[58] Ainsi, la croissance économique signifie élévation du revenu par tête

---

développement était, selon le président américain, un problème de croissance économique dont les solutions permettraient de combler le «retard» par rapport à l'Occident. Les perspectives envisagées alors par les dirigeants des pays du tiers-monde, avec l'assurance de la coopération des pays industrialisés, consistaient à voir leurs pays passer les différentes étapes de la croissance économiques

[55]François Perroux, *Dictionnaire économique et social,* Paris, Édition Hatier, 1990, p.115

[56]François Perroux, *L'économie du X* [eme] *siècle,* Paris. Édition des Presses Universitaires de France (PUF), 1964, p.115

[57]Teulon Fréderic, *Croissance, crise et développement*, Paris, PUF, 1992

[58]Malcom Gillis-Dwight H.Perkins-Michael Roemer-Donald R.Snodgrass, *Economie du développement,* 2eme édition, Edition De Boeck Université.1998, pp.4 et 5

d'habitant[59] et du Produit National Brut (PNB).[60] Le processus du développement économique impliquerait, entre autres éléments clés que les habitants du pays (Prise de part aux fruits du développement et à la production) doivent être parmi les principaux participants au processus qui a amené les modifications structurelles. Par conséquent, le développement ne peut bénéficier à une minorité prospère nationale ou étrangère.[61] Il doit bénéficier à toute la population (la croissance économique moderne implique que le revenu individuel augmente pour tous les habitants du pays).

En somme, si les deux concepts se rencontrent et se côtoient étroitement, le développement se veut plus large que la croissance. Le développement met l'accent sur la satisfaction des besoins fondamentaux, la réduction des inégalités, du chômage et de la pauvreté.[62] Cependant, le développement ne peut être sans croissance.

---

[59]En effet, le Produit National Brut (PNB) comporte le Revenu par tête d'habitant c'est-à-dire la valeur de tous les produits et services générés par l'économie d'un pays en un an divisé par la population.

[60] L'aspect temporel est appréhendé dans la définition de ce concept de diverses manières par les auteurs. Une approche de la notion aurait tendance à étaler les effets de la croissance sur une période indéfinie. Pour celle-ci, la croissance se définit comme, l'augmentation du produit global et du produit par tête pendant une période relativement longue. Le rythme (le taux), la finalité et les conditions peuvent en être variés. La définition même du produit peut varier. Voir. Guillaumont Patrick, *Economie du développement*, Paris, PUF, collection Thémis, 1985, tome 1, p. 45

[61]À ce niveau, la définition de la notion de développement donnée par *PatrickGuillaumont* est d'une certaine manière plus soucieuse de la nécessité d'arriver à une redistribution équitable de la manne financière publique issue du processus général de développement. Selon *P. Guillaumont* le terme, développement désigne le processus par lequel un pays devient, ou est capable de croître de façon durable, autonome et convenablement répartie entre groupes sociaux et entre individus. Cf. Guillaumont.P. *Op.cit*

[62]En 2000, les dirigeants du monde se sont engagés à atteindre les Objectifs du Millénaire pour le Développement (OMD), dont l'objectif primordial est de diminuer de moitié la pauvreté d'ici à 2015. Pour y parvenir, plusieurs pays en voie de développement ont mis en œuvre des stratégies de réduction de la pauvreté basées sur des besoins et des priorités nationaux. Par ailleurs, mesurer la pauvreté suppose choisir et calculer un indicateur, lequel sert à déterminer le degré de pauvreté dans une société donnée et à identifier les membres de la société qui doivent être considérés comme pauvres. Le choix et le calcul de cet indicateur reposent sur une définition précise des concepts de bien-être et de la pauvreté. Les spécialistes distinguent deux types d'approches théoriques pour définir ces deux concepts: l'approche utilitariste et l'approche non utilitariste. (PNUD, *Mesure de la pauvreté selon la méthode de degré de satisfaction des besoins essentiels (DSBE) :*

Mais, une croissance ne serait envisageable sans développement. Du fait des évolutions qu'a subies la notion de développement, celle-ci intègre désormais la dimension socioculturelle du développement.

À la fin des années 1960 s'opère une rupture par rapport à la vision et aux pratiques antérieures au développement, caractérisée par les économistes technocrates.[63] Le concept subit une réelle évolution, en

---

Expérience du Niger, Année2007, 215 pages) Quant à l'approche utilitariste, d'inspiration néo-classique, elle se base sur le principe selon lequel chaque individu satisfait son bien-être selon ses préférences. Selon cette approche, en fonction de leur dotation en capital physique, humain, terre, etc., ils effectuent des choix de production et de consommation qui maximisent leur utilité. Le terme bien-être doit être compris comme étant l'utilité qui est elle-même conçue comme un état mental, le bonheur, le plaisir ou la satisfaction procurée à une personne par la consommation (ou la possession) de biens ou de services. Les approches non utilitaristes sont plutôt normatives, c'est-à-dire que le niveau de bien-êtreadéquat est défini de manière indépendante des perceptions de chaque individu ou ménage. Il estdéfini selon les normes et les valeurs de chaque société. Une autre acception encore large de la notion de pauvreté est ainsi donnée par des experts.La pauvreté est un phénomène social dont la manifestation la plus générale est le dénuement profond associé à un état de manque et de privation relatif à un ensemble de besoins fondamentaux : revenus, nutrition, alimentation, accès aux bénéfices des services sociaux de base, possession d'actifs, etc. Voir. A.E.Agbodjiet Kossi.A.Djoké, *Profil de la pauvreté infantile dans quatre pays de l'UEMOA : une analyse comparative basée sur l'approche multidimensionnelle de la pauvreté*, Politiques Économiques et Pauvreté-CRDI In Revue africaine de l'Intégration Vol. 3, N° 1, janvier 2009

[63]Serge Latouche : « *La crise de la théorie économique du développement, annoncée dans les années 1980, est en phase terminale : on assiste à une vraie liquidation ! Le développement ne fait plus recette dans les enceintes internationales « sérieuses » : Fonds monétaire internationale (FMI), Banque mondiale, Organisation mondiale du commerce (OMC), etc.* » Ainsi, *« il n'est plus revendiqué au Sud que par certaines de ses victimes et leurs bons samaritains : les organisations non gouvernementales (ONG) qui en vivent (5). Et encore ! La nouvelle génération des « ONG sans frontières » a axé le charity business plus sur l'humanitaire et l'intervention d'urgence que sur l'essor économique* ». Selon lui, cette situation est due à l'émergence d'un autre concept, la *mondialisation.* Pour *Serge Latouche,* cet autre concept postule que dans une économie mondialisée, il n'existe pas de place pour une théorie spécifique destinée au Sud. Toutes les régions du monde désormais sont «en développement». Autrement dit, il est à retenir qu'à un monde unique correspond une pensée unique. Par conséquent. Serge Latouche en venait au fait que le développement des économies nationales devrait déboucher presque automatiquement sur la trans-nationalisation des économies et sur la globalisation des marchés. Cf. Latouche Serge,*«En finir une fois pour toute avec le développement* In *les mirages de l'occidentalisation du monde»,* Le Monde Diplomatique, Mai 2001, pp. 6 & 7. *Op.cit*

intégrant le social et l'humain.[64] C'est une évolution qui intègre certaines épithètes, comme le droit à l'expression des valeurs culturelles des civilisations issues de l'histoire et des situations sociales spécifiques des sociétés émergentes. C'est en fait la prise en compte des exigences des pays nouvellement indépendants et aspirant au développement. Ainsi, selon Jean Ronald Legoute,[65] on pourrait parler de développement solidaire, de développement communautaire, de développement participatif ou encore de développement humain.[66] En effet, c'est cette acception de la notion qui suscite l'intérêt croissant des politiques et occupe le cœur de nombreuses études et recherches scientifiques, dont la nôtre.

---

[64]Dès la fin des années 1960, on assiste à un intérêt croissant envers les questions environnementales. Ainsi, les travaux du Club de Rome, qui aboutiront à la publication en 1972 du rapport Meadows (Meadows et *al.*, 1972) mettent en évidence les conséquences écologiques du modèle occidental de développement et montrent pour la première fois qu'il existe des limites naturelles à la croissance économique. Ce rapport analyse cinq variables : la technologie, la population, l'alimentation, les ressources naturelles et l'environnement. Il conclut que pour empêcher le système mondial de s'effondrer à l'horizon 2000, il faut stopper l'accroissement de la population et la croissance économique.Voir. Berr Eric, *Le développement soutenable dans une perspective post-keynésienne : retour aux sources de l'écodéveloppement,* Groupe de Recherche en Economie Théorique et Appliquée (Université de BordeauxGREThA-UMR CNRS 5113, Cahiers du GREThA-n° 2008-24

[65]Legoute Jean Ronald, *Définir le développement : historique et dimensions d'un concept plurivoque,* Paris, PUF.1986, pp.17 & 18

[66]Toutefois, qu'en est-il du lien existant entre le développement économique et ces autres formes de développement? Le développement culturel, à l'instar du développement scientifique, est sous certains aspects intégré au développement économique, ceci par le fait qu'il est constitué en partie par un accès plus grand à la connaissance, en l'occurrence à l'art, en même temps qu'au savoir technique et aussi par la création d'art et de savoir. Autrement dit, l'étude du développement culturel couvre un champ plus large que celui du développement économique, ce qui fait ressortir certaines particularités. Ainsi, dans le développement culturel, la création et la diffusion du savoir et de l'art y sont étudiées d'abord pour elles-mêmes, indépendamment de leurs effets sur la productivité des hommes, et d'autre part dans leurs conditions les plus diverses (sociologiques, religieuses, techniques aussi bien qu'économiques). Le développement politique est une notion plus ambiguë, utilisée pour désigner selon les cas la construction nationale, la ''démocratisation'', ''la conscience politique croissante'', la participation de la population à des responsabilités politiques. Voir. N'Guessan Donald Jean Marc, *Développement et intégration régionale en Afrique de l'Ouest : Analyse des contributions de l'OHADA et de l'UEMOA*, Thèse de doctorat en droit public, Université de Reims-Champagne Ardenne École Doctorale de Sciences de l'Homme et de Société, Juillet 2010, pp27-28

2)-Vers la notion de Développement Humain

Avec le PNUD, la notion de développement prend un autre sens. Le développement doit créer désormais un environnement où les individus peuvent développer, pleinement, leurs potentialités et mener une vie productive et créative en accord avec leurs besoins et leurs intérêts. Selon, le courant des économistes du néolibéralisme, il s'agit d'une orientation de la notion qui met l'homme au cœur du développement.[67] Intervenue à partir des années 1990, cette orientation de la notion du développement a permis l'élaboration des Indicateurs du Développement Humain (IDH).[68] Les Indices du

---

[67]Dans l'optique d'une nouvelle vision du développement, selon le Père *Louis-Joseph Lebret* qui donnait à ce concept de ''développement'' une autre signification, «*pour être authentique, le développement doit être intégral, c'est-à-dire promouvoir tout homme et tout l'homme... Nous n'acceptons pas de séparer l'économique de l'humain, le développement des civilisations où il s'inscrit. Ce qui compte pour nous c'est l'homme, chaque groupement d'homme jusqu'à l'humanité toute entière.*» Voir. Lebret Louis Joseph, Albertini. J. M et Franquel. S. H., *Économie et civilisation : sciences économiques et développement*, Economie et Humanisme, Les Éditions Ouvrières (Cahiers d'études Humaines), Paris, 1958, 136 pages. Par cette définition, le Père *P.J.Lebret* met l'homme au centre du développement, devenant ainsi un acteur essentiel. A travers l'homme, c'est la reconnaissance du rôle fondamental des valeurs culturelles dans la croissance qui est exprimée. Quant à *Donald Jean-Marc N'Guessan*, la notion de ''développement'' est l'objectif d'un projet de société à atteindre. Il est le produit de la dynamique sociale d'une société entrant dans un nouveau type de civilisation, et qui se traduit dans une suite historique de transformations sociales et économiques dotée d'un sens. Pour *D.J.M.N'Guessan*, promouvoir tout l'homme, cela veut dire que, d'une part, dès aujourd'hui, tous les êtres humains, homme, femme et enfant ont droit au développement intégral de leur personne. D'autre part, songer aux hommes de demain, aux conditions de leur bien-être, donc à la nécessité de leur laisser en héritage une terre viable. Cf. N'Guessan Donald Jean Marc, Juillet 2010, pp25-26, *Op.cit.* Par ce mouvement, les peuples concernés se constituent sujets historiques de leur avenir. Voir. Philippe Hugon, *Economie du développement*, Dalloz, mémento Dalloz, Paris, 1989, p. 3

[68]Le Rapport sur le développement humain (RDH) a été pour la première fois présenté en 1990 avec le simple objectif de replacer les individus au centre du processus du développement, du point de vue du débat économique, des orientations de politique publique et de la sensibilisation. Le but était à la fois considérable et simple, avec des implications de grande portée qui allaient au-delà de la question du revenu, pour évaluer le bien-être des personnes sur le long terme. Entraîner le développement des personnes, par les personnes, et pour les personnes, et mettre l'accent sur le fait que les buts du développement sont les choix et les libertés. Le Rapport s'intéresse surtout à la façon dont la croissance économique se traduit ou ne se traduit pas dans le développement humain. L'accent est mis sur les gens et sur la manière dont le développement élargit la gamme des choix qui s'offrent à eux. Le

Développement Humain sont des indicateurs chiffrés, utilisés par le PNUD pour évaluer le développement d'un pays. Ils intègrent, outre le poids économique des pays, des données plus qualitatives. L'IDH repose sur l'idée selon laquelle le développement se résume à : (1)-*Vivre longtemps* ; (2)-*Atteindre un bon niveau d'éducation* ; (3)-*Et disposer d'un niveau de vie décent.*

Le Développement Humain préconise un processus de développement dont le but est l'épanouissement et l'utilisation de toutes les capacités humaines. Il s'agit du développement participatif. Le développement participatif en tant que clé de la croissance économique et du développement humain, ne se réalise que lorsque les marchés fonctionnent bien et qu'un cadre de politiques favorables à l'initiative privée et à un développement largement participatif est en place. Le principal objectif du développement humain est d'élargir la gamme des choix offerts à la population.[69] Partant, cela permet de rendre le développement plus démocratique et plus participatif. Au-delà, il s'agit de reconnaître le développement comme étant un droit auquel chaque citoyen peut prétendre. Ce droit implique que celui-ci puisse mener une vie longue et en bonne santé, avoir accès à

Rapport traite de la signification et de la mesure du développement humain, en proposant un nouvel indicateur composite. Mais son orientation générale se veut pragmatique. Voir. Rapport Mondial sur le Développement Humain-PNUD 1990, "*Définir et mesurer le développement humain*"

[69]Introduite en 1990 par le PNUD, l'approche d*u développement humain*, est mise en œuvre à travers des rapports sur le développement humain (RDH) régionaux, nationaux et infranationaux, dans environ 143 pays. Ces outils de sensibilisation dynamiques, élaborés via un processus de participation active dans les pays et lesrégions. Traitant d'aspects transversaux et exprimant les prioritésdespopulations, ilssont considérés comme une importante source d'innovation. L'approche du développement humain repose sur une idée simple mais forte : placer l'individu au centre du développement. Il s'agit d'élargir les choix et les libertés permettant aux gens de vivre longtemps et en bonne santé, d'accéder au savoir, de bénéficier d'un niveau de vie décent et de participer à la vie locale dans la dignité et le respect d'eux-mêmes. Voir. PNUD, *Précis de mesure du développement humain : Lignes directrices et outils pour la recherche statique, l'analyse et les actions de sensibilisation*, Mai 2008, New York. À travers cette approche du développement humain, il est question comme l'affirmait Aristote, *«la richesse n'est pas le bien suprême que nous cherchons. Car elle est simplement utile et à une autre fin qu'elle-même»*. Cette «autre fin», pour l'individu, c'est l'opportunitéde réaliser son potentiel en tant qu'être humain. La véritable opportunité consiste à disposer devéritables choix-de ceux qu'autorisent un revenu suffisant, l'éducation, la bonne santé et le fait devivre dans un pays non gouverné par la tyrannie. Voir. Rapport Mondial sur le Développement Humain. 2006

l'éducation, aux soins médicaux et aux biens matériels, jouir de la liberté politique et être protégé de la violence. Tous ces privilèges sont des opportunités qui dépendent fortement du lieu de vie du citoyen.[70] Par conséquent, l'État se doit de veiller à créer cet environnement favorable au développement aussi bien sur le territoire national qu'au-delà des frontières nationales, par ses activités internationales.

Le développement comme un droit, a été proclamé pour la première fois en tant que droit de l'homme inaliénable par les pays du monde entier en 1986, après des années de débats.[71] Cet acte est l'aboutissement d'une longue lutte pour l'application de la Déclaration Universelle des Droits de l'Homme (DUDH), adoptée quarante ans auparavant.[72] Plus tard, la Déclaration sur le droit au développement, adoptée en 1986, ouvrait une nouvelle perspective à la poursuite des

---

[70] Programme des Nations Unies pour le Développement (PNUD), Rapport mondial sur le Développement Humain 2009 ; *Lever les barrières : Mobilité et développement humain*, p9

[71]Adoptée par l'Assemblée générale de l'ONU, dans sa résolution 41/128 du 4 décembre 1986, la Déclaration sur le droit au développement dispose en son articlepremier : «*(1)- Le droit au développement est un droit inaliénable de l'homme en vertu duquel toute personne humaine et tous les peuples ont le droit de participer et de contribuer à un développement économique, social, culturel et politique dans lequel tous les droits de l'homme et toutes les libertés fondamentales puissent être pleinement réalisés, et de bénéficier de ce développement. (2)-Le droit de l'homme au développement suppose aussi la pleine réalisation du droit des peuples à disposer d'eux-mêmes, qui comprend, sous réserve des dispositions pertinentes des deux Pactes internationaux relatifs aux droits de l'homme, l'exercice de leurs droits inaliénables à la pleine souveraineté sur toutes leurs richesses et leurs ressources naturelles*». En réaction pour une effectivité de cet article, nombreuses actions seront développées parmi lesquelles, l'Approche Basée sur les Droits de l'Homme (ABDH). En effet, c'est à la Conférence mondiale des Nations Unies sur les droits de l'homme, tenue à Vienne, en 1993, que l'on doit la paternité de l'Approche du Développement Basée sur les Droits de l'Homme. Elle reconnaissait, dans sa Déclaration et son Programme d'Action, l'existence de liens directs entre droits de l'homme et développement. Pour leur part, les États membres des Nations Unies adopteront une position commune en ce qui concerne cette nécessité. Ainsi, à l'Assemblée générale des Nations Unies, de septembre 2000, les Chefs d'États membres de l'ONU ont adopté la Déclaration du Millénaire, à la suite du Sommet du millénaire. Cette Déclaration a conduit à la mise en place des huit Objectifs du Millénaire pour le Développement (OMD), essentiellement fondés sur l'Approche du Développement Basée sur les Droits de l'Homme

[72]La Déclaration Universelledes Droits de l'Homme (DUDH)», a été adoptée le 10 décembre1948

idéaux de l'ONU.[73] Aujourd'hui en Droit International, les Droits de l'Homme ne relèvent plus du domaine réservé des États.[74] Par ailleurs, cela confère à l'individu le statut de sujet de Droit International, notamment en matière des Droits de l'Homme, ce qui contribué à l'affaiblissement de la conception rigide de la souveraineté de l'État qui prétendait se fonder sur son incompatibilité avec tout régime de protection internationale des Droits de l'Homme. En fin de compte, cette situation a donné lieu à la naissance d'une nouvelle approche du développement basée sur les droits humains.[75]

Fort de ces considérations, l'homme apparaît au cœur des politiques publiques et des initiatives privées conduites par les professionnels du développement.[76] Enfin de compte, il est recherché une vision de promotion des Droits de l'Homme, notamment dans le cadre de la mondialisation, et plus particulièrement en ce qui concerne

---

[73]En effet, cette Déclaration proclamait que l'être humainest le sujet central du développement et, doit être aussi bien lebénéficiaire de la réalisation de ce droit que le participant actif. En outre, elle reconnaissait quele droit au développement représente un droit universel et inaliénable, qui fait partie intégrante des droits fondamentaux de l'homme.

[74]Kamara Mactar, *La promotion et la protection des droits fondamentaux dans le cadre de la CADHP et du Protocole facultatif additionnel de juin 1998*, Revue trimestrielle des droits de l'homme, Édition Némésis Bruylant, Juillet 2005

[75]«Programme Action 2. *Le Haut-Commissariat aux droits de l'homme arrêtera et mettra en œuvre, en coopération avec le Groupe des Nations Unies pour le Développement et le Comité Exécutif pour les Affaires Humanitaires, un plan en vue de renforcer l'action des Nations Unies dans les pays au service des droits de l'homme*» Koffi Annan, Secrétaire général de l'Organisation des Nations Unies

[76]Dans cette optique, l'un des outils de mesure de la pauvreté, à savoir, l'approche non utilitariste basée sur les capacités est très édifiante. Selon cette approche, les capacités sont définies comme étant une combinaison fonctionnelle du savoir-être et du savoir-faire que chaque personne peut atteindre. La valeur de la vie d'une personne dépend d'un ensemble de combinaisons des façons d'être et de faire, définies comme des «fonctionnements». Ceux-ci peuvent varier des éléments les plus simples comme le fait d'être correctement nourri, être en bonne santé, adéquatement habillé ou logé, prévenir lamorbidité, etc., aux éléments les plus complexes comme le fait d'être heureux, avoir confiance en soi, prendre part à la vie communautaire, apparaître en public sans honte, etc. Les capacités représentent les différentes combinaisons de «fonctionnements» qu'un individu ou un ménage peut réaliser. Elles confèrent à chaque personne la liberté de mener un type de vie plutôt qu'un autre. Voir. A.E.Agbodji& Kossi.A.Djoké, «*Profil de la pauvreté infantile dans quatre pays de l'UEMOA: une analyse comparative basée sur l'approche multidimensionnelle de la pauvreté*», Politiques Économiques et Pauvreté-CRDI In Revue africaine de l'Intégration Vol. 3, N°1, janvier 2009

le droit fondamental à la libre circulation des capitaux, des biens et des personnes.[77] Alors, l'effectivité du droit fondamental au libre mouvement des capitaux, des biens et des personnes serait à juste titre, dans un contexte de mondialisation, la base du développement en Afrique de l'Ouest et du Centre.[78] Cette préoccupation suscite un regain d'intérêts pour les processus d'intégration sous-régionale en cours dans ces parties du Continent. Par ailleurs, elle soulève un certain nombre d'interrogations relatives à l'approche à adopter en vue de réaliser le développement des acteurs de l'intégration. Mais aussi, cela impliquerait la redéfinition des rôles que chacun de ces acteurs pourrait jouer afin de réaliser un développement rapide des pays.

B)- Notion de liberté de circulation

Avant de procéder à un éclaircissement de la notion de liberté de circulation, nous verrons dans un premier temps les liens susceptibles d'exister entre ce concept et d'autres. Il s'agit du régionalisme, de la coopération régionale et de l'intégration régionale (1). Ensuite, il nous sera loisible de procéder par un éclaircissement de ces différents termes (2).

---

[77]Cela dit, la question qui demeure, est de savoir : si ce type de développement promu est susceptible de rendre les hommes meilleurs? Cette problématique se pose dans un contexte où l'on aborde une acception du développement tout en remettant en cause une vision de ce concept qui pendant longtemps a prévalu. En effet, le développement même s'il prétend ne pas créer un «*super homme*», s'oriente vers la recherche d'un cadre favorable au développement personnel et susceptible de lui donner les moyens basics pour sa réalisation. Par conséquent, satisfaire les besoins fondamentaux est-ce rendre les hommes meilleurs? Nous constations que le développement ne rend pas forcément les hommes plus heureux. Il leur évite vraisemblablement de le devenir moins. En effet, le développement apparait comme un moyen d'amener une société à être plus juste et à avoir une plus grande capacité de bonheur pour les individus. Mais, le développement ne rend pas nécessairement les hommes meilleurs. Voir. Guillaumont Patrick, *Economie du développement*, Paris, PUF, collection Thémis, 1985, tome 1, p. 58. Il leur offre des conditions dans lesquelles ils peuvent plus facilement devenir meilleurs. En effet, une immense dégradation morale risque d'accompagner l'absence de développement, principalement dans les milieux pauvres des villes que sans cesse rejoignent de nouveaux immigrants poussés par la misère rurale. Voir. Lewis Oscar, *Les enfants de Sanchez, Autobiographie d'une famille mexicaine*, Edition GALLIMARD, 1972

[78]Programme des Nations Unies pour le Développement (PNUD), Rapport mondial sur le Développement Humain 2009 : *Lever les barrières : Mobilité et développement humain*, p1

1)-Liens étroits entre la libre circulation, la coopération et l'intégration régionale

Les grands mouvements humains qui ont prévalu sur le vieux continent, au début du 18e siècle, ont été soutenus par les progrès techniques nouvellement intégrés dans les sociétés européennes.[79] Du fait de ces avancées scientifiques, la population européenne a connu une croissance considérable, une surproduction ainsi qu'une augmentation de la demande.[80] Pour répondre à tous ces besoins, le territoire de l'Europe s'est très vite retrouvé submergé. Par

---

[79]Toutefois, il faut dire que c'est avec moins de difficultés que les nouvelles terres conquises vont adopter les produits européens, tout en leur ouvrant leurs portes. Cela se traduira aisément, durant la période après les indépendances. En effet, le modèle colonial deviendra le seul admis par les nouvelles autorités. C'est le cas des institutions politiques, d'éducation, de formation et même de gestion et d'organisation des activités de la vie en société, mais aussi et surtout du système éducatif, maillon principal de la structure sociale. Il s'agit ici, non seulement de la forme de l'école, mais surtout du contenu (contenu des programmes et idéologie véhiculée). Cela dit, toute société a le devoir d'éduquer sa progéniture en vue de la pérennisation et du développement de sa culture, de sa civilisation, et de son progrès social. En clair, le système éducatif sert à produire et à reproduire ou à développer la société spécifique. Cependant, c'est à ce niveau que la problématique culturelle se complexifie. Au lendemain des indépendances, les pays issus de la colonisation, notamment, ceux de la politique française, ne disposaient pas de moyens appropriés pour mettre en place une institution scolaire non calquée sur celle existante ailleurs. Il fallait donc adopter celle ayant fait ses preuves sous d'autres cieux, c'est-à-dire l'institution scolaire héritée de la colonisation, d'autant plus que cette dernière formait les cadres, même si les formés n'étaient pas nombreux. Voir. Gneba Akpale Jacob, *Mass media et impérialisme culturel enAfrique noire : Cas de la radio et de la télévision en Côte d'ivoire*, Thèse de doctorat en Sciences Humaines, Académie de Paris-Université René Descartes-Sciences Humaines Paris V-Sorbonne, 1989.op.cit

[80]L'accès aux sources des matières premières a posé dans ce cas une problématique de taille, notamment, en période de l'entre deux-guerres mondiales. Dans ce contexte, il fut abordé comme accessoire du problème colonial par les puissances dites «insatisfaites» qui justifiaient leurs revendications coloniales par la nécessité de s'assurer un approvisionnement régulier en matières premières. Ainsi, l'Allemagne se disait assurée de produire dans ses anciennes colonies toutes les matières grasses dont elle a besoin. L'Italie pensait trouver en Ethiopie des nappes de pétrole exploitables, et le Japon avait à cœur de pratiquer en Mandchourie l'élevage en grande quantité du mouton. La revendication territoriale était devenue le cheval de bataille de ces États mus par la volonté de produire en toute souveraineté des matières premières utiles à leur activité. Voir. Tafsir Malick Ndiaye, *Matières premières et Droit International,* Les Nouvelles Éditions Africaines du Sénégal (NEAS), 1992, pp57-59

conséquent, le surplus n'a pu être absorbé que par d'autres espaces.[81] Ainsi, la politique impérialiste qui a acquis droit de cité en Angleterre, à partir de 1850, vers 1900 était considérée comme le prolongement de la politique nationale dans la politique internationale active.[82]

Pour H.Collwitzer, l'impérialisme signifiait, construire un empire à partir d'acquisitions coloniales[83] prendre place au sommet parmi les puissances mondiales. Par voie de conséquence, il voudrait dire s'aligner sur elles et la menace de la Première Guerre mondiale se précisant, s'appliquer de plus en plus fébrilement à nouer des alliances européennes d'une portée mondiale.[84]

---

[81]Certains auteurs considèrent que le modernisme introduit dans les sociétés africaines nouvellement indépendantes est lié aux intérêts des occidentaux, à leur culture officialisée partout en Afrique. Il est également lié aux coopérants techniques et autres conseillers et experts dont la mission est généralement de diffuser l'idéologie occidentale à travers l'école, la langue française ou anglaise, la religion chrétienne, le tourisme et les mass média. Dès lors tous ces appareils idéologiques au service de l'Occident permettent la stabilité politique dans certains pays, l'épanouissement de la culture occidentale devenue unique culture de référence, dans d'autres, ce sont des coups d'état à répétition, situation qui pèse lourdement sur l'avenir culturel, politique et économique du continent. Cf. Gneba Akpale Jacob, *Mass media et impérialisme culturel enAfrique noire : Cas de la radio et de la télévision en Côte d'ivoire*, Thèse de doctorat en Sciences humaines, 1989, op.cit

[82]Henz.Collwitzer, *L'impérialisme de 1880 à 1918*, Édition Flammarion, 1970

[83]Désignant l'expansion coloniale d'abord, il est bientôt lié par les socialistes au développement de l'économie capitaliste occidentale. Perçue comme "*Opinion favorable au régime impérial ; Doctrine politique visant à* resserrer *les liens qui unissent l'Angleterre* à*ses colonies et l'expansion de la puissance Britannique ; Doctrine tendant à l'extension territoriale d'un état ou* de *suprématie* sur *les autres"*. Dans les pensées marxiste et soviétique, il va se rapprocher plus ou moins du capitalisme. Chez les penseurs non marxistes par contre, à partir des années 1920, le concept d'impérialisme utilisé avecquelque réticence est relégué aux études historiques et sert bien peu quand on scrute la teneur des relations internationales contemporaines. Il doit même attendre les approches de 1900 pour connaître une large diffusion en Europe continentale. Voir. Braillard Philippe et De Senarclens Pierre, *L'impérialisme,* Paris, Presses Universitaires de France (Coll. «Que sais-je?», no. 1816), 1980, 128 p

[84]Cela dit, il faut distinguer diverses formes d'impérialisme. Ainsi, on parlera d'impérialisme culturel. Dans ce cas, un pays peut subir un impérialisme d'un autre sans forcément l'avoir envahi. Les exemples de l'Arabie Saoudite et de l'Iran qui ont subi l'impérialisme Américain, sont évidents, c'est dire que la colonisation ne constitue pas un indicateur absolu d'impérialisme culturel puisqu'il n'est pas généralisable. Mais, il représente bien un élément explicatif et déterminant d'impérialisme culturel. Il faut noter que cet impérialisme pourra aussi s'apprécier à travers la forme de l'indépendance qui semble déterminante puisque c'est à partir

L'impérialisme consistait à développer les exportations et les investissements à l'étranger dans l'intérêt de l'économie nationale.[85] C'était aussi l'expression la plus achevée du capitalisme, à travers le dessein politique.[86] Abondant dans ce sens, Samir Amin observe que l'expansion européenne crée pour la première fois, une véritable périphérie sur la base d'une spécialisation inégale de la production.[87] Selon Wallerstein, l'empire est une unité politique tandis que le système mondial européen est économique, c'est-à-dire que les liens qui en relient les différentes parties sont économiques et non nécessairement ou principalement politiques.[88] L'une des déductions fondamentales qui pourraient être faites ici est relative au lien entre colonisation et capitalisme en Afrique noire. Cela permet de se rendre

---

d'elle qu'on peut détecter l'existence de l'impérialisme culturel. Dans cette optique, certains africains parlaient d'indépendance octroyée aux pays africains. Cette forme d'impérialisme s'aperçoit lorsqu'après que l'ancienne puissance colonisatrice eût soigneusement mis en place une classe dirigeante en vue d'assurer la pérennité de la colonisation sous une forme beaucoup moins perceptible. «C'est "*l'impérialisme par classe dominante nationale*" interposée qui sert de relais entre centre et périphérie. Mais cet impérialisme indirect peut devenir direct si les intérêts de la puissance concernée sont menacés. On sort dans ces conditions de vieux accords de coopération des tiroirs permettant à l'ancienne puissance coloniale d'intervenir militairement pour soi-disant rétablir la "légitimité" du pouvoir légal (exemples du Gabon, du Cameroun déjà cités)». Cf. Gneba Akpale Jacob, *Mass media et impérialisme culturel enAfrique noire : Cas de la radio et de la télévision en Côte d'ivoire*, Thèse de doctorat en Sciences Humaines, 1989, op.cit

[85]Il faudrait remonter à l'origine latine de ce concept où il s'entend "*Imperium*". Alors, le concept impérialisme renvoie à la domination, à la dépendance et au pouvoir d'un empereur ou d'un gouvernement. Cependant, l'impérialisme consiste en une méthode, une politique d'un Etat, l'affirmation d'une recherche de l'extension ou d'expansion territoriale, le contrôle d'un Etat au-delà de ses frontières naturelles. Mais, dans le cas précis de l'Afrique, la base de cet impérialisme provient de la colonisation dont le corollaire est la balkanisation" du continent. Les frontières arbitraires et artificielles constituent en soi un impérialisme car elles permettent un contrôle facile de la part de l'ancienne puissance colonisatrice ou du nouvel allié. Ainsi de la définition donnée par *Gneba Akpale Jacob,* à l'impérialisme, on peut retenir qu'elle : *«est une volonté d'unEtatd'exploiter, de dominer, de contrôler et parfois d'occuper unautre Etat. Ce dernier étant supposé .faible sur les plans: économiqueet militaire».* Cf. Gneba Akpale Jacob, thèse de doctorat en Sciences Humaines, 1989, pp63-64, op.cit

[86]Braillard Philippe et De Senarclens Pierre, op.cit, page 37

[87]Samir Amin, *impérialisme et sous-développement en Afrique*Éditions anthropos1976, p.69

[88]Wallerstein Immanuel, *The Modern World System*: par Samir Amin, *impérialisme et sous-développement en Afrique,* Éditions anthropos1976, pp.69 et 70

à l'évidence selon laquelle la colonisation en Afrique noire marquée par des sociétés dites primitives, entendait créer chez ces peuples des territoires conquis, les dispositions nécessaires afin d'accepter le capitalisme. Néanmoins, il faut dire que cette thèse ne saurait, en aucun cas, contredire l'idée selon laquelle il a existé dans l'Afrique précoloniale, une forme de migration motivée par la recherche de profits. Autrement dit, l'entrée du capitalisme sur le continent noir n'a pu se heurter véritablement à des structures antinomiques. Il a plutôt contribué à alimenter ou encore à étendre les mouvements migratoires qui prévalaient sur le Continent. Si, les migrations volontaires de la période précoloniale étaient très commerciales, cependant, celles de la période coloniale ainsi que celles du début des indépendances, en Afrique de l'Ouest et du Centre, étaient pour la plupart des migrations de mains d'œuvre.

L'Afrique de l'Ouest et du Centre faisaient face, durant les années 1960 et 1970 et, en début des années 1990, à des migrations interétatiques, massives et de diverses natures. Pour juguler ces migrations, encouragées par la globalisation des échanges, les autorités politiques africaines s'engageaient dans une voie de coopération régionale, avec pour objectif final de réaliser l'intégration régionale. Face aux apports énormes de ces migrations et aux difficultés rencontrées par les candidats à la migration, la nécessite d'établir un cadre sous-régional de gestion devient inévitable. En effet, les pays de l'Afrique de l'Ouest, en majorité de petite taille, contrairement à ceux de l'Afrique centrale, ont saisi la nécessité de sortir de leur carcan d'espaces socio-économiques très étroits en vue d'élargir leurs horizons, dans leur quête du développement. La taille d'un pays peut même devenir tout à fait secondaire lorsque celui-ci sait multiplier et faciliter les liens avec d'autres pays de la région ou du monde.[89]

Cette orientation politique vise, à long terme, à accompagner et à soutenir le processus d'intégration régionale en cours en Afrique de l'Ouest et du Centre. Les régions où le processus d'intégration économique est assez avancé sont aussi celles où des initiatives multilatérales de gestion des migrations internationales prennent

---

[89]Réal Lavergne, *Intégration et coopération régionale en Afrique de l'Ouest*, Edition Karthala CRDI, 1996

place. Il en résulte un approfondissement des échanges, de la régionalisation des activités de production et de la transformation de la relation entre acteurs étatiques et non étatiques.[90] Ainsi, l'émergence d'une approche régionale de gestion des migrations internationales tire ses sources dans la tendance globale de l'économie à la régionalisation.[91] Par conséquent, la coopération entre les États sur le plan des politiques migratoires serait donc due à la logique économique sous-tendant l'instauration d'un marché unique.[92] La tendance à la régionalisation produit du processus de globalisation, crée et renforce un cadre pour la consolidation et l'intensification de réseaux migratoires régionaux.[93] En somme, l'intégration régionale demeure inconcevable sans la libre circulation des personnes et des biens qui, au demeurant, ont été le fondement des grands ensembles socioculturels africains pendant la période précoloniale et sur lesquels, les économies à la fois émergentes et établies reposent. Après avoir établi le lien étroit qui existe entre les concepts de libre circulation, coopération régionale et intégration régionale, nous procéderons enfin par la définition desdits termes.

2)- Éclaircissements des termes du sujet

Dans cette sous-partie, nous serons conduits à élucider certains termes clés de notre étude, à savoir, la coopération régionale et l'intégration régionale (a) et la liberté de circulation (b).

[90]Pellerin Hélène. *Intégration économique et sécurité. Nouveaux facteurs déterminants de la gestion de la migration internationale*, Choix, vol. 10, n°3, Montréal-Institut de Recherche en politiques Publiques, avril 2004

[91]Overbeek Henk et Pellerin Helene, (2001), *Neo-liberal regionalism and the management of people's mobility* In Bieler Andreas, et Morton Adam David (éd), *Social forces in the making of the new Europe*, New York, Palgrave, p.&37-157

[92]Geddes Andrew, *The Politics of Migration and Immigration in Europe*, London: Sage, 2003

[93]Cela est facilité par l'existence de nouvelles structures émergentes du marché du travail et de la production, mais aussi comme le résultat d'une série de facteurs spécifiques à la migration tels que la proximité géographique, les affinités culturelles, les liens historiques et les chaînes migratoires. Voir. Lama Kabbanji (Université de Montréal), Dieudonné Ouédraogo (Université de Ouagadougou) et Victor Piché (Université de Montréal), *Politiques migratoires et intégration régionale en Afrique de l'Ouest,* 2005

a-Coopération et intégration régionale

Ces concepts entretiennent tous, d'une manière ou d'une autre, un lien avec la notion de régionalisme. Par conséquent, nous serons tenus d'apporter de brefs éclairages sur ce concept.

Si, le régionalisme est vu comme une approche d'envergure régionale, manière de traiter les questions ou encore de gérer les problèmes sous l'angle régional. Alors, celui-ci implique, dans son adoption, que les différents acteurs puissent arriver, à la mise en commun des ressources et potentialités. Les concepts d'«intégration régionale» et de «coopération régionale» représentent deux facettes distinctes du régionalisme. Ils impliquent dans chacun des cas, des efforts de collaboration entre des pays voisins.[94] Quant à Naceur Bourenane, celui-ci met l'accent sur l'aspect temporel de ces deux concepts. Si, la coopération régionale revêt un caractère plutôt ponctuel et temporaire, défini par des formules contractuelles établies dans le cadre de projets présentant un intérêt mutuel; l'intégration régionale est conçue de façon plus permanente.[95]

La collaboration dans le cadre de l'intégration régionale suppose un certain partage de la souveraineté par la mise en commun de procédures institutionnelles établies.[96] Si selon Ernst Haas, l'intégration régionale est le *«processus par lequel les acteurs politiques des différents champs nationaux sont persuadés de tourner leur fidélité, leurs espérances et leurs activités vers un nouveau grand centre, dont les institutions disposent ou exigent de disposer d'une juridiction sur les États nationaux préexistants»*[97] ; Harry Limbel, y trouve un simple acte traduisant *«le consentement entre deux ou plusieurs nations à œuvrer ensemble sur des objectifs communs, sur des politiques communes qu'elles se sont assignées».*[98] Quant à B. Balassa, il semble aller plus loin puisqu'il considère le concept d'intégration à la fois comme un processus et une situation qui, *«à*

[94]*Op.cit*

[95]Naceur Bourenane, «*Des fondements théoriques et stratégiques de la construction communautaire*» In *CoopérationetIntégration et régionale en Afrique de l'Ouest*, Édition Karthala, 1996, p.63-80

[96]*Op.cit*

[97] Ernst Haas, the *Uniting in Europe*, Stanford University Press, 1958, p. 16. Cité par C. Alger, *L'organisation internationale vue sous l'angle du fonctionnalisme et de l'intégration*, in Abi-Saab (Dir.), *Le concept d'organisation internationale*, UNESCO, Paris, 1980

[98] Harry Limbel, *The International theories of integration*, London, 1964

partir d'une société internationale morcelée en unités indépendantes les unes des autres, tend à leur substituer de nouvelles unités plus ou moins vastes, dotées au minimum du pouvoir de décision soit dans un domaine, soit dans plusieurs déterminés, soit dans l'ensemble des domaines relevant de la compétence des unités intégrées (de façon) *à susciter, au niveau des consciences individuelles, une adhésion ou une allégeance et à réaliser, au niveau des structures, une participation de tous au maintien et au développement de la nouvelle unité».*[99]

Fort de ce qui précède, il en ressort que l'intégration régionale requiert un certain nombre d'éléments : un cadre, un processus, des acteurs et des objectifs.[100] Mais, la planification de cette action dans le

---

[99]B. Balassa, *The theory of economic integration,* Allen and Unwin Press, London, 1964, p.1.

[100]Dans cette perspective, il faut souligner que la régionalisation économique a constitué, durant les années 1960 et 1970x, plus qu'un mode, un instrument de revendication et surtout un moyen d'émancipation tant politique qu'économique des peuples colonisés. Voir. Gnimpieba Tonnang.A, thèse de doctorat droit, 2004, op.cit. Aussi faut-il préciser que si l'intégration régionale est perçue comme une solution de rechange, opposée au renforcement des liens avec le reste du monde, elle est aussi perçue comme un élément d'une stratégie multidimensionnelle et accélérée de décloisonnement aux plans à la fois régional et international. Dans cette optique, elle répond à des impératifs sociaux, culturels et politiques autant qu'économiques. L'intégration régionale est appréhendée comme un processus de construction communautaire plutôt qu'un simple mécanisme d'expansion du commerce régional. Cf. Real Lavergne, 1996, op.cit, p39. Toujours dans cette perspective, une remarque est à faire relativement aux potentialités du processus d'intégration régionale durant la crise économique qui s'est généralisée dans les pays de la zone franc depuis les chocs pétroliers. (Hubert Gerardin, *La zone Franc : La dynamique de l'intégration monétaire et ses contraintes,* Tome 2, 1994. En effet, face à la gravité de cette situation de crise, qui a été relayée par une crise financière et structurelle aux contours nationaux spécifiques, les politiques d'intégration régionale ont été d'un secours considérable pour les États membres de la zone franc. L'intégration économique, notamment, l'appartenance à la zone *franc*, a joué un rôle modérateur dans l'endettement extérieur des partenaires de la France. Elle a contribué, de fait, au retournement de cette position après le second choc pétrolier. Voir. Gérardin Hubert, *La zone franc*: *La dynamique de l'intégration monétaire et ses contraintes*, tome 2, Édition l'Harmattan, 1994, op.cit. L'objet de l'intégration régionale serait orienté vers le souci d'atteindre les objectifs de développement de l'état, notamment, dans un cadre régional, tout en mettant l'accent sur l'efficacité des politiques. Ainsi, l'objectif principal de l'intégration économique serait l'utilisation efficiente des ressources, avec un accent particulier sur la dimension spatiale.Voir. Robson Peter (1987), *The Economics of International Integration*, 3rd Edition (Boston : Allen Unwin)

temps se veut un facteur très important. Ainsi, le temps, en plus d'être l'élément de réalisation de l'action visée, apparaît comme l'instrument de mesure de l'intégration, mais aussi, l'instrument d'évaluation des étapes à réaliser. Selon E.G.Tonnang, le facteur temps permet de mesurer l'ampleur des actions à mener, d'apprécier le rythme et le degré d'engagement des acteurs en même temps qu'il facilite les ajustements à réaliser.[101] Par ailleurs, il faut noter que la construction de l'intégration régionale passe, inévitablement, par la mise en œuvre commune et effective du principe de la libre circulation.

b-La liberté de circulation

La définition de la notion de liberté de circulation, invite à définir dans un premier temps, le concept «liberté», ensuite, à procéder par la définition du concept de circulation. Fort de ce que le droit est une règle de contrainte sociale, la liberté au sens du droit, doit être perçue dans son aspect matériel.[102]Ainsi, elle sera perçue comme l'ensemble des facultés et choix laissés aux individus.[103] Quant à F.A.Hayek, celui-ci ne conçoit la liberté qu'en l'absence de toute contrainte.[104] Par conséquent, il considère que la contrainte intervient quand les actions d'un homme sont soumises à la volonté d'un autre homme, au service, non de son propre dessein, mais du dessein de l'autre. La définition que René Capitant donne à la notion de liberté se veut entière, relativement à l'espace offert au bénéficiaire. Pour lui, la liberté d'un être, c'est son autodétermination.[105]

Ces définitions de la notion de liberté n'intègrent pas forcément l'aspect de la «retenue» ou encore la possibilité d'une soumission.

---

[101]Edouard Gnimpieba Tonnang, thèse de doctorat, mars 2004, p.17, op.cit

[102]Au XVIIIème siècle, suite aux tensions sociales et politiques en Europe, de nouvelles idées germent dans les hautes sphères de la société, c'est le siècle des lumières. Le siècle des lumières aura joué un rôle déterminant dans la définition de ce concept car cette époque en soi était identifiée à ce concept. Ainsi, selon *Emmanuel Kant* (Qu'est-ce que les lumières : 1784) *Les lumières, c'est pour l'homme sortir d'une minorité qui n'est imputable qu'à lui. La minorité, c'est l'incapacité de se servir de son entendement sans la tutelle d'un autre.* Pour Kant, la liberté est la condition essentielle de l'action humaine, exercée à travers la raison.

[103]Jacques Robert et Jean Duffar, *Droits de l'homme et libertés fondamentales*, Édition Montchrestien, 7eme édition, 1999, pp.18 & 19

[104]Friedrich.A.V.Hayek, *La route de la servitude,* PUF Collection, Quadrige, 2002, p130 et s

[105]René Capitant, *Cours pratiques du Droit Public*, 1956-1957, Paris, les cours de Droit, p.32

Alors, elles s'écartent très vite de celle du juriste. En effet, le juriste appréhende la liberté d'agir comme étant le droit ou le pouvoir d'accomplir tel ou tel acte. Par conséquent, cette acception de la notion aboutit à la nécessité d'intégrer dans cette faculté, le caractère licite. Autrement dit, dans sa mise en œuvre, la liberté implique pour son bénéficiaire d'observer une certaine retenue qui découlerait sans nul doute de ce qui est interdit ou n'est pas permis. Néanmoins, il faut dire que cette liberté implique aussi pour les tiers que ceux-ci s'abstiennent de tout acte qui serait de nature à entraver cette liberté. Le cadre approprié pour la jouissance pleine et effective de cette liberté devrait alors être établi de manière à la protéger et à permettre à son bénéficiaire d'y accéder. Il s'agit de la reconnaissance positive de la règle de droit.[106] Ainsi, la position de certains auteurs résiderait dans le fait que si la liberté matérielle se veut la condition de la liberté juridique, par conséquent, le bénéficiaire de la liberté juridique doit être mis en possession de moyens nécessaires à son exercice.[107] Le fait que le bénéficiaire de la liberté juridique doive observer une marge de retenue ou encore éviter de poser des actions qui ne soient pas permises pourrait déduire l'existence d'un corpus juridique plus large.[108] Nous pourrons, de ce fait, parler aisément des libertés publiques qui se distinguent des libertés privées.

---

[106]Dans le cadre du processus d'intégration régionale, la règle de droit, notamment, le Droit Constitutionnel occupe une place déterminante dans l'effectivité de la liberté de circulation. C'est dans cet ordre d'idée qu'il faut inscrire la contribution *d'Omoniyi Adewoye* qui défend l'idée que le constitutionnalisme, sur lequel repose la société de droit, est essentiel à l'intégration régionale. L'auteur considère que le succès de l'Union européenne est dû en partie au fait que cette condition soit satisfaite. Le constitutionnalisme assure la stabilité politique et sociale nécessaire au succès de projets à long terme telle que l'intégration régionale. L'autorité de la loi facilite, enfin, l'interaction humaine au-delà des frontières, grâce aux libertés fondamentales qui en découlent et à la protection qu'offre la loi des contrats. Voir. Adewoye Omoniyi (1996), *Constitutionnalisme et l'intégration économique* In Réal Lavergne (dir.), *Intégration et coopération régionales en Afrique de l'Ouest*, Paris, Edition Karthala, pp371-384

[107]Jacques Robert et Jean Duffar, *Droits de l'homme et libertés fondamentales*, Edition Montchrestien, 7eme édition, 1999, p.20

[108]Dans l'optique de définir la notion de liberté, *René Descartes* considère que : «*...De plus, il faut remarquer que la liberté peut être considérée dans les actions de la volonté avant l'accomplissement ou pendant l'accomplissement. [...] Une plus grande liberté consiste en effet ou bien dans une plus grande facilité de se déterminer, ou bien dans un plus grand usage de cette puissance positive que nous avons de suivre le pire, tout en voyant le meilleur*». Voir. Descartes René, La *liberté* In Lettre au Père Mesland du 9 Février 1645, dans *Œuvres et lettres*, Gallimard

Si, la liberté publique est une liberté accordée à tous d'une façon telle que son exercice par chacun ne conduise, en aucun cas, à porter atteinte à l'exercice de ces mêmes libertés par autrui. Il s'agit alors d'une liberté qui appartient à tous. Tandis que la liberté privée se caractérise par le fait qu'elle n'est réservée qu'à certains. L'intérêt d'une telle distinction réside dans le fait que la première, la liberté publique, plus large, se donne comme la somme des diverses catégories de la seconde. En d'autres termes, les libertés publiques sont constituées par l'ensemble des libertés privées. Ainsi, bon nombre de Constitutions d'États africains parlent de libertés publiques.[109] Cette consécration des libertés publiques s'accompagne d'une déclinaison de celles-ci en libertés individuelles et auxquelles l'État doit apporter une certaine protection (Article 7 & 8 Constitution de la République du Sénégal du 22 janvier 2001).[110] Cette

---

Bibliothèque de la Pléiade p1177-1178 1970. L'action des individus dits libres est ici mise en exergue dans l'acception de cette notion polysémique. Cette action qui se fonde sur la volonté de celui qui agit implique aussi et surtout l'existence d'un cadre limitant celle-ci. Selon Descartes, la liberté de la pensée a pour condition la liberté de la volonté et c'est dans l'expérience de la pensée que nous expérimentons avec le plus de clarté la liberté de la volonté. Le cogito, le «je pense» est un cogito volontaire. La volonté est la seule faculté qui, en elle-même, est infinie «*en sorte que c'est elle principalement qui me faitconnaître que je porte l'image et la ressemblance de Dieu*». Ceci implique que soit établie une autorité qui guide et contrôle l'exercice de ces libertés. Dans cette perspective, la liberté est définie par *Montesquieu* comme «*le droit de faire tout ce que les lois permettent*» (*EdL*, XI, 3), et il soutient que celle-ci n'est pas liée à un régime en particulier : «*un peuple libre n'est pas celui qui a telle ou telle forme de gouvernement, écrit-il dans ses Pensées : c'est celui qui jouit de la forme de gouvernement établie par la Loi...* », (*Mes pensées* In *OEuvres complètes*, éd. R. Caillois, Paris, Gallimard, 1951, n° 631 (884), t. 1, p. 1152.)

[109]Voir. Constitution Sénégalaise du 22 janvier 2001, en son Titre II : Des libertés publiques et de la personne humaine

[110]Cette conception de la liberté politique qui ne s'identifie pas à une quelconque forme de participation à l'exercice du pouvoir, mais recoupe davantage la sécurité juridique, la sûreté, est susceptible de se retrouver aussi bien dans les monarchies modérées que dans les républiques : elle «*n'est pas plus éloignée du trône que d'un sénat ; et tout homme est libre qui a un juste sujet de croire que la fureur d'un seul ou de plusieurs ne lui ôteront pas la vie ou la propriété de ses biens*». (*Mes pensées* In *OEuvres complètes*, éd. R. Caillois, Paris, Gallimard, 1951, n° 631 (884), t. 1, p. 1152.) Dans de telles conditions, seul le despotisme, fondé sur le caprice et l'absence de toute règle, doit être écarté : l'arbitraire qui y règne exclut l'idée même de liberté. Voir. Gojosso Éric, *L'encadrement juridique du pouvoir selon Montesquieu : Contribution à l'étude des origines ducontrôle de constitutionnalité*, Revue française de droit constitutionnel, 2007/3 n° 71, p. 499-512

reconnaissance juridique de la notion de liberté dans les textes fondamentaux et autres normes juridiques nationales s'inspirent, majoritairement, des textes fondateurs des droits de l'homme.[111] Fort de ces quelques précisions liminaires sur le concept de liberté, il nous appartient maintenant de nous atteler à définir la notion de circulation. Le terme "circulation" renvoie à un ensemble de mouvements. Selon, le dictionnaire Larousse (Le Petit Larousse compact 2004), il faut entendre par circulation, le déplacement de personne, de véhicules sur une ou plusieurs voies, on parle aussi de trafic. Outre cela, le Larousse définit la circulation comme des échanges économiques, ensemble de transactions, ou encore le mouvement de la masse monétaire en un temps donné. On parle alors de circulation monétaire. Dans le contexte de l'intégration régionale, la notion de circulation concerne des mouvements humains ainsi que leurs activités qui vont au-delà des frontières de l'État.[112] Partant de cette idée, il apparaît que les activités pourraient porter aussi bien sur des services que sur des biens ou produits bruts ou manufacturés transportés. Alors, on pourrait en déduire qu'il s'agit bien de la liberté de circulation des personnes et avec elle, celle des biens et des services.[113]

---

[111]Ainsi, l'article 13 de la Déclaration Universelle des Droits de l'Homme de 1948, dispose : *« ...Tout être humain a le droit à la liberté de mouvement et de résidence à l'intérieur de tout pays y compris le sien. Tout être a le droit à la liberté de quitter tout pays y compris le sien... »*

[112]Au-delà du simple concept de libre circulation, il est question de la notion de libéralisme qui apparaît aujourd'hui comme une doctrine politique et économique compréhensive du monde contemporain où il implique : extension de la démocratie liée aux droits, autonomisation de la société civile par rapport à l'État, individualisation des aspirations sociales, globalisation de la loi du marché et des échanges. Voir. Alcuat.D, Bouvet.L, Contamin.J.G, Crettiez.X, Morel.S et Rouyer.M, *Dictionnaire de Science Politique,* Institut d'Études Politique (IEP), Éditions Dalloz, Paris, 2010. L'individu est ainsi mis au cœur du système et de la doctrine philosophique du libéralisme, né au XVIIe siècle. Un nouvel ordre mondial est établi, marqué par des institutions politiques fondées sur des principes libéraux d'organisation, de représentation, de séparation et d'équilibre des pouvoirs, comme le démontre Montesquieu dans l'esprit des lois (1754).

[113]En effet, c'est l'histoire économique qui serait ici mise en exergue en tant que mouvement progressif d'intégration des marchés, cela depuis les localités les plus reculées jusqu'au marché planétaire actuel, en passant par les marchés régionaux, nationaux puis internationaux. L'épanouissement du commerce international traduirait ainsi l'extension du principe de division du travail à l'échelle mondial, la baisse du coût des transports aidant. Voir. Adda Jacques, *La mondialisation de l'économie : Genèse et problèmes,* Édition La Découverte, 7ème édition, Paris, 2005

À juste titre, alors, cette définition implicite que la CEDEAO donne à la notion de liberté de circulation, à travers l'article 3d-iii de son Traité.[114] Cette acception de la liberté de circulation est assortie d'une définition plus explicite donnée par l'article 2 du Protocole additionnel sur la libre circulation des personnes, le droit de résidence et d'établissement de la CEDEAO.[115] Quant à la Communauté Économique des États d'Afrique Centrale (CEEAC), elle fait de cette liberté de circulation, l'un des objectifs principaux de la communauté.[116]

À la lumière de ces explications, la liberté de circulation s'entendrait, dans le contexte de l'intégration régionale, comme la liberté d'aller et de venir, la liberté de quitter tout pays y compris le sien, le droit de circuler librement et de choisir librement sa résidence sur le territoire d'un État. Cette liberté est assortie de la condition pour tout bénéficiaire, d'être dans la légalité, c'est-à-dire en conformité avec les normes et les lois établies au plan national. Par conséquent, la liberté de circulation implique pour le citoyen communautaire, la faculté de jouir de droits, lui permettant d'effectuer ses mouvements sur le territoire de la communauté. Par ailleurs, elle impose à l'État de prendre les dispositions nécessaires en vue de sa protection et de sa pleine jouissance par le citoyen communautaire.[117] En contrepartie, le

---

[114]Voir l'article 3d-iii du Traité révisé de la Communauté Economique des Etats d'Afrique de l'Ouest (CEDEAO), qui dispose: *«...la création d'un marché commun par la suppression entre les Etats Membres, des obstacles à la libre circulation des biens, des services, des services et des capitaux ainsi qu'aux droits de résidence et d'établissement».*

[115]Voir article 2 du Protocole additionnel sur la libre circulation des personnes, le droit de résidence et d'établissement de la CEDEAO, qui dispose : *«Les citoyens de la Communauté ont le droit d'entrer, de réaliser et de s'établir sur le territoire des Etats membres».*

[116]Voir l'article4-al 2-e de la Communauté Économique des États d'Afrique Centrale (CEEAC), qui dispose *: « ...la communauté a pour objectifs la suppression progressive entre les Etats membres, des obstacles à la circulation des biens, des services, des capitaux et au droit d'établissement... ».*

[117]Dans ces conditions, les actions publiques ou les actes étatiques doivent eux aussi faire l'objet de limitations. En effet, menacé de corruption, le prince est conduit à opprimer les sujets ou citoyens tant il est vrai que «*tout homme qui a du pouvoir est porté à en abuser*» Pour inscrire durablement la modération au cœur de l'État et éviter tout abus de la part des gouvernants, il faut mettre en place des mécanismes institutionnels. Voir. Gojosso Éric, *L'encadrement juridique du pouvoir selon*

citoyen communautaire se doit d'observer la législation du pays d'accueil; en outre de se conformer à la législation communautaire en vigueur en la matière. Nous pouvons constater aussi que l'objectif principal recherché par ces entités en charge de l'intégration régionale est d'instituer un citoyen communautaire.[118] En effet, c'est ce citoyen qui est au cœur de tous ces mouvements. Autant, il est l'élément moteur des activités de production autant il anime les services qui à leur tour sont les utilisateurs principaux des biens produits. Fort de ces constats, il serait utile de reconnaître que la liberté de circulation concerne plus la personne et avec elle, ses activités. Mais aussi faudrait-il convenir de ce qu'elle n'est effective que dans un espace ou encore sur un territoire prévu à cet effet. Dans l'optique de notre étude, elle concernera l'espace territorial Ouest et Centre du continent Africain. Fort de cela, il nous appartient de donner quelques précisions liminaires sur les objets de notre étude.

Paragraphe II : Délimitation de l'étude

Dans le souci de donner une orientation précise à notre étude, nous nous emploierons à la lumière des précisions ci-dessus, à délimiter le sujet, à travers la délimitation spatio-matérielle du sujet(A) et la problématique du sujet (B).

A-Délimitation spatio-matérielle de l'étude

Il sera ici question de nous atteler à identifier l'espace concerné par notre étude (1) avant d'en préciser l'objet(2).

1-Délimitation géographique

Il s'avère utile de présenter ces espaces concernés par notre étude (a) avant toute délimitation spatiale du sujet (b).

a-Présentation des espaces concernés par notre étude

Des cinq grandes sous-régions du continent africain, ce sont l'Afrique de l'Ouest et l'Afrique Centrale qui nous intéressent dans le cadre de notre étude. Aussi mettrons-nous l'accent sur l'Afrique de l'Ouest (a-i) et l'Afrique Centrale (a-ii). Par conséquent, il nous sera

---

Montesquieu : Contribution à l'étude des origines ducontrôle de constitutionnalité, Revue française de droit constitutionnel, 2007/3 n° 71, p. 499-512

[118]Garot Marie josé, *La citoyenneté de l'Union européenne,* Collection Logiques Juridiques dirigées par Gérard Marcou, L'Edition l'Harmattan, 1999, pp14-15

loisible de mettre l'accent sur les principales Communautés Économiques Régionales (a-iii). Il s'agit de la Communauté Économique des États de l'Afrique de l'Ouest (CEDEAO), la Communauté Économique des États de l'Afrique Centrale (CEEAC) et la Communauté Économique et Monétaire de l'Afrique Centrale (CEMAC).

a-i)-Afrique de l'Ouest

L'Afrique de l'Ouest est composée de seize (16) États, avec une population estimée à environ 300 millions d'habitants, soit 43% de la population de l'Afrique subsaharienne. Cette population vit sur un territoire composé de seize États de langue anglaise, lusophone et française.[119] Les États de langue française étaient regroupés, durant la période coloniale, au sein du territoire de l'Afrique de l'Ouest Francophone (AOF). L'AOF couvrait une superficie de 4.634.000 km^2, avec trois grands types de climats. Au sud des pays côtiers, l'on trouve le climat équatorial ou guinéen. Sur la grande partie de l'hinterland, l'on rencontre le climat soudanien. Au nord du 15e parallèle, l'on rencontre le climat sahélien.[120] La population autochtone pouvait se repartir historiquement et sur le plan ethnique en trois grands groupes.[121] Ces groupes ethniques se remarquent par le fait qu'ils rassemblent les grandes races de peuplement.[122]

[119]Les États de langue anglaise de l'Afrique de l'Ouest sont: La République de la Gambie, le Ghana, le Liberia, la République Fédérale du Nigéria et la Sierra-Leone ; Les États de langue française regroupent : Le Burkina-Faso, le Bénin, la Côte d'ivoire, la Guinée, le Mali, la République Islamique de la Mauritanie, le Niger, le Togo et le Sénégal ; Les États de langue lusophone sont : La Guinée-Bissau et le Cap-Vert.

[120]Joseph Roger de Benoist, *Afrique Occidentale Française : de 1944 à 1960,* Les Nouvelles Éditions Africaines, 1982

[121]Il s'agit des populations de peau blanche (Maures et Touregs, hommes du désert, éleveurs de chameaux et de moutons, implantées en Mauritanie et dans les zones sahariennes du Soudan Français et du Niger). Il aussi des populations de peau métissée (Peul, qui serait venus du nord-est au cours du premier millénaire de notre ère, et leurs cousins, Toucouleur, Sarakolé, les Peul se retrouvent dans toute l'Afrique Occidentale Francophone (AOF). Enfin, il est question des populations de peau noire, représentées principalement par les groupes mandingue (Bambara entre les fleuves Sénégal et Niger ; Malinké et Soussou de Guinée, Dioula entre le Bani et la Volta), Songhaï (sur le Moyen-Niger, de Macina a la région de Say où ils sont appelés Djerma), Voltaïque (Mossi et leurs cousins Senoufo, Bobo, Gourounsi, Lobi), Soudano-guinéen (Fon, Ewé, Ashanti, Agni, Baoulé, des zones côtières).

[122]Le besoin pour nous de présenter certaines des ethnies qui peuplent les grandes régions de l'Afrique de l'Ouest et du Centre répond au fait que notre étude essaie de

Les populations de peau noire comprennent des groupes moins importants (Wolof, Dogon, Attié, Krou, Guerze, etc.) se retrouvent dans diverses régions.[123]

a-ii)-Afrique Centrale

L'Afrique Centrale couvre un territoire d'une superficie de 5,3 millions de Km^2 soit 14% de la superficie totale de l'Afrique subsaharienne et une population estimée à environ 105,5 millions d'habitants soit 5% de la population totale de l'Afrique subsaharienne. Les populations de l'Afrique Centrale appartiennent à différents groupes ethniques[124] dont les majoritaires sont les Bantou, les

---

montrer l'intérêt que les programmes et politiques d'intégration régionale pourraient tirer en mettant l'accent sur la dimension linguistique. Cela s'expliquerait aussi par le fait que la problématique de la dimension linguistique se veut transversale d'autant plus qu'elle entretient divers liens avec plusieurs matières. Aussi, d'une certaine manière, l'usage qu'en font certains acteurs politiques engendre pour les espaces concernés désolation et destruction. Ce fut le cas en Côte d'Ivoire, ensuite au Rwanda. Ainsi, l'antagonisme ethnique revêtirait une vertu agonistique, comme l'opium du peuple et sa vertu dormitive. En 1998, le Président Robert Mugbabe et son homologue angolais le Président Dos Santos, interviennent pour soutenir le Président Joseph Kabila, contre l'agression ougando-rwandaise. De l'analyse que fait *le Monde* (21 août 1998) de cette situation, il s'agit d'une alliance bantoue «groupe ethnique qui peuple toute la moitié méridionale de l'Afrique» dirigée contre les régimes *tutsis* au pouvoir au Rwanda, au Burundi et en Ouganda. Voir. J.P.Chretien et G.Prunier, *Ethnies, ethnicité, ethnicismes : Un défi à la compréhension de l'histoire ancienne et récente de l'Afrique* In *Les ethnies ont une histoire,* Édition Karthala 2003. Nombreux sont les conflits qui, depuis que l'Afrique a, dans son ensemble, accédé à l'indépendance, ont été catalogués comme tribaux. Qu'il s'agisse des heurts entre Baluba et Lulua au Congo-Léopoldville en 1960 ou des pogroms survenus au Nigeria en 1966, nombre d'observateurs ont vu dans ces explosions de violence un «retour au passé» précolonial, l'impuissance des gouvernements en place à maintenir et à créer un Etat uni, une nation capable de se développer et de faire face aux exigences de la modernisation. Voir. Bonzon Suzanne, *Modernisation et conflits tribaux en Afrique noire.* In: Revue française de science politique, 17e année, n°5,1967. pp. 862-888

[123]Joseph Roger Benoist, *L'Afrique de l'Ouest Française : De 1944 à 1960,* Les Nouvelles Éditions Africaines, p12

[124]Si à bien des égards, cette diversité ethnique a pu profiter à la cohésion qu'elle arrive à créer au sein de groupes et communautés éparpillées un peu partout, cependant, elle est au cœur de la majorité des conflits qui mine cette sous-région. Selon *Xavier.B.Kitsimba,* le fait ethnique a longtemps été l'élément déclencheur des crises politico-militaires en Afrique Centrale, notamment au Congo. En effet, il considère que depuis l'accession du Congo à l'indépendance en 1960, la question ethnique a toujours été au centre de toutes les mutations qui se sont opéré aussi bien sur le plan politique que sur le plan social. Déjà en 1959 alors que le pays était

Pygmées, les Fang, les Hutu et les Tutsi. Les Pygmées vivent au Cameroun, dans la République centre africaine, la Guinée Équatoriale, le Gabon, la République du Congo, la République Démocratique du Congo, l'Ouganda, le Rwanda et le Burundi. Ils sont constitués de plusieurs groupes distincts incluant les Bagyéli, les Baka, les Bongo, les Efe, les Mbuti, les Sua et les Twa. On estime qu'ils représentent de 300 à 500.000 personnes. Ils sont des chasseurs-cueilleurs.[125] Du Rwanda au Burundi en passant par la République Démocratique du Congo et en Ouganda, les groupes ethniques que l'on trouvera le plus sont les Tutsi et les Hutu. Quant au groupe ethnique Fang, on peut les trouver au Cameroun, au Gabon[126], en Guinée-Équatoriale, en République Centrafricaine.[127] Le groupement ethnique les Bantou est éparpillés sur le territoire de l'Afrique Centrale, à travers : le Cameroun, le Congo, la République Démocratique du Congo (RDC).[128]

L'Afrique Centrale qui regroupe dix (10) États[129] est dominée par trois zones écologiques. La zone forestière dominée par les forêts du Bassin du Congo est le deuxième massif forestier mondial. Ensuite, la

---

encore sous contrôle de la puissance coloniale, de violents affrontements opposèrent les ressortissants de la région du Pool à ceux des régions du nord. Ce conflit qui fît de nombreuses victimes posa les bases de l'institutionnalisation d'un parti unique en 1964. À cette époque, le parti unique était présenté comme le symbole de l'unité nationale. En 1990, la vague de démocratisation qui secoue une grande partie des pays de l'Afrique noire francophone n'épargne pas le Congo qui, dès 1991, redéfinit son système politique en optant pour le pluralisme politique. Durant toute cette période, le Congo s'est inscrit dans un cycle de violence entre les différentes composantes de sa population. Voir. Kitsimbou Xavier Bienvenu, *La démocratie et les réalités ethniques au Congo,* Thèse de Doctorat en Sciences Politiques, Université de Nancy II, Octobre 2001

[125]Dorothy Jackson, *La situation sanitaire des femmes et des enfants chez les Pygmées d'Afrique centrale,* ArticleIn "Peuples autochtones d'Afrique et les Objectifs du Millénaire" Collection Questions autochtones GITPA IWGIA FRANCE/ L'Harmattan 2007 pp71-88.(www.unesco.org/culturel)

[126]Gaulme François, *Le Gabon à la recherche d'un nouvel ethos politique et social,* In Revue Politique Africaine "Gabon", pp50-62

[127]Kalck Pierre, *Histoire centrafricaine : Des origine à 1966*, 1ère Edition, L'Harmattan 1992,p 66-67

[128]Rusamira Etienne, «*La dynamique des conflits ethniques au Nord-Kivu : une réflexion prospective*» In Afrique contemporaine, 2003/3 no 207, p. 147-163. DOI : 10.3917/afco.207.0147

[129]Les États de l'Afrique Centrale sont : Le Burundi, le Cameroun, la République Centrafricaine, le Tchad, la République Démocratique du Congo (RDC), la Guinée Equatoriale, le Gabon, la République du Congo, le Rwanda et Sao Tomé et Principe.

zone soudano-sahélienne comprenant les zones subhumides, subarides et arides des basses altitudes est dominée par les écosystèmes des savanes arborées et arbustives du Tchad, du Cameroun et de la RCA. Enfin, la zone de savane d'altitude localisée dans les hautes altitudes de la zone soudano-sahélienne y compris les zones de fortes densités démographiques comme les hautes terres du Cameroun, du Burundi et du Rwanda. Le territoire de l'Afrique Centrale compte des ex-colonies belges et françaises qui ont toutes en commun le français. Ainsi, l'Afrique Équatoriale Française (AEF) qui date de la période coloniale était une fédération d'États de l'Afrique Centrale qui avaient en partage la langue française. Cette fédération de l'AEF s'étendait sur une superficie de 2.510.000 km^2 et est restée en vie de 1910 à 1958. Elle regroupait les anciennes colonies devenues à l'indépendance, l'État : du Gabon, du Tchad, du Congo Brazzaville et de la Centrafrique.

a-iii)- Communautés Économiques Régionales de l'Afrique de l'Ouest et du Centre

Il s'agit de s'intéresser aux CER suivantes : la CEDEAO, la CEEAC et la CEMAC.

-Communauté Économique des États de l'Afrique de l'Ouest

Actuellement principale organisation en charge de l'intégration sous-régionale sur tout le territoire de l'Afrique de l'Ouest, la CEDEAO a été créée en 1975. Mais, avant elle, il faut dire qu'il a existé une autre organisation à laquelle d'ailleurs, la CEDEAO a succédé, la Communauté Économique de l'Afrique de l'Ouest (CEAO).

La CEAO a été créée en 1972 avec pour objectif de réaliser l'intégration économique de ses membres.[130] Il faut préciser que la CEAO, elle-même a succédé à l'Union Douanière de l'Afrique de l'Ouest (UDEAO), avant d'être dissoute le 14 mars 1994 et remplacée par l'UEMOA. C'est à partir de 1978 qu'elle se transformera en CEDEAO. En effet, un accord sur la libre circulation des personnes avait été signé entre les États membres de la CEAO, mais jamais

[130]La Communauté Économique de l'Afrique de l'Ouest (CEAO) regroupait huit (8) États membres de l'Afrique de l'Ouest. Il s'agit des pays suivants : le Bénin, le Burkina Faso, la Côte d'Ivoire, le Mali, la Mauritanie, le Niger et le Sénégal.

appliqué. Cet accord a été délaissé par les parties signataires qui lui ont préféré celui de la CEDEAO de 1979, sur la libre circulation des personnes, le droit d'établissement et de résidence. Ainsi, les États membres de la CEAO consacraient la CEDEAO dont ils avaient signé le Traité, le 25 mai 1975. C'est à partir de 1978 que la CEDEAO deviendra opérationnelle. Elle regroupait à sa création, les seize (16) États de l'Afrique de l'Ouest. Il s'agit des pays suivants : le Bénin, le Burkina Faso, le Cap-Vert, la Côte d'Ivoire, la Gambie, le Ghana, la Guinée Conakry, la Guinée-Bissau, le Libéria, le Mali, le Niger, le Nigéria, Sierra Leone, le Sénégal, la Mauritanie et le Togo. Aujourd'hui, elle n'enregistre plus que quinze (15) États membres, car la Mauritanie s'en est retirée en 2001.

L'espace CEDEAO s'étend sur une superficie de 5,1 millions de km^2 soit 17% de la superficie totale de l'Afrique. La CEDEAO a pour mission de promouvoir la coopération et le développement dans tous les domaines de l'activité économique, d'abolir à cette fin les restrictions au commerce, de supprimer les obstacles à la libre circulation des personnes, des biens et des services et d'harmoniser les politiques sectorielles régionales. L'objectif majeur reste la constitution d'un vaste marché commun ouest-africain et la création d'une union monétaire. Dans l'espace CEDEAO, l'on peut dénombrer deux grandes institutions d'intégration régionale. Il s'agit de l'Union Monétaire et Économique de l'Afrique de l'Ouest (UEMOA) et de la Zone Monétaire de l'Afrique de l'Ouest (ZMAO). Créée en janvier1994, l'UEMOA a pour objectif de réaliser l'union monétaire et douanière de ses membres. Elle compte huit des pays de l'Afrique de l'Ouest: le Bénin, le Burkina Faso, la Côte d'Ivoire, la Guinée-Bissau, le Mali, le Niger, le Sénégal et le Togo. Ces États ont en commun une même monnaie, à savoir le franc de la Communauté Française d'Afrique (F.CFA). L'UEMOA est une transformation de l'Union Monétaire de l'Afrique de l'Ouest (UMOA) adoptée en 1987 pour résoudre les problèmes causés aux transactions intra-régionales, par la multiplicité des monnaies inconvertibles. L'une des raisons avancées pour sa dissolution qui a entrainé celle de la CEAO, résiderait dans l'inquiétude persistante de l'hégémonie du Nigéria sur la CEDEAO.[131]

Quant à la ZMAO, elle a été créée en juillet 2005 et regroupe cinq pays membres de la CEDEAO ayant chacun sa propre monnaie.[132] À long terme, ces différentes entités économiques envisagent de fusionner afin de former l'union monétaire de l'Afrique de l'Ouest. Selon l'article 2 du Traité instituant la CEDEAO, celle-ci a pour principal objectif l': «*accélération de la coopération économique et le développement de ses membres et de la sous-région dans son ensemble*». Afin de réaliser l'intégration sous-régionale, la CEDEAO s'est dotée en 1979 d'un Protocole sur la libre circulation des personnes, le droit d'établissement et de résidence et de deux autres protocoles additionnels.

Au vu des nombreuses organisations sous-régionales en charge des questions d'intégration régionale, la Conférence des chefs d'État et de gouvernement de la CEDEAO réunie à Abuja en 1991 a décidé de ne maintenir qu'une seule CER, la CEDEAO. Elle avait ainsi l'entière responsabilité de définir les politiques d'intégration et d'assurer le suivi du processus global d'intégration régionale. Les États francophones, membres de la CEDEAO ne partageant pas trop cet avis, ont alors décidé de se replier au sein de l'UEMOA.[133] La position de ces États a davantage été motivée par l'orientation donnée à la CEDEAO à travers l'article 2 de son Traité révisé. Selon les dispositions de cet article, à terme, la CEDEAO deviendra l'unique communauté économique de la sous-région.[134]

Fort de cela, les Chefs d'État de la sous-région convenaient d'harmoniser leur vision de l'intégration régionale, en favorisant l'émergence d'une seule entité technique dédiée à cette fin ainsi que la mise en place d'un cadre politique unique. Ce cadre devrait arriver à

---

[131]Olatunde.J.B.Ojo, *L'intégration dans le cadre de la CEDEAO : succès et difficultés* In *Régionalisation, mondialisation et fragmentation en Afrique Subsaharienne,* Édition Karthala 1998, pp.165-173

[132]La Zone Monétaire de l'Afrique de l'Ouest (ZMAO) regroupe les États suivants : République de Guiné, Libéria, République Fédérale du Nigéria, Sierra Leone et Ghana.

[133]Bundu Abass, *La CEDEAO et l'avenir de l'intégration régionale en Afrique de l'Ouest* In Real Lavergne, *Intégration et coopération régionale en Afrique de l'Ouest*, Edition Karthala, Paris, 1996,pp 41-61

[134]*Op.cit*

prendre toutes les grandes décisions orientées vers la réalisation de l'intégration économique et politique de la sous-région. Pour ce faire, la CEDEAO devrait pouvoir contenir les ambitions et diverses tendances politiques dans la sous-région. Partant, elle devait arriver à réunir autour d'un même idéal les défenseurs et les opposants à la CEAO. Aussi, pour ces nombreuses considérations, l'un des objets de notre étude, consiste à passer en revue cette organisation sous-régionale ainsi que certains de ces grands chantiers.

Nous essaierons de donner quelques éclaircissements sur la CEEAC et la CEMAC.

- Communauté Économique des États de l'Afrique Centrale (CEEAC)

La CEEAC a été créée en 1983 à Libreville et s'étend sur un territoire d'une superficie de 6.640.600 $Km.^2$ .Tombée dans une léthargie d'une dizaine d'années, aujourd'hui, elle est dotée d'un mandat de mise en place d'un mécanisme de prévention des conflits et de gestion des crises en Afrique Centrale. En effet, instituée en 1983, la CEEAC avait comme mandat, d'une part le dialogue politique dans la région et d'autre part, la création, sur une période de douze ans minimum et vingt ans maximum, d'une union douanière et l'établissement de politiques sectorielles communes. Cependant, du fait des conflits, de l'insuffisance institutionnelle, du faible engagement des États, celle-ci n'a pu mener d'actions concrètes. C'est à la faveur de la Conférence de Malabo en 1999, qu'elle sera remise sur pied. La CEEAC regroupe dix (10) États membres, [135]compte une population estimée à 123. 933.000 habitants, en 2006.

La CEEAC est partie intégrante de l'Architecture Africaine de Paix et de Sécurité (APSA), structure continentale fondée sur les dispositions du Protocole portant création du Conseil de Paix et de Sécurité (CPS) de l'Union Africaine (UA) et précisée dans le Mémorandum d'Entente signée en janvier 2008 entre l'UA et les Communautés économiques régionales (CER), dont la CEEAC.[136] La

[135]La Communauté Économique des États de l'Afrique Centrale (CEEAC) regroupe dix (10) États membres qui sont: Cameroun, Centrafrique, Congo, Gabon, Guinée Équatoriale et Tchad, République Démocratique du Congo (RDC), Rwanda, Burundi et Angola.

[136]Tout commence avec la Déclaration de Syrte, lors de la 4ème session extraordinaire de la Conférence des Chefs d'États et de Gouvernement de l'Organisation de l'Unité Africaine (OUA), du 19 Septembre 1999, relative à la mise en place d'un

nouvelle mission de la CEEAC s'inscrit dans un contexte de conflit régional que connaissent les États de l'Afrique Centrale. En outre, l'engagement des États de l'Afrique Centrale pour une intégration se traduit très timidement et cela se ressent sur l'existence précaire des institutions en charge de la question.

Ainsi, l'on assiste en Afrique Centrale, à un ensemble régional qui n'existe et ne maintient sa cohésion que grâce à la prédominance des forces centrifuges sur les forces centripètes. Par conséquent, le territoire de la sous-région se voit menacé de désintégration et les institutions existantes ploient sous le poids des problèmes de dysfonctionnement et de désarticulation.[137] La CEEAC n'a pas pu échapper à ces difficultés qui l'ont du reste plongée dans une longue léthargie. Dans notre étude sur le processus de l'intégration régionale en cours en Afrique Centrale, nous porterons un regard analytique sur cet instrument d'intégration sous-régionale.

- Communauté Économique et Monétaire de l'Afrique Centrale (CEMAC)

L'Union Douanière et Économique d'Afrique Centrale (UDEAC), instituée par le Traité de Brazzaville du 8 décembre 1964, comprenaient les 4 pays de l'AEF et le Cameroun. Ils seront rejoints

---

Mécanisme de stabilité, de développement et de coopération pour l'Afrique, le plutôt possible. Mais, il faut dire que l'Architecture Africaine de Paix et de Sécurité (APSA) a été lancée par l'Union Africaine (UA) en 2002. L'Architecture africaine de paix et de sécurité comprend des mécanismes tels que le Conseil de Paix et de Sécurité de l'UA, un Système d'alerte rapide à l'échelle du continent, un Conseil des sages qui fait office d'organe de médiation renforcé, une Force africaine en attente et un Cadre politique de reconstruction post-conflit. Cette architecture continentale est complétée par les mandats et les activités des organisations sous-régionales. Les organisations sous-régionales, partie intégrante de l'AAPS, accroissent actuellement leur collaboration avec l'UA et renforcent leurs capacités dans les domaines de la prévention, de la médiation et du règlement des conflits. C'est dans cette optique que s'inscrit la mise en place du Conseil de Paix et de Sécurité en Afrique Centrale (COPAX). (Extrait du rapport de "8 ème Réunion du Forum pour le Partenariat avec l'Afrique, tenue à Berlin, en Allemagne 22-23 mai 2007, APF/BER-2007/01)Le Protocole relatif au Conseil de Paix et de Sécurité en Afrique Centrale (COPAX), Malabo(Guinée-Équatoriale), du 24 février 2000, dispose en son article 2 : «*Le COPAX est créée par la décision n°001/Y/Fev, du 25 février 1999, prise à Yaoundé par les Chefs d'Etat et de Gouvernement d'Afrique Centrale, est l'organe de concertation politique et militaire des Etats membres de la CEEAC, en matière de promotion, de maintien de la paix et de la sécurité*».

[137]Hartshorne Richard, "*The Functional Approach in Political Geography*" in Annals of Association of American Geographers. SL. Juin 1950, pp95-130

par la Guinée Equatoriale en 1983. L'UDEAC s'étendait sur 3 millions de km^2. Les Chefs d'État réunis à Ndjamena, le 16 mars 1994 décidèrent de créer la Communauté Economique et Monétaire de l'Afrique Centrale (CEMAC), en vue de remplacer l'UDEAC.

Depuis 1999, la CEMAC est l'organisation d'intégration de référence qui vise la création d'un marché commun. Elle a pour mission essentielle de promouvoir le développement harmonieux de ses six (6) États membres dans le cadre de l'institution d'un véritable marché commun.[138] Les États membres ont en commun une monnaie, le Franc de la Communauté Française d'Afrique (F.CFA)[139] ainsi qu'une politique monétaire commune. L'Union Monétaire créée en 1999, consolide les acquis des conventions bilatérales (États membres-BEAC et BEAC-France) qui garantissaient la convertibilité du F.CFA avec le Franc Français (FF). Actuellement le FCFA est rattaché directement à l'€uro.[140]

---

[138]Les États membres de la Communauté Économique et Monétaire des États de l'Afrique Centrale (CEMAC) sont : Le Cameroun, la Centrafrique, le Congo, le Gabon, la Guinée Équatoriale et le Tchad. Aussi, lui est-il assignée la réalisation des objectifs suivants : Mettre en place un dispositif de surveillance multilatéral des politiques économiques des États membres ; Assurer une gestion stable de la monnaie commune ; Sécuriser l'environnement des activités économiques et des affaires en général ; Harmoniser les réglementations des politiques sectorielles dans les domaines essentiels prescrits par les textes organiques (agriculture, élevage, pêche, industrie, commerce, transport et télécommunications, énergie et environnement, recherche, enseignement et formation professionnelle.) ; Créer un marché commun basé sur la libre circulation des personnes, des biens, des capitaux et des services.

[139]Le franc de la Communauté Française d'Afrique (F.CFA) est né le 26 décembre 1945, jour où la France ratifie les accords de Bretton Woods et procède à sa première déclaration de parité au FMI. Il signifie alors "franc des Colonies Françaises d'Afrique". Le 1er janvier 1960, il devient " franc de la Communauté Financière Africaine". Aujourd'hui, l'appellation franc CFA signifie "franc de la Communauté Financière d'Afrique" pour les pays membres de l'UEMOA, et "franc de la Coopération Financière en Afrique Centrale" pour les pays de la zone BEAC. Le Franc CFA est la dénomination de la monnaie commune de 14 pays africains membres de la Zone Franc. Il s'agit des États suivants : (A)-Le Bénin, le Burkina, la Côte d'Ivoire, la Guinée Bissau, le Mali, le Niger, le Sénégal et le Togo, qui constituent l'Union Economique et Monétaire Ouest Africaine (UEMOA), dont l'Institut d'émission est la BCEAO ; (B)-Le Cameroun, la Centrafrique, le Congo, le Gabon, la Guinée Equatoriale et le Tchad, qui constituent la Communauté Economique et Monétaire de l'Afrique Centrale (CEMAC), dont l'Institut d'émission est la Banque des États de l'Afrique Centrale (BEAC). www.bceao.int

[140]Quant à la convertibilité du Franc de la Communauté Française d'Afrique (F.CFA), elle est facilitée par la monnaie de l'ancienne puissance coloniale, la

Après ces éclaircissements relatifs au territoire faisant l'objet de notre étude, il nous appartient maintenant de procéder par une délimitation spatiale du sujet afin de nous rendre compte des divers aspects de la question que notre étude sera amenée à effleurer.

b-Délimitation spatiale de l'étude

En Afrique de l'Ouest, nous nous intéresserons à l'espace communautaire de la CEDEAO. Cet espace qui, à sa création en 1975, comportait seize (16) États membres, n'en compte aujourd'hui que quinze (15) avec le retrait en 2001 de la Mauritanie. Par conséquent, l'étude ne portera que sur l'étendue des territoires étatiques de ces quinze États membres de la CEDEAO. Bien qu'en Afrique de l'Ouest, il existe outre la CEDEAO, l'UEMOA, nous avons mis l'accent sur la CEDEAO. D'abord, ce choix s'explique par le fait que c'est cette instance qui apparaît comme l'instance principale d'intégration sous-régionale en Afrique de l'Ouest.

Cette reconnaissance se fonde sur une décision de la Conférence des Chefs d'États et de gouvernements de 1991. En effet, réunie à Abuja, en République Fédérale du Nigéria, en 1991, celle-ci a décidé de maintenir la CEDEAO comme la seule communauté économique régionale, ayant la responsabilité de définir les politiques d'intégration. Cette décision conférerait, en même temps, à la CEDEAO, le rôle d'assurer le suivi du processus global d'intégration régionale. Enfin, elle a confié à cette organisation le rôle de rationalisation des OIG ouest-africaine.Fort de cette considération, nous entendons orienter notre étude sur l'analyse de cette organisation d'intégration sous-régionale. Ensuite, le fait que l'UEMOA, contrairement à la CEDEAO, ne compte que huit États membres[141] sur les seize de la sous-région aurait pu limiter notre espace d'étude. Enfin, l'orientation beaucoup économique et monétaire de l'UEMOA aurait pu limiter

---

France. Selon la Banque Centrale des Etats de l'Afrique de l'Ouest (BCEAO), celle-ci se présente ainsi : Garantie en francs Français par le Trésor Français ; Possible en devises à travers le marché des changes de Paris, avec le franc Français comme étalon ; Liberté totale des transferts au sein de la Zone Franc ; 2 août 1993 : suspension par la BCEAO du rachat des billets de son émission exportés hors du territoire des pays africains membres de la Zone Franc ;Mesure de suspension de rachat des billets CFA entre la zone UMOA et la zone BEAC à compter de décembre 1993. www.bceao.int

[141]Il s'agit des États suivants : Bénin, Burkina, Côte d'Ivoire, Guinée Bissau, Mali, Niger, Sénégal et Togo. Il faut dire que ces États sont aussi membres de la Banque Centrale des États de l'Afrique de l'Ouest (BCEAO).

notre champ d'analyse de la notion de développement à son seul aspect économique. Par conséquent, cela ne nous laisse pas beaucoup de possibilités de passer au crible la notion de développement vue sous un angle évolutif. En d'autres termes, cette option ne nous aurait pas permis de constater que la notion de développement est aujourd'hui à un stade où elle intègre divers aspects de la vie des peuples. Pour toutes ces raisons, nous envisageons d'axer notre analyse sur la CEDEAO en tant qu'organisation sous-régionale d'intégration en Afrique de l'Ouest. Cette orientation aurait l'avantage de contribuer à élargir notre champ d'études aussi bien sur le plan spatial que sur le plan matériel.

En Afrique Centrale, nous nous intéresserons à l'espace communautaire de la CEEAC et de la CEMAC. Le premier espace communautaire, celui de la CEEAC, regroupe dix (10) États, tandis que le second espace communautaire, celui de la CEMAC, regroupe six (6) États membres. C'est donc sur le territoire étatique de l'ensemble des seize États (16) membres de ces deux ensembles communautaires de l'Afrique Centrale que portera notre étude. Que notre choix soit porté à la fois sur deux instances communautaires qui jouent un même rôle, celui de l'intégration sous-régionale, soulèvera sûrement des interrogations. Mais, il faut dire que ce choix est motivé par diverses raisons: les nouvelles orientations de ces deux entités d'intégration sous-régionale, décidée en 1994 et 1999 ; la longue léthargie de la CEEAC et ses conséquences sur son inactivisme.

Si, la CEEAC avait été mise en place en vue d'assurer le dialogue politique et de faciliter la création d'une union douanière ainsi que l'établissement de politiques sectorielles communes. Force est de constater qu'à cause des raisons liées aux conflits sous-régionaux, aux insuffisances institutionnelles et au faible engagement des États, elle n'a pu fonctionner activement.[142] Quant à la CEMAC, celle-ci se verra confier à sa création, un mandat qui bien que d'obédience économique et financière, renferme des actions qui relèvent du champ d'intervention de la CEEAC. Il s'agit d'activités d'ordre

[142]Il a fallu attendre l'année 1999 pour la voir resurgir de son long sommeil avec un nouveau mandat, celui de la paix et de la sécurité sous-régionale. Il va alors sans dire que, son mandat originel a été revu, sûrement au profit de l'autre instance d'intégration sous-régionale, la CEMAC.

transversal.[143] La réalisation de ces objectifs aussi bien ceux du développement harmonieux que ceux de la création d'un marché commun ou encore de garantir la libre circulation des biens, des services, des capitaux et des personnes, impliquent que soit établi, au préalable, un cadre pacifique sous-régional. En effet, il ne fait plus l'ombre d'un doute que cette région d'Afrique a pu démontrer la capacité des conflits et de l'insécurité à se régionaliser. Par conséquent, la nécessité d'aborder les questions de paix et de sécurité ne peut se faire que sous l'angle sous-régional. Par ailleurs, l'impact que peut avoir l'insécurité sous-régionale sur les politiques de développement national impose de traiter ces questions de façon étroite, sous une approche sous-régionale. Pour ces diverses raisons, il nous a paru utile d'aborder la question de la libre circulation dans cette sous-région en nous efforçant de l'envisager telle qu'elle est esquissée par l'une et l'autre de ces deux principales instances d'intégration sous-régionale. Cette approche aura le mérite de nous fournir plus de matière pour notre étude, notamment, en ce qui concerne l'Afrique Centrale.

2-Délimitation matérielle

Notre étude porte sur deux grands objets : la liberté de circulation (a), et la réalisation du développement économique et social des populations bénéficiaires de cette liberté (b).

a)-Objet de l'étude : La liberté de circulation

Nous analyserons le cadre établi pour assurer la libre circulation au sein des espaces communautaires existants en Afrique de l'Ouest et du Centre. Fort des éclaircissements ci-dessus, il apparaît que celle-ci peut bénéficier à différents sujets de droit. Ainsi pourra-t-elle bénéficier aux personnes physiques et aux personnes morales ; aux migrants réguliers et aux migrants irréguliers.

---

[143]Selon son Traité révisé du 16 mars 1994, la Communauté Économique et Monétaire de l'Afrique Centrale (CEMAC) a pour objectifs : la promotion du développement harmonieux des États membres, l'insertion dans l'économie mondiale et le renforcement de la compétitivité des activités économiques et financières par la convergence des politiques économiques, la création d'un marché commun fondé sur la libre circulation des biens, des services, des capitaux et des personnes, et la coordination des politiques sectorielles.

-Personnes physiques et Personnes morales

Loin de vouloir tomber dans le débat sur le juridisme pur144, il faut cependant noter que la distinction entre personne physique et personne morale renvoie à la distinction «droits subjectifs et droits objectifs.»

Par Droit objectif, il faut entendre l'ensemble des règles qui régissent la vie des hommes en société.[145] Cette définition implique le fait que le droit n'existe qu'au sein d'une société «*Ubi societas Ubi jus*».[146] Par ailleurs, le droit subjectif renvoie à la faculté pour un individu de faire un acte, d'user ou de disposer d'une chose ou encore d'exiger quelque chose de quelqu'un. Il faut dire que ces deux termes sont complémentaires. En effet, les droits subjectifs se présentent comme les prérogatives que le Droit objectif reconnaît aux individus. Par conséquent, les droits subjectifs appartiennent aux individus ou encore, selon les termes juridiques, aux personnes physiques en tant que sujets de droit. Cependant, il faut préciser que seuls les êtres humains peuvent en principe être sujets de droit. Donc, seuls les êtres humains peuvent être titulaires de droits subjectifs. Ce droit est étroitement lié à la personnalité juridique de la personne physique. Cette personnalité juridique est reconnue aux sujets de droit. Elle leur permet d'avoir et d'exercer des droits et obligations. Aussi leur permet-elle d'avoir un patrimoine et d'en disposer pleinement.[147] La liberté de circulation fait partie intégrante du droit objectif en tant que faculté reconnue aux sujets de droit de se mouvoir, selon leur volonté. Cette faculté d'agir ou de faire un acte permet à son bénéficiaire de s'adonner à des activités aussi bien lucratives que du bénévole. Dans

---

[144]En effet, nous n'entendons pas nous étendre sur les débats de dcotrine juridiques, encore moins essayé d'expliquer l'existence de la controverse entre normativisme, essentialisme et les positivstes. Nous ferons aussi l'économie de la controverse au sujet de la suma divisio et ses grands défenseurs. Cela dit, c'est ce dernier élement qui influence notre démarche d'autant plus qu'elle met en exergue les aspects importants de notre étude. Il s'agit du droit applicable à l'État et du droit applicable aux personnes privées et aux individus encore nommés juridiquement personnes physiques…

[145]Au commencement, est le droit objectif duquel découleront les droits subjectifs….c'est le droit des institutions. Voir. Carbonnier Jean, Droit et passion du droit sous la Vème République, Édition Flammarion 1996

[146]Carbonnier Jean, Droit Civil, Introduction, Presse Universitaire de France, 27 [ème] édition, 2002, n°32

[147]Sophie Druffin-Bricca, *L'essentiel de l'introduction générale au droit*, 3eme édition, Gualino éditeur, 2004, p67

l'un ou l'autre cas, celui-ci serait amené à s'associer avec d'autres bénéficiaires des mêmes droits ou encore à avoir recours à leur expertise ou à les y impliquer. Dans ce cas, il serait alors conduit à créer une entreprise.

Dans le langage juridique, les entreprises prennent le nom de personnes morales par opposition aux personnes physiques. Le statut de la personne morale est conféré à des groupements de personnes ou de biens jouissant de la personnalité juridique. Ce statut confère à son bénéficiaire certains privilèges distincts de ceux de ses membres. Relevant de la fiction juridique, la personne morale doit être perçue comme l'action d'une personne physique. Autrement dit, ce sont des personnes physiques qui réunies autour d'une idée qu'elles entendent matérialiser, donnent, par conséquent, forme à une personne morale. Ainsi, dans le cas de l'intégration régionale, la libre circulation assurée aux personnes physiques, leur permettra de réaliser des activités.[148] Celles-ci pourront se constituer en personnes morales et participer au développement du pays d'accueil. Cela d'autant plus vrai que les conséquences négatives de la restriction de la liberté de circulation ont plus d'impacts sur les personnes physiques. En effet, il s'agit de porter atteinte à un droit de l'homme. Lorsqu'un État membre d'une communauté ferme ses frontières aux ressortissants des autres États membres, cela a des effets négatifs aussi bien au plan interne qu'au plan externe. Cet acte est de nature à entraver la circulation du savoir-faire et du savoir-vivre de ces personnes qui aurait certainement des effets positifs sur la vie des nationaux.

À la lumière de ces précisions, il apparaît que la libre circulation des personnes se veut plus large et englobe la libre circulation au profit des services et des biens. Notre étude se focalisera plus sur cette liberté afin de mieux faire ressortir les autres aspects de la liberté de circulation, notamment, ceux relatifs aux biens et services. Ces personnes physiques concernent les différentes catégories de migrants, les migrants en situation régulière et les migrants en situation irrégulière. Les activités auxquelles, elles s'adonnent lors de leurs périples, constituent les différentes formes de migration. Il s'agit entre

[148]En partant de cette acception des droits subjectifs comme étant des prérpgatives que le droit objectif reconnait aux ibndividus, les aires d'action qu'il leur découpe, Voir. Carbonnier Jean, op.cit, p61, n134 ; on en arrive au fait que le droit d'aller et de venir partout sur tout un territoire reconnu se veut une institution. Par ailleurs, celui qui pourrait jouir effectivement des retombées d'une telle institution, bénéficie du droit de criculer librement en tant que droit subjectif.

autres de la migration d'étude, de la migration professionnelle et de la migration de loisir. Par conséquent, notre étude ne peut avoir pour objet principal que la personne physique appréhendée dans la réalisation de soi et dans l'amélioration de ses conditions de vie et de son environnement.

-Migrants réguliers et Migrants irréguliers

Le terme migrant n'a jusque là pas une définition universellement admise.[149] Cependant, il s'applique aux personnes se déplaçant vers un autre pays ou une autre région aux fins d'améliorer leurs conditions de vie matérielle et sociale, leurs perspectives d'avenir ou celle de leurs familles.[150] À partir de cette définition, trois éléments fondamentaux sont pris en compte dans le cadre de l'intégration régionale: *déplacement, autre pays ou région* et *améliorer leur condition de vie*. La notion de "*déplacement*" implique la libre circulation en ce sens qu'elle ne peut prendre effet réel qu'à la condition de permettre aux personnes de circuler, mais de circuler librement. Les notions de "*autre pays ou autre région*" impliquent qu'il existe un cadre sous-régional ou régional en tant qu'espace intégré de libre circulation. Il pourrait s'agir d'une communauté intégrée ou d'un territoire communautaire comme c'est le cas avec l'espace CEDEAO ou l'espace CEEAC ou encore le territoire communautaire CEMAC. Ainsi se pose avec plus d'acuité, la nécessité de l'intégration régionale comme seul cadre pour la libre circulation. Par ailleurs, lorsque les politiques nationales sont de nature à entraver cette liberté de circulation, alors, elles peuvent aboutir à des situations d'irrégularité. On pourra alors parler de migrant en situation irrégulière ou de migrant irrégulier. Le terme de migration irrégulière est utilisé pour décrire une gamme de phénomènes différents, mettant en jeu des personnes qui entrent ou demeurent dans un pays dont elles ne sont pas citoyens en violation des lois nationales.[151]

Quant au terme de «migrant régulier», il renvoie à la migration internationale effectuée en conformité avec le cadre légal du pays

---

[149]Cf. Glossaire des termes appropries a la migration internationale. Organisation Internationale pour les Migartions (OIM), 2007

[150] *Op.cit*

[151]Rapport de la Commission Mondiale sur les Migrations Internationales, CMMI, Octobre 2005

d'origine, de transit et de destination.[152] Dans les différentes situations, les migrants sont amenés à quitter leur pays d'origine pour diverses raisons. Ce sont les motifs de travail (*migration de travail, migration professionnelle*), les motifs liés aux études (*migration pour cause d'études*) et pour des raisons liées au tourisme (*migration de loisir*). À la lumière de ces précisions, notre étude mettra en exergue la liberté de circulation des personnes physiques en tant qu'acteur principal du processus de l'intégration régionale. Il sera aussi question d'accorder une certaine attention aux dynamiques relatives à leurs activités au-delà des frontières de leurs pays d'origine.

b)-Objet du sujet : Développement économique et social

L'autre objet de notre étude est le développement économique et social. C'est en réalité l'élément principal de notre étude, car nous visons l'analyse des liens étroits susceptibles d'exister entre le concept de développement et le processus d'intégration régionale. C'est seulement cet objectif ultime qui nous permettra d'aboutir à l'hypothèse selon laquelle seule par les politiques d'intégration des économies et des marchés que les pays engagés pourraient arriver à un développement durable et auto-entretenu.[153] Aussi s'impose-t-il à nous de revisiter ce concept dans ses origines et dans ses différentes acceptions afin de mieux apprécier ses diverses implications. Ainsi, il apparaît que les politiques en matière d'intégration régionale visent à réaliser le développement des États membres.

La présente étude analysera les impacts des politiques d'intégration régionale sur les populations et pays membres de la CEDEAO, de la CEEAC et de la CEMAC, à travers l'aspect social qui s'est joint à l'aspect économique du développement. Ce qui permet d'effleurer l'évolution qu'a connue ce concept.

IV- Objectif de l'étude

Le phénomène de la migration étant aujourd'hui plus qu'hier une composante de la société imposée par la mondialisation et les besoins de plus en plus accrus des populations au point d'avoir des impacts sur la conception du développement de l'État.

---

[152] Glossaire de la Migration, *Droit international de la migration*, n°9, Richard Perruchoud, rédacteur, OIM, 2007

[153] Voir. Plan d'Action de Lagos

La libre circulation des capitaux, des biens et des personnes revêt alors un intérêt considérable. L'objectif général recherché est de participer au processus d'amélioration du cadre juridique et institutionnel de la liberté de circulation dans ces deux sous-régions. Un tel objectif acquiert tout son sens au vu des divers intérêts qui ont motivé la conduite de cette étude.

V- Intérêts de l'étude

Nous essayons de justifier cette étude d'abord par des intérêts politiques et stratégiques (A), ensuite par un intérêt juridique ou nouveau champ d'intervention de la Science Politique (B), enfin par des intérêts économiques ou la nécessité d'adapter les stratégies de développement économique et social (C).

A- Intérêt politique et stratégique

Aujourd'hui, les États de la planète sont, de plus en plus, en proie à d'énormes difficultés, dues aux crises financières et économiques accentuées par une concurrence déloyale. La globalisation des échanges et la mondialisation imposent un rythme insoutenable par les États-nations, notamment, les jeunes nations du sud.[154] Ces nations subissent difficilement les effets pervers de cette mondialisation, surtout en ce qui concerne la capacité de ces structures étatiques, à consolider leur territoire, ou encore, à maintenir leur emprise sur toute l'étendue du territoire de l'État. Face à cet échec, les populations, notamment, celles des périphéries étatiques ont su déployer des

[154]C'est alors à juste titre qu'Adda *Jacques* part de l'idée selon laquelle l'internalisation des économies relèverait de la poursuite d'un processus organique de création de croissance amorcé au niveau local et dont la division du travail serait le vecteur essentiel ; Par ailleurs, l'existence de marchés et la diffusion des usages monétaires font progressivement craquer le cadre autarcique de la production domestique et favorisent la spécialisation des activités, la production étant désormais tournée vers le marché et stimulée par le mobile de gain. Voir. Adda Jacques, 2005, op.cit. Pourtant, les économies du sud sont marquées par un revenu moyen des populations subsahariennes, estimé plus de vingt fois inférieur au revenu moyen américain. Dans les pays pauvres d'Afrique subsaharienne, peu de marchés fonctionnent, le niveau d'instruction est médiocre, les équipements et les technologies sont obsolètes ou inexistantes. Voir. Kouassi Hugues Kouadio, thèse de doctorat en Science économique, Mars 2008. *Op.cit*

mécanismes à même de pallier à l'insuffisance de la machine étatique.[155]

Cette attitude a été et, reste encore soutenue par les pressions extérieures des bailleurs et autres partenaires bilatéraux.[156] De ces synergies, résulte une donnée irréductible, l'intégration régionale comme stratégie efficace pour réaliser les objectifs du développement économique et social.[157] Le Programme des Nations Unies pour le Développement (PNUD) a, dans son rapport mondial 2009 sur le Développement Humain, invité les États à l'ouverture des frontières afin de faciliter la libre circulation qui, à terme, participera au développement humain.[158]Pour ces partenaires, l'interaction des

---

[155]C'est le cas de Maradi-Katsina-Kano, enfin qui constitue peut-être le plus important et l'un des plus anciens couloirs de développement d'Afrique de l'Ouest, ouvert depuis des siècles au Golfe de Guinée, ainsi qu'à l'Afrique du Nord et au Moyen Orient. Voir. Mohamadou Abdoul, Karim Dahou et Marie Tremolières, *Maradi-Katsina-Kano couloir de développement?* Étude réalisée avec le soutien du CRDI et en collaboration avec le Club du Sahel et de l'Afrique de l'Ouest, (WABI/DT/21/04, (2004). C'est aussi le cas de la zone Sikasso au Mali, Korhogo en Côte d'Ivoire et Bobo Dioulasso au Burkina Faso «SKBo» qui constitue l'une des régions d'Afrique de l'Ouest qui permettent d'interroger la pertinence des espaces de solidarité sous-régionale, comme lieux de brassage et d'intégration réelle. Voir. Karim Dahou, Tarik Dahou et Cheikh Guèye, *Espaces frontières et intégration régionale : le cas de «SKBo»*, Enda Prospectives Dialogues politiques. Réalisée pour le compte du Secrétariat du Club du Sahel et de l'Afrique de l'Ouest, 2002

[156] Ongosulo.J.Igue et Kossiwa Zinsou-Klassou, *Frontières, espaces de développement partagé,* Edition Karthala 2010, p24

[157]C'est le cas d'une théorie qui insiste sur le rôle du commerce international comme moteur de la croissance de la productivité et du revenu. Cette théorie de l'intégration donne à la participation (et aux obstacles à la participation) à l'économie mondiale un rôle prépondérant dans la promotion de la convergence économique entre les régions pauvres et les régions riches. Le débat sur la mondialisation concerne dans une large mesure les mérites de cette théorie de l'ouverture économique et de l'intégration. Cf. Kouassi Hugues Kouadio, thèse de doctorat en Science économique, Mars 2008. *Op.cit*

[158]La migration a souvent mauvaise presse. Les stéréotypes négatifs décrivant les migrants comme volant nos emplois ou vivant aux dépends du contribuable sont légion dans certains medias et une partie de l'opinion publique, particulièrement en ces temps de récession. Pour d'autres, le mot migrant évoque l'image de personnes en situation d'extrême vulnérabilité. Le Rapport mondial sur le développement humain de cette année, *Lever les barrières : mobilité et développement humains*, récuse ces stéréotypes. Entre autres constats effectués par ce rapport, il ressort que les mouvements des pays en développement vers les pays développés ne représentent qu'une petite partie des déplacements humains. Ensuite, la majorité des migrants, loin d'être des victimes, ont plutôt tendance à réussir, aussi bien avant de quitter leur région d'origine qu'une fois a destination. Les résultats de ces

politiques et des crises impose aux pays du continent de se regrouper et de favoriser l'émergence de solutions sous l'angle de l'approche sous-régionale, en adoptant des positions communes sur les questions les intéressant.

Tout se passe comme si les autorités politiques africaines n'avaient d'autres choix que d'accepter la stratégie que Daniel Bach nomme la perspective globale. Pour lui, l'extrême fluidité des interactions entre les dimensions internationales, interétatiques, transnationales et internes de l'intégration régionale témoigne également d'une fongibilité des enjeux et des stratégies d'acteurs qui imposent l'adoption d'une perspective globale.[159] En dépit des limites de cette stratégie et de ses impacts sur la structure des jeunes États-nations, du reste très fragiles, elle s'impose comme un moyen de réaliser rapidement leur développement économique et social.[160] Les études et recherches effectuées sur la thématique n'ont, sans cesse, lésiné sur ses vertus en tant que catalyseur de la démocratie[161] et facteur

---

mouvements sur tous les aspects du développement humain, c'est-a-dire les revenus mais aussi l'éducation et la santé, sont en grande partie positifs et parfois même excellents, les personnes originaires des régions les plus pauvres étant les plus gagnantes. Voir. PNUD, *Lever les barrières : mobilité et développement humains,* Rapport mondial sur le développement humain, 2009

[159]Daniel Bach, *Régionalisation, mondialisation et fragmentation en Afrique subsaharienne,* Éditions Karthala1998, pp.7 & 9

[160]La situation est telle que les États-nations africains ne peuvent s'aligner. L'inégalité croissante qui marque les rapports entre ces jeunes états et les autres espaces, notamment, en ce qui concerne l'économie-monde, a été accentuée par la fin de la guerre froide. Cf. Daniel Bach.1996, op.cit. Ces États sont tenus de noter avec impuissance la dépossession d'une grande partie de leur souveraineté du fait du durcissement des conditionnalités de l'aide au développement, avec de drastiques conséquences sur la gestion des affaires publiques, particulièrement, sur la gestion des ressources humaines de la fonction publiques et le soutien de l'État aux couches défavorisées de la société. Dans de telles situations, la stratégie de l'intégration régionale s'appréhende comme une tentative de compenser l'extrême segmentation des espaces politiques et la difficile viabilité économiques de nombre de ces États africains par la mise en place d'institutions communautaires. Cf. Daniel Bach.1996, op.cit. Dans la recherche des solutions aux problèmes que pose la lutte contre le sous-développement en Afrique depuis l'accession de la plupart des pays à l'indépendance en 1960, les économistes ont pensé que la voie de la coopération régionale apparaissait comme la plus appropriée. Cf. Edo.K.M.Agbobli.2006, op.cit

[161]À ce sujet, voir : E. K. Quashigah, *Les droits de l'homme et l'intégration régionale* In *Intégration et coopération en Afrique de l'Ouest,* sous la direction de Réal Lavergne, Édition CRDI/Karthala 1996 ; Omoniyi Adewoye, *Constitutionnalisme et intégration économique* In *Intégration et coopération en Afrique de l'Ouest,* sous la direction de Réal Lavergne, Édition CRDI/Karthala 1996

propulseur d'une économie nationale[162], accessible à toutes les couches de la société.

L'intérêt politique de notre étude et les objectifs poursuivis se situent au niveau de l'impact que pourrait avoir l'analyse dans les choix politiques des dirigeants de l'Afrique noire, dans la recherche des stratégies pour la réalisation effective, au niveau national, des objectifs de l'intégration régionale.[163] Bien que les autorités africaines soient aujourd'hui tenues, d'appréhender l'intégration régionale comme une mouvance mondiale, à laquelle, elles ne peuvent que s'intégrer. Cependant, elles doivent y participer, tout en observant certains impératifs locaux ou sociologiques.[164] Ainsi, leurs choix et décisions devraient se faire à la lumière d'informations claires et édifiantes sur la thématique. L'intérêt politique de notre étude pourrait résider en sa capacité à contribuer, à l'ouverture de divers champs de réflexion dans ce sens. Mais aussi, dans l'optique de réaliser le Marché Commun Africain, à travers la Communauté Économique Africaine, telle que défini par la Déclaration de Lagos, il est impérieux d'adapter les politiques sous-régionales et nationales aux exigences de cet objectif continental. Notre travail pourrait s'inscrire dans cet élan tout en s'attelant, à identifier des pistes d'investigations afin d'orienter

---

; Stary Bruno, *Réseaux marchands et territoires étatiques en Afrique de l'Ouest*InLe territoire, lien ou frontière ?, Université de Paris X-Nanterre, Paris. 2-4 octobre 1995

[162]Kouassi Hugues Kouadio, thèse de doctorat en Science économique, Mars 2008. *Op.cit*

[163]En effet, la participation à l'économie mondiale offre d'immenses opportunités aux pays d'Afrique subsaharienne. En atteste le succès des pays qui ont adopté une stratégie tournée versl'extérieur. Par contre, les stratégies de développement tournées vers l'intérieurengendrent elles la marginalisation des pays qui les suivent et les condamnent à unecroissance économique lente. Cependant, elle fait aussi courir de sérieux risques à ces économies. La participation à l'économie mondiale pose également des défis considérablespour la gestion économique d'économies fragiles et elle peut se solder par de graves problèmes. C'est ainsi notamment que, comme l'ont montré de récentes expériences en Asie de l'Est, les risques de la libéralisation sontparticulièrement élevés pour les comptes de capital et ce, en raison de l'énormeampleur comme des fluctuations des flux financiers. Voir. Ernest Aryeetey, Julius Court, Machiko Nissanke et Beatrice Weder, *Le renforcement de la participationde l'Afrique à l'économie mondiale,* Rapport de réunions consultatives d'experts organisées par l'UNU et le CREA, 1ère édition, Octobre 1998

[164]A ce sujet, voir : Stanislas Adotevi, *Les facteurs culturels de l'intégration économique et politique en Afrique* In *Intégration et coopération en Afrique de l'Ouest,* sous la direction de Réal Lavergne, Édition CRDI/Karthala 1996 *;* Bennafla Karine, *La fin des territoires nationaux ? État et commerce frontalier en AfriqueCentrale*, Revue Politique africaine n° 73-mars 1999, pp 25-49

les décideurs politiques, les chercheurs et les ONG nationales et internationales impliquées dans les questions d'intégration régionale.

La question du développement, surtout le développement durable, est aujourd'hui une obligation que les décideurs s'acharnent à traduire en politiques et stratégies de lutte contre la pauvreté, en vue de protéger durablement l'environnement. Mais surtout, elle implique un important aspect socio-éthique, soit la nécessité d'intégrer les intérêts environnementaux et sociaux, à toutes les grandes décisions économiques.[165] Après, les nombreuses promesses faites au Sommet de la Terre à Rio, les décideurs rencontrent de réelles difficultés dans leur application, en particulier, ceux des pays en voie de développement. Pour cette catégorie de pays, la difficulté réside aussi bien dans l'absence de moyens financiers que dans le manque crucial de ressources humaines qualifiées et très imprégnées de la thématique. Justement, l'intérêt stratégique de notre étude pourrait résider aussi dans sa contribution à la mise à disposition d'outils et d'informations qui pourraient valablement servir à cette fin. L'intérêt juridique de l'étude, elle-même inscrite dans un cadre juridique bien déterminé, réside dans son apport à la science politique.

B- Intérêt juridique : Un nouveau champ d'intervention de la Science Politique

Plus d'un observateur serait tenté de soutenir l'argument selon lequel, d'autres études ou d'autres domaines scientifiques s'occupent particulièrement d'une telle préoccupation. Pareille interrogation tendrait, à verser dans le scepticisme, face à l'utilité d'une telle recherche.

Cela étant, la Science Politique se veut, à plus d'un égard, une science transversale.[166] D'abord par sa tendance, à aborder les questions internationales et, à les analyser, en examinant les différents liens avec d'autres matières. Ensuite, parce qu'elle intègre mieux les

---

[165] Debailleul Guy, Grenon Éric, Kalala Muimana-Muende et Vuillet André, *La dimension régionale des défis environnementaux* In *Intégration et coopération en Afrique de l'Ouest,* sous la direction de Réal Lavergne, Édition CRDI/Karthala 1996

[166]Les propos de Maurice Duverger (*Sociologie des régimes politiques* in Traité de sociologie publié sous la direction de G. Gurvitch, Presses Universitaires de France, i960, t. II, p. 4) sont illustratifs d'une telle remarque, en ces mots : «*Rien n'est sans doute plus urgent pour le développement de la science politique, la rénovation de la typologie traditionnelle des régimes politiques, que la définition plus précise des rapports entre les régimes politiques et les autres éléments de la réalité sociale (économiques, culturels, idéologiques, etc.)*»

relations internationales dans son champ analytique et opérationnel. Autrement dit, elle n'appréhende pas les questions, sous le seul angle normatif, mais les analyse aussi, sous l'éclairage des diverses disciplines de la science.[167] Pour ces raisons, la Science Politique ne saurait s'attacher à analyser les questions sous l'angle de la seule discipline du droit, encore moins, en optant pour une approche étroite.[168]

Par conséquent, l'étude entend s'appuyer, sur la sociologie des populations d'Afrique de l'Ouest et du Centre, sur leur histoire, sur l'approche économique et celle des droits de l'homme, sur la question du développement, dans l'analyse des politiques d'intégration sous-régionale.[169] C'est tout cet ensemble qui caractérise la démarche utilisée en matière de science politique. Dans cette perspective, nous espérons que par ce travail, il nous sera loisible de contribuer à l'enrichissement de cette discipline, en mettant à disposition de la matière à réflexion et en ouvrant ainsi d'autres voies ou perspectives de recherche. Aussi pouvons-nous noter un fait majeur qui pourrait justifier un tel intérêt. En effet, la liberté de circulation, dont

---

[167]Maurice Duverger, *Sociologie des régimes politiques* in Traité de sociologie publié sous la direction de G. Gurvitch, Presses Universitaires de France, i960, t. II, p. 4

[168]C'est la définition que François Perroux (François Perroux, Communication et industrialisation, Rapport présenté à la Table Ronde sur les prémisses sociales de l'industrialisation, Unesco, 12-15 septembre 1961, ronéoté, p. 43. Cf. aussi L'économie du XXe siècle, Presses Universitaires de France, 1961, p. 155) donne au concept "développement" qui étaye au mieux une telle vue. En effet, celui-ci appréhende ce concept comme étant :« *les changements des structures mentales et des habitudes sociales et les changementsinstitutionnels qui permettent la croissance du produit réel global et qui transforment les progrès particuliers en un progrès du tout social*». Cette définition élargie de la notion de développement remet en cause certains préjugés restrictifs des concepts scientifiques. Ainsi, *DecoufléAndré-Clément* (Decouflé André-Clément. *Sociologie politique du développement : problèmes et méthodes* In: Tiers-Monde. 1962, tome 3 n°9- 10. pp. 17-26) trouve qu'elle nous place au-delà d'une catégorisation de type traditionnel entre «facteurs économiques», «facteurs sociaux» et «facteurs politiques» du développement. Par ailleurs, elle est évocatrice de quelque doute sur le bien-fondé de séparations artificielles entre les différents «aspects» d'un même phénomène, justifiées seulement par le fait qu'ils ressortissent classiquement à la compétence de spécialistes de disciplines différentes. Le développement est une notion globale : il met en jeu tout l'homme et tous les hommes.

[169]Stanislas Adotevi, *Les facteurs culturels de l'intégration économique et politique en Afrique* In *Intégration et coopération en Afrique de l'Ouest,* sous la direction de Réal Lavergne, Édition CRDI/Karthala 1996

l'intégration régionale est le fondement, implique que les normes communautaires s'imprègnent des diverses considérations politiques des États membres. Mais, le constat regrettable est le fait que ces normes prennent peu en compte les réalités sociales des populations. Pourtant, ce sont elles, les cibles principales de ces politiques. L'œuvre du législateur communautaire se voit ainsi affaiblie par son manque de réalisme.[170] À la base, l'on pourrait se référer à la définition de l'État en tant que fait sociologique et fait juridique.[171]

Si, le fait sociologique implique le territoire et la population, le pouvoir politique chargé de conduire la destinée de ces deux entités sociologiques, se fonde sur le fait juridique. La règle de droit sécrétée à cet effet, ne peut pour être efficace que s'inspirer des réalités sociologiques et, partant, arriver à un compromis entre gouvernant et gouverné. En Afrique, ce compromis social demeure encore difficile, notamment, en ce qui concerne les engagements que les États prennent au niveau régional et international.

Dans le cadre du processus de l'intégration régionale en Afrique, il demeure un impératif, rapprocher les législations des réalités sociales. L'une des perspectives, serait que la science politique adapte ces outils à ces exigences et arrivent à extraire de la dimension culturelle et historique des populations, des éléments a même d'équilibrer les normes communautaires. Tout l'intérêt scientifique de notre étude pourrait s'inscrire dans la recherche de cette voie qui consisterait aussi à contribuer dans ce sens. En outre de l'intérêt juridique, un autre intérêt fortement lié au thème de notre étude se décèle, il s'agit de l'intérêt économique.

---

[170]Dans un rapport d'évaluation des actions menées au niveau régional dans le cadre du processus d'intégration régionale, la Commission de l'Union Africaine avait relevé comme difficultés rencontrées par les CER, dans la mise en œuvre des activités et programmes visant à accélérer l'intégration régionale, l'incohérence des politiques des institutions panafricaines. Voir. Commission de l'UA et UNECA, *État de l'intégration en Afrique : Évolution et initiatives récentes, difficultés rencontrées et perspectives,* 4ème Session des réunions annuelles conjointes de la Conférence de l'UA des ministres de l'économie et des finances, Addis-Abeba (Éthiopie), 28-29 mars 2011

[171]Définition de l'État donnée lors de séance de travaux dirigés en Droit Constitutionnel, 1ère année 2003, par Professeur Ismaïla Madior Fall (Faculté de Sciences Juridiques et Politiques-Université Cheikh Anta Diop de Dakar)

C. Intérêt économique : La nécessité d'adapter les stratégies de développement économique et social au contexte local

La persistance des crises économiques et financières rend les jeunes nations africaines très sensibles aux chocs externes et aux soubresauts de la politique internationale.[172] Dès lors, il est impératif pour celles-ci, de renouveler et de réviser, de manière continue, leur stratégie de développement économique et social afin de mieux les adapter aux réalités actuelles et, de mieux les insérer dans un cadre mondial d'intégration des marchés et économies.[173] Cela d'autant plus que la nouvelle approche du développement met au cœur du processus de toute politique en la matière, l'Homme.[174] Pour ces raisons, les

[172]La crise financière et économique mondiale se traduit par des problèmes considérables pour les pays africains. Bien que la crise ait été déclenchée par des événements qui se sont produits sur le marché immobilier aux États-Unis, elle s'est propagée à toutes les régions du monde et les conséquences en sont désastreuses pour le commerce, la croissance et les investissements mondiaux. La crise financière est un sérieux revers pour l'Afrique car elle intervient à un moment où la région progresse tant sur le plan des résultats que sur celui de la gestion économique. Depuis 2000, la région enregistre un taux de croissance moyen en valeur réelle supérieur à 5% alors que l'inflation est tombée en dessous de 10%. De plus, les améliorations sensibles observées en matière de gouvernance et la diminution du nombre des conflits armés ont attiré davantage de capitaux privés dans la région. Les flux nets de capitaux privés vers l'Afrique sont passés de 17,1 milliards de dollars en 2002 à 81 milliards en 2007 (CEA et FPA, 2008). Or, la crise mondiale menace tous ces progrès. Voir. Commission de l'UA et UNECA, *La crise financière mondiale : Son impact sur l'Afrique, les mesures à prendre et la voie à suivre,* extrait du rapport de la 28ème réunion du Comité d'experts Quatrième réunion du Comité d'experts, Caire (Égypte), 2-5 juin 2009)

[173]Ernest Aryeetey, Julius Court, Machiko Nissanke et Beatrice Weder, *Le renforcement de la participation de l'Afrique à l'économie mondiale,* Rapport de réunions consultatives d'experts organisées par l'UNU et le CREA, 1ère édition, Octobre 1998 ; Commission de l'UA et UNECA, *La crise financière mondiale : Son impact sur l'Afrique, les mesures à prendre et la voie à suivre,* extrait du rapport de la 28ème réunion du Comité d'experts Quatrième réunion du Comité d'experts, Caire (Égypte), 2-5 juin 2009 ; Commission de l'UA et UNECA, *État de l'intégration en Afrique : Évolution et initiatives récentes, difficultés rencontrées et perspectives,* 4ème Session des réunions annuelles conjointes de la Conférence de l'UA des ministres de l'économie et des finances, Addis-Abeba (Éthiopie), 28-29 mars 2011. Il faut aussi citer l'ancien Président sénégalais, Abdou Diouf, en ces termes : *«Il est nécessaire de créer des marchés communs africains, d'accepter des limitations de souveraineté et d'en arriver à une fédération politique»* (In *Le Monde,* 23 juin 1990)

[174]C'est aussi le point de vue de *Decouflé André-Clément* qui considère que le développement est une notion globale : il met en jeu tout l'homme et tous les hommes. Voir. Decouflé André-Clément. *Sociologie politique du développement : problèmes et méthodes* In: Tiers-Monde. 1962, tome 3 n°9- 10. pp. 17-26

activités scientifiques y dédiées, se pencheront désormais sur le fait sociologique, recherchant ainsi à améliorer les conditions de vie de l'individu. Dans le cas de l'intégration régionale en Afrique, l'activité de conception de la norme communautaire devrait se fonder désormais sur les dimensions historique et culturelle des espaces à intégrer. Alors, il serait utile, voire rentable, de relativiser en termes de critères d'appréciation, des études susceptibles de contribuer à l'efficacité des politiques et stratégies d'intégration sous-régionale. Ainsi seulement, on pourrait mieux saisir toute la pertinence d'une recherche sur les facteurs à même de ralentir la libre circulation au sein des grands ensembles ouest et centrafricain.

Aussi pourrait-on envisager, à partir de celle-ci, d'orienter sur la base des recommandations et autres stratégies proposées, la réflexion vers d'autres champs plus larges de la question d'intégration sous-régionale. Après avoir exposé quelques-uns des intérêts de notre étude, il convient de préciser la démarche que nous adopterons et qui s'articulera autour d'un plan en deux parties : (Titre.I) La liberté de circulation et le développement : Pour une théorie de l'intégration régionale au niveau continental et sous-régional, et (Titre.II) La Dimension Humaine et Linguistique du processus de l'Intégration Régionale en Afrique de l'Ouest et du Centre : De la théorie à la pratique

Titre I
LA LIBERTÉ DE CIRCULATION ET LE DÉVELOPPEMENT : POUR UNE THÉORIE DE L'INTÉGRATION RÉGIONALE AU NIVEAU CONTINENTAL ET SOUS-REGIONAL

Notre souci ici est de mieux cerner cette théorie de l'intégration régionale qui, au niveau continental et sous-régional, s'attèle à impulser le développement des États membres des Communauté Économique Régionale (CER), par la libéralisation des mouvements de personnes et des biens. Alors, nous aborderons cette question à travers deux chapitres. Ainsi, il sera question d'insister sur la nécessité d'une Approche de l'intégration régionale adaptée au contexte africain (**Chapitre I**). Cette approche qui pourrait, à notre sens, se justifier par l'adoption d'une approche continentale du processus de l'intégration régionale (**Section I**), suivie de l'adoption d'une approche sous-régionale pour la mise en place du Marché Commun Africain (**Section II**).

Dans l'optique de rendre effectives ces stratégies, il sera question de les examiner à la lumière de certaines spécificités territoriales. C'est ainsi que nous préconiserons une approche du processus de l'Intégration Régionale fondée sur les spécificités de l'État-nation en Afrique: La Dimension Humaine et Linguistique de l'Intégration Régionale (**Chapitre II**). Afin de mieux cerner cette approche, nous exposerons sur l'Approche du processus de l'Intégration Régionale basée sur la Dimension Humaine et Linguistique (**Section I**) et les politiques d'intégration régionale : Facteurs d'émergence de la démocratie en Afrique de l'Ouest et du Centre (**Section II**).

Chapitre I
La nécessité d'une Approche de l'intégration régionale adaptée au contexte africain

L'environnement mondial est aujourd'hui très caractérisé par une croissance rapide, une forte libéralisation et une effrayante concurrence. Celles-ci dominent les relations internationales et forcent les mutations. De ce fait, ces facteurs imposent une révision des stratégies de gouvernance économique, financière et politique, au niveau national. En réaction à cette situation incontournable, les pays s'organisent et se constituent, de plus en plus, en ensemble aspirant à une amélioration de leur situation économique, à travers la signature d'accords communautaires. Au-delà de la nécessité de s'organiser afin de faire face aux exigences économiques et financières mondiales, cette tendance des États, notamment, ceux de l'Afrique subsaharienne sont fondés sur une vision commune et bien partagée.[175]

La création des CER répondait ainsi à cette volonté politique, tout en poursuivant les objectifs d'établissement progressif d'une union économique dans leurs sous-régions respectives conformément aux objectifs du Traité d'Abuja.[176] Les États africains prenaient de grands engagements conformément au Plan d'Action de Lagos, perçu alors comme guide du processus d'intégration en cours sur le continent. Désormais, la politique africaine d'intégration régionale est dotée d'un dispositif technique qui sert de stratégie régionale de regroupement progressif des États africains.[177] Plus de trois décennies après que ces

[175]Celle-ci part de l'idée selon laquelle la coopération et l'intégration économiques étaient nécessaires pour accélérer le processus du développement durable sur le Continent africain. Les dirigeants africains estimaient alors qu'il fallait développer de véritables politiques de construction sous-régionale qui épauleraient et appuieraient les grands axes de la stratégie régionale en vue de l'intégration régionale.

[176]En effet, en tant que composantes de l'intégration économique africaine, les CER poursuivent un objectif graduel afin de parvenir à la création d'une zone de libre échange (ZLE), une union douanière, un marché commun et enfin une union monétaire et économique. Au niveau sous-régional, elles ont introduit leurs propres programmes de libéralisation du commerce, avec des mesures visant à supprimer les barrières douanières et non-douanières, les autres entraves au commerce et permettant la libre circulation des biens et des services.

[177]Cette stratégie devait, enfin de compte, arriver : à la réduction et à l'élimination des barrières tarifaires et non tarifaires ; à la promotion du commerce régionale ou encore à l'établissement de véritables plateformes d'échanges commerciale entre les

grandes décisions aient été prises et que de considérables efforts aient été déployés pour réaliser l'intégration économique au niveau des CER, les observateurs notent une timide avancée.

En Afrique de l'Ouest et du Centre, les études sont unanimes sur le fait que le commerce de la sous-région demeurait intrarégional en fin 2002. Cela signifie que la quasi-totalité des échanges, dans la sous-région, se fait avec des partenaires situés hors de la région.[178] Ce degré limité d'intégration mesure l'immensité et la difficulté du chemin à parcourir pour atteindre l'objectif du marché commun.[179] Cependant, le cadre régional limite aussi la marge de manœuvre des pays membres en cas de chocs exogènes défavorables qui nécessitent des interventions adaptées aux circonstances locales. De plus, la mise en œuvre de projets régionaux et l'implantation d'infrastructures ou d'industries communautaires se heurtent aux intérêts nationaux divergents.

Fort de tout cela, on a pu noter l'acheminement des stratégies de l'intégration des économies vers l'adoption d'une nouvelle approche continentale. Cette approche se justifierait, selon ses concepteurs, par diverses raisons. Parmi celles-ci, il y a sa capacité à démultiplier les opportunités au-delà des frontières de l'État-nation.[180] Par conséquent,

---

pays membres de la communauté. Enfin, elle devait garantir la libre circulation des personnes, les droits de résidence et d'établissement, en tant que fondement même de l'intégration régionale.

[178]Selon *Pegatienan Hiey Jacques,* en Afrique de l'Ouest, il apparaît que les exportations régionales, constituées soit de produits agricoles pour la majorité des pays, soit de produits miniers, notamment le pétrole pour le Nigéria, sont dirigées vers des destinations non-régionales ; de même, les importations sont majoritairement d'origine non-régionale. Ainsi, la région est fortement intégrée au marché mondial alors que le commerce intra-régional reste faible. Voir. Pegatienan Hiey Jacques, *«Chances et difficultés de la construction économique sous-régionale»*, Publié dans "Débats. Courrier d'Afrique de l'Ouest", n° 8, septembre - octobre 2003, p. 15-20 Centre de Recherche et d'Action pour la Paix (CERAP), voir sur http://africanalyses.cerap-inades.org/africanalyses)

[179]Pourtant, la mise en place de ce Marché Commun passe, nécessairement, par le développement de l'échange à l'intérieur des frontières nationales. Le regroupement sous-régional ouvre incontestablement de nouveaux marchés aux entreprises nationales et crée des opportunités dont profitent, plus particulièrement, les pays de la région qui ont une base économique plus large et une industrie plus diversifiée.

[180]Par ailleurs, ses concepteurs y voient une merveilleuse opportunité de rapprocher les États-nation, en outre, de leurs offrir une multitude de choix. Aussi faut-il le dire, l'approche continentale du processus de l'intégration régionale n'est nullement inclusive. Elle se fonde sur les acquis au niveau sous-régional qu'elle doit contribuer à promouvoir et à capitaliser au niveau international.

les approches sous-régionales et continentale sont complémentaires et contribuent, efficacement, dans le cadre du processus de l'intégration des économies nationales africaines, à la mise en place du Marche Commun Africain. Il convient ainsi d'axer l'analyse sur l'approche continentale du processus de l'intégration régionale (**Section I**) et sur l'approche sous-régionale pour la mise en place du Marché Commun Africain (**Section II**).

Section I : Une approche continentale du processus de l'intégration régionale

La concurrence mondiale est une nouvelle donne sur laquelle les États devront, aujourd'hui, s'aligner, car elle est à la base de la globalisation elle-même devenue la tendance du nouveau millénaire. Celle-ci, même si elle regorge d'immenses opportunités, ne se présente pas de la même manière pour toutes les nations. Cela serait dû à l'existence de variables liées aux contraintes structurelles, sociales et économiques, propre à chaque communauté.[181] Par conséquent, les chances dont pourrait disposer un État, en se lançant tout seul dans cette aventure de la mondialisation, sont très minces, voire insignifiantes. C'est pourquoi les États africains se sont orientés vers la voie de l'intégration de leurs économies, d'abord au niveau sous-régional, ensuite au niveau régional. Il est une évidence c'est que l'Afrique dispose d'un vaste marché intérieur et de ressources naturelles et humaines. Cependant, ces richesses naturelles restent dans leur état brut, tantôt faute de moyen d'exploitation judicieuse ou encore faute de juste planification de cette exploitation. Alors, les populations développent d'immenses stratégies d'adaptation ou encore de réaction face aux crises que les institutions ont du mal à juguler.

Face à ce constat, nombreuses sont les études qui tentent de convaincre les décideurs du continent, à réviser leur approche du processus de développement régional. Aussi bien, le Plan de Lagos, l'UA, la création des CER et surtout la mise en place de la CEA, démontrent que les dirigeants africains se sont montrés très sensibles

[181]En Afrique subsaharienne, les États sont tenus de résoudre des difficultés intrinsèquement liées à l'ossature de leurs nations qui se traduisent par les effets combinés de plusieurs facteurs. Entre autres facteurs, l'on pourrait faire cas de structures économiques peu développées, des termes de l'échange peu soutenables, un héritage du colonial pesant, une mauvaise gestion et des conflits répétitifs ou latents.

au fait que la force de l'Afrique repose sur la coopération panafricaine. Les recherches scientifiques et analyses ont pu accompagner et donner corps à cette sensibilité des politiques africains, en soutenant la stratégie africaine de l'intégration régionale par des théories solides et cohérentes sur lesquelles l'intégration devrait pouvoir s'appuyer. En outre, l'apport des sciences est de soutenir les politiques dans le déroulement de cette stratégie, lorsque celle-ci doit intégrer le fait qu'elle doit s'inspirer des expériences réalisées ailleurs. L'objectif à ce niveau, bien évidemment, c'est d'éviter de commettre les erreurs de l'époque. Il s'agit d'éviter de verser dans le mimétisme ou dans l'excès de pragmatisme affiché par les bureaucraties des organisations intergouvernementales, cause des dysfonctionnements notés dans les processus d'intégration régionale.[182] La nouvelle approche de l'intégration régionale africaine fondée sur les textes de l'OUA, contenue dans le Plan d'Action de Lagos et le Traité d'Abuja, vise ainsi à parer à toutes ces entraves à l'intégration régionale et partant, au processus de développement des États.[183]

C'est dans ce contexte qu'il faut comprendre la problématique de l'intégration régionale qui mobilise l'espace régional autour de l'édifice avantageux et soutenu, afin de mieux partager les bénéfices. Par conséquent, opter pour cette stratégie de développement pourrait contribuer à la création d'espaces spécialisés et organisés autour d'intérêts partagés. Cette approche fondée sur les textes de l'OUA : Le Plan d'Action de Lagos et le Traité d'Abuja (**Paragraphe I**) préfigurent la création de la Communauté Economique Africaine (CEA) (**Paragraphe II**).

---

[182]Kassé Moustapha, *Le développement par l'intégration,* Les Nouvelles Éditions Africaines du Sénégal (NEAS), Dakar 1991, pp.21, 22, 47, 49

[183]Le Plan d'Action de Lagos, c'est aussi l'acceptation de l'idée selon laquelle, l'État africain, du fait de son étroitesse démographique, morphologique, de sa faiblesse financière et économique, ne permet ni le déploiement et la réussite de politique de développement appropriée et cohérente, ni l'atténuation ou l'annulation d'effets négatifs d'un environnement économique et monétaire international récessif.

<u>Parag.I</u> : Une approche fondée sur les textes de l'OUA : le Plan d'Action de Lagos et le Traité d'Abuja

L'intégration régionale demeure un vecteur incontournable pour renforcer les perspectives de développement et de croissance des pays de l'Afrique. Elle pourrait ainsi fortement contribuer à l'accroissement et à la compétitivité des échanges intra-africains et avec le reste du monde. Évidemment, cette raison fondamentale a convaincu la classe des dirigeants africains qui se sont engagés dans la mise en œuvre de multiples initiatives à cet effet.

À sa création, l'OUA s'était fixée pour objectif ultime de veiller à la mise en place d'une véritable union de ses États membres par la création d'un cadre étroit de coopération et de collaboration à divers niveaux.[184] Ainsi, on devait rechercher les stratégies à même de réaliser ces objectifs qui poursuivent elles-mêmes, la réalisation d'une réunification des peuples divisés par l'élimination de toutes formes de colonialisme. Si au début, les Chefs d'État de l'organisation panafricaine étaient fortement préoccupés par la nécessité d'assurer et de renforcer leur intégrité territoriale et, de raffermir leur indépendance.[185] Les bouleversements survenus au plan international, vers les années quatre-vingt et quatre-vingt-dix, les ont convaincus de donner une nouvelle orientation à leur politique d'intégration sur le Continent.

Les grandes décisions issues du texte de Lagos, la transformation de l'OUA en UA, la création d'une Commission au sein de cette nouvelle organisation panafricaine et, enfin, la mise en place du NEPAD, s'inscrivent dans cette nouvelle dynamique. Pour mieux cerner toute cette dynamique, il nous incombe de nous intéresser aux nouveaux impératifs du processus d'intégration régionale en Afrique (**A**) qui justifient la nouvelle vision du processus de l'intégration régionale (**B**).

---

[184]Cet objectif ultime est associé à cinq autres finalités qui sont : Renforcer l'unité et la solidarité des États africains ; Coordonner et intensifier leur coopération et leurs efforts pour offrir de meilleures conditions d'existence aux peuples d'Afrique ; Défendre leur souveraineté, leur intégrité territoriale et leur indépendance et favoriser la coopération internationale.

[185] Tout débutera avec la prise de position en faveur du principe du statu quo territorial colonial par les Etats africains, lors du XVème sommet de l'Assemblée Générale de l'ONU, tenue le 25 novembre 1960, à New York.

A- Les nouveaux impératifs du processus d'intégration régionale en Afrique

Les années quatre-vingt seront marquées par une crise sans précédent sur le Continent africain au point de bouleverser l'architecture économique. Elle a été si durement ressentie par les États qu'elle n'a épargné aucun secteur d'activités. Pire, elle ne manquait pas de plonger le système économique et financier du continent dans une certaine régression au point que l'ancien Secrétaire Général de l'OUA, Edem Kodjo réagissait en ces termes : « *Je considère que le mal dont souffre l'Afrique est tellement profond que, à moins de procéder à des reconversions dramatiques, je ne vois pas les Africains s'en sortir».*[186]

Des constats effectués dans certaines études, il ressortait que le taux de croissance du Produit Intérieur Brut (PIB) était devenu, pour la première fois, inférieur à celui de la croissance démographique. Il était estimé par habitant, entre 1970 et 1980 à 0,7%, pour passer à -4,0% en 1981 puis à -3,3 en 1982. Ces chiffres connaîtront une nette amélioration en 1985 avec 1,1%avant de rechuter en 1986 à -1% puis en 1987 à -3,3% et de connaître une nette amélioration en 1988 avec un taux de croissance de 1,1%.[187] Cette chute vertigineuse du PIB au niveau continental sera accompagnée d'une forte tendance au désinvestissement et une stagnation, à la fois des apports de capitaux privés et des parts de marché dans le commerce international.[188] Ce triste décor va s'accentuer avec l'existence et la perpétuation d'une crise agro-alimentaire qui a plongé l'Afrique dans l'insécurité alimentaire.

Durant les années quatre-vingt, la production agricole, au niveau continental, a connu une chute régulière annuelle de 2% par habitant. Des explications ont pu soutenir ce recul de la production agricole dû au choix des politiques agraires opérées par les pays du continent. En

---

[186]Ghadhi Ahmed Mohamed, *La longue marche de l'Afrique vers l'intégration, le développement et la modernité politique,* Collection Etudes Africaines, L'Harmattan 2009, p.98

[187]Kasse Moustapha, *La crise économique africaine dans le monde multipolaire* In *Le développement par l'intégration*, Les Nouvelles Editions Africaines du Sénégal(NEAS), Dakar 1991, pp.25, 26 &27

[188]Selon le rapport du Comité d'Aide au Développement (CAD) de 1988, les investissements ont évolué en milliards de dollars, de 1980 (45,6 Apports publics-82,7 Apports privés), en 1985 (49,0 Apports publics-34,8 Apports privés) en 1986 (56,1 Apports publics-27,6 Apports privés) à (61,7 Apports publics-34,9 Apports privés)

effet, ces derniers avaient mis l'accent sur les cultures de rentes, tout en privilégiant le développement et la mise en œuvre de politiques agraires inadaptées, au détriment de la production vivrière. Cette situation va contraindre les États africains à combler le déficit céréalier par de massives importations de céréales. D'une importation sous-régionale de céréales, chiffrée en 1950 à 2 millions de tonnes, les pays de l'Afrique de l'Ouest ont été contraints d'importer plus de 20 millions de tonnes de céréales.[189] Cette forte tendance à l'importation peut se justifier par une évolution disproportionnée de l'urbanisation, avec pour effets pervers d'extravertir le mode de consommation des populations désormais tournées vers les produits importés. Face à toutes ces exigences qui imposaient à l'État d'énormes charges de fonctionnement plutôt que d'investissements, l'économie nationale s'affaiblissait et sa capacité de productivité se réduisait. En fin de compte, l'État devenait insolvable, car son économie ne lui permettait plus de faire face aux exigences de paiements de ses dettes extérieures. Le corolaire inéluctable de pareille situation a été de rendre l'État africain très dépendant des institutions financières[190] et les institutions économiques, notamment, celles de BrettonWood ainsi que les grandes multinationales.[191]

Le poids de la dette des États africains était si pesant pour les économies nationales qu'il rendait, non seulement, l'État insolvable vis-à-vis des créanciers, mais aussi, le rendait incapable de faire face à ses problèmes sociaux. Face à une telle rigueur de la crise économique, les États ont été contraints d'accroître l'exploitation de leurs matières premières, ou encore, recourir à l'hypothèque de leurs ressources afin d'acquérir les devises nécessaires au remboursement de leurs dettes. En dépit de tous ces efforts, les États africains n'arrivaient pas à effacer leurs dettes extérieures, dues au fait que le

---

[189]Kasse Moustapha, *La crise économique africaine dans le monde multipolaire* In *Le développement par l'intégration*, Les Nouvelles Éditions Africaines du Sénégal(NEAS), Dakar 1991, pp.25, 26 &27

[190]*Op.cit*

[191]La dette extérieure des États du continent connaitront une nette augmentation. Elles passeront de 1980 à 1981 à plus de 20% pour représenter aujourd'hui environ 75% du Produit National Brut et plus de 400% des recettes d'exportation. L'état de la dette extérieures des États de l'Union Monétaire de l'Afrique de l'Ouest, estimée en 1973 à 156 milliards de Francs CFA passera en 1985 a environ 3.030 milliards de Francs CFA. Il va de soi que face a une telle situation, les maigres et fragiles économies des jeunes Etats souverains encore sous-développées n'étaient pas a même de faire face à cette situation et de réussir à s'en sortir.

principal et les intérêts de ces dettes dépassaient largement leurs recettes.[192] Alors, le triste constat était que les États africains étaient forcés de noter que leurs budgets allaient entièrement dans le remboursement de leurs dettes. Les États africains ont dû faire face en cette période à un taux élevé de pauvreté au sein de leurs populations urbaines qui connaissaient une forte augmentation, du fait de la croissance du phénomène de l'exode rural. L'abandon des campagnes rendait la production agricole très faible et, a fortement contribué à rendre l'État plus sensible aux importations afin de résorber les problèmes de consommation aussi bien pour les populations rurales que pour les populations urbaines. Les explications données par le Professeur Moustapha Kasse afin de mieux comprendre les raisons de cette crise font apparaître des causes internes.[193] Partant du constat selon que les politiques économiques conduites par les États restaient peu réalistes et sous-tendues par des modèles d'accumulation fondés sur la rente agricole, celui-ci conclut à une erreur d'orientation marquée par une mauvaise allocation des ressources disponibles.[194] À cela, le professeur ajoute une autre cause étroitement liée au fonctionnement de l'appareil administratif de l'État. La lourdeur des superstructures étatiques et paraétatiques, fortement bureaucratisées, les rendait inefficaces et coûteuses. Cette autre cause a pour conséquence majeure d'alourdir le budget de fonctionnement de l'État, au détriment de l'investissement, en vue de la création d'emplois et de richesses nationales.[195]

À la fin des années 1980, les États d'Afrique devaient gérer des mégapoles où vivaient une masse considérable de chômeurs, venus de divers horizons, afin de s'installer dans des espaces d'urbanisation anarchiques, incontrôlés et non hygiéniques. Les taudis ainsi constitués devenaient les lieux où se développaient les fléaux comme la grande criminalité organisée qui échappait, totalement, aux réponses apportées par les pouvoirs publics, du reste, submergé. Ces causes internes seront assorties de facteurs externes encore plus violents et qui entraîneront le recul vertigineux de la croissance du PIB et du PNB des États africains.

---

[192]Ghadhi Ahmed Mohamed, *La longue marche de l'Afrique vers l'intégration*……2009, p.98

[193]Kasse Moustapha, *La crise économique africaine dans le monde multipolaire* In *Le développement par l'intégration* 1991, op.cit

[194]*Ibid*

[195]Ibidem

Si, le premier choc pétrolier de l'après-guerre israélo-arabe, de 1973, avait contribué au bonheur financier et économique de certains États, notamment, ceux de l'Arabie, tel ne fut pas le cas des États africains. Le tout se résume dans les incidences négatives de la crise économique mondiale des années soixante-dix. Nombreux sont les pays d'Afrique qui feront face aux Plans d'Ajustement Structurels (PAS), à la fin des années quatre-vingt et en début des années quatre-vingt-dix.[196] De façon générale, il s'agit des pays dont la situation économique et sociale devenait intenable du fait des pressions exercées par les facteurs internes et externes. Ces pays avaient à gérer une situation économique marquée par de graves problèmes macro-économiques, sous la forme d'importants déficits budgétaires, d'un déficit intenable de la balance de paiements et d'une forte inflation. De cette situation de crise intenable, les programmes des PAS se verront alors assigner un double objectif. D'une part, il leur appartenait de veiller à la stabilisation macro-économique, visant à rétablir une situation d'équilibre sans laquelle les réformes économiques seraient vouées à l'échec. D'autre part, il était question de la transformation structurelle de l'économie pour s'attaquer aux causes fondamentales de la crise économique. Même si, les PAS étaient venus pour juguler la crise économique et financière que traversait l'Afrique, les décideurs politiques africains avaient, eux aussi, développé une réponse adaptée à la situation, en l'occurrence le Plan d'Action de Lagos.

---

[196]Les Programmes d'Ajustement Structurels (PAS) ont été développés et mis à la disposition des États africains en crise, par le Fonds Monétaire International (FMI) et la Banque Mondiale (BM). Il appartenait au FMI de veiller au développement, à la conception et au pilotage des PAS. Ainsi, il lui revenait de développer des programmes de stabilisation à court terme, avec pour objectif d'aider les pays en crise à rétablir les grands équilibres financiers. Quant à la BM, elle devait faciliter le développement des programmes à moyen ou long terme cherchant à les assister à refondre les grandes orientations de leurs économies. Il faut préciser que la mise en œuvre des PAS reposait sur un ensemble de mesures spécifiques de politique économique qui varient d'un contexte à l'autre. Il s'agit entre autres des mesures de stabilisation qui envisageaient : la dévaluation de la monnaie, la réduction des dépenses publiques, l'augmentation des frais à la charge des utilisateurs des services publics et le blocage des salaires. Il y avait aussi des mesures de restructuration de l'économie, qui visaient à créer les bases d'un retour de la croissance. Ces mesures ont impliqué : la réduction ou l'élimination des contrôles de prix, réforme du secteur public, libéralisation du commerce, encouragement des exportations au moyen de réformes tarifaires et fiscales et réduction de la protection de la production interne contre les importations.

B- Une nouvelle vision du processus de l'intégration régionale en Afrique

C'est dans le contexte de guerre froide marqué par un conflit d'idéologie au niveau mondial que va se développer une acception du développement propre aux Africains ainsi qu'une vision africaine de l'intégration régionale. Bien que ne jouant pas un grand rôle sur la scène internationale, l'Afrique subissait de plein fouet aussi bien les effets pervers de la crise économique et financière que les conséquences néfastes de ce conflit silencieux entre grandes nations d'Occident. En effet, l'évolution économique, financière et sociale des nouveaux États d'Afrique sera fortement marquée par les conséquences du déroulement du système clientéliste et satellitaire développé par les deux blocs durant cette guerre froide.[197] On constate que l'appui dont jouissaient les États africains, durant la guerre froide, a fortement fragilisé leur processus de développement.[198] Celui-ci était loin d'être désintéressé. Les tenants de l'un ou l'autre des deux blocs idéologiques, arrivaient à maintenir leurs anciennes colonies dans leur ligne idéologique et, partant, à entretenir des régimes dictatoriaux et corrompus au mépris même des aspirations profondes des peuples. Les États africains ont payé un lourd tribut à cause de leur implication dans ce conflit idéologique dans lequel leurs intérêts étaient moins servis. Ce parti pris a coûté au Continent son développement économique et social. Aussi a-t-elle instauré un cadre d'instabilité politique et social couronné par le développement de grandes épidémies comme le sida et le paludisme et leurs lots de désolation.[199]

---

[197]Selon *Ahmed.M.G*, la majeure partie des conflits qui ont éclaté sur le continent africain durant la guerre froide ont été marqués par les empreintes des deux blocs. Ainsi a pu se perpétuer sur le continent africain, à des milliers de kilomètres de Washington, de Paris, de Berlin ou de Moscou, des conflits d'intérêts qui se tenaient par le canal des antennes des deux idéologies antagonistes. Il n'était pas alors étonnant de voir que les mouvements de libération qui, à cette époque là, luttaient pour leur indépendance, aient pu bénéficier de l'appui tant technique que financier ou matériel de Washington, de Paris ou encore de Moscou. Voir. Ghadhi Ahmed Mohamed, *La longue marche de l'Afrique vers l'intégration, le développement et la modernité politique,* Collection Etudes Africaines, L'Harmattan 2009, pp.122 & 123.

[198]*Op.cit*

[199]Il faut dire que les séquelles d'une telle situation, demeurent voire ont favorisé l'émergence d'autres situations connexes perçues comme des conséquences inéluctables des premières. Ainsi, de certaines analyses, on arrive au constat selon lequel, il existerait un Etat africain criminel, privatisé, en totale déliquescence, incapable d'exercer sa souveraineté territoriale, faiblement bureaucratisés et ouvrant

Il en découle que ce sont les coups d'État répétés que cette guerre d'idéologie va entraîner sur le Continent. À leur tour, ces coups d'État vont entraîner la dégradation du cadre de vie des populations plongées davantage dans une pauvreté à grande échelle. C'est fort de toutes ces considérations que des voix vont s'élever, fin des années soixante-dix et début des années quatre-vingt, pour réclamer une déconstruction de l'ordre autoritaire en Afrique noire.[200]

Ces voix qualifiaient cette atmosphère délétère qui prévalait sur le continent de pratiques impérialistes et, par conséquent, s'engageaient dans une lutte contre ce qu'ils ont vite fait d'appeler le néocolonialisme. Néanmoins, il faut dire que la particularité de cette nouvelle lutte entamée par les penseurs africains était basée sur la définition d'une stratégie globale de développement propre aux Africains. C'est là, toute l'originalité de cette lutte menée au niveau continental. Des experts, des universitaires et autres panafricanistes se réunissaient, à Lagos, en République Fédérale du Nigéria, pour repenser le processus de l'intégration régionale africaine. L'influence de la théorie du développement sera effective, durant cette période et, se fondait sur cette pensée de l'école structuraliste. Selon cette doctrine, les rigidités sociales, culturelles et institutionnelles propres aux pays du Tiers-Monde créaient une situation où le marché était impuissant à créer et à impulser la croissance. Par conséquent, ces néo-keynésiens préconisaient le développement de plans administrés qui permettraient de modifier les comportements, de lever les blocages et de créer les conditions d'un développement auto-entretenu et

---

des friches investies par des acteurs qui soit lui échappent totalement, soit sont ses complices, soit lui sont indifférents. Voir. Diouf Mamadou, *Privatisation des économies et des États africains* In *Politiques africaines : L'État en voie de privatisation*, édité par l'Association des Chercheurs de Politique Africaine, n°73, Édition Karthala Mars 1999, pp16-24

[200]Mais au delà des conséquences dont l'on pourrait imputer la responsabilité aux anciennes puissances colonisatrices ou à l'Occident de façon générale, il faut mentionner que le néocolonialisme avait aussi et surtout des relais au sein des pareils étatiques africains. Ainsi ont constitué comme explications issues des analyses, à la guerre qui a rongé la République Démocratique du Congo (RDC), le fait que les parrains de l'ancien Président Laurent Désiré Kabala, à savoir les Chefs d'Etat Rwandais et Ougandais se sont sentis trahis par ce dernier. Alors, la voie était ouverte au financement d'une rébellion qui déstabiliserait ce géant de l'Afrique Centrale. Voir. Barnes Williams, "*Kivu : L'enlisement dans la violence Politiques africaines*" In *L'État en voie de privatisation*, édité par l'Association des Chercheurs de Politique Africaine, n°73, Édition Karthala Mars 1999, pp123-142

durable.[201] Cette idée de développement planifié était partagée voire véhiculée et intégrée dans l'approche des institutions internationales qui ne manqueront pas de la traduire dans le quotidien de leurs partenaires sur le terrain, à travers la création de bureaux de planification et le montage de plans à moyen terme.

En Afrique, les partenaires au développement, notamment, l'Organisation des Nations Unies qui ne manquera pas d'accompagner les efforts des pays en voie de développement par la création de CER.

Pour l'Afrique, c'est la création de la CEA, en 1958.par le Conseil Économique et Social des Nations Unies (ECOSOC), en tant qu'institution de promotion du développement économique et social des États africains membres. Cette action extérieure, le fait marquant est de constater, en début des années quatre vingt, en dépit du choc financier et économique qui ébranle les États africains, la volonté politique des dirigeants de s'engager dans une voie du développement adapté aux réalités du continent. Ainsi, en se réunissant les 28 et 29 avril 1980, à Lagos (Nigeria), les Chefs d'États et de gouvernement de l'OUA, adhéraient à un postulat qui soutient au mieux la notion de développement de l'État, et qui contribue aisément à la mise en place d'un État-nation fort et soudé. En effet, le Plan de Lagos faisant sien *la Déclaration d'Engagements de Monrovia*, qui reconnaissait l'impérieuse nécessité d'entamer un processus de développement économique et social du continent, a pour pilier d'offrir à l'Afrique la garantie l'autosuffisance nationale, collective et autodépendante.

Dans la vision du Plan d'Action de Lagos, seule la réalisation de cet ultime objectif pourrait assurer au continent son intégration économique, mais aussi, lui assurer sa place dans le nouvel ordre économique international. À n'en point douter, cette vision se était plausible, d'autant plus que, les réalisations réussies en la matière ont été entreprises durant la période coloniale, et continuent de faire la fierté de l'Afrique. Le cas de la production cotonnière peut être illustratif de ce fait, notamment, en ce qui concerne les pays cotonniers de la zone franc.[202] Ces pays vont se distinguer des autres

---

[201]Jacquemot Pierre, «*Crise et renouveau de la planification du développement* », Revue scientifique PerséeTiers Monde, Année 1984, Volume 25Numero 98, pp.245-268, www.persee.fr/web/revues/home/prescript/article/tiers_0040-7356_1984_num_25_98_3380

[202]Renaudin Camille, *Les riches heures et l'avenir incertain de la culture cotonnière en Afrique de l'Ouest et du Centre*, Revue électronique "*EchoGéo*", numéro 14 (2010), septembre 2010/novembre 2010

pays producteurs africains par l'augmentation remarquable de la production cotonnière au milieu du XXe siècle, faisant de cette zone le deuxième exportateur mondial de coton au début des années 2000.[203] Dans cette réussite agricole, il faut y voir la stratégie coloniale de développement agricole des colonies françaises.[204] Ainsi seront incités à réaliser d'énormes investissements continus dans ce secteur, les acteurs impliqués que la Métropole a toujours su mobiliser pour soutenir les actions de la puissance publique. Les bailleurs de fonds seront rassurés et encouragés par les actions d'investissements de la Compagnie Française de Développement des Fibres Textiles (CFDT), en tant que structure étatique dans le secteur cotonnier africain. Le constat stupéfiant que les observateurs feront, relativement au désir des indépendantistes africains de rompre avec les vestiges coloniaux, est d'avoir préservé voire mieux entretenir certains, devenus plus tard fleurons du développement économique national.[205] Parmi ces acquis coloniaux, Camille Renaudin, cite la conservation à l'accession des indépendances en 1960, des filières de production cotonnière mises en place par la France dans certains pays de la zone franc.[206] Il reconnaît ainsi que la politique développée par les nouveaux dirigeants fera que la culture cotonnière apparaîtra comme une des activités économiques principales dans certains pays.[207] Ce choix devait permettre aux jeunes États d'accéder aux devises dont ils avaient besoin pour financer leur développement.[208] Ces derniers promurent donc cette culture et des sociétés cotonnières nationales virent le jour, parmi lesquelles la CFDT obtint des participations au capital aux côtés des États. C'est aussi l'exemple de la CIDT en Côte d'Ivoire. Il est alors, totalement, compréhensible que le Plan d'Action de Lagos ait mis un accent particulier sur le secteur de l'agriculture comme étant un ferment même du développement. Il est par conséquent utile que les stratégies sous-régionales de développement que les CER s'attèlent à mettre en place, puissent faire siennes cette vision. La production cotonnière concerne environ deux à trois millions de ménages ruraux dans des

---

[203]Renaudin Camille, *Les riches heures et l'avenir incertain de la culture cotonnière en Afrique de l'Ouest et du Centre*, Revue électronique "*EchoGéo*", numéro 14 (2010), septembre 2010/novembre 2010, op.cit

[204]*Op.cit*

[205]*Op.cit*

[206]*Op.cit*

[207]*Ibid*

[208]*Ibidem*

campagnes où, historiquement, en particulier dans la zone soudano-sahélienne, il existe peu d'alternatives de cultures commerciales. Sa production génère une manne financière qui profite à une population estimée à environ 20 millions de personnes. Par ailleurs, il faut mentionner que le Plan d'Action de Lagos accorde une grande importance aux autres secteurs d'activités parmi lesquelles, le secteur de l'industrie, mais aussi le commerce. Même si, ce plan de développement économique ne passe pas du revers le commerce intérieur et le commerce international, il met, cependant, un accent particulier sur le développement du commerce intra-africain. En effet, c'est cette activité qui soutient au mieux le processus d'intégration régionale qu'elle contribue à renforcer et à stabiliser, en soutenant ainsi la création, mais aussi, le maintien du Marché Africain prôné par la CEA.

Parag.II : La création de la Communauté Économique Africaine (CEA)

Nombreux sont les observateurs qui ne manquent de verser dans cette idée selon laquelle le processus d'intégration des économies nationales des pays d'Afrique, n'a pas à l'origine été planifié par les Africains eux-mêmes. Cette stratégie de mise en commun des économies africaines serait l'œuvre du génie créateur du système colonial.[209] C'est le cas du Traité de l'ancienne Communauté Économique des États de l'Afrique de l'Ouest (CEAO) de 1973, dont la rédaction avait été confiée au français Jacques David, qui a aussi joué un rôle déterminant dans la mise en place de l'Union Douanière des États de l'Afrique Centrale (UDEAC).[210] C'est surtout après les indépendances que les stratégies développées dans ce sens connaîtront la touche des Africains ce qui lui apportera une certaine originalité.

Le processus de planification de l'intégration régionale prendra une tournure décisive avec le Traité d'Abuja qui, en 1991, instituait la CEA. Ce nouvel outil d'intégration émergeait dans un contexte de récession aiguë et de crises sociopolitiques qui frappaient les États d'Afrique. Ainsi apparaissait-il comme un appui solide au processus d'intégration engagé depuis lors par l'OUA. Face à cette crise, les Chefs d'États africains étaient convaincus que seule l'unanimité sur

[209]Renaudin Camille, *Les riches heures et l'avenir incertain de la culture cotonnière en Afrique de l'Ouest et du Centre*, 2010
[210]Alioune Sall, *Les mutations de l'intégration régionale en Afrique de l'Ouest*, 2006

une solution africaine pourrait faciliter l'intégration économique du continent en tant que condition essentielle pour la réalisation des objectifs de l'OUA. Par conséquent, le Traité d'Abuja, en tant que document de consensus régional, devait être à même de contenir toutes les aspirations des États-nations frileux de se réintégrer, au sein des stratégies qui seront développées à cet effet. Alors seulement, l'intégration régionale deviendra un idéal mieux partagé par tous les Africains.

En vue de mieux apprécier les impacts des activités de CEA sur le processus d'intégration régionale, il serait utile d'analyser les objectifs qui lui ont été assignés (**A**) ainsi que les missions et les stratégies qu'elle a développées pour la mise en place de l'intégration régionale en Afrique (**B**).

A- Les objectifs assignés à la Communauté Économique Africaine

Les pays africains se sont sentis plus concernés que les autres États par les trois décennies du développement lancées par l'ONU, en 1976.[211] Mais à la fin de cette période, ils constataient l'absence quasi totale de réalisations dans leurs pays respectifs. En effet, l'Afrique présentait, à ce moment un poids économique très négligeable. En dépit de la prise en compte de la dimension sociale dans les stratégies de développement, on note une élévation crescendo de la pauvreté des populations. On remarque également à cette période, l'absence de formule cohérente et systématique en vue d'enrayer les maux que connaît le Continent. Par conséquent, les États africains étaient contraints de se contenter de l'aide publique au développement dans une proportion de 60% à 70%.[212] Ce triste constat appelle plusieurs

---

[211]Le 19 décembre 1976, l'Organisation des Nations Unies décrète par la résolution n°1710, la décennie 1960-1970 pour le développement, avec pour objectif d'accélérer le progrès vers la croissance autoentretenue de l'économie des divers pays. Par cette résolution, l'ONU demandait à chaque Etat membre de fixer son propre objectif en prenant comme but un taux minimum de croissance annuelle du revenu national brut de 5% a la fin de la décennie. Lors de sa 25eme session, le 25 octobre 1970, l'Assemblée Générale de l'ONU, décrétait la décennie une autre décennie pour le développement, avec un taux de 6%, la période allant de 1970 à 1980. C'est le 5 décembre 1980 que la troisième décennie des Nations Unies pour le Développement sera décrétée, tout en s'étalant sur une période allant de 1980 à 1990.

[212]Diakité Moussa, *Le défi de l'intégration économique en Afrique de l'Ouest*, Edition l'Harmattan 1997, p130

interrogations : Devait-on parler de l'échec du Plan d'Action de Lagos ? Quelles en sont les raisons? Ou encore, les Plans d'Ajustement Structurels et l'aide publique internationale au développement étaient-ils la solution pour sortir le Continent du sous-développement?

Une autre stratégie de développement continentale s'imposait avec beaucoup d'acuité à ces concepteurs. Il était acquis que la stratégie de développement continentale planifiée dans le cadre du Traité d'Abuja devait briller par sa cohérence et sa pertinence dans le traitement des questions. Mais aussi et surtout, cette stratégie devait arriver à prendre en compte les réalités du Continent, en les traduisant dans les solutions à apporter aux maux de l'Afrique. Les Chefs d'État adhéraient à la Déclaration d'Engagement de Monrovia.[213] En effet, ceux-ci avaient compris que l'instauration d'un nouvel ordre économique international imposait à l'Afrique qu'elle puisse être nantie de capacités lui permettant de suivre les exigences de cet ordre.

S'appuyant sur le Traité d'Abuja, la création d'un Marché Commun Africain est la seule voie pour former une CEA puissante et capable de faire face à la rude concurrence mondiale. Au-delà de cet élément de considération, il faut noter que la création de la CEA s'inscrit dans la continuité de tous ces engagements et résolutions pris en vue de réaliser l'intégration économique du continent. Ainsi devait-elle arriver à donner corps aux idéaux du Plan d'Action de Lagos. Néanmoins, l'une des particularités de cette énième stratégie de développement continental, et qui fait son originalité juridique, réside dans le fait qu'elle a doté la Communauté d'importants pouvoirs en la matière. Dans l'article 4 du Traité d'Abuja,[214] cette originalité apparaît à travers le fait que, pour la réalisation de ses objectifs, la CEA disposera de la capacité de création de CER et de renforcement de celles existantes.[215] En outre, elle disposait de la faculté juridique de

[213]Cf. la Déclaration d'Engagement de Monrovia, adoptée lors de la Conférence des Chefs d'États et de gouvernement de l'OUA, à Monrovia, au Liberia, en 1979. Elle était portée sur des principes directeurs définis ainsi que des mesures spécifiques déterminées afin de réaliser l'autosuffisance nationale et collective dans le domaine du développement économique et social en Afrique.

[214]Traité d'Abuja, du 3 Juin 1991, instituant la Communauté Économique d'Afrique, en son Chapitre II : portant Création, Principes, Objectifs, Engagements Général et Modalités, article 4 Objectifs, paragraphe 2

[215]Cela se comprenait et demeurait opportun, notamment dans une situation de quasi inexistence de l'appareil étatique africain. Pour certains observateurs, la modification des modes d'intervention de l'État, dans l'économie, la société et la

conclure des accords afin d'harmoniser les politiques entre les CER. Aussi avait-elle à charge de libéraliser les échanges entre les États par l'élimination des droits de douane et l'abolition des barrières tarifaires et non tarifaires entre les États en vue de la création de zones de libres-échanges au sein des CER. Cette originalité juridique va s'étendre au-delà des frontières des États pour arriver à une sorte d'atteinte légale et légitime au droit de non-ingérence dans les affaires intérieures de l'État. En effet, la CEA dispose, selon le Traité d'Abuja, du pouvoir d'intervenir dans les différents États membres afin d'harmoniser et de mettre à niveau leurs politiques nationales. Mais ce qui est aussi intéressant, c'est de souligner qu'elle exercera ce pouvoir dans divers domaines dont celui de la monnaie. Ainsi, elle serait en droit de procéder à une harmonisation des politiques monétaires nationales, avec pour objectif ultime, d'aboutir à la création de monnaies sous-régionales.[216] La CEA est appelée à créer et à maintenir un tarif extérieur commun entre les États outre veiller à la suppression progressive des obstacles à la libre circulation des personnes, des biens et des services ainsi qu'au droit de résidence et d'établissement. Tout cela est extraordinaire que les États africains,

---

bureaucratie se traduit par une perte de légitimité, de souveraineté et d'autorité et par une dégradation franche de ses statuts et fonctions. Au plan économique, en particulier, l'État aurait perdu son rôle dirigeant et la maitrise de ses principaux instruments, à savoir, la planification et l'aménagement de son territoire. Pire encore, l'impossible soustraction à la contrainte extérieure et à la mondialisation, la confiscation de certaines fonctions étatiques et bureaucratiques par les bailleurs de fonds et les ONG, ont entrainé dans un déclin irrémédiable, des administrations publiques ébranlées par les politiques de déflation de leurs effectifs. Cf. Mamadou Diouf, Mars 1999, pp16-17, op.cit, p390. L'un des nombreux effets produits par une telle situation, demeure la dégradation de l'appareil étatique central et la recomposition de centre de gestion du pouvoir par le canal de recomposition des espaces d'échanges, notamment aux périphéries des États mitoyens. Cf. Igue.O.John.1995, op.cit, p253 ; Roitman Janet.2003, op.cit, p353 ; Raison.J-P1983-1984, op.cit, p353

[216]Il faut reconnaître qu'un tel élément n'est pas explicitement évoqué dans le Traité d'Abuja. Cela dit, il apparaît comme une volonté implicite des décideurs africains, de s'affranchir de cette politique coloniale de balkanisation et d'institution de barrières de tout genre entre les différentes communautés. Ainsi seraient-ils arrivés à réunifier leurs peuples, en les libérant de cette autre barrière, à savoir l'obligation de se conformer aux difficultés liées aux taux de changes des monnaies et à la convertibilité des diverses monnaies existantes sur le continent. Pour cela, il fallait arriver à mettre en place des stratégies d'harmonisation des politiques nationales qui régentent la monnaie au niveau de chaque Etat membre. Mais aussi, prévoir à long terme de créer une monnaie unique qui résoudrait définitivement cette difficulté.

longtemps attachés à leur souveraineté, veuillent volontairement accepter de se séparer d'une aussi grande partie de leurs pouvoirs au profit d'une organisation qu'ils ont eux-mêmes créée. La CEA pouvait ainsi se targuer d'avoir été dotée de pouvoirs si étendus qu'elle serait comparable à une entité supra-étatique capable de faire jouir d'autres entités étatiques de certains privilèges qu'elle seule est en droit de leur conférer. Autrement dit, le Traité d'Abuja ne se contentait pas de verser dans une voie où il sera reconnu à la CEA, le rôle de coordonnateur de la coopération économique entre les États. Il organisait cette coopération, tout en lui fixant un objectif précis et assorti de missions définies à cet effet.[217] Partageant cet avis, Pierre-Francois Gonidec reconnaît que : «*D'un point de vue juridique, le Traité d'Abuja marque un progrès certain par rapport à la Charte de l'OUA et par rapport aux traités instituant les communautés sous-régionales*».[218] Cet acte des États membres de l'OUA constituait, certainement, un pas important dans la construction régionale et dans la définition de stratégies de développement cohérentes et systématiques. Cette avancée significative pourrait laisser entendre le fait que les Africains avaient désormais une nette compréhension du phénomène de la mondialisation et du nouveau régionalisme qu'elle impliquait.

À juste titre alors, Ahmed. M. Ghadi, voyait dans ce traité l'impérieuse nécessité pour les Africains, de franchir le pas de la souveraineté en tant que chasse gardée de l'État. Aussi voyait-il dans cet acte de grande importance, une façon pour les États d'Afrique, d'adhérer à cette thèse selon laquelle, il fallait sortir le continent de la marginalisation. Aussi s'imposait-il aux Africains, la nécessité de franchir un pas décisif vers la voie de l'union et, consigner cela dans un document juridique *erga omnes*. Un autre élément, et non des moindres, est la mise en place d'un Parlement Panafricain et d'une Cour de Justice. La prise en compte des réalités africaines va se traduire ici par le fait que ce Parlement aura à charge de veiller à la participation des populations à la définition et à l'élaboration des stratégies de développement et d'intégration économique. Cela est d'autant plus important que le nouveau modèle de développement

---

[217]Ghadi Ahamed Mohmed, *La longue marche de l'Afrique vers l'intégration, le développement et la modernité politique*, L'Harmattan 2009, p.136
[218]Gonidec Pierre François, *L'OUA, trente ans après : L'unité africaine à l'épreuve*, Editions Karthala, Paris, 1993, p.146

prôné, face à l'échec des modèles prédéfinis, était basé sur le développement participatif afin de mieux prendre en compte les divers aspects des communautés concernées.

Par cet acte, les Africains tiraient de véritables leçons de leur histoire, jonchée d'échecs et d'événements lourds de soubresauts. Par ailleurs, le Traité d'Abuja intervient, de manière opportune, à un moment crucial des relations économiques internationales.[219] On comprend alors aisément que les missions et les stratégies développées par la CEA pour la mise en place de l'intégration régionale en Afrique soient empreintes de beaucoup de réalisme.

B- Les missions et les stratégies développées par la CEA pour la mise en place de l'intégration régionale en Afrique

Des objectifs bien précis ont été définis en vue de la création du Marché Commun Africain dont la CEA a la charge. La CEA s'est vu confier d'importantes missions à mettre en œuvre dans le cadre de la réalisation du Marché Commun Africain. Le Traité d'Abuja lui reconnaissait un ensemble de missions bien planifiées dans le temps et selon des buts bien précis à atteindre.[220] Néanmoins, pour la facilitation d'une œuvre aussi colossale que la mise en place d'un Marché Commun, eu égard aux défis multiples y relatifs, le Traité d'Abuja, invite les États membres de l'OUA, à prendre un certain nombre de mesures d'accompagnement, sous forme d'engagements. Ainsi sont-ils invités à prendre les dispositions susceptibles de favoriser le développement de la communauté et la réalisation de ses objectifs, les États membres de l'OUA. Pour cela, l'article 5, en son paragraphe 1er, leur demande d'harmoniser leurs stratégies et politiques afin d'éviter toute mesure individuelle, susceptible d'entraver la pleine réalisation de cet objectif principal visé par la communauté. L'article 5, en son paragraphe 2,[221] va plus loin, en

[219]En effet, les années 1990 ouvrent les portes d'un nouvel ordre politique et économique. Si, elles consacrent l'avènement de la démocratie et le raffermissement des libertés, elles permettent un cadre de libre échange du fait de la liberté d'expression retrouvée. Elles seront marquées par l'accélération des échanges économiques mondiaux, entre blocs et fondé sur des solidarités régionales solides et anciennes.

[220]Voir l'article 4-Objectifs, du Traite instituant la Communauté Économique Africaine (CEA), en date du 3 juin 1991, à Abuja, République Fédérale du Nigéria

[221]Traité d'Abuja, du 3 Juin 1991, instituant la Communauté Economique d'Afrique, article 5 para.2 du Chapitre II : portant Création, Principes, Objectifs, Engagements Général et Modalités, qui dispose : « *Chaque Etat membre s'engage à prendre toute*

invitant les États membres de la communauté, à entamer, si besoin est, des modifications constitutionnelles indispensables à cet effet. Ensuite, l'article 6 détermine les voies par lesquelles, la CEA passera pour atteindre les objectifs à lui fixés. En d'autres termes, il s'agit des missions qui lui sont attribuées dans le cadre de la création du Marché Commun Africain. C'est ainsi que l'article 6 relatif aux modalités de mise en place de la communauté, attribue comme mission à la CEA, la mise en place de la communauté, en quatre (4) étapes et sur une durée de trente-quatre (34) années.[222] Selon le paragraphe 2 de l'article 6, la première étape consiste au renforcement des CER, ou encore à la création, si nécessaire, d'autres CER. Cette étape devra s'étendre sur une période cinq (5) années pour sa réalisation, à compter de la date d'entrée en vigueur du Traité d'Abuja.[223] La deuxième étape qui s'étend sur une période de huit (8) années, va résider en l'élimination des barrières tarifaires et non tarifaires ainsi qu'en l'harmonisation graduelle des droits de douane entre les États, avec pour objectif de stimuler et de permettre le commerce régional et intracommunautaire. La seconde phase comporte aussi l'intégration des divers secteurs d'activités, parmi lesquels le commerce et l'agriculture. Celle-ci devra aboutir à l'harmonisation de ces activités entre les différentes CER existantes et celles à venir.[224] Quant à la troisième étape qui s'étendra sur une période de dix (10) années, elle va consister en la création d'une Zone de Libre Échange ainsi qu'à la mise en place d'une Union

---

mesure appropriée conformément à ses procédures constitutionnelles, pour assurer l'adoption et la diffusion des textes législatifs nécessaires à l'exécution des dispositions du présent Traité»

[222]Cf. l'article 6-Modalités de mise en place de la Communauté, du Traité instituant la Communauté Economique Africaine, en date du 3 juin 1991, qui dispose : « *La Communauté sera progressivement mise en place au cours d'une période de trente années (34) au maximum, subdivisées en six (6) étapes de durées variables»*

[223]Cf. l'article 6 para.2 (a)-Modalités de mise en place de la Communauté, du Traité instituant la Communauté Economique Africaine, en date du 3 juin 1991, qui dispose : « *À chaque étape est assigné un ensemble d'actions spécifiques qui doivent être engagées et poursuivies simultanément de la manière suivante: (a) Première étape : Renforcement du cadre institutionnel des communautés économiques régionales existantes et création de nouvelles communautés là ou il n'en existe pas, au cours d'une période de cinq (5) années au maximum à partir de la date d'entrée en vigueur du présent Traité.»*

[224]Cf. l'article 6 para.2 (b-i,ii et iii)-Modalités de mise en place de la Communauté, du Traité instituant la Communauté Economique Africaine, en date du 3 juin 1991

Douanière, par l'adoption d'un tarif extérieur commun.[225] La quatrième étape qui s'étale sur une période de deux (2) années, va consister à la coordination et à l'harmonisation des systèmes tarifaires et non tarifaires entre les différentes CER.[226] S'étalant sur une période de cinq (5) années, en vue de l'établissement du Marché Commun Africain, la cinquième étape devra faciliter l'adoption de politiques communes dans divers d'activités, l'harmonisation des politiques monétaires, financières et fiscales ainsi que la création de ressources propres à la communauté. Enfin, la sixième étape, d'une durée de cinq (5) années, aura pour action principale la consolidation et le renforcement de la structure du Marché Commun Africain, tout en assurant la libre circulation ainsi que l'effectivité du droit d'établissement et du droit de résidence. Cette dernière étape devra s'orienter vers la création d'un Marché intérieur ainsi que la création d'une union économique et monétaire panafricaine unique. Elle parachèvera la création du Fonds Monétaire Africain et de la Banque Centrale Africaine ainsi que la création de la monnaie unique africaine. Elle aura également pour objectif de faciliter la mise en place et l'effectivité du Parlement Africain.

Les missions attribuées à la CEA, il faut le dire, revêtent une grande importance eu égard aux ambitions de ses concepteurs. À l'analyse des dispositions du Traité d'Abuja, on s'aperçoit que le matériel scientifique, notamment juridique, est la seule voie permettant de mettre en place le Marché Commun Africain.[227] Le capital juridique communautaire sous-régional ainsi produit impulsera la modernisation juridique du cadre socio-économique. Aussi

---

[225]Cf. l'article 6 para.2 (c)-Modalités de mise en place de la Communauté, du Traité instituant la Communauté Economique Africaine, en date du 3 juin 1991, qui dispose : « *Au niveau de chaque communauté économique régionale et au cours d'une période de dix (10) années au maximum, création d'une Zone de Libre Echange par l'application du calendrier pour l'élimination progressive des obstacles tarifaires et non tarifaires au commerce intra communautaire et mise en place d'une Union Douanière, par l'adoption d'un tarif extérieur commun.»*

[226]Cf. l'article 6 para.2 (d)-Modalités de mise en place de la Communauté, du Traité instituant la Communauté Economique Africaine, en date du 3 juin 1991, qui dispose *«Au cours d'une période de deux années au maximum, coordination et harmonisation des systèmes tarifaires et non-tarifaires entre les différentes communautés économiques régionales en vue de la mise en place d'une Union Douanière au niveau continental, par l'adoption d'un tarif extérieur commun.»*

[227]Pour essentielle que cela puisse paraitre, de telle option, étaye du rôle essentiel que l'intégration juridique, par le truchement du droit communautaire, joue dans un processus d'intégration économique régionale.

contribuerait-elle, dans son application, à l'établissement d'un espace favorable à l'investissement et potentiellement créatif d'activités économiques, voire de croissance économique. Le cadre juridique intégré ainsi généré impose pour son application certaines dispositions, aussi bien étroitement liées à la culture qu'à la nécessité de disposer de structures régionales fortes et solides. Cette approche du développement communautaire impose que le droit soit appréhendé en tant que facteur essentiel de l'activité économique. Il jouera ainsi un rôle générateur de dynamique productive dans l'espace ainsi intégré, notamment, par le canal d'un droit communautaire attractif et très ouvert qui contribue à la consolidation de l'intégration économique. Force est, cependant, de noter qu'en Afrique, de façon générale, l'application du droit communautaire se heurte à de nombreuses entraves étroitement liées à la culture ainsi qu'au fonctionnement et à l'organisation de la société et de l'appareil étatique. Ces difficultés s'expliquent au plan politique par les choix que les pères fondateurs de l'OUA avaient effectués lors de la création de cette structure d'intégration régionale. Selon leur perception de l'État, celui-ci ne saurait accéder au développement qu'en réalisant son indépendance et son unité politique. Aussi suggéraient-ils que l'intégration politique soit réalisée au niveau national avant qu'elle ne soit effective au niveau régional. De cette option, les aspects tels que les questions de droits de l'homme, parmi lesquels la liberté de circulation ou encore le développement économique seront passés au second rang de l'analyse.[228]

Le repositionnement régional, à bien des égards, témoignait de la prise en compte par la classe politique africaine, de ce que l'indépendance, l'intégration politique et la mise en place d'un cadre économique viable et durable sont étroitement liées.[229] Par conséquent, le Plan d'Action de Lagos devait être accompagné d'une réelle volonté politique de réaliser l'intégration économique. Selon les

[228]La conséquence au niveau régional, c'est d'avoir orienté les préoccupations de l'OUA vers la prise en compte des préoccupations d'ordre politique et, d'avoir placé au second rang, l'intégration économique du continent. Celle-ci ne fera surface qu'enfin des années quatre vingt, notamment, avec l'adoption le 29 avril 1980, du Plan d'Action de Lagos.

[229]En effet, cela va ouvrir la voie à l'intégration des questions de droits de l'homme, dans les politiques, les actions politiques et gouvernementales. On passera ainsi de la démagogie politique qui avait prévalu en debut des indépendances, à un réalisme politique.

termes du Traité d'Abuja, impliquerait-elle une harmonisation des législations nationales.[230] Cette autre option de l'OUA ne pouvait que se heurter aux protectionnismes et autres considérations propres aux États. Par ailleurs, la diplomatie au niveau sous-régional et régional, est fortement empreinte du poids des "clans" ou "amitiés" politiques qui étouffent et sapent le bon fonctionnement des structures d'intégration régionale et sous-régionale. Les structures mises en place pour penser et orchestrer le processus d'intégration régionale buteront sur des questions fondamentales. Pourtant, et cela relève du contraste que pareille situation inspire, c'est le fait que ces organes d'intégration constituent aux yeux des populations des cadres d'espoir. À l'image de l'ancienne compagnie panafricaine, la "Air-Afrique" ou encore de la Banque Africaine de Développement (BAD), de la CEDEAO ou de la CEMAC, les populations sont heureuses à l'idée qu'elles aient pour vocation de faciliter leurs retrouvailles. Pour de bonnes raisons, sûrement, les décideurs ont compris qu'il fallait procéder d'abord, par une "intégration par le bas", seule à même de mieux capter les aspirations des populations et de contribuer à de meilleures stratégies d'intégration régionale.

Section II : Une approche sous-régionale en vue de la mise en place du Marché Commun Africain

La reconnaissance de toutes les potentialités à la stratégie d'intégration des espaces ne fait pas l'ombre d'un doute, surtout, au sein des milieux des acteurs du développement international. Aussi s'acharnent-ils, à encourager les acteurs étatiques de la communauté internationale, à adopter de telles stratégies du processus de développement territorial et de leurs sociétés. Alors, l'établissement des volontés politiques engagées vers la recherche commune de voies et moyens par les États, afin d'améliorer leurs positions sur le marché commercial international, est perceptible.[231] En adhérant aux stratégies d'intégration régionale, les États entendent accroître les économies d'échelle, améliorer leur productivité et renforcer leur

[230]Cf. l'article 5-Engagement général et article 4-Objectifs du Traité instituant la Communauté Économique Africaine, adopté le 3 juin 1991, à Abuja, en République Fédérale du Nigéria

[231]En effet, le lien direct qu'entretiennent les zones intégrées et les croissances économiques réalisées du fait de l'intégration des économies nationales, qui elles contribuent à l'établissement d'un grand marché avec plus d'opportunités, est très plausible.

implantation sur les marchés d'exportation. En fin de compte, c'est une adhésion remarquée à l'idée de rentabilité assurée par les cadres d'économies d'échelle, émergeant dans le seul cadre du régionalisme.[232] Cependant, le processus de libéralisation des échanges a pour corolaire l'adoption par les acteurs économiques de stratégies de production souples, orientées très souvent vers la réduction de leurs coûts et de nature à améliorer leur productivité.[233] Si de telles exigences participent de l'amélioration de la qualité de vie des populations qui ont désormais un éventail de choix, en termes de consommation de qualité. Aussi réduisent-elles sensiblement le prix des produits désormais présents sur le marché national. Pour cela, la libéralisation du commerce devient un outil économique orienté vers la stimulation des échanges commerciaux à l'intérieur et entre les pays.

Convaincus par ces acquis inhérents à la stratégie des zones d'intégration régionale, les États africains se sont engagés, avec l'appui de leurs partenaires au développement, vers des réformes commerciales, qui au niveau national, rendraient applicables les PAS. Dans l'ensemble, ces réformes concernaient la libéralisation des importations et des régimes de devises ainsi que la réduction des barrières tarifaires et non tarifaires pour le commerce. On comprend alors que la création en début des années quatre-vingt-dix des CER en Afrique de l'Ouest et du Centre, répondait à cette logique de reformes commerciales généralisées.[234]Ainsi, l'analyse pourra porter sur la

---

[232]Dans l'engagement de l'État dans la voie de l'intégration régionale, ce qu'il ne saurait perdre, au profit de sa population et de son économie nationale, c'est l'élargissement du marché. Cet élargissement est considéré comme la force motrice d'une zone d'intégration, étant donné que les marchés nationaux sont souvent dans l'incapacité d'assurer, à eux seuls, la taille nécessaire à l'exploitation des économies d'échelle et la spécialisation. Bien qu'il est utile de souligner la peur permanente que ressentent les entreprises nationales des États engagés dans l'intégration régionale, notamment celle de la concurrence à haute échelle ainsi que le souci permanent de faire face à des entreprises de grande taille ou de taille plus d'une fois supérieure à la leur.

[233]Par ailleurs, la concurrence inévitable néée de la création de l'élargissement du marché national par son intégration aux autres marchés nationaux de la communauté, implique pour les acteurs économiques, outre de meilleures qualités de production, l'adoption de politiques commerciales concurrentielles et très attractives.

[234]Cette volonté politique des décideurs africains, d'ouvrir leur marché nationaux, va s'accompagner de reformes externes, notamment, au niveau continental, par la création de CER. Les CER seront chargées de développer et de mener des

création des CER en Afrique de l'Ouest et du Centre (**ParagrapheI**) ycompris, les faiblesses du processus de création du Marché Commun en Afrique de l'Ouest et du Centre(**ParagrapheII**).

Parag.I: La création des CER en Afrique de l'Ouest et du Centre

Dans la mise en œuvre de leur stratégie, les CER mettent l'accent sur des réformes qui viennent en complément de celles engagées au sein des États membres de la communauté. La création de zones de libres-échanges, d'unions douanières, de marchés communs et d'unions monétaires et économiques, seront les ultimes objectifs que celles-ci s'attèleront à réaliser, tout en conservant les acquis réalisés au plan national. Les CER ne sauront entamer de véritables reformes et réussir une quelconque libéralisation des échanges, qu'à la seule condition, qu'au niveau des États, les réformes en cours, aient la même vision que celles adoptées au plan sous-régional. Ces objectifs ne peuvent être atteints que par le biais des programmes de libéralisation du commerce des biens et services, des dispositions pour la libre circulation des personnes et des facteurs de production et l'harmonisation des politiques fiscales et monétaires. Avec la volonté des politiques et l'effectivité des réformes entreprises au niveau national, les CER pourront, aisément, réaliser leurs objectifs. Elles contribueraient ainsi à la totale réussite de libéralisation entreprise au niveau des États de la communauté.

En Afrique de l'Ouest et du Centre, les CER établies, mettent en œuvre leurs propres programmes de libéralisation du commerce avec des mesures visant à supprimer les barrières tarifaires et non tarifaires. Elles visent aussi à abolir les autres entraves au commerce et à permettre la libre circulation des biens et services. Malgré leurs objectifs similaires, les CER de l'Afrique de l'Ouest et de l'Afrique du Centre ont des progressions différentes. On note dans la première, des avancées remarquables, notamment en ce qui concerne la mise en place d'une zone de libre échange et de libre circulation. On constate dans la seconde que les avancées en la matière sont encore timides marquées par d'énormes freins.

---

programmes de libéralisation du commerce avec des mesures, visant à supprimer les barrières tarifaires et non-tarifaires et les autres entraves au commerce et à permettre la libre circulation des personnes, des biens, des capitaux et des services.

Pour une meilleure compréhension de ce qui se passe réellement sur le terrain, il convient d'analyser les attributions et objectifs des CER (**A**) et les stratégies qu'elles ont développées en soutien au processus de l'intégration régionale (**B**).

A- Les attributions et objectifs des CER

À la fin des années 1980 et en début des années 1990, l'intégration régionale devenait un vecteur essentiel pour renforcer les perspectives de développement et de croissance en Afrique.[235] Par conséquent, les dirigeants africains ont engagé un certain nombre d'initiatives, à travers différentes décisions de l'Union Africaine (UA), visant à accélérer ce processus d'intégration régionale.[236] Ils ont ainsi choisi de transformer l'Organisation de l'Unité Africaine (OUA) en Union Africaine (UA). Ils ont décidé de lancer le Nouveau Partenariat pour le Développement de l'Afrique (NEPAD) et de rationaliser les CER, à travers un moratoire sur la création de nouvelles communautés. Dans son fonctionnement, la Commission de la nouvelle UA met en œuvre le Programme Minimum d'Intégration (PMI). Ce programme a pour objectif de s'assurer que les CER appliquent bien les différentes étapes du Traité d'Abuja, en respectant les échéances prévues.

---

[235] En effet, les décideurs politiques sont unanimes sur le fait que, c'est seulement, en dopant les échanges intra-africains et en favorisant ainsi qu'en vivifiant les échanges entre l'Afrique et le reste du monde, que le développement pourra connaître sa phase tant attendue.

[236]Voir : la Déclaration prise lors de première Conférence des Ministres africains de l'intégration (COMAI), du 30 au 31 mars 2006, à Ouagadougou (Burkina Faso) ; La Déclaration de la Deuxième Conférence des Ministres africains de l'Intégration, à Kigali, Rwanda du 23- 27 juillet 2007 ; Voir aussi : la Déclaration Ministérielle sur les Accords de partenariat Economique (APE) prise lors de la Conférence des Ministres du Commerce de l'Union Africaine, à sa 3 ème Session Ordinaire, tenue du 5 au 9 Juin 2005, en Egypte. Outre cela, il faut citer la Décision des Etats membres de l'Union Africaine, de se doter de Ministères et autres Départements, en charge des questions d'intégration régionale, plusieurs autres initiatives pourraient être évoquées. En étroite collaboration avec les CER, la Commission de l'Union Africaine (CUA) a élaboré le Programme Minimum d'Intégration (PMI). Celui-ci recouvre une série d'activités, de projets et de programmes à mettre en œuvre par les CER pour accélérer le processus d'intégration régionale et continentale. Outre cela, il faut ajouter la décision prise lors du Sommet des chefs d'État de l'Union Africaine, réuni à Banjul, en juillet 2006, à savoir le repositionnement de la CEA, qui vise àmieux répondre aux priorités du continent, en particulier le programme d'intégration régionale.

C'est avec le Traité d'Abuja, notamment au paragraphe 2 (a) de son article 4, qu'il est prévu l'établissement des CER ou encore la redynamisation de celles existantes sur le continent.[237] Quant au paragraphe (b) de l'article précité, il met l'accent sur la nécessité d'harmoniser et de coordonner les politiques entre les CER. Dans la mise en place du Marché Commun Africain, à travers la CEA, les CER doivent jouer un rôle prépondérant. C'est l'article 6 qui, à travers son paragraphe 2, identifie les différentes étapes relatives aux modalités de mise en place de la Communauté. Pour cela, il reconnaît cet impératif en premier lieu, en consacrant la première étape au renforcement du cadre institutionnel des CER existant et à la création d'autres CER là où il n'en existe pas. La CEA devrait se libérer d'une telle tâche durant une période de cinq années, après l'entrée en vigueur du Traité d'Abuja. Aussi, la mise en place des Unions Douanières en vue de l'établissement du cadre indispensable à la libéralisation des échanges, implique, selon les termes de l'article 29 du Traité d'Abuja, que les CER arrivent à la mise en place et à la tenue d'un tarif douanier extérieur commun entre leurs États membres.[238] Pour ce faire, elles doivent amener ces États à adopter des mesures en vue de l'élimination des droits de douane, des contingentements, des restrictions ou prohibitions ainsi que des obstacles administratifs au commerce intrarégional. Quant à l'article 33, il invite les CER à prendre les dispositions nécessaires en vue de la suppression, à la fin de la troisième étape, des droits de douane sur les marchandises.[239] L'article 42 met en exergue un souci cher aux

---

[237]Cf. l'article 4 paragraphe 2 (a) du Traite instituant la Communauté Économique Africaine (CEA), en date du 3 juin 1991, à Abuja, République Fédérale du Nigéria, qui dispose : «*Afin de promouvoir la réalisation des objectifs énoncés au paragraphe 1.....la Communauté devra assurer par étape le renforcement des communautés économiques régionales existantes et la création d'autres la où il n'en existe*
Pas.»

[238]Cf. l'article 29 (b)-Union Douanière du Chapitre V : Union Douanière et Libéralisation des échanges, Traité d'Abuja, en date du 3 juin 1991, qui dispose : «*Les Etats membres de chaque communauté économique régionale conviennent d'établir progressivement entre eux, au cours de la période transitoire prévue à l'article 6 du présent Traité, une Union Douanière qui comporte : l'adoption par les Etats membres d'un tarif douanier extérieur commun.*»

[239]Voir. L'article 33 relatif au régime des échanges intra-communautaires du Traite instituant la Communauté Économique Africaine (CEA), en date du 3 juin 1991, à Abuja, République Fédérale du Nigéria, qui dispose : «*A la fin de la troisième étape, aucun Etat membre, au niveau de chaque communauté économique régionale, ne*

décideurs africains, notamment, la promotion des productions d'originaires de l'espace communautaire.[240] Selon le paragraphe 1 (a-1) de l'article 42 du Traité d'Abuja, les CER sont invitées à faciliter la promotion des matières premières, des biens intermédiaires, des facteurs de production ainsi que des produits finis, en provenance de la Communauté. C'est aussi là, une volonté de s'engager vers la voie de la promotion des échanges sud-sud qui pourraient contribuer à réduire le coût des importations nationales.

La libre circulation des personnes, leur droit de résidence et d'établissement devant être garanti par tout processus d'intégration régionale, le Traité d'Abuja ne déroge pas du tout à cette règle fondamentale. C'est ainsi que son article 43 incite les États des CER, à s'engager dans la voie de la réalisation progressive de ces droits, à travers, les dispositions juridiques et pratiques nécessaires à cet effet.[241] Aussi est-il demandé aux États membres des CER, de matérialiser ces projets dans la conclusion de Protocoles portant sur la libre circulation des personnes, le droit de résidence et d'établissement.

Étroitement liée aux exigences des échanges intra-communautaires, la coopération, surtout dans le domaine monétaire et financier, implique pour les États membres des CER, la mise en place de cadres de consultations régulières et d'étroite coopération.[242] À terme, il sera

---

prélèvera de droits de douane sur les marchandises originaires d'un Etat membre et importés dans un autre Etat membre. Il en est de même des marchandises en provenance des Etats»

[240]Cf. l'article 42-Promotion des Echanges Commerciaux, du Traité instituant la Communauté Économique Africaine (CEA), en date du 3 juin 1991, à Abuja, République Fédérale du Nigéria, qui dispose : «*Afin d'atteindre les objectifs de la Communauté énoncés l'alinéa 2(m) de l'article 4 du présent Traité les Etats membres s'engagent, à promouvoir les activités énumérées ci-dessous dans les domaines suivants: (A) Echanges intracommunautaires ; (B) Echanges Nord-Sud ; (C) Echanges Sud-Sud.*»

[241]Cf. l'article 43-Libre circulation, Droit de Résidence et d'établissement, du Traité instituant la CEA, en date du 3 juin 1991, à Abuja, République Fédérale du Nigéria, qui dispose : «*Les Etats membres s'engagent à prendre, individuellement, aux plans bilatéral ou régional, les mesures nécessaires à la réalisation progressive de la libre circulation des personnes et à assurer la jouissance des droits de résidence et d'établissement de leurs ressortissants à l'intérieur de la Communauté.*»

[242]Voir à cet effet les dispositions de l'article 44-Politiques en Matières Monétaire, Financière et des Paiements, Chapitre VII : Monnaie, Finances et Paiements du Traité instituant la CEA, en date du 3 juin 1991, à Abuja, République Fédérale du Nigéria.

question d'harmoniser leurs politiques monétaires et financières respectives, par la création de mécanismes appropriés. L'article 88 du Traité d'Abuja retient que la mise en place de la CEA, est étroitement liée à la création, au renforcement et à l'interconnexion entre les différentes CER. Quant au paragraphe 3 de cet article, il reconnaît, cependant à la Communauté, en tant que personne juridique,[243] le pouvoir de coordination, d'harmonisation et d'évaluation des activités des CER. Dans la mise en place des CER, les États africains n'ont pas manqué de prendre les dispositions leur permettant d'appliquer le Traité d'Abuja. Cependant, il faut dire que, du fait de leur antériorité au Traité d'Abuja, certaines CER telles que celles de l'Afrique de l'Ouest et du Centre, étaient déjà engagées dans cette voie. Ainsi existait-il déjà au sein de la CEEAC et de la CEDEAO, des Protocoles sur la libre circulation des personnes, le droit de résidence et d'établissement. Ces entités d'intégration sous-régionale disposaient, partiellement, de monnaies communes. Cependant, elles manquaient de cadres ou mécanismes de consultations régulières et de coordination de leurs politiques monétaires et financières. En effet, l'existence de Banques Centrales était totalement dédiée à la création et à la gestion de la monnaie commune entre certains États. Par conséquent, les politiques économiques ainsi que les activités y relatives, relevèrent de la pleine souveraineté de l'État.C'est à partir de 1994, que naitront en Afrique de l'Ouest et du Centre, l'UEMOA et la CEMAC.

En Afrique de l'Ouest, la mise en place de l'UEMOA[244] répond aux seuls besoins des pays de langues françaises, au nombre de huit

---

[243]Cf. Traité instituant la CEA, en date du 3 juin 1991, en son article 98 qui dispose : « *1-La Communauté fait partie intégrante de l'OUA. 2-Le Secrétaire Général, en sa qualité de Représentant juridique de la Communauté, peut exercer la capacité de : a)-Contracter et ; b)-Ester en justice.....* »

[244]Cf. Traité de 1993 et révisé le 29 janvier 2003 instituant l'Union Economique et Monétaire de l'Afrique de l'Ouest (UEMOA), en son article 4 qui dispose : «*Sans préjudice des objectifs définis dans le Traité de l'UMOA, l'Union poursuit, dans les conditions établies par le présent Traité, la réalisation des objectifs ci-après : a) renforcer la compétitivité des activités économiques et financières des Etats membres dans le cadre d'un marché ouvert et concurrentiel et d'un environnement juridique rationalisé et harmonisé ; b) assurer la convergence des performances et des politiques économiques des Etats membres par l'institution d'une procédure de surveillance multilatérale ; c) créer entre les Etats membres un marché commun basé sur la libre circulation des personnes, des biens, des services, des capitaux et le droit d'établissement des personnes exerçant une activité indépendante ou salariée, ainsi que sur un tarif extérieur commun et une politique commerciale*

(8).[245] Par conséquent, les autres États membres de la CER, dont ceux de langue anglaise et deux autres de langue portugaise, disposent chacun d'une monnaie nationale. C'est en vue de donner totalement forme aux exigences du Traité d'Abuja, que les décideurs politiques de la CEDEAO se sont engagés dans la voie de la création d'une zone monétaire commune et d'une monnaie unique. C'est ainsi que les États membres créèrent en 1996, l'Agence Monétaire de l'Afrique de l'Ouest (AMAO).[246]À travers ce nouvel outil d'intégration sous-régionale, les États membres de la CEDAEO entendent regrouper les huit (8) Banques Centrales que compte la sous-région au sein d'une seule entité. Ainsi ont été développés en Afrique de l'Ouest et du Centre, plusieurs outils au niveau des CER afin d'accompagner et de soutenir le processus de l'intégration régionale continentale. Cela pourrait témoigner de la volonté des États de consentir à créer de véritables espaces économiques et monétaires intégrés. Mais, il faut reconnaître que cette volonté n'est pas toujours totale. Elle est généralement accoudée à des réserves tantôt d'ordre juridique tantôt d'ordre pratique et appliqué par les agents de l'État.

---

commune ; d) instituer une coordination des politiques sectorielles nationales, par la mise en œuvre d'actions communes et éventuellement de politiques communes notamment dans les domaines suivants : ressources humaines, aménagement du territoire, transports et télécommunications, environnement, agriculture, énergie, industrie et mines ; e) harmoniser, dans la mesure nécessaire au bon fonctionnement du marché commun, les législations des Etats membres et particulièrement le régime de la fiscalité»

[245] L'UEMOA, ce sont huit Etats regroupés dans le cadre d'une monnaie unique et d'une politique monétaire et économique commune. Il s'agit du Sénégal, du Mali, du Togo, du Benin, du Niger, du Burkina Faso, de la Côte d'ivoire et la Guinée-Bissau. Si a sa création l'UEMOA était constituée de l'ensemble des sept pays membres de la BCEAO, a savoir les huit moins la Guinée-Bissau qui par la suite va rejoindre cette monnaie.

[246]L'Agence Monétaire de l'Afrique de l'Ouest (AMAO) est une agence autonome et spécialisée de la Communauté Economique des Etats de l'Afrique de l'Ouest (ECOWAS). Elle a été créée en 1996 par suite de la transformation de la Chambre de Compensation de l'Afrique de l'Ouest (CCAO). En rappel, la CCAO a été créée en 1975 pour servir de facilitateur multilatéral de paiements dans le cadre de la promotion des échanges au sein de la sous-région de l'Afrique de l'Ouest. Outre ses fonctions de canalisation et de compensation des transactions commerciales et de services, l'Agence a été chargée du suivi, de la coordination et de la mise en œuvre du Programme de Coopération Monétaire de la CEDEAO (PCMC), visant la création de la monnaie unique de la CEDEAO. Cf. www.amao-wama.org/fr/presentation.aspx

Ces pratiques et autres dispositions juridiques constituent, sûrement, des freins aux stratégies développées par les organes des CER afin de réaliser les objectifs de la communauté. Néanmoins, certains États s'acharnent à les justifier par des nécessités d'ordre public ou encore par le souci de préserver les intérêts nationaux contre toute force supérieure externe.

B- Les stratégies développées par les CER en soutien au processus de l'intégration régionale

La stratégie utilisée par les États de l'Afrique de l'Ouest et du Centre, en vue d'aboutir à l'intégration de leurs différents espaces nationaux économiques et sociaux, a été axée sur le droit. Ce choix n'est du reste pas fortuit, car l'un des pères du panafricanisme, le Juge Kéba Mbaye est originaire de l'Afrique de l'Ouest[247], est l'initiateur du Bureau Africain et Malgache de Recherches et d'Études Législatives (BAMAREL), qui avait l'ambition d'uniformiser l'ensemble des législations africaines. Il faut souligner que le BAMAREL avait déjà défini pour les Africains afin d'atteindre la CEA, la stratégie de l'intégration juridique. Dans la perspective de mise en place d'espaces intégrés dans les sous-régions Ouest et Centre africain, les options des décideurs politiques ont été axées sur l'intégration juridique.[248] Précisément, ils ont eu recours à la méthode de l'harmonisation qui, du reste, figurait dans le Traité d'Abuja et était

---

[247]Le Juge Keba Mbaye est né le 5 aout 1924 à Kaolack, en République du Sénnégal. Il a été Président du Conseil Constitutionnel et Président de la Cour Suprême du Sénégal. Il a occupé de nombreuses responsabilités au plan international, en tant que Juge à la Cour Internationale de Justice, de 1983 à 1991, membre du Groupe d'Experts désignés par le Conseil de Sécurité de l'ONU, chargés d'enqueter sur les crimes commis en Yougoslavie, en 1992. C'est le 11 janvier 2007 qui decède dans son pays natal au Sénégal.

[248]Cela dit, il est bon de signaler que ce processus vieux en Afrique de plus de cinq décennies, a débuté par des actions politiques, puis économiques avant d'axer son avancée sur les outils purement juridiques. Ainsi certains observateurs qui considèrent qu'il y va d'un processus de construction communautaire qui s'est fait de manière progressive, en arrivent au fait qu'en Afrique de l'Ouest et du Centre, l'OHADA est venu juste pour achever un schéma d'intégration sous-régionale inachevé. Selon ces derniers, tout a débuté, sur le plan politique et économique par la CEDEAO et la CEEAC, ensuite, monétaire et économique par l'UEMOA et la CEMAC. Enfin, juridique par l'OHADA, à travers des accords et protocoles. Cf. Donald Jean Marc N'Guessan.Thèse de Doctorat.2010. *Op.cit*; E.G.Tonnang.Thèse de Doctorat.2009, op.cit ; Hubert Gerardin.1994, op.cit ; A.Diallo.Thèse de Doctorat.2008. *Op.cit*

répercutée dans les Traités qui instituent la CEDEAO, la CEEAC et les autres plateformes d'intégration sous-régionale. Cette attitude va se traduire de deux manières principales. Dans certains cas, les législateurs communautaires, chargés de traduire la volonté politique en actes juridiques, ont adopté une approche qui a mis l'accent sur des secteurs spécifiques de la vie économique et sociale. Cette approche envisageait, outre l'intégration de ces activités, leur organisation et leur redynamisation dans une perspective concurrentielle au niveau mondial. Par ailleurs, les législateurs communautaires avaient eu recours à une approche globale.[249] Celle-ci aspire plus à une intégration au-delà du seul cadre sous-régional et régional pour préparer l'entrée de l'espace sous-régional intégré dans la concurrence mondiale.[250] Cette approche a favorisé l'harmonisation de plus de domaines juridiques et qui se réservent la faculté d'élargir le champ de leur action à plus de matières. Dans le déroulement de ce processus, il faut noter que les stratégies juridiques adoptées ne sont pas restées sans ambiguïté, en plongeant les observateurs dans un flou juridique.

---

[249]Dans cette perspective, le concept de "convergence" fera tout son effet. Dans son acception politique et technique, ce concept se veut un synonyme de "coordination" ou de "cohérence" ou encore d'"harmonisation" des politiques macroéconomiques. Voir. Jacquet Pierre et Piscani ferry, *La coordination des politiques économiques dans la zone euro : bilan et propositions*, Rapport du Conseil d'Analyse Économique, n° 27, 2000. Ces dernières portant essentiellement sur la gestion de variables conjoncturelles (inflation, taux d'intérêt, finances publiques, balance des paiements,...), il est donc tout naturel que la convergence ait un sens nominal dans ce cas. Quant à l'approche en termes de "cohérence des politiques et des résultats macroéconomiques", son apparition dans le débat sur l'unificationmonétaire remonte au début de la décennie 70. L'essentiel des idées avancées par les tenants de cette approche a donné lieu à deux critères : la similarité (ou l'équivalence) des taux d'inflation au sein de l'espace unifié ou à unifier et de façon plus générique, l'homogénéité des préférences nationales en termes de gestion macroéconomique. Cf. Diallo.A.Thèse de Doctorat 2008. *Op.cit*

[250]Prenant le cas de l'Union Européenne, il se trouve que la mise en œuvre de l'euro peut s'interpréter à la fois comme résultant d'une coordination forte entre les pays membres pour conforter le Marché unique en éliminant le risque politique lié aux pressions protectionnistes inspirées par l'instabilité des taux de change. Vue comme un processus donnant naissance à de nouveaux biens publics à l'échelle de la zone monétaire, l'euro renforce la dynamique d'intégration financière et de modernisation des marchés financiers et accroît la mobilité des capitaux entre pays européens. Il rend de ce fait encore plus coûteuses des distorsions dans l'allocation des ressources qui peuvent résulter de la concurrence fiscale entre États. La stabilité de la monnaie unique, son caractère attractif pour les investisseurs internationaux, prennent le caractère d'un bien public. Cf. Jacquet Pierre et Jean Piscani-Ferry. 2000. *Op.cit*

Le cas du législateur communautaire a été évoqué, notamment, dans sa démarche de lutte contre les barrières tarifaires et non tarifaires émises par les États.

Dans le but de supprimer ces diverses barrières, particulièrement, les barrières non tarifaires, le législateur communautaire de la CEMAC a solennellement prescrit le principe *«d'interdiction des (...) restrictions quantitatives à l'entrée et à la sortie des marchandises, (...) de toute autre mesure d'effet équivalent susceptible d'affecter les transactions entre les États membres».*[251] C'est dans cet élan que l'article 13 de la Convention de l'UEAC évoque les interdictions et les rapprochements que les États membres de la communauté doivent entreprendre, en vue de réaliser les objectifs définis dans le Traité de la CEMAC. En Afrique de l'Ouest, en particulier, dans le cadre de l'intégration économique et monétaire conduite par l'UEMOA, l'article 77 (b) du Traité del'UEMOA consacre ce principe dans une formulation sensiblement identique.[252] Néanmoins, dans l'un ou l'autre cas des réserves sont émises par les textes communautaires en faveur de l'État membre. Les clauses de sauvegarde ainsi émises sont justifiées par le souci d'admettre que, face à certaines difficultés économiques imprévues, auxquelles peut être confronté un des États membres de la communauté, les stratégies adoptées au niveau sous-régional, ne sont pas forcément des remèdes efficaces. Par conséquent, il faut ouvrir la voie à des solutions nationales qui ont l'avantage de prendre en compte les moindres détails du problème. Par ailleurs, les observateurs font remarquer que les prescriptions communautaires portant sur les restrictions évoquées manquaient de clarté et de précision sémantique. Une fois de plus, cette laconique consécration conventionnelle n'a été accompagnée ni par une définition claire des notions de *mesure d'effet équivalent* et de r*estriction quantitative*, ni par l'adoption et la mise en place d'un cadre juridique régissant cette

[251]Cf. l'article 13 (a) de la Convention régissant l'Union Economique et Monétaire de l'Afrique Centrale (UEAC), de 1994, qui dispose : «*L'élimination des droits de douanes intérieurs, des restrictions quantitatives à l'entrée et à la sortie des marchandises, des taxes d'effet équivalent, de toute autre mesure d'effet équivalent susceptible d'affecter les transactions entre les Etats membres*»

[252]Cf. l'article 77 (b) du Traite instituant l'Union Monétaire et Economique des Etats de l'Afrique de l'Ouest (UEMOA), de 1994, qui dispose : *«...d'introduire entre eux de nouvelles restrictions quantitatives à l'exportation ou à l'importation ou desmesures d'effet équivalent, ainsi que de rendre plus restrictifs les contingents, normes et toutes autres dispositions d'effetéquivalent».*

interdiction de tout prélèvement non tarifaire dans les échanges commerciaux sous régionaux.[253] Il semble que l'attitude du législateur ait consisté à encadrer les clauses plutôt qu'à les laisser à la seule interpretation de l'État. Ce qu'il ferait forcément. Généralement, les législateurs communautaires en viennent à soumettre le recours à cet outil juridique, à l'approbation préalable d'une requête soumiseà l'appréciation d'un organe supérieur de la communauté. Le plus souvent, il appartient au Conseil des ministres de se prononcer sur la validité d'une telle requête.Par ailleurs, il faut dire que le recours à une telle mesure ne doit pas être de nature à impacter, sérieusement, sur le bon fonctionnement des échanges intracommunautaires, ou encore, à les restreindre. Ces mesures de sauvegarde ne sont autorisées que, si elles apparaissent comme le seul moyen encore à la disposition de l'État pour répondre de façon satisfaisante aux problèmes posés par de graves difficultés économiques, conjoncturelles ou structurelles.

Fort de ce que la mise en œuvre de cette norme, notamment en Afrique Centrale, est susceptible de générer des abus de la part des autorités nationales, les clauses de sauvegarde sont en principe soumises à un contrôle strict tant du Secrétariat Exécutif que du Conseil des Ministres et de la Cour de Justice de la Communauté. Cette possibilité juridique est ouverte aux personnes morales et physiques. Pour faciliter l'exercice par les potentiels requérants, l'article 14 a identifié un certain nombre de principes qui s'impose *erga omnes*.[254] Ainsi sont perçues comme principes, les interdictions suivantes: interdiction de toute pratique anticoncurrentielle, interdiction de tout abus relevant de la position d'entreprise dominante ainsi que les interdictions d'aides publiques de nature à fausser la concurrence.[255] Il est clair que le recours à cet outil juridique ne se veut pas automatique ou encore n'apparaît toujours pas comme un droit absolu mis à la disposition de l'État. Dans d'autres cas, les

[253]Tonnang Edouard Gnimpieba, thèse de Doctorat, Mars2004, p121

[254]Cf les dispositions de l'article 14, alinéa a, b et c de la Convention régissant l'Union Économique de l'Afrique Centrale (UEAC), de 1994

[255]Cf. l'article 14 (c) de la Convention régissant l'Union Economique et Monétaire de l'Afrique Centrale (UEAC), de 1994, qui dispose :*«En vue de la réalisation de l'objectif défini à l'article13 paragraphe a, et tenant compte des acquis en la matière, les Etats membres s'abstiennent, dès l'entrée en vigueur de la présente Convention d'introduire toute disposition en faveur d'une entreprise située sur leur territoire visant à des dérogations ou des exonérations susceptibles d'affecter la concurrence entre les entreprises de l'Union Economique»*

législateurs communautaires ont eu recours à la technique de l'uniformisation des législations nationales. Ce cas est le plus rencontré dans l'intégration de secteurs d'activités bien précis.

Dans l'espace UEMOA, le législateur communautaire a eu recours à l'uniformisation de la réglementation régissant le secteur bancaire. Le droit qui, au niveau de chaque pays, régissait ce secteur d'activité a été mis à niveau pour l'ensemble des États membres de la communauté. En outre, les différents instruments de paiement ont été uniformisés. L'objectif final a été d'aboutir à l'établissement d'une réglementation unique de la profession bancaire et une réglementation unique des instruments de paiement. Cette approche visait, à long terme, à encadrer dans une perspective d'unification des procédures, le cadre juridique de la concurrence. Aussi envisage-t-elle de mieux cerner les investissements et la fiscalité indirecte des États membres.[256] Le recours à cette dernière technique a favorisé la mise en place de structures sous-régionales de régulation de ces secteurs. C'est le cas de la Commission Bancaire de l'Afrique Centrale (COBACI) ou encore de la Commission Bancaire de l'UEMOA. La création de telles institutions joue un rôle important dans le développement des secteurs d'activités, en général, et du secteur bancaire sous-régional en particulier. Aujourd'hui, l'opérateur économique peut effectuer ses diverses opérations bancaires à travers tout le territoire de la communauté. C'est le cas de la commerçante malienne qui se rendrait au Togo pour y effectuer ses achats pour ensuite les vendre au Sénégal. Celle-ci n'a plus besoin de se déplacer avec autant d'argent dès l'instant où elle est détentrice d'un compte bancaire au sein d'une banque telle qu'Ecobank. Dans son œuvre constructrice de la communauté, le législateur Ouest et Centre africain a établi un cadre juridique intégré qui ouvre la voie à de multiples perspectives. Ces dernières impliquent pour l'effectivité du principe

[256]Voir à cet effet les points de vue de : Kouassi Hugues Kouadio, Intégration économique, développement et croissance, Thèse de doctorat en sciences économiques... mars 2008 ; N'Guessan Donald Jean Marc, Développement et intégration régionale en Afrique de l'Ouest : Analyse des contributions de l'OHADA et de l'UEMOA, Thèse de doctorat en Droit public....Juillet 2010 ; Tonnang Gnimpieba Edouard, Droit matériel et intégration sous-régionale en Afrique Centrale (Contribution à l'étude des mutations récentes du marché intérieur et du droit de la concurrence CEMAC), Thèse de doctorat en droit et financement du développement...Mars 2004

de la libre circulation que les États membres de la communauté opèrent ensemble cette nécessaire œuvre indispensable d'harmonisation. Cette œuvre d'harmonisation des législations nationales devra, à long terme, arriver à rendre effective et efficace la réception par les ordres juridiques internes, les principes de non-discrimination et d'égalité de traitement entre les nationaux et les autres ressortissants des autres États membres.[257] Néanmoins, elle regorge de faiblesses avec de sérieux impacts sur la capacité à réaliser le Marché Commun Africain.

<u>Parag. II</u> : Les faiblesses du processus de création du Marché Commun en Afrique de l'Ouest et du Centre

Si, le processus de l'intégration régionale en Afrique, commencé en début des années 1960, était beaucoup marqué par une intention indépendantiste. Il a fallu attendre, le début des années 1980 pour que les décideurs politiques du continent, aient une claire vision de ce processus et arrivent à l'assortir d'une stratégie.[258] L'adoption en 1980 du Plan d'Action de Lagos s'inscrit dans cette visée et, partant, le Traité d'Abuja devant être alors vu comme la ferme volonté des décideurs africains de s'approprier cet outil de développement. Le Plan d'Action de Lagos et le Traité d'Abuja vont jeter les bases d'une nouvelle façon d'entamer le processus d'intégration régionale en Afrique. Ils vont le planifier sur une période allant de l'entrée en vigueur de ces documents de base en 1980 à l'an 2000. C'est une période de trente-six (36) années qui a été définie par les États membres de l'OUA pour la mise en place progressive de la CEA.[259] C'est alors en 2016 que sera effectivement mise en place la CEA.

---

[257]Tonnang Gnimpieba Edouard, Droit matériel et intégration sous-régionale en Afrique Centrale (Contribution à l'étude des mutations récentes du marché intérieur et du droit de la concurrence CEMAC), Thèse de doctorat en droit et financement du développement…Mars 2004, op.cit

[258]En effet, les réticences étaient nombreuses et s'observaient à l'image de la léthargie de certaines organisations sous-régionales, cas de la CEEAC ou encore aux clivages idéologiques, cas de la CEAO ou encore aux difficultés liées à l'émergence d'une entité leader sous-régionale ou régionale, cas de la CEDEAO à ses débuts.

[259]Cf l'article 6 –Des modalités de mise en place de la Communauté, du Traité instituant la Communauté Économique Africaine (CEA), en date du 3 juin 1991, à Abuja, République Fédérale du Nigéria, qui dispose : «*La Communauté sera progressivement mise en place au cours d'une période de transition de trente-quatre (34) années au maximum subdivisée en six (6) étapes de durées variables.*»

Trente-quatre années (34) après l'entrée en vigueur du Traité d'Abuja et du Plan d'Action de Lagos, les réalisations sont nombreuses. Cependant, face à la lenteur constatée dans la mise en place des CER, qui doivent, en principe, accompagner la mise en place de la CEA, des inquiétudes demeurent. D'où, l'interrogation relative à la stratégie jusque là adoptée à cet effet. En outre de ne pouvoir s'empêcher de préconiser une nouvelle approche de l'intégration régionale en Afrique, du reste, motivée par les nombreux constats et résultats des études effectuées sur la question. Dès lors, les faiblesses constatées dans ce processus sont d'ordre structurel et politique (**A**). Leur analyse permettra d'esquisser une nouvelle Approche de l'intégration régionale en Afrique (**B**).

A- Les faiblesses d'ordre structurel et politique

Face à la nécessité de garantir la liberté de circulation pour leur population, notamment, dans un contexte de mondialisation, les États membres de l'OUA vont se doter d'instruments juridiques et de planification stratégiques. Le Traité d'Abuja, le Plan d'Action de Lagos, les différents traités instituant les CER en sont la manifestation. Par cet acte, les dirigeants africains reconnaissaient que la coopération et l'intégration économiques étaient nécessaires pour accélérer le processus du développement durable sur le continent africain.[260] Les États ont, rapidement, pris conscience que nombre de leurs problèmes ne pouvaient être résolus au niveau strictement national et que la solution passait, nécessairement, par une coopération entre eux.[261] En effet, les aspects de la vie quotidienne,

[260]Voir à cet effet le Préambule du Traité instituant la Communauté Économique Africaine (CEA), en date du 3 juin 1991, à Abuja, République Fédérale du Nigéria, qui dispose : «*CONSTATANT les diverses résolutions et déclarations adoptées par notre Conférence au Sommet d'Alger, en Septembre 1968, à Addis-Abeba, en Août 1970 et en Mai 1973, stipulant que l'intégration économique du Continent est une condition essentielle pour la réalisation des objectifs de l'OUA*....»

[261]Cela a pu expliquer les différentes actions des Etats membres de l'OUA, en début des années 1980. Fort des soubresauts de la crise financière et économique que leurs Etats venaient de subir, ceux-ci convenaient sur l'idée d'adopter une stratégie commune de sortie de crise. D'un point de vue théorique et visionnaire, dira t-on, l'année 1980 a marqué un tournant significatif en Afrique avec l'adoption par l'OUA du Plan d'Action de Lagos et l'Acte final de Lagos. La théorie a été intégrée dans le concept de «*développement autonome et auto-entretenu*» qui signifie que les pays africains doivent «*se retrousser les manches et se sauver eux-mêmes*». Voir. Emmerij Louis, *Les politiques de développement et la crise des années 80*, Séminaires du Centre de Développement-OECD, Paris 1987, pp155-156. Il faut dire

tels que le service des postes, les télécommunications, les chemins de fer, la navigation fluviale ou le commerce international qui s'étendent au-delà des frontières, exigeaient une action concertée des États. Dans cette perspective, la technique traditionnelle de l'accord bilatéral s'avérait insuffisante. De plus, une série d'intérêts collectifs s'imposaient, progressivement, dans la vie internationale, face à des problèmes mondiaux tels que la paix, le développement ou l'environnement, qui ne pouvaient être satisfaits par un seul État. Confrontés à des impératifs de solidarité et d'interdépendances, les États furent contraints de coopérer.

Dans la vision du processus de l'intégration du continent définie par le Plan d'Action de Lagos, la création et l'animation des CER devaient s'inscrire dans une perspective de mise en place,à long terme, de la CEA.[262] En d'autres termes, il s'agissait d'arriver à doter le continent d'un Marché Commun. Cela dit, c'est la pensée profonde même qui pendant longtemps a animé ce processus qu'il faut porter au crible pour se rendre à l'évidence qu'elle était orientée vers la recherche de l'unité culturelle du continent. Cet objectif ultime ne cadrera pas avec les prétentions des décideurs politiques désormais maîtres du destin de leurs États. Les entités régionales créées à l'effet de permettre l'intégration du Continent, n'arrivent jusque là pas à se défaire de l'emprise des politiques. Aussi n'arrivent-elles pas à jouir pleinement de leur autonomie indispensable à la réalisation des objectifs de l'institution. Les idées profondes qui vont soutenir l'unité du Continent seront ainsi fortement empreintes d'intentions politiques prenant prétexte de l'unité culturelle africaine. Elles aboutiront à des dogmes qui pèseront sur le fonctionnement des structures chargées de conduire le processus de l'intégration régionale.[263] Par conséquent, il devenait évident que l'outil culturel était employé à des fins politiques

---

que par cette façon d'aborder la question de développement du continent, les décideurs politiques, se souciaient de se débarrasser de toute emprise extérieure dont les impacts des politiques étrangères des anciennes ont contribué à générer ou encore à aggraver les tensions et autres chocs sociaux.

[262]Cf l'article 4 para.2 (h) du Traité instituant la Communauté Économique Africaine (CEA), en date du 3 juin 1991, à Abuja, République Fédérale du Nigéria

[263]À ce niveau, les thèses développées par Kabou Axelle, (*Et si l'Afrique refusait le développement ?* Édition L'Harmattan 1991), Edem Kodjo, (*Et demain l'Afrique,* Edition Stock, Paris 1986) et Adande.B.Alexis, (*Intégration régionale, démocratie et panafricanisme : Paradigme anciens et nouveaux défis,* CODESRIA, Dakar, 2007) sont très édifiantes sur cette question.

plutôt qu'à poursuivre une politique d'intégration des espaces. Les défenseurs de cette thèse appuieront leur idéologie sur le sentimentalisme africain, tout en recherchant à fouetter davantage la sensibilité des peuples africains. Aussi rechercheraient-ils à raviver la conscience commune de fils et petits fils de victimes des maux de l'impérialisme, de l'esclavage et du colonialisme. Cette déviation va conduire certains auteurs à dire qu'il s'agit d'une méconnaissance de leur passé par les Africains. D'autres observateurs, en revanche, verront en un tel comportement, le refus des politiques africains d'être accoudés à leurs réalités historiques et culturelles.[264] Partisan de cette tendance idéologique axée sur les fondements culturels de l'unité africaine, Stanislas Adotevi[265] dénonce la méconnaissance de l'importance de l'unité culturelle qui unit tous les Africains. Cette méconnaissance par les États, entités superficielles dans le processus d'intégration, expliquerait à fond l'échec de toutes les expériences d'intégration. Néanmoins, ce qui va continuer de rassurer les observateurs, réside dans le fait qu'une thèse plus attachée à la stratégie qu'au sentimentalisme, a prévalu. Celle-ci va se fonder sur celle de la nécessité de réaliser une CEA, à travers le regroupement de grands ensembles sous-régionaux. L'avantage qu'on pourrait reconnaître à une telle idéologie, c'est de ne pas perdre de vue la nécessité de prendre en compte les acquis des espaces reconstitués du

---

[264]Une analyse approfondie du commerce précolonial pourrait mettre en lumière un échange qui implique les différentes zones écologiques nommées espaces d'échanges, de production et de commercialisation. Des marchés entrepôts se créent aux frontières de ces zones. Ceux-ci se situent sur différents axes: Sur l'axe Est-ouest ; le commerce caravanier avec Kukuwa capital de l'État du Caraïbe et Kano au Nigeria ; le pays Dagomba, avec son important marché de cola. Dans leur fonctionnement, ces marchés régionaux et sous-régionaux ainsi constitués, ont su mettre en place d'immenses réseaux marchands contrôlés par les mêmes groupes ethniques que dans le passé. Ces espaces commerciaux ne tarissaient pas d'idées en matière d'organisation et de régulation des activités y entretenues. Il était ainsi établi un moyen d'échange admis de tous et qui faisait office d'instrument de trade sous-régional et régional, face à la tiédeur des décideurs politiques, notamment en termes de capitalisation de ces expériences historique, à savoir le recours à ces différentes expériences en tant que références aux stratégies de développement au niveau sous-régional et régional. Fort de ce constat, il devient une évidence certaine de s'interroger sur la cohérence voire la pertinence de la stratégie définie pour réaliser la CEA, réalisable seulement a travers le Marché Commun Africain.

[265]Adotevi Stanislas., «L*es facteurs culturels de l'intégration économiques et politique en Afrique*», in Réal Lavergne (dir.), *Intégration et coopération régionales en Afrique de l'Ouest*, Éditions Karthala et CRDI, Paris, Ottawa, pp. 81-92

fait de la colonisation. Bien qu'issus de la volonté du colonisateur, ces espaces demeuraient désormais empreints d'une certaine identité culturelle, religieuse, ethnique et socioéconomique qui s'imposerait comme ferment du nouvel État-nation. Par ailleurs, il est un autre constat que nombreuses études font, l'absence remarquée au niveau national, d'une véritable vision du développement dessinée et entretenue constamment par les politiques au niveau local. Ceci aura pour conséquence de laisser les ressources disponibles, susceptibles de déclencher et de soutenir le processus de développement, inutilisable. Cela pourrait contribuer à la recherche d'explications aux échecs enregistrés dans la mise en œuvre des stratégies de développement des États, parmi lesquelles les PAS. Pourtant, ces stratégies de développement étaient inspirées du nouvel ordre économique et de gouvernance mondiale.[266] Les progrès constatés, au niveau de la science, de la technique et des sciences juridiques, influençaient et imposaient une autre acception de la notion de développement, des stratégies pour y arriver.

La mondialisation consiste en l'élaboration par les États de conventions internationales par la modélisation conduisant à prendre en compte l'intérêt général de la communauté internationale.[267] Elle donne ainsi aux processus d'intégration régionale de nouveaux outils d'analyse et de conception des politiques et stratégies. Par ailleurs, les processus d'intégration régionale, qui doivent arriver à prendre davantage en compte les réalités économiques internationales, sont tenus par la redéfinition de leur stratégie pour mieux intégrer les espaces concernés. La géopolitique mondiale s'impose alors comme une donnée universelle. Dans cette perspective, les intérêts subjectivistes et individuels des États membres de la communauté doivent pouvoir se diluer dans celui de la communauté internationale. L'autre élément de taille dans cette perspective stratégique est l'instrument juridique communautaire, les outils juridiques dont s'est dotée la communauté, à l'effet de réaliser l'intégration des espaces. Ils

[266]En effet, la mondialisation qui a émergé par le fait d'événements intrinsèquement liés aux progrès réalisés par la science, définissait aussi sa manière d'être abordée par les acteurs de la communauté internationale.

[267]Outre le commerce international, la mondialisation produit ses effets dans d'autres secteurs tels que les progrès de la technologie, la culture couverte par l'UNESCO, la santé par l'OMS, les risques majeurs menaçant l'humanité (protection du patrimoine de l'humanité, contre l'humanité).

doivent pouvoir laisser moins de possibilités d'interprétation aux entités locales, sous risque de verser dans le protectionnisme. L'un des constats majeurs que l'on pourrait faire aujourd'hui dans cette stratégie de l'intégration régionale en Afrique, est relatif au procédé de validation des actes juridiques communautaires. Il s'agit de soumettre, de façon générale, la validation des conventions et autres instruments juridiques d'intégration, à la seule appréciation, du reste absolue, de la Conférence des Chefs d'État et de gouvernement. La technicité cède alors le pas au politique qui devient l'indicateur en la matière pour ne pas dire le catalyseur de la stratégie de développement. Facteur affaiblissant davantage la stratégie, l'appartenance à la fois d'un État à plusieurs entités d'intégration sous-régionale, est appréhendée sous un regard négatif par bon nombre d'études.[268] Ainsi, serait primordial dans la stratégie d'intégration de l'espace, le facteur sécuritaire, car l'insécurité étant l'élément le mieux partagé par l'ensemble des États membres de la communauté. Après avoir analysé ces faiblesses, il convient d'explorer d'autres pistes de réflexion conduisant à l'adoption d'une nouvelle approche.

B- La nécessité d'adopter une nouvelle Approche de l'intégration régionale en Afrique

De façon générale, les CER ont réalisé d'immenses progrès dans la mise en œuvre des textes instituant la communauté. Les Traités et Protocoles qui garantissent la liberté au sein de ces CER et qui devaient être appliqués progressivement ont aujourd'hui atteint une bonne partie de leurs objectifs, du moins en termes de garanties juridiques.[269] Théoriquement, les étapes de mise en application sont

[268]En effet, cette situation réduit les capacités de l'État concerné à pouvoir conduire, efficacement et de façon très cohérente, une politique en la matière. Cela d'autant plus que chacune des CER vise un objectif stratégique accoudé à un intérêt majeur sous-régional.

[269]Cela pourrait être constaté à travers la manne de textes juridiques qui existent compte tenu des divers degrés d'intégration régionale. Ainsi, l'on pourrait constater l'existence de textes établissant des Unions Économiques et Monétaires, des Unions Douanières et des espaces de libres échanges et de libre mouvements pour les personnes, les biens et les services.La création du marché commun africain dépendra de la vitesse à laquelle les communautés économiques régionales vont atteindre leurs objectifs d'intégration régionale. Il est important d'analyser les performances des CER à travers la mise en œuvre des principaux aspects des programmes de libéralisation des échanges, à savoir la réduction et l'élimination totale des tarifs

maintenant terminées et les droits inscrits dans les protocoles sur le libre mouvement font partie de la législation de la région.[270] Cependant, la réalité présente un tout autre visage. En effet, il apparaît que seule la première de ces trois phases a été entièrement mise en œuvre.[271] S'il peut être reproché à ces textes de rester dans l'anonymat du grand public et des cibles potentielles, il peut aussi leur être accordé le crédit de ne pas jouir pleinement de cette possibilité d'être matérialisés par les concepteurs et leurs relais sur le terrain. Les raisons sont multiples et les explications relèvent souvent de questions dites trop délicates pourtant susceptibles d'être remises en cause par le principe général de droit selon lequel : «*Nul ne peut se prévaloir de sa propre turpitude*» ou encore le principe du conventionnalisme qui implique que : «*l'on puisse respecter les lois qu'on s'est soi-même volontairement imposées, seul gage de liberté*». De ce constat, il ressort clairement que les actes ne sont pas suivis des faits seuls susceptibles de les matérialiser, mais aussi, de leur octroyer toute leur valeur, tout en leur faisant produire les effets escomptés. C'est aussi et surtout, la grande difficulté de la transposition des normes juridiques, au plan national, qui est ainsi soulevée. Cela pourrait s'expliquer par la manière dont les législateurs nationaux abordent la norme juridique

---

douaniers, la suppression des obstacles tarifaires et non tarifaires, l'adoption des règles d'origine et d'un tarif extérieur commun, l'application de la promotion des échanges commerciaux et des mesures de développement du commerce. Voir. Centre Africain de Politiques Commerciales-UNECA, *Processus de création du Marché Commun Africain : Une vue d'ensemble*, Rapport Juillet 2004

[270]Selon le rapport Juillet 2004 de la Commission Économique pour l'Afrique des Nations Unies (UNECA), mentionne : « *Au niveau sous-régional, les CER ont également introduit leurs propres programmes de libéralisation du commerce avec des mesures visant à supprimer les barrières douanières et non-douanières, les autres entraves au commerce et permettant la libre circulation des biens et des services. Les détails, l'ordre, les modalités et le rythme des programmes de libéralisation du commerce varient d'une sous-région à l'autre mais ils ont des aspects communs tels que les dispositions qui permettront d'aboutir à la création, au niveau de chaque sous-région, de zones de libre échange, d'unions douanières et de marchés communs dans des délais précis*»

[271]Ce sont les lenteurs et autres réticences notées au niveau des Etats, à mettre en place les zones de libres échanges, ou visant à supprimer les tarifs douaniers ou encore à la mise en place des unions douanières : (Rapport Juillet 2004 UNECA). Suite à la rencontre sous-régionale, des limites d'ordres juridiques au plan interne, d'ordre politique et administratif, qui au plan interne, entravent la mise en œuvre pratique des textes. Cf. Rapport de la troisième rencontre inter-Juridictionnelle des Cours Communautaires de «L'UEMOA, la CEMAC, la CEDEAO et de l'OHADA», tenue à Dakar, les 4,5 et 6 mai 2010

communautaire.[272] Selon que, l'on se situe dans un système juridique monisme ou dualiste[273], ou encore, selon que, l'on intègre un cadre

[272]Il faudrait arriver à un stade où le problème de la domestication de la norme internationale ou communautaire, ne se pose plus. Ceci implique que les procédures de domestication de ces normes soient outre le fait d'être harmonisées, qu'elles prévoient aussi des mécanismes harmonisés de suivi de leur mise en œuvre. Il faut dire qu'en Afrique francophone, les pays s'inspirant du système juridique français, se conforment généralement à trois procédures afin d'intégrer la norme internationale ou communautaire au niveau interne. Il s'agit des procédures de ratification ou d'approbation ; de la procédure de la publication et de la procédure de la réserve de réciprocité. La procédure de la *ratification* ou de *l'approbation* du traitre ou de la convention internationale sont faite en vertu de la loi telle que définie par la Constitution. Par cette procédure, le texte concerné entre ainsi dans l'ordre juridique interne, sous réserve, de se conformer aux diverses autres procédures qui l'y intègrent définitivement. Dans diverses Constitutions en Afrique de l'Ouest et du Centre, elles sont mentionnées en ces termes à travers les articles de loi suivants : *Article 96 Constitution 2001 de la République du Sénégal ; Article 145 Constitution 1990 de la République du Bénin; Article 77 Constitution 1984 de la République Guinée; Article 130 Constitution 2004 République du Niger ; Article 114 Constitution 2000 de la République du Gabon ; Article 43 Constitution 1996 de la République du Cameroun ; Article 163 & 165 Constitution 1996 de la République du Burundi ;Article 192 Constitution 2003 de la République Démocratique du Congo (RDC*). La procédure de la *publication* détermine la date d'entrée en vigueur du Traité et crée une présomption de connaissance du Traité par tous. Elle rend l'acte opposable à tous et entraine l'intégration du Traité au Droit interne. Dans la majeure partie des pratiques en la matière, la publication d'un texte international se fait via le Journal Officiel de la République. De manière générale, nombreuses sont les législateurs qui, en Afrique de l'Ouest et du Centre, n'ont pas manqué d'intégrer cela dans leurs cadres juridiques internes, notamment, la Constitution. Il s'agit ainsi de : *Article 98 Constitution Sénégal «Les Traités ou Accords ratifiés ont des leur publicité autorité de loi». Article 147 Constitution du Benin (Décembre 1990) ; Article 79 Constitution de la Guinée-Conakry (1984) ; Article 132 Constitution 2004 de la République du Niger ; Article 114 Constitution 2000 de la République du Gabon ; Article 45 Constitution 1996 de la République du Cameroun ; Article 193 Constitution 2003 de la République du Congo.* D'inspiration française, la *réserve de la réciprocité* est fondée sur la nécessité de s'assurer que le traité ou l'accord international concerné fasse l'objet d'application par les autres États membres. Néanmoins, une exception demeure en la matière, notamment, en ce qui concerne les conventions relatives aux droits de l'homme. En effet, la Convention de Viennes du 23 Mai 1969 sur le droit des traités, dispose en article 60 relatif à l'extinction d'un traité ou suspension de son application comme conséquence de sa violation, notamment en alinéa 5, dispose en ces termes : «*Les paragraphes 1 à 3 ne s'appliquent pas aux dispositions relatives à la protection de la personne humaine contenues dans des traités de caractère humanitaire, notamment aux dispositions excluant toute forme de représailles à l'égard des personnes protégées par lesdits traités*». Ce principe est repris dans plusieurs Lois Fondamentales, à travers

juridique anglophone[274] ou qu'il s'agisse du droit romain, il va de soi que les applications doivent diverger. Cet élément devra, impérativement, influencer le législateur communautaire dans son œuvre créatrice de normes juridiques. En fin de compte, la sécurité juridique est fortement biaisée en pareille situation. Pourtant, le principe du volontarisme demeure le fondement du Droit International

---

l'Afrique de l'Ouest et du Centre. Il s'agit ainsi de : A*rticle 146 Constitution du Benin (Décembre 1990) ; Article 78 Constitution de la Guinée-Conakry (1984) ; Article 131 Constitution 2004 République du Niger ; Article 113 Constitution 2000 de la République du Gabon ; Article 44 Constitution 1996 de la République du Cameroun ; Article 168 Constitution 1996 de la République du Burundi ; Article 194 Constitution 2003 de la République Démocratique du Congo.*

[273]À ce niveau, il faut dire que même si le droit international ne retient aucun principe faisant obligation aux États de respecter les traités qui les lient, à travers leur application par les organes législatifs, exécutifs et judiciaires, sous peine d'engager leur responsabilité à l'égard des États envers lesquels ils se sont obligés ; Néanmoins, celui-ci ne fixe pas les conditions dans lesquelles les dispositions des traités doivent être intégrées dans l'ordre juridique des États membres pour être appliquées par leurs organes et juridictions. Cela dit, deux conceptions doctrinales s'opposent : l'une est dite dualiste et l'autre moniste. Pour le *courantdualiste* appelé aussi *transformiste*, les ordres juridiques nationaux et l'ordre juridique international étant séparés, le droit international ne peut recevoir application dans le droit des États membres qu'après avoir obéi à la procédure de réception en droit interne, c'est-à-dire après avoir été transformé en norme nationale, généralement en une loi, ou encore après y avoir été introduit par une formule juridique qui en opère la réception. Ici, la norme internationale subit une véritable transformation de nature, il y a nationalisation du traité. Pour le *courantmoniste*, le droit est un ensemble de normes qui peuvent être soit nationales, soit internationales. Le traité international s'applique en tant que tel dans l'ordre juridique national sans réception ni transformation dans l'ordre juridique interne des États parties du traité, sous réserve de sa ratification et de sa publication.

[274]Comment le principe de primauté, ainsi très largement défini par la CJCE, a-t-il été accueilli par les États Membres ? La France étant un pays moniste et le Royaume-Uni un pays dualiste, on aurait pu penser que la suprématie du droit communautaire allait être plus facile à accepter pour la première que pour le second. En effet, le Royaume-Uni a dû incorporer les traités communautaires dans son droit national à l'aide de l'European Communities Act 1972, sans quoi ils n'auraient eu aucune valeur juridique interne malgré leur ratification, alors que les traités ratifiés par la France font automatiquement partie de son ordre juridique interne sans qu'aucune mesure nationale supplémentaire ne soit nécessaire. Les pays monistes semblent donc moins hostiles à l'intervention du droit international dans leur ordre juridique interne que les pays dualistes. (À propos du principe de primauté du droit communautaire sur les droits internes des Etats Membres : la question est-elle résolue aujourd'hui ?-Université Paris Ouest-Nanterre La Défense-03-03-2008) http://m2bde.u-paris10.fr/content/propos-du-principe-de-primaut%C3%A9-du-droit-communautaire-sur-les-droits-internes-des-etats-memb

et par ricochet du droit communautaire. En effet, c'est ce principe qui guide le Droit International Public, tout en subordonnant le développement des normes à la seule volonté de l'État, indépendamment, de sa taille ou de son poids économique sur la scène internationale. C'est ici, la mise en exergue du principe de l'égalité des États membres de la communauté internationale qui demeure accoudé au principe de la souveraineté de l'État. Un élément aussi intéressant soit-il, demeure intrinsèquement lié à la souveraineté, en tant que caractéristique de celle-ci, à savoir, l'obligation pour l'État de faire respecter le droit des autres États à l'intérieur de son territoire.[275] L'une des conséquences indirectes de ce principe, c'est d'ouvrir la porte au droit externe à la législation nationale.Cela est d'autant plus normal que nous assistons, désormais, à un phénomène de mondialisation des termes de l'échange qui ne saurait se concevoir et se réguler sans la norme juridique. Cette évolution n'aurait pu avoir lieu sans la disparition des Blocs. C'est en effet, sur les décombres de l'ordre bipolaire que le libéralisme a pu se poser en paradigme unique. À partir de ce moment, les réseaux transnationaux de communication ont eu raison des dernières barrières opposées à leur essor et l'idéologie des Droits de l'Homme a réellement progressé. Aussi implique-t-elle qu'une acception de la mondialisation, en tant que processus d'intégration des systèmes productifs, commerciaux, financiers et d'information mondiaux, soit assortie d'une prise en

---

[275]Afin d'éviter de faire dépendre l'application du droit communautaire du statut accordé au droit international traditionnel par chaque État Membre, la CJCE a établi le principe de la suprématie du droit communautaire par rapport aux droits internes des Etats Membres. La première étape de ce raisonnement est apparue dans l'arrêt Van Gend en Loos du 5 février 1963, où la CJCE a affirmé que : « *la Communauté européenne constituait un nouvel ordre juridique en droit international, au bénéfice duquel les Etats Membres avaient restreint leurs droits souverains, bien que dans des domaines limités*». Mais le principe de la primauté, qui est fondé sur la nécessité d'assurer l'effectivité du droit communautaire, n'a été formellement reconnu par la CJCE que dans l'arrêt Costa c. ENEL du 15 juillet 1964. Il a ensuite été étendu jusqu'à faire prévaloir le droit communautaire sur les constitutions mêmes des Etats Membres dans l'arrêt Internationale Handelsgesellschaft du 17 décembre 1970, où la CJCE a déclaré que le droit né des traités communautaires ne pouvait se voir opposer par les cours nationales des règles de droit interne, quelle que soit leur nature. Enfin, dans l'arrêt Simmenthal du 9 mars 1978, la CJCE a ajouté que dans l'hypothèse d'un conflit entre les droits communautaire et national, les juges internes devaient immédiatement appliquer le premier sans attendre que la loi nationale en cause ait été déclarée inapplicable par la cour interne compétente ou modifiée par le législateur national.

compte de la dimension idéologique et politique du phénomène. Nous assistons ainsi à une globalisation de la vie économique et sociale marquée par une forte imbrication des éléments. Par conséquent, ceux-ci deviennent dépendants les uns des autres et créent une situation de coopération et de collaboration inéluctable afin de traiter, efficacement, les problèmes.

En première analyse, on se poserait la question de savoir, où se trouve la règle de droit, notamment, la place de la norme nationale. Certains observateurs vont jusqu'à dire que la règle de droit a déserté l'espace pour laisser la place à une économie globale de la vie. Pour ces derniers, les crises financières globales qu'a connu le monde pourraient s'expliquer par une absence criante de dispositifs juridiques à même d'encadrer et d'amortir les chocs qui en résultent et illustrent bien ce propos.[276] Certes, le retrait du droit ne s'explique pas ici uniquement par l'effet de fiction, de réification, donc d'artificialité attachée à l'immatérialité des réseaux d'information et à la décentralisation des marchés financiers. Le droit n'est pas par nature étranger à la fiction et à l'artifice. Il est lui aussi une construction artificielle ou si l'on veut une reconstruction normative du réel qui fonctionne dans une relative autonomie à l'égard des autres compartiments du réel.[277] Faux univers de *Sollen* séparé de l'Être selon Michel Villey, monde de fétiches dont le fonctionnement aurait partie liée avec le fétichisme de la marchandise selon les auteurs marxistes. L'univers de la normativité juridique avec ses catégories (sujet de droit, contrat, droit subjectif), ses principes de base (liberté contractuelle, responsabilité, propriété), ses divisions et classification (droit public, droit privé, droit commun, droit spécial…) opérerait lui aussi une réification des rapports sociaux. Telle est l'ambiguïté du progrès réalisé par l'état de droit. D'un côté, il libère l'individu des contraintes et des pesanteurs des ordres, des rangs et des castes, mais

[276] Aussi notent-ils que les solutions apportées à ces difficultés financières relèvent, dans l'ensemble, de l'ordre financier ou ont consisté en des arrangements institutionnels que dans des solutions relevant d'une véritable régulation juridique.

[277] Grâce à l'abstraction de ses normes, la règle de droit peut prendre de la distance par rapport aux évènements concrets, dominer la réalité dans le temps et dans l'espace, acquérir la stabilité et la permanence face aux changements socio-économiques.

de l'autre, il le livre entièrement aux lois du marché.[278] En Afrique subsaharienne, où le besoin d'intégration régionale se pose avec acuité, les balbutiements que l'on note expliqueraient la nécessité de l'émergence d'un droit communautaire aux véritables atouts de droit supranational. C'est un droit qui s'impose à tous les États membres et qui tient compte des aspects liés à la dimension humaine et linguistique du milieu.

[278]Mohamed Salah Matoussi, «*La mise en concurrence des systèmes juridiques nationaux : Réflexions sur l'ambivalence des rapports du droit et de la mondialisation*», in Revue internationale de droit économique. De Boeck Université, 2001/3 t. XV, 3, p. 251-302

Chapitre II
Pour une approche du processus de l'Intégration Régionale fondée sur les spécificités de l'État-nation en Afrique

Le monde court vers ce que certains auteurs ont vite fait d'appeler «village planétaire».[279] Cette globalisation des points de vue, partie du continent américain depuis le XXe siècle, a très tôt conquis les territoires à travers le monde. Les dernières poches de résistances à cette façon de voir les choses, fortement enracinées en Asie, en Afrique Australe et dans certaines sphères de l'Arabie, regardent aujourd'hui d'un autre œil la libéralisation. En Chine, des politiques et de nouvelles réformes tendent à conduire le pays vers une société, de plus en plus, ouverte au monde extérieur et à intégrer, bien que timidement, certains des produits de l'idéologie libérale. Au début des années quatre-vingt-dix, le géant russe, par excellence maître de l'idéologie marxiste et communiste faisait le pas géant de l'histoire en basculant sérieusement vers les réformes libérales.[280]

L'uniformisation ainsi née aboutira à une véritable ruée des États, vers le regroupement de leurs différentes entités afin de constituer de grands ensembles. Ces regroupements visent surtout, pour les plus faibles, à faire face au poids économiques de grandes puissances occidentales comme les États-Unis d'Amérique (USA) ou encore l'Union Européenne (UE). L'intégration régionale devient alors la nouvelle donne en matière de programmation du développement économique et social des populations. Celle-ci évoluera au rythme des produits issus des laboratoires de recherche sur la question. Elle encourage les grands blocs susceptibles de constituer des forces sûres

---

[279]En effet, ceux-ci mettent l'accent sur sa capacité de regroupement, d'émergence du métissage de courants d'idées et de pensées ainsi que d'aspirations diverses, tournant autour d'un même objectif global, à savoir se mettre ensemble pour mieux vivre. Voir aussi les auteurs suivants : Sangaré Aby, *Peuples et langues d'Afrique de l'Ouest comme élément dynamique d'une intégration réussie* In *Les états-nation face à l'intégration régionale en Afrique de l'Ouest : Cas de la Cote d'ivoire,* Édition Karthala 2009, pp207-220

[280]La chute de ce géant a fait dire aux observateurs qu'il était plus que impérieux de conclure à l'idée de l'unilatéralisme, caractérisée par la circulation d'une idéologie, notamment, le libéralisme qui très vite va influencer les politiques, les programmes de développement économique et social ainsi que la vie de façon générale des sociétés.

contre les soubresauts des tendances mondiales aussi bien au plan économique, financier que social. L'application de cette théorie en Afrique, en particulier en Afrique de l'Ouest et du Centre, a donné divers résultats selon la volonté des États de s'y investir pleinement ou non. Mais ce qu'il faut retenir c'est que le processus en Afrique a longtemps buté sur l'absence de volonté politique. Il s'agissait pour les États de faire les concessions politiques et administratives indispensables pour aller vers une réelle intégration régionale de leurs économies et la création d'un Marché Commun Africain. Cette faille des États a été comblée par leurs populations, surtout, celles évoluant dans le secteur informel, de favoriser l'émergence d'une intégration des économies et des populations. Dans l'optique de cerner au mieux cette forme d'intégration qui se développait en marge des démarches officielles et politiques, en la matière, de nombreuses études ont porté sur cette forme d'intégration qu'elles ont nommée, *intégration à la base.*[281]

Ainsi notre démarche sera axée autour d'un ensemble d'éléments qui pourraient être réunis au sein d'une approche qui prend en compte les dimensions humaine et linguistique de l'espace objet du processus d'intégration régionale. Aussi serons-nous conduits, dans cette lancée, à orienter notre analyse sur cette approche du processus de l'Intégration Régionale basée sur la Dimension Humaine et Linguistique (**Section I**), sur la manière dont les politiques d'intégration régionale pourraient constituer des facteurs d'émergence de la démocratie en Afrique de l'Ouest et du Centre (**Section II**).

<u>Section I</u> : Une Approche du processus de l'Intégration Régionale basée sur la Dimension Humaine et Linguistique

Le processus de l'intégration régionale, en cours sur le Continent, a connu d'énormes évolutions, surtout, depuis les années mille neuf cent quatre-vingt-dix (1990). Elles se sont manifestées, surtout, par la naissance de nouvelles entités et autres structures à même de soutenir,

[281]L'intégration à la base sera le fait des populations qui, grâce à leurs activités commerciales, culturelles et autres, arrivent à recréer un patrimoine ancien disloqué du fait de la politique coloniale. Cette forme d'intégration est alimentée par des fibres sentimentales, ethniques, religieuses et linguistiques, empreintes d'une certaine spontanéité, qui partant, la fondent et consolident le processus, au point d'en faire une structure communautaire transnationale, régie par des règles qu'elle même produit.

efficacement, les efforts au niveau régional. Ces nouvelles entités ont certainement apporté un nouveau souffle au processus qui était en cours. Néanmoins, il demeure que le processus souffre encore d'une absence de réalité sociale et culturelle qui constitue le fondement des peuples et pays à intégrer. Les valeurs culturelles et traditionnelles qui fondent les populations africaines devraient, en principe, orienter vers la recherche d'une efficacité dans la mise en œuvre de toute politique.[282] Aussi devraient-elles avoir une place privilégiée dans l'élaboration et l'application de ces politiques.[283] Au niveau national, les politiques d'intégration ont tendance à faire de ces questions identitaires des instruments de propagande politiques au point d'instituer des espaces fermés à toute idée de promotion de ces valeurs profondes de nos populations. Fort de ces deux facettes des politiques de l'intégration régionale en Afrique, la dynamique dont elles font montre reste un potentiel auquel les États africains auront désormais à faire confiance.[284]

Pour notre part, et adhérant à ce postulat d'idée, nous serons conduits à axer notre analyse sur les Pays frontières que nous considérons comme de véritables plaques tournantes de l'intégration régionale. L'adoption de cette approche nous impose de passer au crible les échanges effectués dans ces espaces transfrontaliers, en vue d'apprécier les impacts de ces échanges transfrontaliers sur l'économie nationale et sous-régionale. Cette appréciation nous impose aussi d'analyser un tant soit peu la nature de ces échanges afin d'évaluer leur capacité à influencer positivement ou négativement le bon fonctionnement de l'économie nationale. Dans cette perspective, il serait d'une certaine utilité d'analyser les Pays frontières en tant que plaques tournantes de l'intégration régionale (**Paragraphe II**), mais au préalable, notre analyse portera sur cette Approche du processus de l'Intégration Régionale basée sur la Dimension Humaine et

---

[282]Cf.Sanankoua Bintou, *Les états-nations face à l'intégration régionale en Afrique de l'Ouest : Le cas du Mali*, Édition Karthala 2007 ; Sindjoun Luc, «*Etats, individus et réseaux dans les migrations africaines*», Volume 2004, Editions Karthala 2005

[283]Adotevi Stanislas, *«Les facteurs culturels de l'intégration économique et politique en Afrique In Intégration et coopération régionale en Afrique de l'Ouest»*, sous la direction R.Lavergne, CRDI, 1993, pp80-93

[284]D'autant plus que cette dynamique est arrivée et continue depuis belles lurettes à façonner la vie de ces Etats. Cette dynamique se manifeste, surtout, au sein des espaces frontaliers qui impulsent les activités commerciales qui s'y déroulent, avec pour conséquence, de faciliter l'établissement d'une économie nationale solide et ouverte à un marché plus vaste.

Linguistique, notamment dans le cas d'essai d'appréhension du concept (**Paragraphe I**).

Parag.I : Approche du processus de l'Intégration Régionale basée sur la Dimension Humaine et Linguistique : *Essai d'appréhension du concept*

Dans la nouvelle acception du processus du développement, placée sous la bannière du développement durable, il apparaît que les éléments inhérents au territoire méritent d'être pris en compte dans la définition des politiques concernées. Il arrive ainsi que la définition des politiques s'appuie sur des facteurs relevant de l'ordre géostructurel et conjoncturel inhérent à chaque espace. Cette approche a le mérite de favoriser une action participative dans le déroulement de la politique.[285] L'un des effets escomptés d'une telle démarche réside en le fait qu'on aboutira à la mise en place d'un cadre de concertation, axé sur la prise en compte des diverses aspirations, qui seront fondues dans un seul objectif principal. Tout cela concourt à la stimulation de l'appropriation nationale recherchée par la nouvelle définition du concept de développement.

Dans son objectif final, à savoir la réalisation du développement des États membres de la communauté, les politiques en matière de l'intégration régionale, notamment en Afrique subsaharienne, ne sauraient déroger à cette règle de base. Mieux, la révision des Traités de la CEDEAO, la création de nouveaux espaces intégrés comme la CEAMC entre autres, en début 1990, justifiaient ce souci. Fort de cela, la démarche adoptée ici sera de tenter une analyse des politiques de l'intégration régionale en cours. Il convient alors de s'assurer que les politiques d'intégration régionale en cours sont empreintes du poids de l'histoire des communautés traditionnelles africaines (**A**) et de s'intéresser au poids de la rencontre entre la civilisation occidentale et la tradition africaine sur la construction des grands espaces intégrés en Afrique (**B**).

[285]Cela, d'autant plus qu'elle arrive à allier dynamique locale et vision externe des contours du développement avec pour objectif final de stimuler l'engagement et l'implication entière au niveau local.

A-Le poids de l'histoire des communautés traditionnelles africaines sur le processus de l'intégration régionale

La vie d'une communauté est fortement influencée par son passé qui contribue, essentiellement, à la régulation des normes qui la régissent. En outre, les valeurs et traditions qui fondent cette communauté et qui la lient à ses ancêtres demeurent comme des repères prégnants de son mode de vie, mais aussi, et surtout, de leur façon d'appréhender les choses du présent.[286] Par conséquent, les politiques et normes juridiques qu'elles auront à développer en vue de régir leur cadre de vie, devront être à même de prendre, suffisamment, en compte ces acquis de l'histoire et arriver à les transformer en normes viables et durables.[287] L'intégration régionale, en tant que politique visant à améliorer le cadre de vie économique et sociale des populations, devrait pouvoir arriver à ce stade.[288]

Pour Stanislas Adotevi,[289] l'intégration ne peut réussir sans puiser dans les réserves d'identités communautaires enracinées dans l'histoire et la culture africaines. Par conséquent, celui-ci considère que le grand défi de l'intégration régionale pour l'Afrique est de trouver des formules qui permettraient aux identités communautaires, de transcender les frontières nationales sans pour autant s'opposer à l'État. Il ajoute que ce n'est qu'enraciné dans sa culture et dans son histoire que, l'Africain peut se réinventer une patrie qui le libère des frontières nationales qui l'enchaînent, en créant des instituions vivantes et viables, outils indispensables de la maîtrise de son histoire.[290] Plus loin, il conclut que c'est cet enracinement dans les

---

[286]À ce niveau, les points de vue des auteurs comme Adotevi Stanislas (*«Les facteurs culturels de l'intégration économique et politique en Afrique In Intégration et coopération régionale en Afrique de l'Ouest»,* sous la direction R.Lavergne, CRDI, 1993, pp80-93) et Agier.M (*«Commerce et sociabilité, les négociants soudanais du quartier zongo de Lomé»*, Édition de l'ORSTOM, Collection Mémoires, n°99.Paris, 1983) renseignent le mieux.

[287]Adotevi Stanislas, *«Les facteurs culturels de l'intégration économique et politique en Afrique In Intégration et coopération régionale en Afrique de l'Ouest»*, sous la direction R.Lavergne, CRDI, 1993, pp80-93

[288]Ouattara Azoumana, *La réconciliation au défi du tiers absent* In *Logiques du tiers, Littérature, Culture, Société*, Editions Presses Universitaires de Franche-Comté n°*1045*-Annales Littéraires de l'Université de Franche-Comté n°814, 2007, pp64, 65 et 66

[289]Stanislas Adotevi, *Les facteurs culturels de l'intégration économique et politique en Afrique* In *Intégration et coopération régionale en Afrique de l'Ouest, Sous la direction* Real Lavergne, CRDI, 1993, pp80-93

[290]*Ibidem*

entrailles communautaires qui crée les grandes civilisations et génère les extraordinaires progrès.[291] Ces considérations culturelles et traditionnelles contribueraient, efficacement, à la réussite des politiques de l'intégration régionale pour deux grandes raisons.[292] Il s'agit de la connaissance et de la maîtrise de l'histoire des communautés ainsi que la connaissance des institutions qui ont soutenu la vie de leurs ancêtres. La connaissance et la maîtrise de l'histoire des communautés, dans le cas d'une politique de l'intégration régionale, pourraient impliquer le fait que l'on adopte une approche qui soit de nature à prendre en compte la dimension

---

[291]La "question sociale" permet d'introduire dans les processus d'intégration marqués par une certaine composante *communautaire*, deux modalités non exclusives d'intervention de la part des pouvoirs publics : les politiques régionales et sectorielles d'une part, les politiques sociales à proprement parler d'autre part. La première est présente dans la modalité régionale d'action des politiques communautaires : elle combine "planning indicatif" et "aménagement du territoire"; la deuxième apparaît de manière plus diluée dans les différentes politiques de l'action publique, plusieurs d'entre elles coexistent au niveau purement national qui touchent aux relations professionnelles et au droit du travail, aux systèmes de sécurité sociale et de santé publique et aux programmes d'emploi et de formation professionnelle. Voir. Paulo Roberto de Almeida, L*a dimension sociale de l'intégration en Amérique du Sud : politiques stratégiques et options sociales* In *Dimension sociales des processus d'intégration régionale, Symposium de Haut niveau organisé par l'UNESCO, le MERCOSUR, le GASPP et l'UNU-CRIS, à* Montevideo (Uruguay), 21-23 février 2006)

[292]En témoigne du reste ce partenariat entre l'UEMOA, CEPLG, la CEDEAO et l'Organisation Internationale du Travail (OIT), notamment, dans le cadre du Programme de Promotion du Dialogue Social en Afrique (PRODAF). A travers ce programme, les organisations d'intégration régionales africaine se sont engagées à soutenir la consolidation de la paix, et la reconstruction de la vie économique, par la mise en œuvre de mécanismes de concertation, de négociation, de prévention et de gestion des conflits. Elles veulent avec l'appui de PRODIAF instaurer une intégration économique et sociale équilibrée, grâce à un dialogue social régulier et une implication effective des partenaires sociaux dans l'élaboration et la mise en œuvre de politique de développement aux niveaux national et sous régional. A l'image de ce qui se pratique dans les autres régions du monde, les initiatives supranationales africaines en matière de tripartisme et de dialogue social sont multiples et se situent à plusieurs niveaux : continental, régional et sous régional. En effet, renforcer le processus d'intégration en mettant en place un mécanisme qui impliquerait davantage les partenaires sociaux dans le processus d'intégration, et ériger le dialogue en mode de prévention et de résolution des conflits, et comme outil de prise de décision communautaire, doit permettre aux partenaires sociaux de participer à la prise de décision sur des questions économiques et de constituer un puissant vecteur sur lequel les organisations sous régionales pourront s'appuyer pour accélérer la construction régionale. Cf.www.prodaf.org

linguistique et culturelle des populations africaines dans la conception des politiques y relatives. La dimension linguistique se veut un élément crucial dans le processus d'intégration régionale en Afrique. Ce point de vue est d'ailleurs partagé par Aby Sangaré,[293] pour qui, la dimension linguistique est le chaînon manquant à la réussite de ce processus. Abondant dans le même sens qu'Aby Sangaré, les auteurs Mamadou Camara et Alpha Mamadou Diallo[294] dressent un tableau de répartition des langues sur le continent, en identifiant des grandes familles de peuplement linguistiques sur le continent dont, la connaissance et la maîtrise sont impératives.

- Dans la zone de contact avec le peuplement de souche arabe et les noirs se trouve la famille Nilo-saharienne. Cette famille comprend les langues telles que le Haussa, le Songhay, le Kanuri, le Dinka, le Nilo-saharien et les parlers de la Nibie.
- Au nord, nous pouvons trouver la famille afro-asiatique, qui comprend la langue arabe et ses nombreux dialectes et les langues non arabes du Maghreb et du Gold Arabique (Mer rouge).
- En deçà de la zone de peuplement saharien se trouvent les langues africaines proprement dites, négroïdes ou bantoïdes. C'est la famille Niger-Congo qui comprend une première sous-famille, allant du Cap à la région des Grands Lacs au Nord. La deuxième grande famille de langue dite soudanaise recouvre toute la zone occidentale de l'Afrique.
- La quatrième famille de peuplement linguistique est celle dite khoïsane. Elle regroupe les langues encore mal connues des bushmen de l'Afrique du Sud-Ouest.
- Les langues de l'Afrique de l'Ouest sont divisées en deux groupes : Groupe mandé ou manding ou nigéro-sénégalais et le Groupe ouest-atlantique ou atlantique ou sénégalo-guinéen.

Parmi les regroupements linguistiques opérés par ces auteurs, nous prendrons en compte les familles linguistiques de l'Afrique de l'Ouest ; c'est-à-dire, les Groupes mandé ou manding ou nigéro-sénégalais et

---

[293]Sangaré Aby, «*Peuples et langues d'Afrique de l'Ouest comme élément dynamique d'une intégration réussie*» In *Les états-nation face à l'intégration régionale en Afrique de l'Ouest : Cas de la Cote d'ivoire,* Les éditions Karthala 2009, pp207-220

[294]Camara Mamadou et Diallo Alpha Mamadou, «*Langues et cultures guinéennes comme facteur d'intégration régionale en Afrique de l'Ouest*»In *Les états-nations face à l'intégration régionale en Afrique de l'Ouest : Le cas de la République de Guinée,* édité par Alpha Mamadou Diallo, Édition Karthala 2009

le Groupe ouest-atlantique ou atlantique ou sénégalo-guinéen. En outre, la famille Niger-Congo qui comprend une première sous-famille, allant du Cap à la région des Grands Lacs au Nord ainsi que la deuxième grande famille de langues dite soudanaise, recouvre toute la zone occidentale de l'Afrique. Ces regroupements linguistiques sont de nature à mettre en exergue le fait que les populations africaines éparpillées à travers les États ont en partage des langues communes, selon qu'elles appartiennent à telle ou telle région d'habitation. Cette communauté de langue atteste de l'existence d'une communauté culturelle et traditionnelle.[295] D'autant plus qu'il y va d'une langue utilisée par plusieurs populations censées appartenir à une même ethnie et qui se sont retrouvées sur différents territoires étatiques à la faveur de la balkanisation du Continent. En effet, le partage de langue pourrait supposer l'existence, au moins de similitudes dans les cultures et les traditions. L'extension du manding dans sa forme mandinka ou Dyula pourrait, aisément, illustrer cet état de fait.[296] Les populations ouest-africaines ayant en partage cette langue sont réputées pratiquer le commerce. Cette grande famille de peuplements appelés mandé ou manding que l'on peut trouver, aussi bien au Nord de la Côte d'Ivoire, au Mali, au Burkina Faso, au Niger ou encore en Guinée-Conakry, ont le contrôle du secteur informel dans un pays comme la Côte d'Ivoire, en particulier le commerce.[297] Le trafic d'un produit tant prisé par les populations du nord de ce pays, à savoir la Kola est un exemple.

La région soudano-saharienne a, depuis la période précoloniale, au début des années mille neuf cent cinquante, été approvisionnée en Kola par les marchands Dyula appartenant au groupe Bambara ou mandé. La partie nord de la Côte d'Ivoire, à partir de la ligne Bondoukou, Dabakala, Séguéla, jusqu'aux confins d'Odienné, Tengréla, Kong, Bouna, habitée majoritairement par les Dyula, est une importante zone de consommation de la noix de Kola. Mais, ce

[295]Sangaré Aby, 2009.*Op.cit*

[296]Sangaré Aby, «*Peuples et langues d'Afrique de l'Ouest comme élément dynamique d'une intégration réussie*» In *Les états-nation face à l'intégration régionale en Afrique de l'Ouest : Cas de la Cote d'ivoire,* Les éditions Karthala 2009, pp207-220

[297]Ouattara Azoumana, *La réconciliation au défi du tiers absent* In *Logiques du tiers, Littérature, Culture, Société,* Laurence Daihan Gaida, Editions Presses Universitaires de Franche-Comté n°*1045*-Annales Littéraires de l'Université de Franche-Comté n°814, 2007, pp51-64

ravitaillement en Kola de la grande famille mandé allait au-delà des frontières de la colonie de Côte d'Ivoire pour atteindre les colonies de la Haute-Volta (Actuel Burkina Faso) et du Soudan (Actuel Mali). Ainsi, les villes telles que Ségou, Mopti, Bamako, Sikasso (Soudan) et Bobo-Dioulasso, Ouahigouya, Ouagadougou, Gaoua, Banfora (Haute-Volta), étaient d'importants marchés d'écoulement de la noix de kola. Par cette activité, les Dyula ont contribué, dans une large mesure, à l'interconnexion économique des espaces de la sous-région.[298] Le commerce de la kola, dont ils sont les principaux acteurs dans cette zone soudano-sahélienne, a constitué l'un des domaines saillants de l'intégration socio-économique et culturelle des populations ouest-africaines.[299] Mais, ce qu'il faut retenir de ce constat, c'est que cette activité était le fait d'un peuple ayant en partage une langue commune, le Dyula qui est au début et à la fin de cette chaîne active formant ainsi une communauté de langue et de culture très soudée par les liens ancestraux.[300] Cette situation a duré jusqu'au-delà de la consécration

---

[298]En effet, selon *O.J.Igue,* il parait utile de remonter l'histoire pour arriver à la situation actuelle, marquée par le fait que les pratiques commerciales en Afrique occidentale précoloniale sont déterminantes pour l'avenir économique de la sous-région. Sans se référer à elles, il me parait impossible de régler correctement les problèmes liés à l'intégration régionale au niveau de la sous-région, car l'Afrique occidentale avait constitué un seul marché où ne seposait guère le problème de l'espace économique, de la complémentarité des ressources, de l'harmonisation des tarifs douaniers, de la circulation des biens et des personnes, encore moins du mode de paiement. En effet, avant la conquête coloniale, l'espace ouest-africain était géré à partir de grandes formations politiques comme l'empire du Ghana, du Mali ou du Songhay. Le dernier avait pratiquement couvert tout le champ d'action de la Communauté économique d'Afrique occidentale (CEAO), exception faite de la partie forestière de la Côte d'ivoire. Voir. Igue.O.John, *L'officiel, le parallèle et le clandestinCommerces et intégration en Afrique de l'Ouest*, le commerce précolonial, Politiques Africaines, Editions Karthala, Paris, 2006, pp29-51

[299]Ouattara Ibrahima *Le commerce de la Kola et l'intégration des populations en Afrique de l'Ouest (1895-1960);* Mémoire de Diplôme d'Etudes Approfondies (DEA), Faculté des Lettres et Sciences Humaines Département d'Histoire-Université Cheikh Anta Diop de Dakar, Année Universitaire 2005-2006. Quant à *O.J.Igue,* celui-ci considère que malgré l'étroitesse des territoires et populations des royaumes africains de la période précoloniale, ils n'avaient pas davantage eu à résoudre l'épineux problème de l'espace économique. Tous bénéficiaient des avantages d'un commerce ouvert, dynamique et prospère. Ce commerce était bien organisé et reposait très largement sur la complémentarité régionale en matière des produits échangés.Cf.Igue.O.John. *Op.cit*

[300]Citant les commerces locaux de la période précoloniale, notamment, celui des produits agricoles, des produits manufacturés et des produits d'importation comme le sel, le riz et la potasse, *O.J.Igue (Op.cit)*, trouve que les marchés locaux, en

des frontières étatiques par les nouveaux États africains. Ceci pourrait contribuer à démontrer l'importance de la dimension linguistique dans le processus naturel d'intégration des communautés sociales en Afrique qui transcende, le plus naturellement possible, les frontières et va à la rencontre des aspirations des populations.

Les liens culturels et traditionnels sont d'autant plus vivaces que les populations, par le biais d'une langue commune, arrivent aisément à se parler et à se comprendre. Ainsi peuvent germer les différents compromis sociaux tels que les mariages ou encore les rites entre différentes communautés linguistiques séparées par la distance.[301] Ces populations arrivent, en dépit des frontières étatiques, à continuer de vivre ensemble, en organisant en commun des cérémonies coutumières : Les fêtes comemoratrices, les baptêmes, les décès. Et comme le soutient Bintou Sanankoua, ces populations séparées par des frontières étatiques entretiennent entre elles les liens de mariage et des rapports d'échanges de produits à travers des foires locales, zonales, voire régionales, ou les langues transfrontalières servent de moyen de communication.[302]

La connaissance et la maîtrise de l'histoire des communautés dans un processus de l'intégration régionale en Afrique devraient être accompagnées par la connaissance des institutions qui ont soutenu la vie des ancêtres que l'on trouve dans l'histoire des États d'Afrique précoloniale. Cela permettrait de se rendre compte de leur parfaite organisation. Ce qualificatif "parfait" est utilisé ici afin de mettre en relief la manière dont ces sociétés étaient organisées autour d'une diversité ethnique, linguistique et religieuse, sans aucun risque de crise identitaire ou autre division qui aujourd'hui rongent les États africains. Ainsi ont su cohabiter dans l'Empire du Soudan, les Bozos et les Bambaras. Les premiers étaient de profession chasseurs et majoritairement de religion animiste. Quant aux seconds, ils étaient de profession commerçant, cultivateurs et pratiquaient l'islam comme religion. En dépit de ces différences, ces populations sont arrivées à

---

dehors de leur fonction économique (distribution des biens de consommation courante), servaient également de cadre aux activités culturelles. Ils facilitaient la diffusion des informations au sein de la communauté villageoise, citadine, et même de la chefferie. C'était le lieu de rencontre et d'intégration sociale par excellence.

[301]Sangaré Aby, «*Peuples et langues d'Afrique de l'Ouest comme élément dynamique d'une intégration réussie*»...2009

[302]Sanankoua Bintou, *Les états-nations face à l'intégration régionale en Afrique de l'Ouest : Le cas du Mali*, Édition Karthala 2007

cohabiter au sein d'un royaume majoritairement habité par des populations musulmanes. Cet état de fait renvoie à une problématique relative au contrat social[303] qui est arrivé à établir et à garantir le consensus entre ces ethnies de différentes confessions religieuses. Il faut noter que cette cohabitation se faisait dans le cadre de modes de production basés sur la division du travail économique et sociale. Cette division apparaissait au plan social par une hiérarchisation des communautés par catégories sociales. Il était alors reconnu à des familles des fonctions et un rang social qui leur imposaient certaines attitudes et leur conféraient des privilèges assortis d'obligations.

Dans le Nord de la Côte d'Ivoire, précisément dans le Royaume de Kong, il était reconnu à la famille des Traoré, le statut de Chefferie, de même la famille des Keita avait le statut de Chefferie dans l'Empire du Mali. La famille des Cissé, jouait le rôle de Chef coranique au sein de la communauté Malinké ou Mandenkan. Ce titre de Chef islamique valait à cette famille un respect qui leur était reconnu dans tout l'Empire du Mali et allait au-delà de cet empire, chez les Mandenkan installés au Nord de la Côte d'Ivoire, au Burkina Faso ou encore en Guinée où, ce rôle était partagé avec la famille Touré. Mais, il faut dire que la famille des Touré de la Guinée remplissait un double rôle de Chef islamique et de Chef de communauté Mandenkan. Cette stratification sociale a permis à ces communautés de vivre dans un cadre convivial et dans le strict respect de l'autre. L'article 1er de la Charte de KOUROUKAN FOUGA consacre cette stratification sociale en ces termes : «*La société du grand Mandé est divisée en seize(16) porteurs de carquois, cinq (5) classes de marabouts, quatre (4) classes de nyamakala. Chacun de ces groupes à une activité et un rôle spécifique*». On pourrait identifier dans cette disposition un double intérêt. Premièrement, elle entendait prévenir tout empiétement sur les sphères de compétences sociales ou domaine de spécialisation sociale. Cette spécialisation sociale permettait ainsi, à chacun des membres des familles appartenant à l'une ou l'autre des catégories sociales, qui se retrouverait dans une communauté mandé dans l'empire du Mali, dans le royaume de Kong ou encore au sein de la communauté mandenkan de la Guinée, de s'occuper activement dans son domaine de spécialisation. Ensuite, cette règle de droit

[303]Descartes René, *Discours de la méthode*, Classique de poche, Librairie Générale de France, 2000

communautaire[304] jouait un rôle d'instrument de facilitation de l'intégration de l'individu dans toute société mandingue où il se trouverait. Partant, la notion d'étranger voit son degré de prévalence atténué. L'espace ethnique se voit alors dilué dans les considérations communautaires qui, loin de remettre en cause le premier perçue comme frontières matérielles ou encore frontières psychologiques, révèlent des pratiques et du vécu culturels de chacune des collectivités qui composent la population civile de l'État.[305] Cette politique a fortement contribué à asseoir une communauté sur un conventionnalisme juridique qui remettait en cause la question identitaire. Soucieux de préserver l'ordre social, les concepteurs de cette Charte ont pris le soin de définir, de façon très précise, les rôles que chaque groupe devait jouer au sein de chaque communauté mandingue. Ainsi était dévolu aux *Nyamakalas,* le rôle de conseillers des Chefs et de défenseurs de l'ordre public au sein du royaume.[306]Les *Morikandas Lolu* étaient reconnus comme les maîtres islamiques du peuple mandingue, ce qui leur valait un grand respect au sein de la société.[307] L'article 4 de la Charte du KOUROUKAN FOUGA établissait une classification sociale selon les âges et reconnaissait à la jeunesse, le droit de participer à la gestion des affaires publiques, en participant à la prise des grandes décisions concernant la société. L'épineuse question de gestion du pouvoir était définitivement réglée par les dispositions de l'article 8 de la Charte du KOUROUKAN FOUGA. En effet, cet article reconnaissait à la famille *KEITA*, le titre de famille régnante sur la communauté mandingue. Quant à la famille de *Balla Fasséké KOUYATE,* elle jouerait le rôle de grand Chef de cérémonies et médiateur principal du mandé. Selon les dispositions de

---

[304]Dans le préambule de la Charte du KOUROUKAN FOUGA, il est écrit: *Les représentants du mande primitives et leurs allies, réunis en 1236 à Kouroukan Fouga (Actuel Cercle de Kangaba en République du Mali), après l'historique bataille de Kirina, ont adopté la Charte suivante pour régir la vie du grand ensemble Mandingue.* Les informations ci-dessus nous permettent de comprendre qu'il s'agit d'une réunion de représentants de différentes communautés du mandingue qui ce jour la se sont retrouvées afin d'établir un cadre de cohabitation pacifique et régie par des normes admises par tous.

[305]Kipré Pierre, *Migrations en Afrique noire: La construction des identités nationales et la question des étrangers,* Les Editions du CERAP, Abidjan, Côte d'ivoire 2010

[306]Cf.Article 2 Charte Kouroukan Fouga

[307]Cf.Article 3 Charte Kouroukan Fouga

l'article 43 de la Charte du KOUROUKAN FOUGA, le droit de plaisanter avec toutes les tribus en priorité avec la famille royale.

Les autorités dirigeantes de l'Afrique précoloniale avaient manifesté déjà un grand souci de préservation de l'environnement. Ainsi, le Titre II de la Charte du KOUROUKAN FOUGA était consacré à la préservation de la nature. L'article 37 du Titre II, de la préservation de la nature[308] a attribué à la famille *Fakombé*, la Chefferie des chasseurs du pays mandingue. À ce titre, ceux-ci étaient chargés de préserver la brousse et ses habitants. Aujourd'hui la question de la préservation de l'environnement en Afrique fait la une des journaux et se veut une des préoccupations majeures des populations et des dirigeants. Pourtant, les autorités dirigeantes de l'Afrique précoloniale avaient déjà pris les mesures concrètes en vue de résoudre ce problème dont la résolution demeure aujourd'hui sans véritable solution pratique. Le traitement accordé à toute personne extérieure à toute communauté membre du mandingue était régi par l'article 24 de la Charte.[309] Cet article reconnaissait que cette personne devait jouir d'un traitement de faveur et ne devait faire l'objet d'aucune situation dommageable. Il faut rappeler que cela répondait au souci de faciliter l'intégration de chaque membre de la grande famille mandingue partout où il se trouverait. Au-delà de la communauté mandingue, il faut noter que les communautés sociales de l'Afrique précoloniale, en général, avaient une façon spécifique de définir l'étranger, non pas comme un envahisseur, mais comme une personne à intégrer. Selon le Professeur Pierre Kipré, chaque communauté désignait l'étranger par des termes précis, attachés à sa présence, des récits (Mythes, contes et légendes, biographies d'ancêtres, etc.) qui fondaient les règles de son accueil,[310] de son intégration. Pour illustrer cet exemple, l'auteur prend le cas du peuple *Abron,* venu vers la fin du XVIIe siècle en pays *Koulango,* ainsi que le cas des colonies Malinké (Islamisées et marchands) qui sont venues s'installer dans le Nord de la Côte d'Ivoire, durant les XIIe et XIXe siècles. En effet, les Malinké, venus du pays mandingue, se sont

[308]Cf.Article 37, Titre II-De la préservation de la nature, Charte du KOUROUKAN FOUGA : «Fakombé est désigné Chef des chasseurs. Il est chargé de préserver la brousse et ses habitants….»

[309]Cf. Article 24 de la Charte du KOUROUKAN FOUGA, qui dispose : «*Ne faites pas du tort à l'étrangers*»

[310]Kipré Pierre, *Migrations en Afrique noire: La construction des identités nationales et la question des étrangers*... 2010

intégrés au point d'être aujourd'hui les propriétaires terriens au Nord de la Côte d'Ivoire où, ceux-ci ont fondé de grandes communautés islamiques. D'autre part, leur progression dans les parties Ouest et Nord-Ouest de la Côte d'Ivoire leur a permis de s'y établir et d'y bâtir de grandes cités religieuses dans la ville de Touba ou encore d'établir des centres commerciaux dans les villes de Séguéla et Mankono. Tandis que l'intégration du peuple *Abron* a abouti à la création du Royaume de *l'Indenié*. Le rôle, que les institutions dirigeantes de l'Afrique précoloniale ont joué dans le processus de rapprochement des tribus et des communautés africaines, a été édifiant. Celles-ci ont contribué à asseoir des grands ensembles qui allaient au-delà du simple cadre linguistique et culturel pour briser les barrières spatiales. Ce point de vue est partagé par le Professeur AliouneSall[311] qui reconnaît la part importante de l'histoire des institutions précoloniales dans le processus de l'intégration dans la sous-région. Il semblerait que, durant l'époque précoloniale, les institutions dirigeantes aient réalisé un objectif que les autorités africaines d'aujourd'hui poursuivent, à savoir l'intégration économique.[312]

À l'apogée de l'empire du Mali sous Moussa Kankan, les Bambara vont s'établir au Ghana et absorber cet Empire. D'autre part, du fait de cet apogée, les grandes villes comme Djenné, Gao et Tombouctou deviennent de grands centres commerciaux, artistiques, beaucoup prisés par les intellectuels de l'islam soudanais. L'Empire du Mali s'est effacé au XVe siècle au profit du royaume de Gao, devenu l'Empire Songhaï qui englobe l'actuel territoire de Guinée Conakry et va jusqu'au nord du Nigéria (Kano). L'effacement de l'Empire du Mali était loin de porter un coup au processus de l'intégration des peuples africains de la période précoloniale. En effet, le Royaume de Gao a continué cette politique d'extension des territoires du royaume mandingue et de conquête de nouveaux espaces à intégrer dans cette communauté linguistique et culturelle. Le constat est que les souverains de l'Afrique avaient tous une même ambition à savoir, mettre en place une politique de conquête de nouvelles terres afin d'asseoir leur règne au-delà des frontières naturelles de l'Empire. Mais aussi, cette politique de conquête avait pour objectif de favoriser le brassage des cultures et des traditions par le rapprochement des

---

[311] Alioune Sall, *Les mutations de l'intégration régionale en Afrique de l'Ouest*....2006
[312] *Ibidem*

peuples. C'est ainsi que, la majeure partie des conquêtes de nouveaux territoires, menées par l'Almamy Samory Touré, ont enregistré la construction d'une mosquée à Kong. Moussa Kankan avait, lors de la conquête du royaume de Ghana, entrepris la construction de mosquées et introduit l'enseignement de l'islam par le biais d'érudits islamiques qu'il avait fait venir d'Arabie. Il avait aussi fait venir des architectes pour la construction de centres commerciaux et autres infrastructures modernes. Il faut aussi mentionner le poids du métissage culturel né de la colonisation, sur l'acception des politiques d'intégration des nouveaux espaces reconstitués.

B- Le poids de la rencontre entre la civilisation occidentale et la tradition africaine sur la construction des grands espaces intégrés en Afrique

Selon le Professeur Alioune Sall, il semblerait qu'un commerce sous-régional intense ait donné lieu à un numéraire qui avait cours en Afrique de l'Ouest.[313] Cet acquis sera reconnu et capitalisé par le colonisateur dans la mise en place de l'Afrique de l'Ouest Française (AOF), par le Décret de 1895 qui avoue prendre acte d'un certain nombre de solidarités propres à cette partie du continent.[314] Outre cela, il faudrait faire cas de la Loi Lamine Gueye, de 1950 qui instaure la mobilité des fonctionnaires en AOF et s'inscrit dans la même dynamique. Le professeur Alioune Sall met l'accent sur le fait que le colonisateur a contribué à asseoir un cadre intégré entre les différentes colonies. Il le fera par la mise en place de cadres éducatifs et administratifs qui ont contribué à inculquer aux décideurs africains une culture et une vision affranchies des conditionnements

---

[313]Alioune Sall, *Les mutations de l'intégration régionale en Afrique de l'Ouest*....2006

[314]Cf. Alioune Sall, ibidem. Quant à *Igue.O.John,* il soutient la même position en travers les moyens de paiement traditionnels utilisés par les commerçants de la période précoloniale. Le troc était très peu courant malgré ce qu'on en a dit. Il portait essentiellement sur les produits précieux ou sur ceux dont l'usage était prioritaire pour les populations (sel, tissus et chevaux). Pour réglementer néanmoins ce système de troc, il existait des mesures étalons : barres de sel, pièces de tissu d'une certaine longueur, etc. En dehors du troc, trois principales monnaies étaient en usage : la vanille, le cauris et l'or. La vanille est une tige de fer utilisée localement dans la partie Sud de l'actuelle Côte-d'Ivoire et dans le delta du Niger au Nigeria. Le cauris est d'usage inter: régional. On peut le qualifier de monnaie intracommunautaire. Cf. Igue.O.John, 2006, pp29-51, op.cit, p436

nationaux.[315] C'est le cas de l'École William Ponty qui a vu le passage de nombreux cadres africains comme Félix Houphouët-Boigny et Ouézin Coulibalypour la Côte d'Ivoire ; Yacine Diallo et Mamba SanopourlaGuinéeainsiqueFily Dabo Sissoko et Mamadou Konaté pour le Mali. Outre les établissements d'enseignement, des solidarités sous-régionales sont nées des luttes et mouvements syndicaux qui ont été conduits par les défenseurs pour les droits et libertés des peuples africains ainsi que pour leurs indépendances au sein des structures et associations appropriées.[316] Il faudrait reconnaître que ces structures et associations étaient très organisées autour de valeurs et objectifs partagés par tous, sans considération d'origine territoriale ou toute autre considération. Le Congrès des cheminots de Conakry, tenu le 30 septembre 1956 suivi du Congrès de l'Unité tenu à Cotonou, tenu le 16 janvier 1957, qui ont abouti à la création de l'Union Générale des Travailleurs d'Afrique Noire (UGTAN), en sont des manifestations concrètes. Tous ces mouvements constituent un élan de solidarités transfrontalières qui ont rapproché les peuples qui avaient en partage un certain nombre de difficultés liées à l'occupation de leurs terres par le colonisateur. Ceci explique les nombreux mouvements de révolte tels que la grève des enseignants en 1945 ou encore la grève des cheminots qui s'est déroulée d'octobre 1947 et s'est étendu au mois de mars 1948.

En somme, cette Approche du processus de l'Intégration Régionale Basée sur la Dimension Humaine et Linguistique (AIRBDHL) se fonde sur cette forme d'intégration régionale que les auteurs encouragent de plus en plus, à savoir, l'intégration à la base.[317] Il

[315]Au delà de cette vision colonialiste, il faut y voir un droit dont se prévalaient à cette époque les colons. Ainsi reposait toute la stratégie de colonisation sur la nécessité pour les empires colonialistes d'établir une organisation sociale à l'image de celle dont ils provenaient, mais aussi, de jouir les populations de ces contrées lointaines des bienfaits de la civilisation. En ces termes, M.Doucet traduisait en 1925 cette situation : «*La colonisation est un fait dont le principe n'appelle plus la discussion...La colonisation est un droit dont la justification se trouve dans ses buts*».

[316]Alioune Sall, *Les mutations de l'intégration régionale en Afrique de l'Ouest*....2006

[317]À ce niveau, voir les auteurs suivants : Igue.O.John, 2006, pp29-51, op.cit, p436 ; Birte Wassenberg, *Vers une euro région ? La coopération transfrontalière dans l'espace du Rhin supérieure franco-germano-suisse,de 1975 à 2000*, P.I.E Peter Lang,Euro-Études et Documents, Éditions scientifiques internationales, Bruxelles 2007 ; Guichonnet Paul Rafestin Claude ; Géographie des frontières, Paris, P.U.F. 1974 ; Diouf Mamadou, *Privatisation des économies et des États africains* In

s'agit d'une approche analytique du processus d'intégration régionale qui utilise comme outil d'analyse les éléments liés à l'histoire et à la vie des populations africaines. Ces éléments relèvent de la dimension linguistique et humaine du processus de l'intégration régionale. Ils portent sur la connaissance et la maîtrise de l'histoire des communautés ainsi que la connaissance des institutions qui ont soutenu la vie de leurs ancêtres. En adoptant une telle approche, cela pourrait contribuer à rendre plus vivantes les politiques à adopter en la matière. En effet, ces politiques ne seront, à la fin du processus, que le résultat d'une consultation entre décideurs politiques et populations, d'une part. D'autre part, elles seraient le résultat d'études empiriques de l'environnement auquel elles doivent s'appliquer.[318] Les programmes de développement de la CEDEAO et de la CEMAC seraient alors fortement influencés par les études et autres informations de terrain mis à disposition par les chercheurs, les universitaires et autres experts gouvernementaux. Cette collaboration étroite exigée entre les différents acteurs du domaine devrait pouvoir privilégier les espaces de rencontre multiethnique ou espaces frontaliers qui demeurent, inéluctablement, des mines d'informations pour atteindre les objectifs du processus de l'intégration régionale.

Pour plus d'une raison, ces régions sont des lieux où les peuples arrivent à communiquer sans aucune entrave. Elles se veulent aussi des lieux où les populations développent des instruments naturels et historiques afin de faire face à la nouvelle donne exogène du reste. Ces régions deviennent alors des sujets d'interrogations et des objets d'analyse afin d'arriver à, en cerner tous les éléments constitutifs, mais aussi, avec pour objectif d'arriver à les faire jouer un rôle pivot dans la réalisation de l'intégration régionale en Afrique.

Politiques africaines : L'État en voie de privatisation, édité par l'Association des Chercheurs de Politique Africaine, n°73, Édition Karthala Mars 1999 ; K. Bennafla Karine, 1999, pp. 24-49, op.cit, p70

[318]Alors, les politiques régionales pourront aisément s'appliquer au niveau national d'autant plus qu'elles en sont issues. Les populations au niveau national pourraient se sentir plus concernées par ces outils régionaux harmonisés sur les instruments juridiques et politiques nationaux.

Parag.II: Les Pays frontières : plaques tournantes de l'intégration régionale

Dans la littérature, ce concept jouit d'une certaine réputation qui lui procure un certain prestige au sein des milieux de la science et dans le milieu politique en Afrique subsaharienne. Pourtant, son existence dans cette partie du continent ne date pas d'aujourd'hui. Elle remonte à la période de l'Afrique précoloniale, où jadis, des grands ensembles communautaires cohabitaient. Du fait des nombreux bouleversements dont les entités humaines traditionnelles d'Afrique ont fait l'objet, durant longtemps, ces grands ensembles communautaires se verront disloqués au sein d'autres ensembles dits «États modernes». Ces espaces reconstitués auront désormais, à gérer un héritage colonial, tout en ne le séparant pas du passé des peuples et pays concernés.

C'est dans cet esprit qu'il faudrait inscrire l'émergence d'un concept aussi nouveau dans le domaine de la recherche scientifique. Le concept de «Pays-frontière», dont la paternité, du moins en ce qui concerne le milieu politique africain est à relier aux autorités politiques maliennes, au début des années 2000. Il apparaît comme un outil propulseur de la politique définie en matière de développement des espaces intégrés d'Afrique de l'Ouest. Dans la perspective de mieux cerner ce concept, les chercheurs feront remarquer que de tels espaces doivent leur dynamisme à une solidarité transfrontalière dont ils sont marqués.[319] L'objectif est d'arriver à convaincre de la nécessité d'adopter des politiques de libéralisation des échanges intracommunautaires. Cela se justifie par une solidarité transfrontalière née d'un sentiment partagé d'appartenir à une croyance culturelle et traditionnelle (**A**), capable d'impulser les échanges transfrontaliers et les grands espaces frontaliers en Afrique de l'Ouest et du Centre (**B**).

A- Une Solidarité transfrontalière née d'un sentiment partagé d'appartenir à une croyance culturelle et traditionnelle

Deux grandes approches retiennent l'attention concernant la définition de la nation. Pour l'une, la nation doit être perçue comme

---

[319]Cette solidarité est, quant à elle, fondée sur un sentiment partagé d'appartenir à une croyance culturelle et traditionnelle que les populations, de part et d'autre de la ligne frontalière, nourrissent. Ceci constitue pour nous aussi, un élément de taille dans notre démarche qui, du reste, sera axée sur l'analyse des échanges transfrontaliers et des grands espaces frontaliers en Afrique de l'Ouest et du Centre.

une communauté humaine qui a en partage des valeurs traditionnelles, culturelles et historiques et qui manifeste une volonté de vivre ensemble, c'est l'approche française de la nation.[320] L'autre fondée sur l'appartenance à une même communauté de langue, de religion ou encore de race, se veut d'origine allemande.[321] À partir de ces deux

---

[320]La conception fondamentalement différente en matière de droit de la nationalité en France et en Allemagne s'explique par des différences importantes dans la genèse et la conception de la nation dans les deux pays. Selon le «Lexique de politique» Dalloz, la *nation* est « *une* communauté humaine dont les membres sont unis par des liens de solidarité matériels et spirituels et ont pris conscience de former *une* entité distincte des autres communautés humaines». Cette définition contemporaine est la synthèse de deux *conception*s qui se sont affrontées notamment au 19ème siècle: (A)-la *conceptionobjective* qui fonde l'existence de la *nation* sur les liens matériels et ethniques tels que la race, la langue et la religion. (C'est le cas Arthur de Gaubineau, Chamberlain et de l'école historique allemande). (B)-la *conceptionsubjective* qui fonde la *nation* sur un ensemble d'éléments spirituels rattachés au passé d'un peuple (comme les traditions, les us et coutumes, l'histoire) ou bien tournés vers son avenir (la volonté de former *une* communauté, de vivre ensemble) qui est notamment la *conception Française de la nation.* Pour remonter aux sources, il faut dire qu'une définition de ce concept selon l'entendement français avait été décryptée par Ernest Renan. En effet, *Ernest Renan*, lors d'une Conférence prononcée à l'Université de la Sorbonne met en lumière la conception volontariste de la nation, en ces termes :
«*La nation moderne est donc un résultat historique amené par une série de faits convergeant dans le même sens. Tantôt l'unité a été réalisée par une dynastie, comme c'est le cas pour la France ; tantôt elle l'a été par la volonté directe des provinces, comme c'est le cas pour la Hollande, la Suisse, la Belgique ; tantôt par un esprit général, tardivement vainqueur des caprices de la féodalité, comme c'est le cas pour l'Italie et l'Allemagne. Toujours une profonde raison d'être a présidé à ces formations*».

[321]Si le citoyen fut le Type politique de la révolution française, et celui de certains régimes libéraux du XIX ème siècle, le type politique national socialiste fur certainement le soldat. Ce Type qui rappelle el camarade du front se caractérise par son dévouement à la communauté, mais il n'en en soi aucune individualité. Le *Volk* c'est la nation allemande sur la base de la raciale sans aucune considération pour les individus qui la composent. Voir. Cot Marcel, *La conception hitlérienne du Droit.* M. Mankiewicz. *La conception national-socialiste de la vie et du monde*, Politique étrangère, Année 1939, Volume 4, numéro 2, p212-217. Fort de ces éclaircissements, la nation, selon la conception allemande, est fondée sur le "*communautarisme*", faisant ainsi fi de l'individualisme et mettant en exergue le partage d'éléments tels que l'ethnie, la race, la langue voire la couleur de la peau. Cette théorie a vu ses beaux jours sous la bannière de système politique "*le national-socialisme*". Selon *Karl Dietrich Bracker*, celle-ci pourrait se justifier par deux thèses diamétralement mais qui avaient en commun de justifier l'impérialisme, le Totalitarisme moderne et le national-socialisme à partir tantôt de leur origine lointaine, tantôt justifiée par des facteurs extérieurs à la nation allemande. L'auteur arrive à conclure que la "*RépubliqueduWeimar*" serait une préparation du "*3ème*

définitions, on pourrait retenir que la nation comporte une forte dose de sentimentalité empreinte de croyances et de valeurs qui lient les populations partageant un espace commun.[322] Ces liens qui puisent dans les richesses culturelles et traditionnelles des populations, établissent un cadre de coopération et de collaboration basée sur la confiance mutuelle et entretenue par un intérêt commun de vivre ensemble.[323] Cet intérêt dans le cadre de l'espace transnational

---

Reich" : « *Hitler n'aurait jamais pu établir sa dictature en 1933 si son parti n'avait, pour ainsi dire sous le couvert de la responsabilité du Weimar, fait revivre (et diffusé grâce à une énorme machine de propagande) les principaux thèmes de "l'impérialisme Pangermaniste"*» Voir. Dietricht Bracker Karl, *Hitler et la dictature allemande,* Édition Complexe. 1995, pp23-58

[322]Pour mieux appréhender cette acception de la nation, notamment su cet angle, l'analyse de la Science Politique en la matière se veut très édifiante. En effet, prenant en compte tous les éléments susceptible d'intégrer la définition de l'état-nation, elle en arrive au fait la gestion du pouvoir ne saurait se réduire à sa seule vision des choses et s'enfermer dans les stéréotypes et postulats d'idées purement politiques pour aborder les questions liées à la construction et au développement de la société dont elle a la charge de la gouvernance. Après l'analyse du Pouvoir, de la nature qu'il revêt dans l'Etat. *George Burdeau* professe, à bon droit, que «*l'étude des régimes politiques est l'aboutissement logique des recherches de science politique comme elle en est pratiquement la raison d'être*».Il voit dans un régime politique «*l'incarnation d'une philosophie sociale*», la mise en forme d'une *masse hétérogène d'éléments éthiques, économiques et sociaux*». Il tient que ce ne sont plus (si tant est que ce fut jamais) les formes constitutionnelles inscrites dans l'organisation et le fonctionnement des pouvoirs publics qui définissent un régime, «*mais la manière dont la doctrine gouvernementale conçoit la valeur et le rôle de l'individu, l'orientation qu'elle tend à donner aux relations sociales, les fins qu'elle assigne aux activités individuelles, bref l'idée de droit ou la synthèse d'idées de droit concurrentes que les gouvernants affichent comme principe directeur de leur action* ». Voir. Georges Burdeau, *L'Etat libéral et les techniques politiques de la démocratie gouvernée*, Traité de science politique, tome V, In: Revue internationale de droit comparé. Vol. 6 N°2, Avril-juin 1954. pp. 372-379

[323]Il est ici question d'un compromis social que les membres de la société font en vue d'arriver créer un espace commun de vie et d'entente autour de valeurs partagées. Cela s'illustre mieux a travers les propos du célèbre philosophe J.J.Rousseau, en ces termes : «*Tant que plusieurs hommes réunis se considèrent comme un seul corps, ils n'ont qu'une seule volonté qui se rapporte à la commune conservation et au bien-être général. Alors tous les ressorts de l'État sont vigoureux et simples, ses maximes sont claires et lumineuses.*» Il ajoute qu' *« il n'a point d'intérêts embrouillés, contradictoires le bien commun se montre partout avec évidence, et ne demande que du bon sens pour être aperçu. La paix, l'union, l'égalité, sont ennemies des subtilités politiques. Un État ainsi gouverné a besoin de très peu de lois et, à mesure qu'il devient nécessaire d'en promulguer de nouvelles, cette nécessité se voit universellement. Le premier qui les propose ne fait que dire ce*

pourrait être perçu comme étant le souci des divers acteurs de recréer un environnement social qui leur assure une stabilité économique. Partant, cet environnement devrait arriver à pallier aux insuffisances notées au niveau de l'Éat-nation affaibli et des structures étatiques fortement entamées par la crise économique au point d'abandonner certains de ses rôles régaliens. Il faut y ajouter que le cadre social national a été fortement affecté par les réactions des politiques. Cela serait dû au fait que de nombreuses considérations et autres impératifs internationaux au début de 1990, ont contraint les autorités nationales à adopter des attitudes qui ne leur profitaient guère. En effet, à la faveur de la chute du Mur de Berlin, en 1989, un nouveau vent de démocratie s'est mis à souffler sur le monde. Les anciennes métropoles colonialistes, comme la France, ont pris la décision de soutenir et d'accompagner les anciennes colonies indépendantes dans l'adoption et dans la mise en œuvre de mesures politiques de large ouverture encore appelées "*Multipartisme*".

La Conférence de la Baule avait tracé la nouvelle ligne politique que l'ensemble des États de l'Afrique Francophone se devait d'adopter dans la vie politique nationale.[324] Celle-ci avait tout son sens dans un contexte politique national marqué par le système du parti unique ou encore celui de la dictature politique. Pareille situation avait pour corolaire la confiscation des droits civils et politiques des citoyens, avec de sérieux impacts sur l'épanouissement des droits économiques, sociaux et culturels. Le cadre national ne leur offrait pas les garanties nécessaires au développement économique et social. De ce fait, il était difficile que les droits fondamentaux relatifs à la liberté de circulation des populations étrangères avec ses implications, dont le droit à la liberté de séjour et de résidence, soient garantis. Partant,

---

que tous ont déjà senti, et il n'est question ni de brigues ni d'éloquence pour faire passer en loi ce que chacun a déjà résolu de faire, sitôt qu'il sera sûr que les autres le feront comme lui». Voir.Rousseau Jean-Jacques, *Que la générale soit indestructible* In *Du contrat social ou Principes de droit politique,* Livre IV, Chapitre 4.1, Les classiques de sciences sociales, Paris 2002, pp74-75.

[324]Le Multipartisme était aussi une des exigences démocratiques que les bailleurs de fonds tenaient par devers eux, en tant que conditionnalité de l'aide financière aux États Africains. C'est ainsi que, la mise en œuvre des Plans d'Ajustement Structurel (PAS) n'a pu s'accommoder qu'avec la privatisation des entreprises d'Etat. Par conséquent, les États ont privatisé plusieurs entreprises et libéralisé davantage le secteur économique national afin de garantir la compétitivité, tout en assurant aux citoyens, un large panel de choix dans les services et autres biens qui leur étaient proposés par les entreprises.

c'est le cadre favorable à une politique de l'intégration nationale qui était compromis. L'auteur Seydou Oumar Kane[325] constate également dans l'horizon ouest-africain l'inexistence d'une intégration nationale qui se veut un préalable à l'intégration régionale. Pour lui, les violences politiques au niveau national, les intolérances sociales, la xénophobie et autres tares sociales mettent en danger l'intégration nationale. Partant, elles sapent le processus de l'intégration régionale. Dès l'instant où, l'intégration nationale de l'individu est compromise par le dispositif social et économique, celui-ci se retrouve ainsi dans une position d'exclu vis-à-vis de sa société d'origine. Alors, il aspire à une réintégration qu'il devra à l'évolution de sa situation sociale et économique. Pour ce faire, il comprend mieux qu'il y va de sa survie sociale, car c'est le lien social qui prend un sérieux coup du fait des considérations économiques qui prennent le pas sur les intérêts sociaux.

Dans son étude sur les questions de migrations, en relation avec l'intégration en Afrique de l'Ouest, le professeur Pierre Kipré[326] traite des effets pervers de la crise économique des années 1970 sur la vie des États-nations de l'Afrique de l'Ouest et de ses répercussions sur le processus de l'intégration régionale. Il note que, du fait de la dépression économique qu'a connue le Continent, depuis les années 1970-1980, les effets sociaux dramatiques des PAS ont affecté la vie des États.[327] La conjugaison de tous ces facteurs, selon l'auteur, a contribué à l'accélération de la paupérisation de la majorité des citadins et du développement de l'économie informelle. De ces considérations, il apparaît que l'intégration nationale qui était soutenue par un consensus entre les différentes composantes de la nation, surtout, dans ces sociétés fortement matérialisées, est entamée et contraint celui-ci à adopter d'autres choix. La société étant la

---

[325]Kane Seydou Oumar, *Les états-nations face à l'intégration régionale en Afrique de l'Ouest : Le cas du Burkina-Faso*, Edition Karthala 2008

[326]Pierre Kipré, «*Les migrations internationales et la production de l'étranger en Afrique de l'Ouest, depuis le XXe siècle», p87-109* in *Migrations en Afrique noire : La construction des identités nationales et la question des étrangers ;* Editions du CERAP. Abidjan 2010

[327]Il s'agit entre autres des restrictions d'emplois publics et des aides à la paysannerie avec pour conséquences la hausse du chômage et des fortes rivalités pour l'emploi, une stagnation des efforts de modernisation d'une agriculture extensive, dévoreuse de terres et donc, alimentant de fortes rivalités foncières, surtout, là où les migrations devaient répondre aux politiques de "mise en valeur agricole"

rencontre de divers intérêts qui entendent former un seul autour duquel chacun devrait bâtir le sien est mise en mal dès l'instant où, un groupe ou une partie de sa composante voit ses intérêts compromis par "l'intérêt général". Dans le même ordre d'idées, Seydou Oumar Kane[328] opère une classification sociale qui a pour conséquence la répartition en groupes d'intérêts divergents qui tiennent à vivre ensemble. De cette nécessité de vivre ensemble, l'auteur déduit que la recherche de convergence sera la trame de l'intégration nationale. Il retient que cela ne sera possible qu'en empruntant au sociologue Émile Durkheim, son concept de solidarité organique. Par conséquent, l'auteur retient que cette forme d'intégration procède par consensus, c'est-à-dire par adhésion à une idée, à une façon de voir et d'agir qui distingue ou regroupe, un ensemble de partenaires différents au départ.[329] Pour illustrer son idée, il prend l'exemple du domaine politique qui se veut un ensemble de processus qui vise à faire accepter, à des groupes ou à des États, des institutions, un pouvoir, une façon d'agir, de sentir et de voir d'un groupe plus vaste ou d'une société plus dominante.[330] Abondant dans le même sens, le Professeur Serge Théopkile Balima[331]qui a traité de la relation entre intégration et culture au niveau régional estime que cette intégration doit passer nécessairement par une communication interculturelle : «*C'est le processus d'échanges de pensées et de significations entre les êtres humains qui appartiennent à des cultures différentes*». Il estime aussi qu'elle doit obéir à trois disponibilités fondamentales parmi lesquelles un minimum d'éléments en commun. Ce minimum d'éléments en commun dont parle le Professeur Serge Théophile Balima ou encore la solidarité organique du sociologue Émile Durkheim constitue l'un et l'autre le ferment de la société qui fonde l'intégration de l'individu. Au niveau des espaces frontaliers ou pays-frontières, un certain compromis implicite est établi entre les différents acteurs. Cet espace multiculturel et multiethnique essaie, tant bien que mal, de réunir en son sein, une diversité d'aspirations et d'intérêts qui entendent reconstituer un milieu d'accueil. À son tour, celui-ci est susceptible de répondre aux exigences sociales et économiques dont ces communautés ont été privées. Plusieurs éléments contribuent

[328]Kane Seydou Oumar, *Les états-nations face à l'intégration régionale en Afrique de l'Ouest : Le cas du Burkina-Faso*...2008
[329]*Op.cit*
[330]*Op.cit*
[331]*Ibidem*

significativement à la réalisation de ces objectifs.[332] Le caractère promoteur de cet espace relève du fait que repoussés par le cadre naturel national, ces individus ont accouru vers un espace plus ouvert et plus riche en promesses. Ainsi seront-ils plus aptes à échanger savoir-faire, savoir-vivre en communautés malgré les différences. Ces dispositions volontaires qu'ils déploieront contribueront certainement à la mise en place d'un espace favorable aux échanges commerciaux.

L'avantage premier afférent à ces échanges, c'est leur aptitude à faire tomber les barrières frontalières et à transcender les souverainetés nationales. Ces rencontres, occasionnées entre les différents acteurs de ces échanges, se veulent une porte ouverte, pour les frontières nationales vers l'intégration. Le constat que l'on pourrait aisément faire au niveau de ces pays-frontières c'est le fait que ces populations qui les "constituent" et les "animent" font montre d'un volontarisme de haut niveau. En effet, ce volontarisme va jusqu'à remettre en cause les barrières que les normes juridiques établissent, à travers les barrières institutionnelles qu'elles créent. Les représentants de l'État sur place sont, eux aussi, emportés par ce vent du volontarisme qui institue un État au-delà de l'État. Cette catégorie d'acteurs transnationaux est placée dans une posture où ils ont du mal à appliquer les normes et même quand ils le font, c'est dans un souci de préserver leurs seuls profits. Cela pourrait aussi contribuer à asseoir une bonne entente entre eux et les acteurs vu l'impact et le poids des échanges effectués quotidiennement. La manne financière qui en découle est à la mesure du volume d'activités ou échanges commerciaux.[333] Du fait de la diversité des produits et services objets des échanges commerciaux, au vu de la demande nationale de ces produits. Au regard des prix qu'ils affichent, du reste abordables pour toutes les bourses, ces activités ne pourraient qu'être l'objet de toutes les convoitises et susciter plusieurs interrogations quant à leur nature et à leur impact sur l'économie nationale.

---

[332]Entre autres éléments, il faut citer le fait que ces peuples ont des affinités linguistiques et culturelles. Ces quelques éléments parmi tant d'autres facilitent la mise en place d'une communauté transnationale renforcée et solidifiée par le besoin de vivre ensemble dans un cadre pacifique et promoteur.

[333]Cette complicité passive des représentants de l'Etat se fait, nonobstant, la nature souvent peu désirable des activités et autres produits de contrebandes ou de contrefaçon qui traversent les frontières étatiques. La motivation fondamentale de chacun des acteurs de la chaîne ou ceux impliqués dans ces échanges pourrait être la quantité du volume de produits objets de ces échanges

B- Les échanges transfrontaliers et les grands espaces frontaliers en Afrique de l'Ouest et du Centre

L'intégration régionale en Afrique précoloniale a connu une forte implication des commerçants qui, de par leurs activités, sont arrivés à relier des territoires sur de très longues distances.[334] Ces échanges qui, allaient au-delà des limites des empires et des royaumes, ont fortement contribué à asseoir de vastes ensembles communautaires et à réaliser l'agrandissement de grands empires. Ils sont aussi à la base de la propagation de certaines religions révélées comme l'islam à travers le Sahara occidental et dans plusieurs espaces forestiers d'Afrique noire et dans la partie centrale du Continent. Ces échanges commerciaux qui avaient lieu à cette époque n'étaient pas seulement de simples activités orientées vers la recherche de profit individuel. C'était, aussi et surtout, des opportunités de rencontres entre différentes cultures, différentes ethnies et différentes croyances religieuses qui cependant avaient en partage le besoin de vivre ensemble ne serait ce que pour un bref moment. Ainsi de grands marchands *Haussa* ou *Dyula* traversaient toute la région du Sahara occidentale avec pour seul objectif la distribution de leurs produits et cela dans un cadre commercial bien structuré.[335]

Dans son étude sur les échanges transfrontaliers en Afrique de l'Ouest, Agnès Lambert partage ce point de vue,[336] en reconnaissant aux commerçants un rôle historique et prépondérant dans la construction et le dynamisme de l'intégration régionale. Mettant l'accent sur les échanges frontaliers qui ont lieu dans certains pays de l'Afrique de l'Ouest, à savoir, le Mali, la Guinée, la Guinée-Bissau, la

[334]Voir les points de vue des auteurs suivants : Lambert Agnès, (*«L'intégration par les échanges : le cas du sous-ensemble Sénégal, Mali, Gambie, Mauritanie, Guinée et Guinée-Bissau»*, Club du Sahel, Paris-CILSS.Ouagadougou, Octobre1989-17pages) ; Lambert Agnès, (*«La dynamique des réseaux marchands en Afrique de l'Ouest»*, Club du Sahel, Paris-CILSS, Ouagadougou-Octobre 1989) et Bennafla Karine, *«Mbaiboum, un marché au carrefour de frontières multiples»*, Revue Autrepart, n°6, 1998, pp.53-72)

[335]Igue Ogunsola John, *Les territoires et l'Etat en Afrique : Les dimensions spatiales du développement*, Edition Karthala, Paris, 2006, pp 29-51

[336]Lambert Agnès, *L'intégration par les échanges : le cas du sous-ensemble Sénégal, Mali, Gambie, Mauritanie, Guinée et Guinée-Bissau, Club du Sahel. Paris-CILSS .Ouagadougou-Octobre 1989-17pages ;* Lambert Agnès. *Les hommes d'affaires guinéens*. In: Cahiers d'études africaines. Vol. 31 N°124. 1991. pp. 487-508 *;* Lambert Agnès, *La dynamique des réseaux marchands en Afrique de l'Ouest*, Club du Sahel, Paris-CILSS, Ouagadougou-Octobre 1989

Gambie, la Mauritanie et le Sénégal, Agnès Lambert fait une description du réseau marchand à distance qui se fondait sur une organisation qui voyait l'intervention de divers acteurs avec un mécanisme de communication qui permettait d'informer les diverses opportunités existantes.[337] Il faut dire que l'avènement de la colonisation en Afrique a porté un sérieux coup à ces structures commerciales. En effet, la pénétration coloniale a été accompagnée par l'introduction dans ces espaces de structures concurrentes très bien organisées. Celles-ci avaient, outre le soutien du colon, facilité cette grande ouverture directe sur le monde. Par conséquent, elles pouvaient s'approvisionner rapidement et directement en produits exotiques à partir de l'Europe, de l'Orient et de l'Arabie. Composées de ressortissants syriens, libanais et occidentaux, ces nouvelles organisations commerciales ont modifié la donne grâce aux privilèges dont elles jouissaient par le fait du colonisateur.[338] Cette situation a affecté les activités commerciales en cours dans ces régions. Elle a aussi bouleversé les structures sociales et économiques locales, dont la classe bourgeoise locale qui devait son statut à cette activité lucrative. Agnès Lambert fait le constat selon lequel ce commerce transfrontalier fructueux et qui a été à l'origine de la bourgeoisie locale de la période précoloniale connaîtra un bouleversement avec la

---

[337]Il s'agissait pour autant d'échanges de complémentarité qui avaient contribué à une structuration spécifique de l'espace marchand régional. En effet, le commerce précolonial ouest africain était assez florissant. Il mettait en contact des régions sahéliennes et forestières autour des transactions de nombreux produits allant des cotonnades aux épices en passant par les animaux sur pieds, le cola et le sel. Hormis les transactions des animaux sur pieds, les autres produits vivriers faisaient l'objet de peu d'échanges intra régionaux. La faiblesse du peuplement, la relative bonne conjoncture des conditions climatiques concourraient à une autosuffisance alimentaire des différentes entités géopolitiques et des différents territoires de la région. En somme, ce commerce a joue deux rôles majeurs dans la construction et le maintien d'un espace communautaire autosuffisant, multiculturel, multiethnique et polyglotte et de diversité religieuse. En premier lieu, ce commerce a permis la naissance et l'épanouissement de nombreuses places commerciales régionales, communément appelées des caravansérails dont les plus importants sont sans nul doute : Bouna, Sansané-Mango, Bakwu, Djougou, Kano, auxquelles s'ajoutent les grandes cités commerciales du Sahel, Tombouctou, Djenné, Agadez. En outre, ces échanges ont contribué à viabiliser les zones désertiques et sahéliennes de l'Afrique de l'Ouest. Ce commerce avait fait des zones sahariennes et désertiques de vastes régions d'échanges dynamiques et viables au point de vue économique.

[338]Lambert Agnès, *«La dynamique des réseaux marchands en Afrique de l'Ouest»*, Club du Sahel, Paris-CILSS, Ouagadougou-Octobre 1989

conquête coloniale et la balkanisation des États.[339] L'arrivée de la colonisation sur le Continent africain a conduit ces entités commerciales locales très structurées à se réorganiser afin de s'adapter à cette nouvelle donne qu'ils devront intégrer désormais, car est-elle intimement liée à la survie de l'État moderne africain.[340]

Dans son étude sur les échanges frontaliers en Afrique de l'Ouest, Agnès Lambert fait une description du réseau marchand à distance. Selon elle, ce réseau comporte trois fonctions, à savoir, celle de Chef de réseau, la fonction de commerçant itinérant ainsi que celle de logeur correspondant.[341] Le Chef du réseau résidant à Bamako, peut avoir un logeur en Côte d'Ivoire qui l'informe des opportunités en achat de Kolas et un autre logeur au Sénégal, pays consommateur. Ce Chef de réseau contrôle également les agents itinérants faisant les va-et-vient entre Bamako-Daloa-Dakar. Ces réseaux se voulaient très bien organisés avec des correspondants dans chacun des territoires ou devaient se tenir les échanges commerciaux. Cette organisation lui a valu de résister au vent du changement venu avec la colonisation. Selon Agnès Lambert, l'efficacité et la cohésion des réseaux marchands sont dues au fait qu'ils sont structurés par des rapports de parenté, de clientélisme ou par l'appartenance à une même religion ou à une même confrérie, tel l'exemple des Mourides du Sénégal qui fonctionnent sur des bases de clientélisme. Partant du fondement du Mouridisme basé sur un contrat entre le marabout et son disciple ou talibé qui doit faire preuve d'allégeance ou de soumission au marabout en échange (par ses services, son travail ou ses dons),[342] le marabout, lui assure une protection auprès des autorités ou encore le marabout facilite l'acquisition de prêts ou une avancée auprès de gros commerçants pour un jeune commerçant qui débute.[343] Elle fait également cas de l'exemple de la commercialisation de la Kola dont la distribution à travers les zones forestières et savonneuses de l'Afrique occidentale était assurée par le peuple *Dyula.* Ce commerce se veut illustratif de la parfaite organisation et du dynamisme des échanges

[339]*Op.cit*

[340]Akindès Francis, «*Migrations, politiques publiques de l' « étranger » et citoyenneté en Afrique de l'Ouest*», Université de Bouaké (Côte d'Ivoire), 2005

[341]Lambert Agnès, *La dynamique des réseaux marchands en Afrique de l'Ouest*....1989

[342]Lambert Agnès, «La dynamique des réseaux marchands en Afrique de l'Ouest»....1989

[343]*Op.cit*

transfrontaliers en Afrique de l'Ouest. La kola était produite dans les zones forestières de cette partie de l'Afrique, notamment, dans la partie forestière de la Côte d'Ivoire qui, à elle seule, produisait 75% de la consommation totale.[344] Ensuite, les produits étaient vendus dans les zones savonneuses et la Sahélienne ouest-africaine jusqu'au Tchad par les commerçants *Dyula*. L'aire de consommation de la Kola s'étendait de la zone septentrionale de la Côte d'Ivoire aux villes telles que Ségou, Mopti, San, Bamako, Sikasso, Bobo-Dioulasso, Ouahigouya, Ouagadougou, Gaoua et Banfora. Par le rôle de distributeur de la Kola, à travers ces différentes régions du continent Africain, le *dyula* contribue largement à la jonction commerciale forêt-savane dont l'un des produits fondamentaux est la kola.[345] Mais aussi et surtout, la kola participe activement au rapprochement des populations donc au processus de l'intégration régionale. En effet, l'importance du négoce de ce produit dans l'Ouest africain, depuis le XVe siècle, semblerait émaner du rôle que lui accordent les sociétés africaines, notamment, celles des zones de consommation.

S'il est courant que les sociétés productrices de kola semblent accorder très peu d'importance à la noix de Kola, tel n'est pas, en revanche, le cas des sociétés consommatrices. Ces dernières lui reconnaissent diverses vertus et lui accordent en conséquence beaucoup d'importance. La noix de kola apparaît dans ces sociétés comme un facteur de renforcement des relations sociales. La valeur rituelle de ses couleurs en fait le truchement de toutes les relations sociales. On la partage avec ses hôtes, on scelle avec elle les mariages et tous les contrats importants.[346] Ce constat met en évidence le caractère catalyseur de la fibre sociale de la noix dans les sociétés africaines surtout soudaniennes. Elle intervient dans beaucoup de circonstances, dont les mariages et les fiançailles, principalement, comme dot. Le mariage est, incontestablement, un facteur important de rapprochement des populations. L'usage de la noix dans ses

---

[344]Tricat Jean, «*Les échanges entre les zones forestières de la Côte d'ivoire et les savanes soudanaises*», in Cahiers d'Outre-Mer, n° 35, p213

[345]Ouattara Ibrahima; *Le commerce de la Kola et l'intégration régionale en Afrique de l'Ouest ; (1895-1960)* ; pp.24-29, Mémoire de Diplôme d'Etudes Approfondies (DEA) , Universite Cheikh Anta Diop de Dakar (UCAD), 2005-2006

[346]Ouattara Ibrahima; *Le commerce de la Kola et l'intégration régionale en Afrique de l'Ouest ; (1895-1960)*, Mémoire de DEA-UCAD…2005-2006

processus, lui confère, non seulement, un caractère sacré, mais aussi, de stabilité matrimoniale.[347]

Les échanges transfrontaliers ont lieu aux périphéries des frontières étatiques dans de grands marchés très connus de l'Afrique de l'Ouest et du Centre de par leur dynamisme. John OgunsolaIgue classe les espaces transfrontaliers en trois catégories:

- *Les espaces frontaliers à faible dynamisme ;*
- *Les espaces frontaliers alternatifs ;*
- *Les périphéries nationales.*[348]

John.Ogunsola.Igue définit *les espaces frontaliers à faible* dynamisme comme des espaces qui ne supportent que peu d'échanges. Les frontières sur lesquelles devaient se greffer ces espaces sont généralement floues. Soit parce qu'elles sont mal définies ou mal matérialisées au départ, soit parce qu'elles ne sont plus fonctionnelles. Cela est dû au fait que leur matérialité sur le terrain ait disparu. Cette imprécision des lignes frontalières provient des difficultés naturelles rendant la vie humaine très difficile avec une occupation de ces espaces. Selon John.O.Igue, ce genre d'espaces frontaliers se trouve dans les zones sahariennes. Cependant, il reconnaît que ces espaces avaient connu un développement du commerce pendant la période précoloniale, avec la création d'importantes villes comme Tombouctou et Gao. Quant aux espaces frontaliers alternatifs,ils constituent des espaces frontaliers actifs, mais sans grands équipements et supports d'échanges comme les villes frontalières, les marchés périodiques dynamiques, les magasins de stockage, les marchés parallèles de changes, qui ne connaissent pas une intense vie de relation qui déboucherait sur la formation d'un espace grouillant d'hommes et d'activités économiques tels que l'on peut en parler à propos des périphéries nationales. Ces frontières sont perçues comme de simples couloirs de passages et de trafic. Selon John Ogunsola Igue, de tels espaces frontaliers en Afrique de l'Ouest, concernent les pays ayant les mêmes politiques de développement économique.[349] Il s'agit généralement des pays sahéliens comme le Sénégal, le Mali ou

---

[347]*Ibidem*

[348] Igue.O.John, 1995. *Op.cit*, p353

[349]Igue.O. John, *États, frontières et dynamiques d'aménagement du territoire en Afrique de l'Ouest,* (Document de travail du projet "Etude des perspectives àlong terme en Afrique de l'Ouest"), Abidjan, Ouagadougou, Paris, CINERGIE, CILSS, OCDE, 1993, 79 p.

encore le Burkina Faso ainsi que les pays francophones forestiers et côtiers notamment la Côte d'Ivoire et la Guinée. L'auteur conclut que le faible dynamisme est dû à l'éloignement des pôles urbains qui commandent les différents flux d'échanges transfrontaliers. La faible densité de population et l'inexistence de groupes ethniques vivant à cheval sur les frontières ne permettent pas le développement des villes frontalières qui serviraient de relais à ces pôles urbains. On assiste alors à un éloignement des pôles d'échanges à l'intérieur du pays, comme en Guinée où deux villes Labé et Kankan animent les échanges avec les pays limitrophes. Pour John.O.Igue, la troisième catégorie d'espaces transfrontaliers, à savoir les périphéries nationales sont présentes partout en Afrique de l'Ouest où il existe une forte distribution, entre pays voisins de richesses provenant de la vente de matières premières minières ou agricoles dont disposent abondamment certains pays.[350] Là où, il existe une forte solidarité des populations victimes de la partition coloniale, comme expression du refus de cette partition. Ces zones sont marquées par une autonomie caractérisée par : *(1)-Usage de plusieurs monnaies dont le coût est déterminé dans toute la zone par un marché parallèle ; (2)-Un contrôle douanier inefficace ;(3)-Une exceptionnelle solidarité ethnique des populations victimes du partage colonial qui concurrence fortement le développement d'une conscience nationale.* Elles existent entre le Nigéria et ses voisins-Ghana ainsi que ses voisins-Gambie, le Sénégal, la Guinée et le Libéria et la Mauritanie. Leur développement semble dépendre très fortement de la disparité des politiques de maîtrise économique, en particulier des ressources tarifaires et des politiques monétaires. On peut citer plusieurs exemples de Centres célèbres avant la pénétration coloniale, il en existait entre le Bénin et le Nigéria, il s'agit de Kétou, Oke-Odan et Badagry qui avaient joué un rôle important dans le commerce précolonial entre Oyo, Abeokuta, Egbado et le Royaume Gun de Porto Novo. Aujourd'hui entre ces Etats, se sont développés des marchés jumeaux séparés de 10 kilomètres. Au Bénin, les marchés qui ont vu le jour sont entre autres : Adjara, Avrankou, Ifnagni et Kétou. Quant au Nigeria, les marchés qui se sont développés sont entre autres: Toube, Ago-Sassa, Koko et llara.L'auteur fait cas aussi de l'existence de marchés entre le Togo (Le marché de Dapaong), le Ghana (Le

[350] *Op.cit*

marché de Bawku qui se tient tous les 5 jours) et le Burkina Faso (Bittou).

Selon John.O.Igue, le fonctionnement et le dynamisme de tous ces centres, repose sur la cohésion ethnique qui prévaut dans ces zones. En effet, ces centres ont cette capacité de réunir des individus de divers horizons qui cependant appartient à une même ethnie.[351] Ainsi sont regroupées dans les zones frontalières Sikasso-Korhogo-Bobo-Dioulasso (SKBo), les populations appartenant à l'ethnie mandingue, c'est-à-dire ceux qui ont en partage une langue commune le Bambara communément appelé *dyulakan* ou *taboussi*, (langue commerciale).[352] Dans d'autres zones transfrontalières, on trouvait aisément une cohabitation de populations issues de diverses ethnies et originaires de pays voisins au territoire du pays où elles se trouvent l'une des particularités de ces zones, c'est qu'on ne trouve sur cet espace transfrontalier aucune population du pays l'abritant voire les autorités traditionnelles locales sont étrangères au pays hôte. C'est le cas de certains campements transfrontaliers de la Côte d'Ivoire. Dans ces campements, l'auteur note une absence totale de ressortissants ivoiriens et une population composée de Ghanéens, de Nigériens et de Burkinabés essentiellement. Quant aux Chefs de villages de ces campements, ils sont des ressortissants étrangers originaires de ces pays.[353] Dans ces espaces frontaliers, l'appartenance ethnique devient une richesse. Par conséquent, elle n'est plus perçue comme une source de conflit politique, comme c'est le cas dans l'espace ethnique national. C'est à juste titre que Stanislas Adotevi[354] voit dans le dynamisme des échanges transfrontaliers informels un signe de vitalité des identités socioculturelles qui dépassent les frontières nationales qui pourraient constituer une cadre de référence plus riche en options que les cadres nationaux artificiellement structurés et même hostiles

---

[351] *Ibidem*

[352] Igue.O. John, *États, frontières et dynamiques d'aménagement du territoire en Afrique de l'Ouest,* (Document de travail du projet "Etude des perspectives àlong terme en Afrique de l'Ouest"), Abidjan, Ouagadougou, Paris, CINERGIE, CILSS, OCDE, 1993, 79 p.

[353] Stary Bruno, *Réseaux marchands et territoires étatiques en Afrique de l'Ouest :* Le territoire, lien ou frontière? Paris 2-4 octobre 1995, Université de Paris X-Nanterre

[354] Stanislas Adotevi, *Les facteurs culturels de l'intégration économique et politique en Afrique.....*1993

aux autres systèmes de référence identitaires des populations.[355] Outre le fait que ces espaces constituent des zones d'intégration culturelles et ethniques, elles jouent un rôle prépondérant dans la création de richesses économiques.[356] En effet, elles sont des lieux où transite une quantité considérable de marchandises fortement prisées au niveau national. Les recettes issues des diverses taxes imposées sur la circulation de ces marchandises dites souvent "illicites" contribuent dans une large mesure à la constitution du budget national.[357] Illicites ou licites à qui profite cette grosse manne financière?

---

[355]Pourtant, il se trouve que bon nombre de chercheurs ont une très petite connaissance de ces espaces dû à la méconnaissance de tous les aspects économiques et sociaux liés à leur existence et leurs incidences dans les pays occidentaux encore moins dans les pays en développement. En effet, les économistes la découvrent tandis que les grands auteurs spécialistes des questions liées aux régions et au commerce extérieur y font très peu allusion, laissant ainsi le soin aux géographes d'accorder plus d'intérêts aux frontières. Voir. Dillé Bibata, *Frontière et développement régional impacts économiques et social de la frontière Niger-Nigéria sur le développement de la région de Konni,* Thèse de Doctorat en Science économique, Université Lumière Lyon2, Octobre 2000

[356]Sall Ebrima, *Sénégambie : Territoire, frontières, espaces et réseaux sociaux,* Institut d'étude développement économique de l'Université de Paris 1-Travaux et Documents, série n°36, dirigées par Daniel Bach, 1992

[357]Ces espaces transfrontaliers disposent d'une capacité à faire face aux difficultés des crises économiques et financières qui affectent les cadres économiques et financiers internes. Cela a d'ailleurs pu se ressentir avec la crise des années 1980 et 1990 où tous les États de l'Afrique subsaharienne ont enregistré une très mauvaise croissance économique, accrue par la mauvaise gouvernance. Les revendications pour plus de justice sociale et de liberté se sont soldées par des luttes armées au Liberia, en Sierra-Leone, au Sénégal, en Angola et Rwanda. Cf. Igue Ogunsola John.1995, op.cit, p353.Dans ces situations, les espaces transfrontaliers joueront divers rôles. Tantôt, ils contribueront à alimenter les crises internes en tant que bases arrière des conflits armées internes; Tantôt, ils seront des marchés de ravitaillement des marchés internes aussi bien en produits de contrefaçon à bons prix qu'en produits de marques à bons prix. Dans l'un ou l'autre cas, leur rôle est déterminant dans la construction de l'état-nation. Mais cette caractéristique particulière qui leur est reconnue, tire toute son origine dans l'histoire des grands empires africains et leur capacité à engager des activités constructrices d'espaces viables. Cette idée est partagée par *Ebrima Sall.* En effet, selon l'auteur, l'espace social global sénégambien, est caractérisé par des communautés ou réseaux structurés par des logiques clientélistes de solidarités religieuses et économiques. Ces espaces produisent des dynamiques opposées, qui jouent en même temps renforçant le référent national ou renforçant l'indépendance entre les États de l'Afrique de l'Ouest. Les crises de 1989 entre le Sénégal et ses voisins, la dissolution de la Sénégambie et les réactions de chaque État et ses populations illustrent cette analyse. Ainsi de l'échec de cette confédération, l'auteur retient que celle-ci était

Section II : Les politiques d'intégration régionale : facteurs d'émergence de la démocratie en Afrique de l'Ouest et du Centre

De manière générale, la situation des États de l'Afrique subsaharienne est loin d'être confortable aussi bien sur le plan économique que social.[358] La corruption récurrente, la mauvaise gestion des ressources publiques tirées de l'exploitation des ressources naturelles, l'inefficacité constatée de l'aide au développement constituent des entraves à la construction et à la consolidation de l'État-nation. Toutes ces constatations pourraient expliquer les situations de pauvreté, de violations des droits de l'homme et d'infertilité démocratique observées en Afrique. Par ailleurs, cette situation produit d'énormes effets pervers sur les avancées réalisées dans le processus d'intégration régionale. Face à cette situation, la réaction des populations contre ces régimes va s'intensifier et finir par se constituer en une synergie collective. Les mutations démocratiques qui ont alors prévalu sur le Continent, n'ont pas toutes été marquées par la sérénité et le calme. Elles se sont déroulées dans un contexte de violence rarement égalée ailleurs.

En Afrique de l'Ouest et du Centre, s'est enchainée une série de tentatives de coups d'état, souvent, sanglants. Selon le but poursuivi par les contestataires des régimes en place, il était question d'établir de nouveaux systèmes politiques.[359] Ces systèmes devraient être fondés sur le pluralisme politique, l'alternance acceptée et la gestion rationnelle des ressources. Ils devraient répondre aux demandes de

---

marquée par une unanimité parfaite pour un tel projet, manifestée par l'histoire, la géographie, le peuplement et la culture. Malheureusement, l'opposition des facteurs économiques et politiques a réussi à ébranler ce projet. Cf. Sall Ebrima, 1992, op.cit, p459

[358]Depuis les crises financières de 1980 et les changements intervenus en 1990, les États africains sont marqués par un grand nombre de maux qui gangrènent l'ensemble de la vie politique et économique et plongent les populations dans une situation de pauvreté avancée

[359]Dès lors, sont prescrites des mesures urgentes sur la revitalisation de l'état de droit, la consolidation de la paix, la promotion d'un espace public démocratique et convivial, la mise en œuvre des politiques publiques efficaces enracinées dans une dynamique de développement durable. Toutefois, de telles préconisations ne peuvent faire l'économie d'une gouvernance transparente, efficace et efficiente. En d'autres termes, l'adoption de la démocratie devenait un impératif voire indispensable par les autorités africaines.

puissances étrangères intéressées par la stabilité et la pacification de l'espace politique et économique de leurs investissements.[360] Dans cette perspective, des reformes institutionnelles seront exigées par les institutions de Bretton Wood et autres bailleurs de fonds internationaux, qui faisaient ainsi de l'exigence démocratique, la conditionnalité de l'aide public au développement.[361] Tout se passera comme un effet de contagion, dépassant le seul cadre des frontières de l'État et impliquant, souvent, la participation ou la pleine participation des populations voisines. De telles participations s'expliqueraient par le partage, tantôt de la langue, tantôt de l'appartenance à une même ethnie, ou encore partageant les mêmes lignes politiques.[362]Ainsi frustrés par cette injustice, les frères de l'autre côté des frontières ne sauraient supporter une quelconque injustice, notamment, celle venant d'autres frères partageant avec eux la même souffrance. Dans ce jeu, les espaces frontaliers auront un rôle déterminant, tout en contribuant à l'alimentation de ces mouvements de contestation.

En Afrique de l'Ouest et du Centre, la majorité des mouvements de contestations ou rébellions armées puiseraient dans les dynamiques transfrontalières pour ébranler les régimes politiques (**Parag.I**). C'est ce qui nous conduit, à nous intéresser de très près, à ces dynamiques transfrontalières, dues à leur rôle dans la libéralisation de la vie publique pour l'émergence de la démocratie en Afrique de l'Ouest et du Centre (**Parag.II**).

Parag.I : Les dynamiques transfrontalières et les régimes politiques en Afrique de l'Ouest et du Centre

Le principe de la libéralisation des échanges se veut le fer de lance de tout processus d'intégration régionale. Dans sa mise en œuvre effective, il doit concourir, inéluctablement, à la création du marché commun, donc à l'alimentation du commerce intrarégional.

---

[360]Cabani André et Michel L Martin, *Les Constitutions d'Afrique francophone : Evolutions récentes,* Édition Karthala 1999

[361]Philippe Hugo, Naima Pagès, *Ajustements Structurels, emploi et rôle des partenaires sociaux en Afrique Francophone,* in "Cahier de l'Emploi et de la Formation", 28, 1ere édition 1998 Organisation Internationale du Travail, Geneva

[362]Les frontières de l'État devenaient très perméables et offraient le cadre à l'expression de toutes ces revendications naissantes et, souvent, soutenues par les autorités voisines qui voyaient un intérêt à la déstabilisation du régime de l'autre côte des frontières. Les soutiens venus de l'autre côté des frontières tiraient leur fondement, des allures d'alliances fraternelles rompues du fait de la colonisation.

Cependant, les dynamiques transfrontalières qu'ils engendrent ne contribuent toujours pas à la préservation de la sérénité du pouvoir central ainsi qu'à la sécurité du territoire national. Par conséquent, les échanges transfrontaliers apparaissent comme des facteurs d'instabilité politique.[363] Pour toutes ces raisons, les dynamismes transfrontaliers peuvent se présenter sous un mauvais œil pour bon nombre d'observateurs.

Pour mieux cerner cela, il nous appartient de porter un regard critique sur ces dynamismes transfrontaliers avec pour objectif d'arriver à cerner les motivations de ces mouvements aux frontières de l'État. L'approche adoptée à cet effet nous conduira à analyser les mouvements de révolutions populaires qui ont prévalu contre les régimes autoritaires d'Afrique de l'Ouest et du Centre.[364] L'examen des révolutions populaires contre les régimes autoritaires, abordé sous l'angle du droit, permet de mieux comprendre leur légitimité. Nous examinerons le fondement juridique et légitime de ces révolutions populaires contre les régimes autoritaires d'Afrique de l'Ouest et du Centre (**A**). Puis, nous verrons de quelle manière les échanges transfrontaliers constituent des facteurs d'instabilité politique et économique (**B**).

A- Les révolutions populaires contre les régimes autoritaires d'Afrique de l'Ouest et du Centre : Fondement juridique et légitime

La démocratisation de la vie politique en Afrique, de façon générale, a pris effet expresse, à l'orée des années 1990,[365] avec la

---

[363]Aussi faut-il ajouter l'impact de cette instabilité au niveau économique, de ce que l'insécurité générée aussi bien au niveau territorial qu'à divers autres niveaux, ne puisse pas contribuer à la sérénité de l'activité économique nationale, mais aussi, sous-régionale. Par conséquent, le tissu économique se voit affaibli et, sa capacité à absorber les besoins de la population se voit très limitée.

[364]L'objectif ici est d'arriver à déceler les raisons fondamentales de ces contestations qui n'ont pas manqué de recouvrer une légitimité, aussi bien, au plan national avec une adhésion populaire, qu'au plan international avec les nombreux soutiens de la communauté internationale.

[365]Face aux incessants appels lancés par l'opinion publique attachée à la mise en œuvre d'une coopération efficace, économe et éthique3 avec l'Afrique, les dirigeants des pays occidentaux, en tant que principaux bailleurs de fonds ont lié, dans les années 1980, l'allocation de leurs aides au respect par les pays bénéficiaires d'un ensemble de conditions. Ainsi aux silences complices observés durant la guerre froide, du fait des alliances stratégiques entre les membres des deux blocs (Est et l'Ouest ou encore les Alliés ou les Pays libéraux et l'Axe du Mal ou Bloc

chute du Mur de Berlin, mais aussi et surtout, selon que l'on se situe dans un espace francophone ou non, selon les invitations pressantes et les pressions de la métropole française.[366] Pour les autres États d'Afrique noire, les pressions diplomatiques exercées par les partenaires au développement et autres bailleurs de fonds, ont fortement eu raison des positions dictatoriales adoptées par les dirigeants politiques d'alors.[367] Cette attitude des partenaires occidentaux a été de nature à bouleverser la donne et à introduire une nouvelle organisation de la vie politique et de la société au sein des jeunes entités étatiques africaines.[368] Cependant, il est nécessaire de préciser que cette nouvelle donne politique, fortement appelée de leurs vœux par les populations africaines, était mentionnée dans la majeure

communiste), la fin de la guerre froide va conduire les pays occidentaux à soumettre leurs alliés de cette époque au respect des valeurs démocratiques dans le cadre de l'aide au développement. Les donateurs ont graduellement affiché leur foi nouvelle dans le cercle vertueux démocratie-développement

[366]En témoigne du reste clés propos de l'ancien Président français qui s'exprimait en ces termes : «*La France liera tout son effort de contribution aux efforts qui seront accomplis pour aller vers plus de liberté*», extrait du discours prononcé par l'ancien Président français, Monsieur *François Mitterrand*, à Conférence de la Baule, 20 juin 1990, in Politique étrangère de la France, Mai-Juin 1990, p. 130.

[367]Les Accords Caraïbe Pacifique et Union Européenne (ACP-UE) ont eux-aussi joué un rôle déterminant dans cette avancée démocratique en Afrique subsaharienne. Cela se traduit, du reste, En effet, les Accords de Lomé III de 1985 avaient déjà fait des conditionnalités démocratiques de l'aide de l'UE aux 65 pays d'Afrique et des Caraïbes, membres de cet accord. Ainsi, des dispositions de l'article 4 de ces accords, il en ressort la proclamation des parties au respect de la dignité et des droits économiques et sociaux. Quant aux dispositions de l'article 5 des Accords de Lomé VI, du 15decembre 1989, il est stipulé : «*La coopération vise un développement centre sur l'homme, son acteur et bénéficiaire principal, et qui postule donc le respect et la promotion de l'ensemble des droits de celui-ci*»

[368]La Banque Mondiale, à partir des années 1989, liait son aide à ses partenaires des pays pauvres au respect des principes démocratiques qui devait désormais accompagner les processus de développement économique. Voir. Rapport Banque Mondiale, *L'Afrique subsaharienne : De la crise à une croissance durable, étude de prospective à long terme*, Washington D.C, 1989, p xii et 198 & 190. Plusieurs auteurs ont pu ainsi parler de conditionnalités démocratique. Les informations données par certains auteurs étayent davantage cette idée : Bolle Stephanie, *Conditionnalité démocratique dans la politique africaine de la France*, Edition l'Harmattan 2008 ; Baldé Sory, *La convergence des modèles constitutionnels : Etude de cas en Afrique subsaharienne*, Droit et Sciences Politiques, Editions Publibook, Paris, 2011, p98 ; Bouquet Christian, *Du mauvais usage de la démocratie en Afrique*, Géopolitique Africaine n° 14, printemps 2004, p. 237-254

partie des Constitutions et autres normes juridiques fondamentales des jeunes États africains.[369]

Les indépendances ont été acquises sur fond de revendication pour le respect strict et formel des Droits de l'homme et libertés fondamentales des peuples et pays sous le joug de la politique coloniale. Cette situation violait les grands principes de la Charte des Nations Unies et des textes et Déclarations relatives aux Droits de l'Homme.

En Afrique francophone, les jeunes États indépendants s'inspiraient tous de la Constitution française de mille neuf cent quarante-six (1946) et celle de mille neuf cent cinquante-huit (1958) dans l'élaboration de leurs Constitutions.[370] D'autres dispositions juridiques de la Métropole prévoyaient déjà le schéma de la vie politique

---

[369]En effet, les observateurs notent que l'évolution des constitutions africaines a suivi étroitement celle des régimes politiques, à la remorque desquels elle s'est trouvée beaucoup plus souvent qu'elle n'a été en mesure de les susciter et de les encadrer. Ainsi, celle-ci est partie du parlementarisme et du multipartisme occidental, tout en se laissant progressivement gagner par la centralisation et la personnalisation, voire la confiscation ou même l'éradication du pouvoir. Pour ces raisons, les observateurs parlent de 1ère et de 2ème génération de constitutions africaines. Selon ces observateurs, les constitutions de la «1ère génération», c'est-à-dire celles issues des indépendances aux années 1965-1970, étaient directement inspirées des modèles institutionnels et organiques imposés et accrédités durant la période coloniale par les ex-métropoles, largement alignées sur le constitutionnalisme objectif parlementaire et pluripartite occidental. Cf.Bouquet Christian.2004.Ibidem. Les Constitutions de la «2ème, génération», celles des années (1965-1970 à 1985-1990), s'efforceront, tout en demeurant loin de toujours pouvoir y parvenir, de répondre à un double souci de rénovation et d'africanisation. Cette attitude quelque peu étonnante va conduire certains observateurs, a s'interroger sur le bien fonde de ce repli et ses implications en termes d'ouverture d'esprit. Cf.Axelle Kabou.1991, op.cit La raison de telle interrogation va se trouver plus tard dans les suites à donner à ces démarches politiciennes plutôt que développementalistes ou émancipatrices de l'homme noir. En effet, il en résultera une démarche nationaliste et identitaire dont le cadre constitutionnel ne sera bien souvent qu'un prétexte dénué de tout autant d'effectivité que d'acceptabilité. De la disqualification des gouvernements civils à l'irruption des armées dans la vie politique, des échecs du marxisme-léninisme à l'inadaptation du libéralisme d'importation, la paralysie des institutions et la montée des tensions politiques vont alors rendre inévitables des ruptures et des remises en cause aux relents «révolutionnaires», par conférences nationales interposées

[370]Pour plus d'informations à ce niveau, voir : Bouquet Christian, *Du mauvais usage de la démocratie en Afrique*, Géopolitique Africaine n° 14, printemps 2004, p237-254 ; Joseph.R.DeBenoist, *L'Afrique Occidentale Française : de 1944 à 1960,* Nouvelles Éditions Africaines (NEA), Dakar, 1982

démocratique. Ainsi, la Loi du 7 mai 1946 proclamait le principe de la représentation des territoires africains dans les Assemblées métropolitaines et consacrait du même coup la naissance des partis politiques. En outre, la Loi du 5 octobre 1946 pour l'élection au Parlement et les Lois de 1951 et celle de 1952 étendirent le nombre d'électeurs. Par l'effet de la Loi-cadre du 23 juin 1953 qu'on institua la règle du suffrage universel et sa généralisation en Afrique Occidentale Française (AOF) et en Afrique Equatoriale Française (AEF).[371]

Fort de cet acquis, les protestations des pères fondateurs des entités étatiques africaines pouvaient s'opérer dans un cadre de légalité. Ceux-ci participaient de façon démocratique à la gestion des affaires publiques de la Métropole tout en représentant leur peuple au sein de l'Assemblée Nationale Française.[372] Regroupés au sein de grandes formations politiques partageant les mêmes lignes politiques que les partis politiques de la Métropole, ceux-ci ont pu, à un moment de la lutte politique, partager un idéal commun, à savoir la liberté grâce à l'indépendance. En d'autres termes, le cadre démocratique établi par la Métropole a été à la base de la réussite de ces luttes pour l'accession à l'indépendance. Il se devait aussi d'être un modèle pour les nouvelles autorités politiques au même titre que les Lois fondamentales françaises de 1946 et 1958 ont fortement influencé les Constitutions africaines. Ce rêve, les pères fondateurs et fervents militants de la Fédération des Étudiants d'Afrique Noire Francophone (F.E.A.N.F) l'ont aussi partagé et y ont cru.

Le schéma démocratique avait ainsi été établi et se devait d'être reproduit, en tenant compte de la particularité des Droits de l'Homme bien que universel par essence. L'exercice de l'activité politique avait un fondement juridique et légal préétabli et pouvait, de ce fait, avoir lieu dans un cadre de transparence, car la Loi fondamentale l'y autorisait.[373] À partir de cet instant, la naissance des partis politiques

[371]Voir les points de vue de : De Benoist Joseph Roger, *La balkanisation de l'Afrique de l'Ouest Francophone (AOF)*, NEA, 1979, pp. 51 et s ; Joseph.R.DeBenoist, *L'Afrique Occidentale Française : de 1944 à 1960*, NEA, Dakar, 1982. *Op.cit*

[372]Joseph.R.DeBenoist, *L'Afrique Occidentale Française : de 1944 à 1960*, NEA, Dakar, 1982

[373]Diop El Hadj Oumar, *Partis politiques et processus de transition démocratique en Afrique noire : Recherches sur les enjeux juridiques et sociologiques du multipartisme dans quelques pays de l'espace francophone,* Editions Publibook, Paris 2006,p 66-67 ; Nicolas Metegue N'Nah, *L'union nationale au Gabon (1960-*

en Afrique noire devait s'opérer dans un cadre démocratique et, selon les règles établies par les dispositions de la Constitution. C'est ce qui amène El Hadj Oumar Diop,[374] à parler de constitutionnalisation des partis politiques. Cette constitutionnalisation peut sous-entendre la démocratisation de la vie politique, économique et sociale. Selon El Hadj.O.Diop, la constitutionnalisation des partis politiques désigne à la fois le processus visant à inscrire les partis politiques dans la Constitution d'une part. D'autre part, l'action viserait à mettre la liberté des partis politiques dans un cadre légal.[375] Plus précisément, elle consiste en la reconnaissance du rôle des partis politiques et de la liberté des partis politiques dans la Loi fondamentale.[376] C'est ensuite,

---

1961) In Le Gabon Malgré lui, Association Rupture Solidarité n°6, Editions Karthala 2005, pp33-51

[374]Diop El Hadj Oumar, *Partis politiques et processus de transition démocratique en Afrique noire : Recherches sur les enjeux juridiques et sociologiques du multipartisme dans quelques pays de l'espace francophone,* Editions Publibook, Paris 2006,p 66-67

[375]*Op.cit*

[376]La tendance de démocratisation qui a conduit au multipartisme en Afrique est l'œuvre des textes fondamentaux des Etats africains. Elle a pris forme à l'orée des indépendances avant d'évoluer avec les turbulences et autres facteurs externes et internes. Ainsi, c'est la Loi n° 59-003 du 24-01-1959 portant Constitution de la République du Sénégal. Si l'article 4 reconnaît la liberté d'expression a tous les citoyens, l'article 5 reconnaît, quant a lui, la liberté politiques, en ces termes : «*Tous les citoyens ont le droit de constituer librement des associations et des sociétés, sous réserve de se conformer aux formalités édictées par les lois et règlements*». Loi n° 60-045 A.N. du 26 août 1960, Loi sénégalaise portant révision de la Constitution de la République du Sénégal, en son article 3 : «*Les partis et groupements politiques concourent à l'expression du suffrage. Ils se forment et exercent leur activité dans les conditions déterminées par la loi. Ils doivent respecter les principes de la souveraineté nationale et de la démocratie* », extrait de : Ismaïla Madior Fall, *Textes constitutionnels du Sénégal de 1959 à 2007,* Centre de Recherche, d'Étude et de Documentation sur les Institutions et les Législations Africaines, Collection du CREDILA, XXIII, Mai 2007. Cette tendance est de mise au Bénin. C'est la Loi n° 90-32 du 11 décembre 1990 portant Constitution de la République du Bénin, dispose en son article 5 : « *Les partis politiques concourent à l'expression du suffrage. Ils se forment et exercent librement leurs activités dans les conditions déterminées par la charte des partis politiques. Ils doivent respecter les principes de la souveraineté nationale, de la démocratie, de l'intégrité territoriale et de la laïcité de l'Etat* ». C'est l'article premier en son alinéa 13 de la Constitution du 26 mars 1991 de la République du Gabon, qui dispose en son termes : «*Le droit de former des associations, des partis ou formations politiques, des syndicats, des sociétés, des établissements d'intérêt social ainsi que des communautés religieuses, est garanti à tous dans les conditions fixées par la loi ; les communautés religieuses règlent et administrent leurs affaires d'une manière indépendante, sous réserve de respecter*

l'ensemble des mesures réglementaires et législatives qui précisent et déterminent les modalités d'application de cette liberté garantie par la loi.

La démocratie étant une donnée universelle de ce qu'elle s'inspire des droits de l'homme inhérents de la personne humaine, il allait de soi que les États africains la sentent de la même façon que ceux d'ailleurs où elle est établie comme un acquis indéniable du peuple. L'un des instruments de la démocratie qui fonde d'ailleurs les luttes politiques est le mandat représentatif qui s'oppose au mandat impératif. En effet, selon la théorie du mandat représentatif, les électeurs sont censés faire une confiance totale à leurs élus, sans aucune possibilité de les contraindre ou de les remplacer avant la fin de leur mandat. Cette théorie est reprise dans l'article 3 de la Constitution française, qui dispose : «*La souveraineté nationale appartient au peuple qui l'exerce par ses représentants...par la voie du referendum*». En Afrique francophone, plusieurs des nouvelles Lois fondamentales utilisent des formules voisines ou exactement semblables, comme le Bénin (article4 alinéa.1), la Côte d'Ivoire (article4 alinéa 1), le Djibouti (article 3 alinéa 2), la Guinée (article 2 alinéa 1), le Madagascar (article 6 alinéa 1), le Mali (article 26 alinéa 1), la Mauritanie (article 2 alinéa 2), le Niger (article 6 alinéa 1), le Sénégal (article 2 alinéa 1) et le Togo (article 4 alinéa 1). D'autres États ont donné une préséance au referendum comme expression de la souveraineté populaire, le citant avant d'évoquer les parlementaires. Il s'agit de la République centrafricaine (art. 18 al 2), Congo (art 4 al 1) le Gabon (art 3 al 1) et le Tchad (art 3 al 1).[377]

À défaut de partager cette vision d'une vie politique encadrée par les grands principes démocratiques, les gouvernants d'Afrique ont dû faire face à des révoltes populaires, souvent très brutales. Alors, ces révoltes les ont emportés, remettant en cause tout un système, et légitimant le recours à la force comme seul moyen de contestation.

---

les principes de la souveraineté nationale, l'ordre public et de préserver l'intégrité morale et mentale de l'individu». C'est à l'article 4 de la Constitution du 21 Janvier 1961 de reconnaître et de garantir la liberté politique. La Constitution du 3 novembre 1960 de la République de Côte d'Ivoire, dispose en son article 7 : «Les partis et groupements politiques concourent à l'expression du suffrage. Ils se forment et exercent leur activité librement sous la condition de respecter les principes de la souveraineté nationale et de la démocratie, et les lois de la République». *C'est l'article 13 Constitution de la République de Côte d'Ivoire du 23 juillet 2000qui reconnaît et garantit cette liberté politique à tous les citoyens de la République.*

[377]André Cabanis et Michel L Martin, 1999, op.cit, p460

Les révoltes, les contestations revendicatives et autres protestations venues de pays voisins ont très tôt fait tâche d'huile dans les autres sphères étatiques. Ces revendications ont souvent pris la forme de contestations militaires ou conflits armés qui ont coûté de nombreuses vies humaines et d'immenses dégâts matériels. Elles ont engendré le désordre au niveau des mouvements des personnes au niveau des sous-régions. Pour sa part, Parfait Oumba[378] fait un triste constat de la situation marquée par les conflits, la mal- gouvernance, la mauvaise gestion des affaires publiques qui gangrènent l'Afrique Centrale. Aussi selon l'auteur, ces maux mettent, fortement en retard, cette partie du continent africain sur le processus de l'intégration sous-régionale en cours au niveau continental. Ce constat se veut malheureusement le même dans les pays africains où la volonté politique est encore à la traîne. En ultime réaction à cette attitude de leurs dirigeants, les populations font un recours légitime à la force.

La légitimité de ce recours à la violence contre un régime autoritaire se situe dans le fait que, adhérant à la même convention sociale que leurs dirigeants, les citoyens auraient voulu voir respecter celle-ci, conformément à ce qui avait été prévu. Le droit à la résistance contre un régime tyrannique, est reconnu à tout peuple par la Déclaration Universelle des Droits de l'Homme du 10 décembre 1948 qui dispose dans son préambule : «*...il est essentiel que les droits de l'homme soient protégés par un régime de droit pour que l'homme ne soit pas contraint en suprême recours, à la révolte contre la tyrannie et l'oppression*». Par conséquent, tout système étatique, pour être un état de droit, se doit d'établir un cadre juridique à même de protéger et de promouvoir les droits de l'homme. Mais, le système étatique, dont la politique est orientée vers la répression ou le mépris des droits de l'homme, ne saurait être considéré comme un état de droit encore moins disposé d'une Constitution.[379] La révolte contre le régime tyrannique devient légale dès l'instant où elle est reconnue par la Loi qui régit les rapports entre les gouvernants et les gouvernés. Au-delà

[378]Oumba Parfait, Enseignant-Assistant à l'Université Catholique de l'Afrique Centrale (UCAC), «*Intégration régionale, développement durable et consolidation de la paix en Afrique Centrale*» www.iedafrique.org/IMG/pdf/Integration_regionale_developpement_durable---_en_Afrique_Centrale.pdf

[379]Cf.Déclaration des Droits de l'homme et du Citoyen de 1789, en son article 16, dispose : «*Toute société dans laquelle la garantie des droits n'est pas assurée ....n'a point de Constitution.*»

même de la reconnaissance juridique que lui accorde le droit positif, il faut dire que la résistance à l'oppression se vit comme une réaction naturelle face à une attitude qui rebute. C'est ainsi que le droit à la liberté est reconnu comme un droit naturel et inhérent à la personne humaine, en attestent d'ailleurs les dispositions de l'article premier de la Déclaration des Droits de l'Homme et du Citoyen du 10 décembre 1789.[380]

À cela, il faudrait ajouter les dispositions de l'article 2 de la Déclaration des Droits de l'Homme et du Citoyen qui citent les droits inaliénables et imprescriptibles de l'homme.[381] L'absence de la liberté étant le fait même d'un système d'oppression, avec pour conséquence l'installation d'un climat de répression et de confiscation des Droits de l'Homme par un système tyrannique. Par conséquent, le système politique en place sera perçu comme ayant dévoyé dans la réalisation du but qu'il s'était fixé dans la convention sociale qui l'unit à son peuple. Ainsi se justifieront au mieux les mutineries de 1999 conduites par des agents des forces armées ivoiriennes et qui vont vite se transformer en coup d'État contre le pouvoir du Président Henri Konan Bédié. C'est aussi le cas des revendications estudiantines du 26 mars 1991 qui vont se transformer en insurrection contre le régime militaire du Général MoussaTraoré, Président de la République du Mali, ou encore le renversement de Monsieur Charles Taylor, Président en exercice du Libéria, par la rébellion armée d'août 2003. Le fait que ce syndrome des revendications contestatrices se propage à travers les pays de l'Afrique de l'Ouest et du Centre, témoigne que les pays vivent de façon générale les mêmes difficultés aussi bien économiques que sociales. Les impacts négatifs de la mise en œuvre dans un pays de l'Afrique de l'Ouest ou du Centre, des programmes de redressement de la vie économique et sociale, des années 1990, se sentaient presque de la même manière dans les autres pays. En effet, en procédant à la réduction de la masse salariale des fonctionnaires d'un État, les victimes de telle politique, à défaut de la reconversion professionnelle, empruntaient la voie de l'aventure. Dans le cas des migrations sud-sud ou encore des migrations sous-régionales, avaient

[380]Cf. l'article 1 de la Déclaration des Droits de l'Homme et du Citoyen du 10 décembre 1789, qui dispose : «*Tous les hommes naissent libres et égaux en droits*».

[381]Cf. l'article 2 de la Déclaration des Droits de l'Homme et du Citoyen du 10 Décembre 1789 qui dispose : «*Le but de toute association politique est la conservation des droits naturels et imprescriptibles de l'homme, Ces droits sont la liberté, la propriété et la résistance à l'oppression*».

inévitablement des conséquences négatives sur les politiques mises en œuvre par les autorités du pays d'accueil afin de juguler la crise. Elles éprouvaient sévèrement l'efficacité des dites politiques en ce sens que ces migrants venaient grossir le nombre des demandeurs d'emplois.

La régionalisation des conflits armés va se faire dans un cadre très aisé d'autant plus que les grognes et les contestations populaires tournaient toutes autour des mêmes revendications.[382] En effet, la crise économique qui avait frappé de plein fouet l'ensemble des pays de la région a aussi été accompagnée de conséquences sur la vie sociale et économique des peuples, les plongeant ainsi dans une situation de paupérisation grandissante. Ces facteurs, ajoutés à l'absence de cadres d'expression libérale et démocratique, ont accentué les contestations revendicatrices au sein des populations. C'est justement, dans un tel cadre que se sont aisément régionalisés les conflits qui, souvent, voyaient la participation des miliciens et autres mercenaires venus de pays voisins en soutien à leurs frères de même ethnie. Ainsi viendront en soutien à leurs frères *wobé*, *wê* et *guerés* de la Côte d'Ivoire, les mercenaires et miliciens du Libéria afin de combattre les rebelles venus du nord du pays. Les *Mandekan* du nord de la Côte d'Ivoire recevront le soutien de leurs frères du Mali et du Burkina Faso. Cela a pu faire remarquer le fait, selon lequel, les forces armées de la rébellion qui a attaqué le régime du Président en exercice Monsieur Laurent Gbagbo, le 19 septembre 2002, auraient eu pour base arrière, le Burkina Faso.[383] Dans la guerre civile qu'a connu le Rwanda, en

---

[382]C'est ainsi ce que d'aucun pourrait nommer l'effet de contagion ou encore l'effet de chaîne, dès, les mêmes causes produisent les mêmes effets. Par conséquent, les politiques de la Banque Mondiale, en vue d'instaurer un cadre démocratique et garant des libertés fondamentales (Cf.Rapport Banque Mondiale.1989), n'a pu que produire des effets drastiques sur les jeunes et très fragiles économies des pays de l'Afrique subsaharienne. Pour plus d'informations sur ces effets et autres impacts, voir les auteurs suivants: Hugo Philippe, Naima Pagès, 1998, op.cit, p460 ; Igue Ogunsola John, 1995, op.cit, p353 ; Lambert Agnès, *La dynamique des réseaux marchands en Afrique de l'Ouest*, Club du Sahel, Paris-CILSS, Ouagadougou-Octobre 1989 ; Sall Ebrima Sall, 1992, op.cit, p458

[383]Ces déductions n'ont pas perdu de vue le fait que la mitoyenneté entre les populations de la même communauté linguistique, ethnique et réligieuse a joué un rôle determiannt. Partant, les analyses des crises et conflits régionaux en Afrique subsaharienne, ne devraient pas ignorer ce fait qui est inhérent aux communautés humaines. Dans son analyse de la crise militaro-politique de 2002 en Cote d'ivoire, Michel Galy jette un regard critique sur la composante des forces dites dissidentes ou rébellion armée. On discerne facilement des composantes assez mal hiérarchisées et en constante réorganisation. Au tout début, deux groupes de jeunes recrues

1990, le Burundi dirigé par la minorité *Tutsi* fut soupçonné d'appuyer le Front Patriotique Rwandais (FPR) composé d'anciens réfugiés rwandais *Tutsi*, afin d'attaquer le Rwanda dirigé par le Président *Hutu*, Monsieur Habyarimana.[384] Tous ces éléments pourraient témoigner de la vivacité de la fibre d'appartenance religieuse et ethnique, mise à profit afin de relancer le processus d'intégration régionale. Ce constat dénote aussi de la concrétisation de l'intégration à la base réalisée par les populations elles-mêmes. Ainsi pourrait-il attester de ce que ces populations qui viennent en soutien à leurs frères de l'autre côte de la frontière, le font dans un souci de préserver le lien familial et de faciliter la réintégration.[385]

Au-delà des supposées implications de certaines autorités politiques de pays voisins dans ces différents conflits, il faut noter que ces soutiens des communautés à la base, peuvent contribuer fortement à l'aggravation des conflits armés que connaissent les pays. La gestion des conflits devient dans ce cas une question qu'il faudrait aborder dans une perspective sous-régionale, tout en prenant en considération les paramètres liés à l'appartenance à une même ethnie, à une même religion ou encore ayant en partage une même langue. Le constat majeur que l'on fait est que les conflits en Afrique constituent un obstacle majeur au développement socio-économique et social du continent. Alors, il serait utile que soient mises en œuvre des politiques de promotion de la paix, de la sécurité, des politiques de promotion et de protection des droits de l'homme et de la stabilité au niveau sous-régional. Cette approche aura l'avantage, d'aborder les questions sécuritaires et de développement, de manière efficace, d'autant plus qu'elle facilitera leur traitement à l'échelle sous-régionale. Ceci pourrait aussi s'expliquer par le fait que dans un contexte de mondialisation, les faits et événements sont entremêlés au

---

ivoiriennes «déflatées», de leur nom de classe : «Zinzins et Blofoués» avec des rescapés en exil au Burkina de putsch et d'épurations ivoiriennes successifs, et parmi eux des proches – civils ou militaires – du *leader* du RDR. Cf. Michel Galy, «*Politologie d'une rébellion. Une «gouvernance par la violence» au Nord de la Côte d'Ivoire ?*» In Revue "*Cultures & Conflits*" n°65, printemps 2007, http://conflits.revues.org/2208

[384] Haut Commissariat des Nations Unies aux Droits de l'Homme (HCDH), *REPUBLIQUE DEMOCRATIQUE DU CONGO 1993-2003 : États de la région impliqués*, extrait de Rapport Mapping des Nations Unies, Fiche d'information n°6, 30 aout 2010. NB : Le rapport final de l'Equipe Mapping du HCHD portant sur l'examen des documents sur la RDC fut remis au HCDH le 15 juin 2009

[385] *Op.cit*

point qu'en touchant à un élément de la chaîne, cela pourrait aisément conduire à un choc sur l'autre.[386] La nécessite d'adopter une approche régionale dans la résolution des questions transfrontalières pourrait résider en le fait que les périphéries du territoire étatique sont de véritables zones sensibles qui jouent un rôle prépondérant dans la création des richesses. Mais surtout, elles constituent de véritables déclencheurs des crises identitaires et autres conflits armés.

B- Les échanges transfrontaliers : facteurs d'instabilité politique et économique

L'émergence des périphéries au territoire de l'État pourrait s'expliquer, selon certains auteurs, par l'affaiblissement de la structure étatique des jeunes nations. En effet, les arguments développés pour défendre cette thèse résident, pour la majeure partie, dans les crises économiques qui, au niveau mondial, impactent fortement sur la structure économique nationale.[387] Ces crises ont vite fait d'avoir raison de la structure étatique en Afrique dont elles ont affaibli le pouvoir centralisateur. Partant, elles sont arrivées à remettre en cause la question de la pertinence de son emprise territoriale, qui apparaît aujourd'hui fragilisée au niveau de ses périphéries.[388] Il est alors inévitable que, dans une telle situation, les nationaux soient pris dans une perspective de recherche de nouveaux débouchés permettant de se libérer des besoins tels que ceux de la protection individuelle ou de la

---

[386]*Sylla Kalilou, Pourquoi le processus d'intégration économique piétine-il en Afrique ? Nouvelles explications de l'échec de la politique d'intégration In Intégration régionale, démocratie et panafricanisme : Paradigme anciens et nouveaux défis, Conseil pour le Développement de la Recherche en Sciences Sociales en Afrique (CODESRIA) 2007, pp79-87*

[387]Hugo Philippe, Naima Pagès, *Ajustements Structurels, emploi et rôle des partenaires sociaux en Afrique Francophone* in "Cahier de l'Emploi et de la Formation", 28, 1ere édition 1998 Organisation Internationale du Travail, Geneva ; John Ogunsola Igue, *Les territoires et l'Etat en Afrique : Les dimensions spatiales du développement* Karthala 1995 ; Lambert Agnès, *La dynamique des réseaux marchands en Afrique de l'Ouest*, Club du Sahel, Paris-CILSS, Ouagadougou-Octobre 1989 ; EBrima Sall, *Sénégambie : Territoire, frontières, espaces etréseaux sociaux,* Institut d'étude développement économique de l'Université de Paris 1-Travaux et Documents, série n°36, dirigées par Daniel Bach, 1992

[388]Thomas Lothars Weiss, *Contribution à une réflexion sur la crise de l'Etat en Afrique et sa gestion par les populations des espaces périphériques;* Le territoire, lien ou frontière? Paris 2-4 octobre 1995, *Projet OCISCA*-ORSTOM

réalisation personnelle ou encore d'enrichissement personnel.[389] Face aux nombreuses contraintes sociales et économiques, découlant de cet affaiblissement de l'État, Thomas Lothars Weiss note que l'influence structurante de l'État disparaît peu à peu. Il note aussi que les périphéries étatiques sont remodelées et le vide ainsi crée est occupé par des populations à la recherche de nouveaux espaces. Les espaces frontaliers et périphériques prennent une position importante dans le dispositif anti-crise de ces populations obligées d'innover dans leur combat pour la survie quotidienne. Le sentiment partagé d'appartenance à une grande famille réunie, en outre des liens linguistiques, ethniques et autres, autour d'idéaux communs tels que le besoin de réalisation de soi, fondent cette vie en communauté cosmopolite. La présence de certains justifiée par l'exacerbation des crises identitaires, à l'échelle nationale, fait émerger en ces derniers, le besoin de se refaire dans une nouvelle communauté. Pour le professeur Pape Demba Fall, en établissant un cadre favorable à la liberté de mouvement, l'on contribue à réduire chez les migrants la propension à s'implanter définitivement dans les zones d'accueil ; mais aussi et surtout, l'on en arrive à favoriser l'émergence de nouveaux territoires et de nouvelles citoyennetés qui sont le fruit d'une « *intégration par le bas*».[390] Loin d'être des espaces de pacification ou encore de consolidation de l'architecture étatique, ces périphéries sont le lieu de pratiques commerciales ou échanges de tous ordres qui s'opèrent dans une illégalité, tout en étant fondés sur l'illicéité des éléments d'échanges en question. Ainsi deviendront-ils facilement les canaux de circulation des armes légères, de la drogue ou encore de produits de contrebande.

---

[389]Au delà, c'est la récurrente et délicate problématique de l'intégration nationale qui resurgit ainsi. Bon nombre d'auteurs, constatent avec regret, l'inexistence d'une intégration nationale qui se veut cependant un préalable à l'intégration régionale. Ainsi n'ont pu convaincre de ce fait, les violences politiques au niveau national, les intolérances sociales, la xénophobie et autres tares sociales qui mettent en danger l'intégration nationale, partant, sapent le processus de l'intégration régionale. Cf. Kane Seydou Oumar, 2008, op.cit, p448. Le plus grand regret est relevé par des pratiques développées par des politiques afin de stigmatiser l'étranger et le réduire à une situation de faiblesse totale. Partagée ou non par les populations, certaines parmi elles, développeraient aussi des concepts ou autres éléments de catégorisation de l'étranger. Cf. Pierre Kipré, 2010, pp9-14, op.cit, p449

[390]Papa Demba Fall, Laboratoire de Géographie de l'Institut fondamental d'Afrique noire ; Université Cheikh Anta Diop de Dakar (Sénégal) : Article sur le thème : *État-nation et migrations en Afrique de l'Ouest : le défi de la mondialisation1*

D'autres espaces frontaliers ont été utilisés par les éléments armés en discorde avec le pouvoir en place pour servir de base arrière afin de lancer les attaques contre les capitales. Cette situation a été vécue lors des opérations d'attaques organisées par les éléments armés du Front Patriotique Rwandais (FPR) et celles orchestrées par les éléments du Parti de Libération du Peuple *Hutu* et des mouvements rebelles burundais afin d'attaquer le nord-ouest du Burundi. Ces mouvements de rébellion armée pourraient trouver leurs fondements dans la libre circulation des idées et pensées, secrétées par le phénomène de la mondialisation et de la modernisation du mode de vie des individus, qui part à un rythme inextricable, tout en imposant aux populations de nouvelles manières d'être et de faire. En abordant le rôle que la mondialisation a pu jouer dans la démocratisation des nouvelles entités étatiques africaines, la grande difficulté réside dans le fait que les mouvements généralisés de multipartisme ou encore de revendications et insurrections anti-autoritaristes n'ont forcément pas abouti à l'émergence de cadres démocratiques et tolérants. Autrement dit, l'objectif était la recherche de l'idéal démocratique par l'établissement d'un espace de liberté et de tolérance. Les stratégies adoptées et les moyens utilisés, à cet effet, ont très vite fait de verser dans les crises identitaires. C'est d'ailleurs, ce qui a conduit René Otayek, à faire le constat selon lequel, la génération du multipartisme des années 1990 a été accompagnée par une exacerbation des revendications ethniques et religieuses, ce qui a dégénéré en véritables processus de purification ethnique.[391]

En considérant cette signification de la mondialisation et de la modernisation, comme étant une intensification des échanges de tous ordres, une intégration croissante de l'économie mondiale, une accélération de l'urbanisation et de l'industrialisation, l'explosion des moyens de communication, René Otayek, considère qu'elles entraînent une densification sans précédent de la communication interethnique.[392] Par conséquent, celle-ci, plutôt que de provoquer le gel des conflits ethniques, contribue à leur multiplication et à leur exacerbation. Cette hypothèse ne saurait attester de la supposée incompatibilité entre démocratie (Idée et mode de régulation politique) et sociétés africaines. Au contraire, elle devrait en principe

---

[391]Otayek René, *La démocratisation entre mobilisations identitaires et besoins d'Etat : Y a t-il une exception africaine,* AUTREPART n°10, 1999, pp 5-22

[392]*Op.cit*

contribuer à démontrer que ce fait n'est pas propre à l'Afrique. Mais, elle serait de nature à faciliter cette interprétation du conflit identitaire partout dans le monde, relativisant ainsi, une éventuelle exception africaine en la matière. La mondialisation et la modernisation peuvent être perçues par les acteurs périphériques comme l'uniformisation culturelle, ce qui est perçu comme tel par les acteurs périphériques.[393] Par conséquent, la diffusion des idées ainsi que la circulation des instruments et de l'information deviennent très aisées. Du fait, de la très grande perméabilité des frontières étatiques africaines, elles deviennent encore plus faciles. Les cadres d'intenses échanges et de forte et libre circulation des biens, des services et des personnes deviennent du coup des lieux les plus prisés, en outre, d'être des espaces d'avenir. Aussi apparaissent-ils comme des cadres de concentration et de transformation du pouvoir aussi bien politique qu'économique. Pour Thomas Lothars Weiss, du fait de l'affaiblissement de la structure étatique, les espaces frontaliers et périphériques prennent une position importante dans le dispositif anti-crise de ces populations obligées d'innover dans leur combat pour la survie quotidienne.[394] Par conséquent, ces espaces sont devenus des espaces d'accumulation de capital sur lesquels l'État, en dépit de la présence de ses administrations, n'a aucun contrôle. Parmi les explications de Thomas L. Weiss, on retiendra le fait que chaque fois que la cohésion politique interne de l'État et son pouvoir sont mis en question, la frontière qui enveloppe l'État, en tant qu'entité spatiale, perd son côté contraignant.[395] L'aspect de séparation-contact avec d'autres entités d'organisation politico-administrative et économique devient moins caractérisé. Elle sépare moins les populations qui vivent de part et d'autre de cette frontière, particulièrement, celles à proximité immédiate, les populations attirées par un «au-delà» de cette ligne de séparation.[396] Cet «au-delà» est souvent mystifié et présenté comme prometteur, porteur de potentialités, de promesses nouvelles, mais aussi, de reconquêtes du pouvoir perdu. Avec la crise, le sentiment d'appartenance à une collectivité soudée, dépassant le cadre clanique ou ethnique de chaque individu, ingrédient important du

---

[393]Otayek René, *La démocratisation entre mobilisations identitaires et besoins d'Etat : Y a t-il une exception africaine,* AUTREPART n°10, 1999, pp 5-22

[394]*Op.cit*

[395]*Ibidem*

[396]Igue Ogunsola John, 1995, op.cit, p353 ; Bennafla Karine, 1999, pp. 24-49, op.cit, p70

ciment national, s'effrite peu à peu et ne ressuscite temporairement que grâce à des événements ponctuels. Ces périphéries étatiques sont aussi les lieux de forte circulation monétaire à travers la masse de devises qui y circulent en quantité et en diversité de genre. Face aux crises que connaît la structure économique nationale, elles développent de nombreuses astuces qui leur permettent d'y faire face et de continuer à prospérer. Bruno Stary[397] note qu'en dépit de la crise économique des années 1980, les espaces transfrontaliers résistent grâce aux échanges commerciaux plus ou moins illégaux avec les pays voisins. Pour cela, ils jouent sur les solidarités ethniques, sur les complémentarités de production et, surtout, sur les différentiels monétaires et les politiques économiques de chacun des pays. Les échanges se sont développés surtout entre les pays aux différentes monnaies. Bruno Stary note que les réseaux transfrontaliers ont développé d'énormes potentialités pour faire face à la dévaluation du Franc CFA.[398] En effet, il montre le cas de certains transporteurs qui organisent des convois de commerçants des villes ghanéennes vers les grandes villes ivoiriennes et, arrivent à approvisionner les populations en produits de choix, à moindre coût et de fait apparaissent comme des éléments de régulation sociale. Cependant, Bruno Stary note qu'ils participent fortement de la déterritorialisation dans un contexte de construction étatique encore actuel pour des États relativement jeunes.[399]

Ce constat est à considérer comme la cause de l'instabilité politique et économique qui règne dans les jeunes États africains. En effet, les flux des échanges et la dynamique des activités de ces périphéries échappant au contrôle entier de l'État. Cela crée une mauvaise appréciation de l'efficacité des politiques nationales développées pour faire face à ces crises économiques et financières. Mais, il faut noter que ces dynamiques transfrontalières impulsent aussi le changement nécessaire au niveau national, car elles participent de la concurrence qui y a court. Pour cette raison, et pour plusieurs autres, elles sont de véritables réceptacles pour les changements introduits à la faveur de

---

[397]Stary Bruno, «*Réseaux marchands et territoires étatiques en Afrique de l'Ouest*» InLe territoire, lien ou frontière? Paris 2-4 octobre 1995, Université de Paris X-Nanterre

[398]Stary Bruno, «*Réseaux marchands et territoires étatiques en Afrique de l'Ouest*» InLe territoire, lien ou frontière? Paris 2-4 octobre 1995, Université Paris X-Nanterre

[399]*Op.cit*

grandes révolutions économiques, financières et politiques des années 1990.

Parag.II : La libéralisation de la vie publique pour l'émergence de la démocratie en Afrique de l'Ouest et du Centre

La libéralisation des échanges, notamment, dans le cadre de tout processus d'intégration régionale, est indissociable de la libéralisation de la vie publique. En d'autres termes, il s'agit du lien intrinsèque qui existe entre économie et politique. Bien que l'acceptation des règles du jeu démocratique fût très difficile pour les États de l'Afrique subsaharienne, ceux-ci durent se rendre à l'évidence. En effet, ils ne sauraient entamer, véritablement, l'intégration régionale et réaliser les objectifs de la CEA, à travers la mise en place du Marché Commun Africain, qu'en s'y soumettant.[400]

Fort de ce constat majeur, il nous revient, dans le cadre de notre étude, d'appréhender ce lien indissociable entre la gestion de la vie politique et les affaires économiques, notamment, au sein des jeunes États de l'Afrique de l'Ouest et du Centre fraichement sortis de la dépendance politique et économique. L'autre angle de notre analyse, est d'arriver à concevoir le phénomène de la démocratie comme une aspiration des peuples africains. À travers une telle approche, il sera aussi question d'apprécier le degré d'imprégnation de ce principe dans la vie des État-nations d'Afrique. Par conséquent, nous aboutirons à cette idée selon laquelle la démocratie demeure un héritage universel et un bien partagé par les communautés humaines. Cette démarche pourrait s'expliquer par les bouleversements majeurs survenus en Afrique à partir des années 1990 en faveur de la libéralisation de la vie publique (**A**), qui étayent le fait que la démocratie est une aspiration africaine, indispensable pour la stabilité politique et économique des jeunes États-nations d'Afrique de l'Ouest et du Centre (**B**).

---

[400]Cette soumission ne fut toujours pas acquise par le consentement des politiques car, dans plusieurs cas, elle fut arrachée par les politiques. C'est ce qui engendrait les bouleversements majeurs survenus en Afrique, à partir des années 1990, avec pour objectif d'instaurer un cadre de vie axée sur les valeurs du libéralisme à tous les niveaux de la vie de la nation, précisément, au niveau de la gestion des affaires publiques.

A- Les bouleversements majeurs survenus en Afrique à partir des années 1990 en faveur de la libéralisation de la vie publique

L'histoire du Continent africain a été ponctuée, dans les années soixante et soixante-dix, par une vague de réfugiés politiques et un nombre de plus en plus considérable de guerres civiles. Le développement croissant de régimes politiques, caractérisés par la confiscation des droits fondamentaux et des libertés publiques des citoyens, s'opérait dans un contexte totalement toléré. Sur le plan économique, après des performances relativement bonnes, au cours des années soixante, les pays africains, en général, ont connu une chute du Produit Intérieur Brut (PIB) par habitant. Au cours des années soixante-dix et quatre-vingt, ils ont traversé des crises économiques profondes.[401]

Si les chocs externes et des variables liées à la géographie peuvent expliquer la détérioration économique de ces années, des voix avisées estiment plutôt que c'est la manière de gérer qui a été très déterminante.[402] La mauvaise gouvernance en pratique dans ces pays, serait ainsi la raison principale de l'incapacité structurale, d'une part, à éviter les tensions et crises sociales ainsi que les violences politiques ; d'autre part, à formuler et à mettre en œuvre les réformes de politiques économiques comprises dans les programmes de stabilisation financière et d'ajustement structurel avec le soutien du Fonds monétaire international et de la Banque mondiale. Certains auteurs tentent d'imputer aux Programmes d'Ajustement Structurel (PAS), la responsabilité des crises économiques et sociales issues de la mise en œuvre de ses programmes.[403] Au-delà de toutes ces considérations, il

---

[401]Entre 1986 et 1993, la majeure partie des pays Africains a connu une croissance moyenne variant entre 1,5% et 3,5%. Le ratio du déficit des opérations courantes par rapport au Produit Intérieur Brut (PIB) a été évalué entre 5 % et 5,2 % et le déficit des finances publiques (hors dons) a été évalué entre 7,4 % et 8,9% la même période

[402]Philippe Hugo, Naïma Pagès, 1998, op.cit

[403]La crise ivoirienne économique qu'a connu la Côte d'Ivoire, a la fini des années soixante, a vu l'intervention du Fonds Monétaire Internationale (FMI) et de la Banque Mondiale. Ces institutions internationales, venues au chevet de l'économie ivoirienne, pointeront du doigt l'intervention de l'Etat au sein des entreprises, en tant que cause principales des difficultés du pays. Il est alors recommande de réduire le poids de l'Etat par une rationalisation puis une privatisation des entreprises publiques et une réduction des dépenses budgétaires. Voir.Bouabré Paul Bohoun et Oussou Kouassy, *Ouverture sur l'extérieur et performances macro-économiques en*

faut noter que les PAS sont perçus par leurs concepteurs comme une réponse à la crise financière, notamment, d'endettement qu'ont connu les pays africains. À cet effet, elle conduisit ces pays à contracter des prêts sous conditionnalités qui avaient pour objet premier de boucler les finances publiques. Ces conditionnalités se traduisirent par un ensemble de réformes visant à retrouver les grands équilibres macro-économiques et financiers et, à remettre l'économie sur un sentier durable de croissance.[404] Leurs effets macro-économiques doivent être différenciés de leurs effets sociaux et redistributifs.[405] Dans leur mise en œuvre, les PAS ont visé à réformer le système de prix relatif, la structure des incitations pour retrouver la compétitivité extérieure et la croissance interne.

Parmi les nombreux objectifs des PAS, les deux principaux qui pourraient s'accommoder avec le processus d'intégration régionale, sont : la régulation par le marché et l'ouverture à l'économie internationale. En effet, ces objectifs visaient à supprimer les "distorsions" liées à l'intervention de l'État ainsi qu'à faire jouer les lois du marché et les signaux des prix de marché, tant au niveau international qu'au niveau interne.[406] Par cette politique de libéralisation financière, les autorités étatiques ouvraient la voie à la privatisation des institutions financières publiques. Ce choix visait à relever les taux d'intérêt réels, par une réduction des effets d'éviction liés à l'endettement. L'autre objectif principal poursuivi par les PAS,

---

Côte d'Ivoire In *Le modèle ivoirien en question : Crises, ajustements et recompositions*, Edition Karthala et ORSTOM, 1997, pp11-25

[404]En raison de leur nature et de leur ampleur, les PAS (Programmes d'ajustement structurel) ont des conséquences sociales importantes. Ils contribuent en effet à déterminer l'évolution du produit national et la répartition des revenus. Ces conséquences font l'objet d'un vaste débat, suscité par la gravité de certaines situations observées, mais obscurci par la mauvaise connaissance de l'ensemble de l'évolution sociale. CfP. Guillaumont Suzanne Janneney et Patrick Guillaumont, *Les conséquences sociales de l'ajustement en Afrique selon la politique de change*, In "Politiques africaines", n°45, 101-122, 1992

[405]Philippe Hugo, Naïma Pagès, 1998, op.cit, p460

[406]À ce niveau, voir les points de vue : Patrick Guillaumont, *Les conséquences sociales de l'ajustement en Afrique selon la politique de change* In "Politiques africaines", n°45, 101-122, 1992 ; Hugon Philippe, *Les différentes formes d'intégration régionale en Afrique Subsaharienne et les programmes d'ajustement structurel*, Nanterre (France), Laboratoire de recherche en économie appliquée (LAREA), Université de Paris X, 1990

était relatif à la gouvernance et au processus de démocratisation.[407] Pour atteindre cet objectif, l'État se doit de jouer un rôle central dans l'ouverture aux lois du marché, tout en accompagnant les réformes juridiques et institutionnelles indispensables à cet effet.[408]

À l'analyse de l'ensemble de ces réformes, aussi bien juridiques qu'institutionnelles, appelées de tous leurs vœux par les PAS, il demeure que le but ultime poursuivi était la mise en place d'un cadre démocratique. Par cette politique, la recherche du cadre démocratique devenait la chose la mieux partagée de tous, en vue de réaliser un monde de paix et de sécurité. Mais aussi et surtout, elle envisageait de permettre aux citoyens, par l'effet de liberté d'aller et de venir, de se réaliser et de bénéficier d'un panel de choix dans la réalisation de leurs rêves et projets. Ce vœu d'impulser au sein des communautés africaines, un cadre démocratique basé sur la libéralisation de la vie économique et sociale a été affirmé très clairement dans le discours de l'ancien Président français, François Mitterrand. À travers ce discours, les autorités françaises ont entendu réformer le cadre de leur coopération et partenariat avec leurs anciennes colonies aujourd'hui indépendantes. Cette refonte du cadre de la coopération entre partenaires, les autorités françaises étaient convaincues de la pertinence et de l'impérieuse nécessité de l'adopter d'autant plus, qu'il y allait d'une nouvelle donne à laquelle le monde entier adhérait. Ainsi s'exprimait François Mitterrand, en ces termes : «*Il faut bien se dire que ce souffle fera le tour de la planète. Désormais on le sait bien: que survienne une glaciation ou un réchauffement sur l'un des deux pôles et voilà que le globe tout entier en ressent les effets*».[409] Cette nouvelle donne qui venait de l'Est, devait, en principe, apporter aux peuples qui l'accueillaient à bras ouverts, le développement qui se veut un élément indissociable des progrès de la démocratie. Mais, il faut dire qu'au vu des différences de structures, de civilisations, de

---

[407]Hugon Philippe, *Les différentes formes d'intégration régionale en Afrique Subsaharienne et les programmes d'ajustement structurel*, Nanterre (France)…1990, op.cit

[408]Patrick Guillaumont, *Les conséquences sociales de l'ajustement en Afrique selon la politique de change* In "Politiques africaines", n°45, 101-122, 1992

[409]Extarit de l'Allocution prononcée par Monsieur Frala séance sollennçois Mitterand, Président de la République de France, à l'occasion de nelle d'ouverture de la 16ème Conférence des Chefs d'État de France et d'Afrique, à la Baule (Farnce), le 20 juin 1990. Cf : www.rfi.fr/actufr/articles/037/article_20103/asp

traditions, de mœurs, il était impossible de proposer un système de démocratie tout fait.[410] Cependant, les peuples qui l'adoptaient ressentaient à travers elle les mêmes besoins de développement et de libertés.[411] Les populations longtemps restées sous le joug du régime restrictif des droits et libertés fondamentales de la colonisation venaient encore d'essuyer plus de deux décennies de répression et d'oppression sous la tutelle des nouvelles autorités africaines. Ainsi, elles verront en ces années 1990, une ère de la rupture et du changement par les réformes indispensables au niveau national. En Afrique de l'Ouest, tout comme en Afrique Centrale, les reformes entreprises au plan national, ont eu d'énormes impacts au plan sous-régional où elles ont été accompagnés par les reformes au niveau du cadre de coopération et de partenariat sous-régional.

Au niveau de l'Afrique de l'Ouest, la CEDEAO mettait en place un ensemble d'instruments et de mécanismes censés impulser la démocratie et l'état de droit dans la sous-région. Ce sont entre autres, le Protocole de la CEDEAO relatif au Mécanisme de Prévention, de Gestion de Règlement des Conflits, de Maintien de la Paix et de la Sécurité ; Le Protocole de la CEDEAO sur la Démocratie et la Bonne

---

[410]Une telle perception des choses pose la problématique du mode de gouvernance adaptée à l'Afrique et aux Africains. À cette préoccupation, certains auteurs trouvent que c'est une façon d'entamer la fuite en avant et d'ouvrir davantage. Cf. Axelle Kabou.1991, op.cit, p463. En effet, cela aurait pour risque d'enfermer le Continent dans des conceptions et théories peu adaptées à la rugosité de la concurrence mondiale et de l'enfoncer davantage. Pourtant, les lois et habitudes politiques de la période des années soixante dix et quatre vingt l'institutionnalisèrent. Cf. Bouquet Christian.2004, op.cit, p463. On a pu ainsi parler d'authenticité africaine ou de valeurs de l'homme noir.

[411]Ceci est d'autant plus normal que ces populations, en outre d'avoir les victimes d'un système restrictif externe, seront par le fait de leurs dirigeants noirs, victimes d'une autre forme de restriction de leurs libertés. Cependant, cette dernière, leur fera accepter cette nouvelle forme de restriction qui devait être entièrement supportée par l'homme blanc. Les concepts comme l'afro-radicalisme ont pu caractériser de telles attitudes des politiques africains. Celle-ci est un lieu commun dans le champ des discours développés sur l'Afrique. Très répandue dans les milieux africanistes, l'idéologie afro-radicale ambitionne de faire endosser à l'Occident tous les échecs du continent. Tout en dénonçant la colonisation, les tenants de cette pensée imputent aux colons les torts que les leurs ont subis, puis s'en prennent uniquement aux colonisateurs « d'avoir perpétré le meurtre froid des rêves des peuples. Voir. Benjamin Ngong, *Pouvoir, violence et résistance en postcolonie : Une lecture de en attendant le vote des bête sauvages d'Hamadou Kourouma* ; Thèse de Doctorat en Philosophie, Universite de Minnesota (USA), Décembre 2008, p24

Gouvernance ; Le Plan d'Action régional de la CEDEAO sur la mise en œuvre de la résolution 1325 du Conseil de Sécurité des Nations Unies.[412] En outre de ces éléments, la CEDEAO s'est dotée d'un Centre pour le Développement du Genre (CCDG).[413] Face aux catastrophes naturelles dues aux effets pervers du changement climatique, la CEDEAO a prévu à partir de 2006, la mise en place de mécanismes nécessaires afin d'assurer une gestion efficace de la politique de prévention des catastrophes. Il s'agit du Comité du Conseil des Ministres de la CEDEAO appelé Comité Ministériel d'Organisation de Gestion des Catastrophes; Comité de Coordination Interdépartemental au sein du Secrétariat de la CEDEAO ainsi qu'une Unité de Gestion des Catastrophes au sein du Département des Affaires Humanitaires du Secrétariat Exécutif de la CEDEAO. Fort de l'importance croissante des espaces transfrontaliers en Afrique de l'Ouest, il a été prévu à partir de 2005, de mettre en place une Convention de Coopération Transfrontalière dans l'Espace CEDEAO avec pour objectif de faciliter et de promouvoir la coopération transfrontalière entre les collectivités décentralisées. Conscients de la nécessité d'assurer un cadre de transparence et de régularité dans la gestion des finances publiques, les États membres de la CEDEAO se sont dotés d'un Protocole sur la Lutte contre la Corruption. Le besoin

---

[412]C'est à Abuja, en République Fédérale du Nigéria, en Août 1999, qu'a été adopté par la Conférence des Chefs d'Etats et de gouvernement de la CEDEAO, le Mécanisme pour la Prévention, la Gestion, le Reglement des Conflits et la Sécurité. C'est à Dakar, le 21 décembre 2001, qu'a été adopté par la Conférence des Chefs d'Etats et de gouvernement de la CEDEAO, le Protocole A/SP1/12/01 sur la Démocratie et la Bonne Gouvernance, additionnel au Protocole relatif au Mécanisme de Prévention, de Gestion, de Reglement des Conflits, de maintien de la Paix et de la Sécurité.

[413]A l'instar des Nations-Unies et d'autres Institutions Internationales, la Communauté Economique des Etats de l'Afrique de l'Ouest ''CEDEAO'' fait de l'égalité des chances entre Homme et Femme une préoccupation majeure.C'est ainsi qu'elle s'est dotée d'une politique Genre qui devrait impliquer davantage les femmes en tant qu'actrices du développement, dans le processus d'intégration régionale.Pour illustrer cette démarche, la 26ème session de la Conférence au Sommet des Chefs d'Etat et de Gouvernement tenue à Dakar en janvier 2003, a décidé la création de deux structures :(1)- Une Unité Genre au secrétariat exécutif à Abuja ; (2)- Centre de Développement du Genre à Dakar, en remplacement du Secrétariat Général de l'Association des Femmes de l'Afrique de l'Ouest ''AFAO''. Le CCDG a pour objectif de faire de la question du genre un pan important du développement et un maillon du développement social et économique des États. Cf.www.ccdg.ecowas.int

de doter le Parlement de la CEDEAO de pouvoirs nécessaires afin de jouer effectivement un rôle essentiel pour promouvoir l'intégration régionale, la démocratie, la bonne gouvernance et la paix dans l'espace ouest-africain se faisait sentir. Ainsi, la CEDEAO a pris une résolution relative au renforcement des prérogatives du Parlement de la communauté. Dans l'optique d'établir un cadre régional de promotion et de protection des droits de l'homme, la CEDEAO s'est dotée de la Déclaration de Principes Politiques en vue de vulgariser une vision démocratique en la matière.[414]

En Afrique Centrale, les autorités politiques avaient à faire face à l'impératif de garantir la paix indispensable à la mise en œuvre de toute politique de développement. En effet, cette sous-région est caractérisée par la résurgence de conflits aux allures sous-régionale, minant tous les projets d'intégration régionale. Dans l'optique d'apporter une solution sous-régionale à cette problématique, la Conférence des Chefs d'État et de Gouvernements réunie à Malabo, en 1999, a adopté un programme de relance de la CEEAC avec pour objectif de promouvoir la paix, la sécurité et la stabilité en Afrique Centrale.[415] Pour atteindre ces objectifs, la CEEAC a créé le Conseil de Paix et de Sécurité de l'Afrique Centrale (COPAX) qui a pour mandat de prévenir et de résoudre les conflits et de mener les actions nécessaires à la consolidation de la paix et de la sécurité. Une autre structure de préparation des décisions a été crée la Commission de Défense et de Sécurité (CDS), en vue d'appuyer la COPAX. Dans le cadre de la COPAX, il a été mis en place du Mécanisme d'Alerte Rapide de l'Afrique Centrale (MARAC) ainsi que l'établissement d'une Force Multinationale de l'Afrique Centrale (FOMAC).

Tous ces efforts sous-régionaux concourent à reconnaître la démocratie comme un maillon indispensable du développement des

---

[414]C'est en 1991 que les Chefs d'États membres de la CEDEAO vont se doter d'une Déclaration des Principes Politiques qui est appelée à définir l'engagement des Etats membres pour la promotion et la protection des droits de l'homme, la démocratie et la séparation constitutionnelle de la justioce et du pouvoir.

[415]C'est le Protocole relatif au Conseil de Paix et de Sécurité de l'Afrique Centrale (COPAX). Il faut dire que le COPAX a été crée par la Décision 001/Y/Fév du 25 février 1999 prise à Yaoundé par les Chefs d'États et de Gouvernement d'Afrique Centrale, en tant qu'organe de concertation politique et militaire des États membres de la CEEAC, en matière de promotion, de maintien et de consolidation de la paix et de la sécurité.

pays de l'Afrique de l'Ouest et du Centre. C'est aussi là, la matérialisation d'une volonté politique d'aller vers un monde plus libre et axé sur les valeurs partagées de démocratie et de liberté exigence du libéralisme actuel prôné par l'ensemble des partenaires bilatéraux et multilatéraux ainsi que par les divers acteurs et partenaires au développement. C'est aussi le signe que l'Afrique conçoit mieux la démocratie comme une aspiration de tout peuple.

B- La démocratie, une aspiration africaine, indispensable à la stabilité politique et économique des jeunes États-nations de l'Afrique de l'Ouest et du Centre

Les indépendances une fois acquises, les Africains ont placé en cette nouvelle ère qui venait de se lever sur leurs pays beaucoup d'espoirs.[416] La jouissance, pleine et effective de leurs droits par les citoyens des jeunes États-nations, exigeait des autorités politiques que celles-ci mettent en place le cadre juridique et institutionnel respectueux des droits de l'homme et des libertés fondamentales.

[416]Le nouveau statut qu'ils acquéraient, de part cette situation, devait leur assurer la pleine jouissance de leurs droits fondamentaux en tant que citoyens libres d'États autonomes et souverains. Par conséquent, ceux-ci devenaient égaux en droits avec les peuples des pays qui, hier, les tenaient dans des rapports de subordination du fait de la colonisation.

Malheureusement, beaucoup d'États ont très tôt versé dans les pratiques anti-démocratiques dans le cadre de régimes autoritaires.[417]

Les réactions des populations, face à de telles situations, aboutissaient à des remous sociaux violemment réprimés ou encore à des guerres civiles.[418] Pareille situation avait naturellement pour conséquences de rendre impossible la réalisation des politiques de développement, en outre de compromettre davantage les acquis en la matière. La question du développement étant au cœur des préoccupations de la communauté internationale, celle-ci a réagi à ces situations compromettantes par de nombreux efforts en faveur de milliers de gens victimes directes ou indirectes de ces situations.[419]

---

[417]L'euphorie des indépendances vite digérée, les africains plongeront dans une situation de précarité et de confiscation de leurs libertés en dépit même de l'existence de textes de lois très soucieux de leurs droits fondamentaux. Cf.Bouquet Christian.2004, op.cit, p4463. En effet, ces Constitutions Africaines des années 60 et 80 plutôt que d'être des instruments de limitation du pouvoir à l'instar des textes européens dont elles s'inspiraient, sont apparues comme des instruments de domination. (Y.A.Faure.1984). À juste titre alors, les reformes imposées de l'extérieure par les institutions de Bretton Wood, à partir des années 90. Après la fièvre des années 1990, marquée un processus démocratique axé sur un renouveau constitutionnalisme et un état de droit émergent partout en Afrique subsaharienne, l'on assistera très tôt à une désillusion démocratique. Des élections mal préparées ou manipulées débouchent sur des violences bloquant le processus démocratique et le dialogue entre les acteurs politiques. Pour se maintenir au pourvoir, certains chefs d'État modifient la Constitution ou instrumentalisent certaines institutions (notamment l'Assemblée parlementaire), remettant ainsi en cause le principe de la séparation des pouvoirs. De même, la persistance des conflits armés et la résurgence des coups d'État dans certains pays minent la transition démocratique. Voir. Guèye Babacar, «*La démocratie en Afrique : succès et résistances*» in Revue française d'études constitutionnelles et politiques "Pouvoirs" n°129, avril 2009, La démocratie en Afrique, p.5-26

[418]Les transitions démocratiques utilisées de façon générale comme outils de démocratisation, entendaient rétablir la confiance entre gouverne et gouvernants. Ces transitions démocratiques devaient être vues comme « *le processus qui va de la remise en cause des régimes de partis uniques avec son corollaire de corruption, de détournements de deniers publics, de violation flagrante des droits de l'homme, à l'instauration du pluralisme démocratique*». Cf. Diop El Hadj Oumar.Thèse de Doctorat.2005, op.cit

[419]En dépit du multipartisme et des consultations électorales régulièrement organisées sur le continent, les acteurs de la communauté internationale, constatent avec désolation les nombreuses violations des droits de l'homme qu'elles occasionnent. Le constat malgré elle, de ce que les Programmes d'Ajustements Structurels soient décriés et tenus pour responsables de tous les maux dont soufrent le continent, va conduire la communauté des bailleurs de fonds a développé de nouveaux instruments orienté vers la gouvernance, «*good governance*»

En l'an 2000, la communauté internationale à adopté la Déclaration du Millénaire[420],à travers laquelle, elle s'est engagée à déployer tous les efforts nécessaires pour affranchir des millions d'hommes, de femmes et d'enfants du joug terrible et déshumanisant de la misère.[421] Par cette Déclaration, la communauté internationale adoptait une série de huit (8) objectifs appelés les Objectifs du Millénaire pour le Développement (OMD).[422] Les huit objectifs du Millénaire pour le développement ont été adoptés par la communauté internationale comme cadre des activités de développement de plus de 190 pays dans dix régions et ont été traduits en plus de 20 cibles et plus de 60

---

[420]Résolution adoptée par l'Assemblée générale des Nations Unies (A/RES/55/2) portant Déclaration du Millénaire a sa 55 ème session, 8e séance plénière, en date du 8 septembre 2000

[421]À cet effet, il est mentionné dans le texte de la résolution, notamment, au sous titre (III. Développement et élimination de la pauvreté), que : *«La réalisation de ces objectifs suppose, entre autres, une bonne gouvernance dans chaque pays. Elle suppose aussi une bonne gouvernance sur le plan international et la transparence des systèmes financier, monétaire et commercial. Nous sommes résolus à mettre en place un système commercial et financier multilatéral ouvert, équitable, fondé sur le droit, prévisible et non discriminatoire»*

[422]L'Objectif 1 est d'éliminer l'extrême pauvreté et la faim ; cet objectif vise à réduire de moitié, d'ici à 2015, la proportion de la population qui vit avec moins d'un dollar par jour. L'Objectif 2, il est d'assurer l'éducation primaire pour tous, tout en donnant à tous les enfants, garçons et filles, partout dans le monde les moyens d'achever un cycle complet d'études primaires, d'ici à 2015. Quant à l'Objectif 3, il s'agit de promouvoir l'égalité des sexes et l'autonomisation des femmes, tout en éliminant les disparités entre les sexes dans l'enseignement primaire et secondaire d'ici à 2005, si possible, et à tous les niveaux de l'enseignement, en 2015 au plus tard. L'Objectif 4 est de réduire la mortalité des enfants de moins 5 ans, tout en réduisant de deux tiers entre 1990 et 2015, le taux de mortalité des enfants de moins de 5 ans. L'Objectif 5 est d'améliorer la santé maternelle, tout en procédant par l'enrayement d'ici à 2015, de la propagation du sida et d'autres et commencé à inverser la tendance actuelle. L'Objectif 6 est de combattre le VIH/Sida, le paludisme et d'autres maladies, tout en procédant par l'enrayement d'ici à 2015, de la propagation du sida et par commencé à inverser la tendance actuelle. L'Objectif 7 est d'assurer un environnement durable tout en intégrant les principes du développement durable dans les politiques et les programmes nationaux et inverser la tendance actuelle à la déperdition de ressources environnementales. Quant à l'Objectif 8, il est de mettre en place un partenariat mondial pour le développement tout en augmentant l'aide au développement pour les pays les moins avancés et en poursuivant la mise en place d'un système commercial et financier multilatéral ouvert, réglementé, prévisible et non discriminatoire.

indicateurs.[423] Ces objectifs concourent à réaliser un développement basé sur les droits fondamentaux de la personne humaine.[424]

Partant du lien étroit qui existe entre le développement, la paix et la sécurité, nombreuses sont les études qui dénotent la grande difficulté à réaliser les OMD en Afrique de l'Ouest et surtout en Afrique du Centre.[425] Ces deux sous-régions sont le théâtre de conflits armés qui durent plus d'une décennie, avec pour l'Afrique Centrale, une envergure sous-régionale. Pourtant, force est de constater que le développement, la paix, la sécurité et les droits de l'homme, outre le fait d'être étroitement liés, se renforcent mutuellement. Par conséquent l'absence de bonne gouvernance pourrait inévitablement entraîner voire susciter la méfiance de la part des partenaires au développement qui hésiteront à soutenir la réalisation des objectifs de

---

[423]Ceci se traduit à travers les dispositions de la résolution, notamment dans son préambule, en ces termes : *«Nous réaffirmons notre volonté de tout faire pour assurer l'égalité souveraine de tous les États, le respect de leur intégrité territoriale et de leur indépendance politique, le règlement des différends par des voies pacifiques et conformément aux principes de la justice et du droit international, le droit à l'autodétermination des peuples qui sont encore sous domination coloniale ou sous occupation étrangère, la non-ingérence dans les affaires intérieures des États...* ». Ensuite, les Chefs d'Etats membres de l'Organisation des Nations Unies font remarquer que la mondialisation, en soi constitue un énorme défi qu'ils se proposent de relever. Ainsi, ceux-ci l'expriment en ces termes : «*Nous sommes convaincus que le principal défi que nous devons relever aujourd'hui est de faire en sorte que la mondialisation devienne une force positive pour l'humanité tout entière. Car, si elle offre des possibilités immenses, à l'heure actuelle ses bienfaits sont très inégalement répartis, de même que les charges qu'elle impose*» extrait de la Résolution adoptée par l'Assemblée générale des Nations Unies (A/RES/55/2)portant Déclaration du Millénaire à sa 55 ème session, 8e séance plénière, en date du 8 septembre 2000.

[424]Cela est, du reste, traduit au Point. 6 de la Résolution adoptée par l'Assemblée générale des Nations Unies (A/RES/55/2)portant Déclaration du Millénaire à sa 55 ème session, 8e séance plénière, en date du 8 septembre 2000, où les Chefs d'Etats membres de l'ONU, estiment que :«*... certaines valeurs fondamentales doivent sous-tendre les relations internationales au XXIe siècle, à savoir : La liberté, l'égalité, la solidarité, la tolérance, le respect de la nature, le partage des responsabilités*», et au Point.7 de la résolution, d'énoncer en ces termes : «*Pour traduire ces valeurs communes en actes, nous avons défini des objectifs auxquels nous attachons une importance particulière*»

[425]En tant qu'aspirations de tout peuple en matière de développement, les OMD portent sur des valeurs et des droits universellement reconnus parmi lesquels le droit de vivre à l'abri de la faim, le droit à une éducation de base, le droit à la santé et une responsabilité envers les générations futures.

développement du pays.[426] Le processus de développement ainsi compromis faute de moyens nécessaires pour son financement, les aspirations fondamentales des populations parmi lesquelles être libéré du besoin et de la peur, se voient remises en cause. De telles situations sont à relier au principe de la cause à l'effet, à la base des remous sociaux et autres contestations populaires qui fragilisent la paix sociale tout en créant un cadre d'insécurité généralisée. La problématique de la bonne gouvernance se pose ainsi comme le noyau autour duquel tout devra tourner. La bonne gouvernance est caractérisée par un certain nombre d'éléments parmi lesquels la séparation des institutions étatiques, le développement d'un cadre juridique et institutionnel favorable aux droits de l'homme et aux libertés publiques.

Du fait de la mondialisation et de la globalisation, les distances entre les États se sont très vite raccourcies au point de faire des frontières de simples espaces virtuels. Le passage d'un espace à un autre est devenu, du reste, une exigence souvent une donne incontrôlable par la structure étatique qui, face à la circulation de l'information venue d'ailleurs et de certaines catégories de biens et services, ne peut que constater son incapacité à réglementer la situation. Les pays de l'Afrique de l'Ouest et du Centre fortement engagés dans le processus de l'intégration régionale ne peuvent alors que collaborer et coopérer afin de favoriser l'émergence du cadre adéquat pour une meilleure prise en compte de leurs intérêts. Ainsi, dans le cas de la promotion et de la protection des droits de l'homme, les politiques menées en la matière au niveau sous-régional peuvent contribuer efficacement à leur défense par la définition, de façon collective, d'un modèle d'espace indispensable aux droits de l'homme. Une concentration d'énergie politique autour de valeurs

---

[426]Ces liens irréfutables entre ces concepts se traduisent sur le terrain par leurs conséquences, en termes de défragmentation du tissu social et de recomposition d'un nouvel ordre social, au delà du cadre juridiquement établi, notamment dans le cadre des espaces périphériques. Les espérances du bas peuple se déplacent et vont au delà des frontières de l'Etat qui perd en puissance. Les points de vue des auteurs sur cette proximité des concepts de paix, de sécurité et de développement en rapport avec la stabilité de l'Etat, notamment, en Afrique subsaharienne, sont dénoués de tout doute. Voir. Otayek René, 1999, pp 5-22, op.cit, p473 ; Igue Ogunsola John, 1995, op.cit, p353 ; Bennafla Karine, 1999, pp. 24-49, op.cit, p70 ; Stary Bruno, *Dévaluation et espaces transfrontaliers de la Côte d'Ivoire et du Ghana* In *Le modèle ivoirien en question : Crises, ajustements et recompositions*, Édition Karthala et ORSTOM, 1997, pp151-158

politiques communes peut à son tour favoriser l'émergence d'un esprit communautaire de défense des droits de l'homme. Pour E.K.Quaskigah,[427] l'adoption le 6 juin 1991 par les autorités politiques de l'Afrique de l'Ouest, de la Déclaration de Principes Politiques de la CEDEAO est sous-tendue par l'idée que l'intégration et la coopération ne sauraient se limiter à la coordination de stratégies et politiques économiques pour assurer de meilleures conditions de vie. Cette idée est soutenue par la conscience commune de ce que la paix et la stabilité politique fondées sur des convictions politiques communes ont toute leur importance. En témoigne d'ailleurs, cet extrait du préambule de la Déclaration.[428]Au niveau de l'Afrique de l'Ouest, il serait utile d'accompagner cette Déclaration par la mise en place d'instruments de contrôle du pluralisme politique, du fonctionnement régulier et égalitaire de l'activité politique.[429] Cet instrument sera chargé de veiller à ce que le cadre établi pour l'activité politique, au niveau national, permette et favorise le multipartisme. Il devra aussi s'assurer que les institutions issues de ces activités sont la représentation du peuple, à savoir des institutions légitimes et légales. Pour atteindre un tel objectif, la CEDEAO pourrait créer au sein de sa Cour de Justice, *une Commission Régionale pour la Bonne*

---

[427]E.K.Quashigah; *Les droits de l'homme et l'intégration régionale* in I*ntégration et coopération régionale* ; sous la Direction de Real Lavergne, CRDI, 1996, 301-322 pp

[428]La Déclaration de Principes Politiques de la CEDEAO, adoptée le 6 Juin 1991, dispose en son Préambule : *«Détermines à conjuguer nos efforts en vue de promouvoir la démocratie dans la sous-région sur la base du pluralisme politique et du respect des droits fondamentaux de l'homme tels que contenus dans les instruments internationaux relatifs aux droits de l'homme universellement reconnus et dans la Charte Africaine des Droits de l'Homme et des Peuples.Nous nous engageons à promouvoir et à encourager la jouissance pleine et entière par toutes nos populations, de leurs droits fondamentaux notamment la liberté de penser, de conscience, d'association, de religion ou de croyance de touts nos populations sans distinction de race, de sexe, de langue ou de religion.Nous croyons en la liberté de l'individu et en son droit inaliénable à participer grâce au processus libre et démocratique à l'édification de la société dans laquelle il vit. Nous nous efforcerons par conséquent d'encourager et de promouvoir dans chacun de nos pays, le pluralisme politique et les instituions représentatives et garantes de la sécurité et de la liberté individuelle dans le respect de la loi, notre patrimoine commun»*

[429]Cette avancée majeure dans la mise en place d'un cadre démocratique de promotion et de protection des droits de l'homme, au niveau sous-régional, témoigne de la volonté politique en la matière. Néanmoins, et fort de ce qui se déroule au sein des frontières des États, il est urgent que ces principes connaissent une concrétisation au niveau national.

Gouvernance, la Démocratie et le Développement Durable. Cette commission pourra travailler, en étroite collaboration avec les Institutions Nationales des Droits de l'Homme (INDH), les Ministères chargés des questions de droits de l'homme, les tribunaux et cours de justice au niveau national ainsi que le Bureau Régional pour l'Afrique de l'Ouest du Haut Commissariat des Nations Unies aux Droits de l'Homme (HCDH-BRAO). Elle aura, entre autres pour mission, de participer aux activités des parlementaires, notamment celles portant sur l'élaboration du budget national.[430] Ceci viserait à s'assurer de la prise en compte, dans le budget national, des recommandations et autres observations faites par les organes de surveillance des droits de l'homme.

La paix et la sécurité étant au cœur des activités de la CEDEAO et de la CEEAC-CEMAC, celles-ci devraient entrevoir le développement de *Plans d'Action Régionaux pour la Paix et la Sécurité au niveau sous-régional* à l'instar du Plan d'Action Régional de la CEDEAO pour la mise en œuvre de la résolution 1325 en Afrique de l'Ouest.[431] La coordination de ce plan pourra être assurée par ces entités, les Nations Unies ainsi que les plateformes sous-régionales de la société civile. La transversalité des questions liées à l'intégration régionale impose aujourd'hui d'impliquer dans leur traitement tous les acteurs de la société. Elle impose aussi que les actions menées au niveau sous-régional, soient accompagnées de synergies nationales et de volontés politiques manifestes des autorités gouvernementales. Ainsi serait-il utile d'envisager la création *de Comité interministériel chargé de l'intégration régionale.* Ces Comités pourraient comporter en leur sein, les Conseillers techniques de tous les ministères en vue d'aborder la question sous un angle transversal, mais aussi, de veiller à ce que les décisions sous-régionales soient reflétées dans l'action gouvernementale. Ils pourraient intégrer, en leur sein, l'ensemble des parties prenantes, notamment, la société civile, le secteur privé, le

[430]Intégrant dans ces activités la production de rapport de mise en œuvre des instruments sous-régionaux, régionaux et internationaux de promotion et de protection des droits de l'homme. Cette commission peut être constituée de représentants du Gouvernement, d'acteurs de la société civile, des Représentations Nationales de la CEDEAO, des conseillers diplomatiques des chancelleries étrangères et des agences des Nations Unies.

[431]Un tel plan sous-régional pourra, pour chaque année, faire l'inventaire des priorités en matière de maintien et de consolidation de la paix et de la sécurité sous-régionale et devra être accompagné de synergies nationales pour une meilleure prise en compte des spécificités nationales en la matière.

secteur judiciaire et le monde universitaire, pour susciter un consensus et un soutien en faveur du processus d'intégration régionale. Le bon fonctionnement de telles entités pourrait contribuer à la prise en compte des objectifs de l'intégration régionale dans les Plans et Budgets nationaux au niveau. En 1992, les ministres de l'Éducation de l'OUA avaient pris une décision visant à promouvoir le rôle de la télévision dans le processus démocratique. Dans la mise en œuvre d'une telle décision, au niveau de l'Afrique de l'Ouest et du Centre, les États pourraient développer des Programmes d'Éducation Télévisuelles, destinés aux petites classes afin de diffuser sous forme de bandes dessinées. Ces programmes proposeront des programmes sur l'histoire politique et le peuplement de l'État-nation en Afrique de l'Ouest et du Centre. Ils serviront aussi à l'éducation à la paix et à la promotion de la culture de la paix auprès des enfants et des jeunes. L'expérience d'un pays comme la Côte d'Ivoire, en matière de programme d'éducation télévisuelle, pourrait être prise en compte. Un tel programme trouve toute sa pertinence dans l'idée du Professeur Pierre Kipré,[432] à savoir, l'orientation vers une meilleure connaissance des populations et des cultures communes ainsi que de l'histoire. Ceci pourrait contribuer à asseoir *une conscience historique commune et une large promotion de l'image revalorisée des habitants de chaque pays chez ses voisins.*[433] Ainsi, il serait très utile d'envisager le rôle que pourraient jouer l'école et les médias dans la diffusion de l'image revalorisée de l'étranger et du migrant, afin d'inverser l'image négative au profit d'une nouvelle attitude, plus positive, envers l'autre, envers l'étranger.[434]

Cette nouvelle perception de l'étranger, dans le contexte actuel de la mondialisation et de la globalisation, s'impose aux États-nations.[435] Aussi force-t-elle la prise en compte dans les politiques nationales et les actions gouvernementales, des facteurs externes qui ont un impact sur la vie de la communauté nationale. La nécessité alors de divulguer

---

[432]Selon le Professeur : «*Une meilleure connaissance des populations et cultures communes autant que le souvenir des combats communs des Africains de l'Ouest, dans un passé encore récent contre toutes les formes de sujétion et de domination dans le cadre d'une mobilisation qui ne nous a jamais été favorable depuis au moins l'ère des traites negrières*». Cf. Kipré Pierre, *L'étranger dans l'Etat contemporain In Migrations en Afrique noire : La construction des identités nationales et la question des étrangers*, Édition du CERAP, Abidjan 2010, pp9-14

[433]*Op.cit*

[434]*Op.cit*

[435]*Ibidem*

une image positive du migrant en tant qu'acteur positif dans l'édification de la société et non en tant que celui qui vient seulement pour prendre et partir, se donne comme un impératif. Les politiques nationales en matière de gestion de la migration doivent être élaborées, en étroite concertation avec les voisins immédiats. Cela doit se faire en collaboration avec les institutions sous-régionales et autres organismes travaillant dans le domaine afin de disposer de toutes les informations nécessaires et des données indispensables à cet effet.

TitreII
La Dimension Humaine et Linguistique du processus de l'Intégration Régionale en Afrique de l'Ouest et du Centre : *de la théorie à la pratique*

Dans notre démarche, nous avons esquissé une théorie de l'intégration régionale axée sur la Dimension Humaine et Linguistique du processus de l'Intégration Régionale en Afrique de l'Ouest et du Centre. Cet essai de théorisation auquel nous nous sommes adonnées devra être suivi d'un essai de mise en pratique, ce à quoi nous envisageons nous adonner tout le long du titre II de notre étude.

Pour ce faire, il est question de convaincre de ce que la liberté de circulation devrait être vue comme un facteur d'émergence d'un espace économique commun en Afrique de l'Ouest (**Chapitre I**). Pour arriver à cette fin, l'analyse sera axée sur les stratégies sous-régionales pour la construction d'un espace économique commun (**Section I**), outre l'analyse des impacts des stratégies sous-régionales sur les droits économiques et sociaux en Afrique de l'Ouest et du Centre (**Section II**).

Aussi sera-t-il, question de convaincre de ce que la liberté de circulation apparaisse comme facteur d'émergence d'un espace sous-régional sécurisé et pacifique (**Chapitre II**). Ainsi, notre analyse sera orientée vers les stratégies sous-régionales pour la construction d'un espace sécurisé et démocratique en Afrique de l'Ouest (**Section I**) ainsi que les impacts des stratégies sous-régionales sur les droits économiques et sociaux en Afrique de l'Ouest et du Centre (**Section II**).

Chapitre I
La liberté de circulation comme facteur d'émergence d'un espace économique commun en Afrique de l'Ouest

Dans l'esprit des pères fondateurs du Traité d'Abuja et du Plan d'Action de Lagos, la politique économique envisagée pour les États de l'Afrique devait poursuivre un certain nombre d'objectifs. Il était fondamentalement question de rechercher la croissance économique durable et le développement social. À cet effet, les solides progrès devant être réalisés au niveau des États, pourraient soutenir l'atteinte de cet objectif et entraîner, non seulement, un relèvement du niveau de vie sur tout le Continent, mais aussi, assurer le plein emploi des ressources, tout en réduisant les inégalités et la pauvreté.

Des constats effectués par les études réalisées par les institutions régionales en charge de l'intégration des espaces africains, la tendance à la mise en oeuvre des objectifs économiques assignés au Traité d'Abuja, est à bien des égards, positive. En effet, depuis l'entrée en vigueur de ce traité, les progrès réalisés dans la mise en œuvre du processus d'intégration régionale sont perceptibles au niveau des CER.[436] De façon générale, de par leurs efforts, ces CER sont arrivées à mettre en place les zones de libres-échanges, les unions douanières et la libre circulation des personnes avec l'introduction de passeports communautaires.[437] Tout cela sera soutenu par de nombreuses

[436]Centre Africain de Politique Commerciale (CAPC), *Les processus de création du Marché Commun Africain: Une vue d'ensemble*, Commission Economique pour l'Afrique-Nations Unies (UNECA), Juin 2004,p 7-15 ; Rapport de laTroisième Rencontre inter-Juridictionnelle des Cours communautaires de « l'UEMOA, la CEMAC, la CEDEAO et de l'OHADA», Dakar 4, 5, 6 Mai 2010,sur le thème *: La libre circulation des personnes et des biens dans l'espace UEMOA ;* Rapport du Comité intergouvernemental d'experts 2011, *l'état d'avancement du processus d'intégration régionale en Afrique Centrale:*«*Enjeux et opportunités des politiquesindustrielles en Afrique centrale*», Yaoundé (Cameroun), du 11 au 12 Mars 2011,p 28-30

[437]Il faut y ajouter les diverses synergies au niveau des États. En effet, les efforts déployés au niveau des législations ont abouti à l'harmonisation des cadres législatifs nationaux contribuant ainsi à l'émergence de cadre commercial favorable. Cette situation a stimulé les investissements étrangers et améliorer les mouvements des échanges commerciaux infrarégionaux.

réalisations effectuées au niveau des infrastructures et par l'amélioration des moyens de communication et de production. Ces acquis positifs doivent leur effectivité à certaines actions au niveau régional, notamment, dans le cadre de l'UA, parmi lesquelles, le NEPAD. Malgré ces acquis, le processus d'intégration demeure confronté à de nombreux défis. L'un des défis majeurs réside dans la lenteur constatée dans l'application des accords d'intégration régionale visant à supprimer les barrières tarifaires et non tarifaires imposées aux échanges commerciaux. Cela a pour conséquence de freiner toutes les initiatives et de rendre moins perceptibles les efforts en matière de libre circulation des biens et des services. Cette situation produit des réactions en chaîne sur les échanges intracommunautaires.[438] En effet, le processus de libéralisation des échanges n'est pas suivi des effets escomptés, à savoir, accélérer le commerce intra-africain qui demeure faible par rapport à d'autres régions comme l'Europe et l'Asie.[439] Diverses raisons expliquent cette situation. Les faiblesses constatées au niveau du commerce intra-africain seraient dues à l'insuffisance de la base productive et manufacturière et au manque d'infrastructures, obstacles à l'expansion du commerce. La nécessité de mettre en place des politiques sous-régionales cohérentes, en vue de stimuler le commerce intracommunautaire, devient alors un impératif de taille. Par ailleurs, une telle politique devrait être accompagnée par de sensibles réformes, au niveau national, qui pourraient accélérer les politiques développées par les CER.[440] Pour ce faire, il faudrait adopter des stratégies sous-

[438]Organisation des Nations Unies-Commission Economique pour l'Afrique-Union Africaine, *Etat de l'intégration régionale en Afrique III : Vers l'intégration monétaire et financière en Afrique,* Addis-Abeba, UNECA, 2008

[439]D'après les statistiques du commerce international de l'OMC, pour l'année 2006, la part du commerce intra-africain dans le volume total des exportations a atteint à peine 9,8 % en 2000 et 8,9 % en 2005, contre 72,7 % en 2001 et 73,2 % en 2005 pour l'Europe, et 66,8 % et 66,7 %, respectivement, entre les 25 pays de l'Union européenne. La part du commerce intra-africain par rapport au volume total des exportations peut également être comparée à celle de l'Amérique du Sud, de l'Amérique Centrale et de l'Asie. Pour l'Asie, cette part était de 51,2 % en 2005 et celle de l'Amérique du Sud et de l'Amérique Centrale étaient de 24,3 %.

[440]En d'autres termes, c'est la volonté politique manifeste qui est ici recherchée afin d'accompagner le processus d'intégration régionale en Afrique. L'évaluation continue des progrès, en matière d'intégration en Afrique, est essentielle pour bien comprendre et identifier les forces et les faiblesses des interventions menées en ce sens et contribuer à construire l'avenir grâce aux enseignements tirés de l'expérience.

régionales visant la construction d'un espace économique commun. Par ailleurs, il faut dire que ces stratégies devraient être inclusives et globales afin de mieux prendre en compte les droits économiques, sociaux et culturels des populations.

Pour convaincre de cette énième nécessité, il nous appartiendra, dans ce Chapitre, d'axer l'analyse sur les stratégies sous-régionales pour la construction d'un espace économique commun (**Section I**) y compris l'analyse des impacts des stratégies sous-régionales sur les droits économiques et sociaux en Afrique de l'Ouest et du Centre (**Section II**).

Section I : Les stratégies sous-régionales pour la construction d'un espace économique commun

La mise en place d'un espace intégré au niveau des CER implique, inéluctablement, que celles-ci veuillent s'armer de stratégies nécessaires pour faire face à la compétition mondiale. Aussi implique-t-il que les produits des CER de l'Afrique de l'Ouest et du Centre, soient compétitifs au niveau régional et mondial. Les États de ces entités intégrées doivent alors adopter des réformes institutionnelles et structurelles à forte tendance libérale et tournées vers l'ouverture du marché national. À cette seule condition, le pays mettrait, ainsi en place, une stratégie de développement qui s'aligne sur les données extérieures et fait entrer l'économie nationale dans la dynamique mondiale, tout en offrant plus de choix au consommateur local.[441] Loin d'être nouvelles, ces stratégies ont été encouragées, à l'orée des premières crises financières et économiques par les institutions de Bretton Woods, dans le cadre des PAS et de l'assistance au

[441]La libéralisation des termes de l'échange devenait, à partir des années quatre vingt dix, un comportement que les Etats se devaient d'observer, notamment, les États en voie de développement de l'Afrique subsaharienne. Certes, les PAS et autres stratégies qui y ont trait n'ont et ne sont pas soustraits de toutes imputations fortement liées à leurs effets pervers et inattendus. Néanmoins, force est de se rendre à l'évidence que cela apparait plus qu'un besoin mais un impératif que pour stabiliser l'économie nationale, il est impératif de disposer de devises étrangères, ou encore, de valeurs positives. Par conséquent, l'État devrait tendre vers des politiques susceptibles de lui procurer plus d'entrées que vers une politique d'endettement, ou encore favoriser les attitudes de pays en situation d'attente d'assistance étrangères ou d'aide internationale au développement.

développement accordée aux pays de l'Afrique subsaharienne.[442] Tout cela impose que les États membres des CER d'Afrique de l'Ouest et du Centre, s'orientent vers la mise en place de politique de développement commun en vue d'accélérer la mise en place d'espaces économiques communs et compétitifs dans ces deux sous-régions.

L'analyse sera focalisée sur la mise en place d'un espace économique commun et compétitif en Afrique de l'Ouest et du Centre (**Parag.I**) ainsi sur la nature et les impacts des échanges transfrontaliers sur l'économie nationale et sous-régionale (**Parag.II**).

<u>Parag.</u>I: La mise en place d'un espace économique commun et compétitif en Afrique de l'Ouest et du Centre

La liberté de circulation des personnes, des biens et des services nécessite que soit établi un cadre adéquat et propice à cet effet. Ainsi serait-il utile d'arriver à créer un cadre de libre échange balisé par une législation communautaire harmonisée et soutenue par des pratiques et procédures administratives uniformisées et régulières. Tous ces éléments de considérations sont à la base de tout processus d'intégration régionale et conditionnent la réussite du processus par leur caractère cumulatif. En ce qui concerne la création d'espaces économiques intégrés, il est impératif d'arriver à la libéralisation des échanges et à garantir la libre circulation des services.443 Pour de nombreuses raisons liées tantôt aux difficultés économiques de l'État, pris individuellement ou encore liées aux considérations politiques, les politiques d'intégration des espaces économiques doivent être en mesure de soutenir et d'appuyer les politiques nationales en la matière, avec pour objectif de les stimuler. Par conséquent, cela implique pour nous d'adopter une démarche analytique des cadres législatifs nationaux, notamment, au regard des normes

---

[442]L'accord d'Abuja avait opté pour une approche progressive, en ce qui concerne la réduction de certains tarifs douaniers au niveau régional. Par la suite, celle-ci sera, en grande partie, remplacée par la libéralisation généralisée des échanges que préconisent les programmes d'ajustement structurel financés par la Banque mondiale et le FMI. Voir. Gumisai Mutume, *Stimuler le commerce intra-africain, en levant les barrières douanières et en diversifiant la production*, Afrique Relance ONU, Vol.16 #2-3, septembre 2002, page 20) ; (Mahamat Abdoulahi.CAPC-UNECA. Rapport Décembre 2005

[443]Autrement dit, il ne saurait y avoir d'espace économique intégré et viable que si le cadre législatif et les politiques nationales ne contribuent pas à garantir ces droits fondamentalement liés

communautaires développées pour accompagner le processus d'intégration économique. Cela implique aussi de s'assurer que ce cadre juridique est favorable à l'harmonisation des politiques macroéconomiques des États membres de la CER.

Notre démarche nous conduira à s'assurer que les politiques et autres stratégies développées pour soutenir le processus d'intégration économique en Afrique de l'Ouest et du Centre, intègrent la nécessité de mettre en place des mécanismes sous-régionaux d'appui financier aux efforts nationaux en la matière. Pour ce faire, il convient de s'assurer que le cadre juridique est favorable à l'harmonisation des politiques macroéconomiques (**A**) et qu'il assure la promotion et la protection de certains secteurs d'activités : La mobilité de travail (**B**).

A- Un cadre juridique favorable à l'harmonisation des politiques macroéconomiques

Avec les crises économiques mondiales de 2007, 2008 et 2009, l'État a joué un rôle de taille dans la prise de mesures concrètes et persuasives afin de juguler leurs effets pervers.[444] Dans les pays occidentaux fortement touchés par cette crise financière et économique, l'État a pris des mesures pour mettre en place des plans de sauvetage des banques, des industries automobiles et du secteur manufacturier. Il a investi massivement dans le secteur social et réalisé de nombreuses œuvres sociales. Aussi a-t-il élargi la sécurité sociale à la classe des chômeurs.[445] Ces mesures ont, à court terme, permis de relancer les économies nationales et contribuer à stabiliser le marché national ainsi que le marché de l'emploi qui avait payé un

---

[444] À la base, des prêts hypothécaires à haut risque développés aux États-Unis sur la Côte ouest, la crise d'août 2007 se mondialise très rapidement. Face à l'incapacité des banques et l'absence de confiance des financiers, l'intervention étatique devient inévitable afin de soutenir les banques, à travers des injonctions des liquidés par les Banques Centrales, tout au long de l'année 2008 et 2009.Voir. V.Dujardin, Y.Decrot, R.Costa & V.de Moriamee, *La crise économique et financière 2008-2009, l'entrée dans le 21 ème siècle?* Editions Scientifiques Internationales, Bruxelles 2010

[445] Dans cette perspective, la théorie *Keynésienne,* aura joué un rôle déterminant, notamment la théorie de la relance par la demande qui avait été utilisée durant la crise de 1930. Le développement économique et la croissance doivent être assurés par une demande publique financée par le déficit. Voir. V.Grenier, P.G. Laberge, M. J.Lamontagne et S.M. Fortier, L*es politiques Keynésiennes encore d'actualité? L'auteur, la théorie, les concepts et les applications du modèle keynésien, Histoire du capitalisme, du 18 au 20 ème siècle,* Université de Sherbrooke, Avril 2005, page 5 et 29

lourd tribut. Pour faire face à la crise économique de 2008, le gouvernement du Président George Walker Bush avait développé un plan de sauvetage à hauteur de sept cents (700) milliards de dollars pour les marchés financiers des États-Unis.[446] Afin de juguler les effets de cette crise qui perdurait jusqu'en 2009, l'Administration du Président Barack Obama avait adopté un plan de relance budgétaire d'une valeur de sept cent quatre-vingt-sept (787) milliards de dollars.

En Europe où la crise faisait aussi d'énormes victimes, le gouvernement de la Grande-Bretagne a mobilisé environ trente-sept (37) milliards de livres sterling pour sortir ses institutions financières de la crise. Ailleurs, dans le monde, les gouvernements ont développé des plans de réaction et des programmes de relance. Face aux impératifs du développement, l'État, dans certains pays comme la Chine, a été très actif et a été tenu d'intervenir, à divers niveaux, pour faciliter l'ascension de la Chine en tant que puissance économique mondiale. Dans d'autres États de l'Asie, comme la Corée du Sud, Taiwan, Singapour et la Malaisie ou encore en Amérique latine, dans les pays comme le Brésil et le Chili, l'intervention de l'État a favorisé la transformation et le développement économique rapide de ces pays. Loin de remettre en cause le principe fondamental du libéralisme économique, cet interventionnisme de l'État dans la gestion de l'économie a fait resurgir le vieux débat sur le rôle et la nature de l'État dans le processus de développement.[447] En effet, les

---

[446]L'administration américaine a soumis au Congrès un vaste plan d'assainissement du secteur financier censé permettre au Trésor de reprendre jusqu'à 700 milliards de dollars d'actifs douteux, dans le but de mettre fin à la crise financière, il s'agit du plan *Paulson* et les propositions des démocrates. Entre autres propositions du Congres Américain, il faut citer : (1)-Entrée du Trésor au capital de chacune des entreprises dont il reprendrait des actifs ; (2)-Création d'une instance de contrôle réunissant entre autres le président de la Réserve fédérale, celui de la Federal Deposit Insurance Corp (FDIC), l'agence de garantie des dépôts bancaires, et celui de la Securities and Exchange Commission (SEC), l'autorité des marchés financiers. (23/09/2008-Reuters) Fort de ces propositions, il apparaît clairement que l'on tombait de plein pied dans l'interventionnisme étatique, en opposition totale avec le libéralisme américain classique.

[447]L'importance que revêtent les facteurs institutionnels pour le développement en général est de mieux en mieux comprise, ce qui étaye mieux la nécessité de renforcer l'État africain pour une meilleure participation du continent à l'économie mondiale. Les institutions sont définies comme étant les systèmes d'incitations et d'entraves qui gouvernent le comportement des agents économiques et leurs interactions. Ils comprennent les règles et lois formelles ainsi que les conventions et

économistes de la doctrine libérale en étaient arrivés à cette idée selon laquelle l'État dans le monde capitaliste, ne devait jouer qu'un simple rôle de formulation des règles portant sur la régulation du marché et de l'économie. L'analyse que nous faisons d'une telle situation qu'il faudrait aussi assimiler à celle de la réaction du gouvernement américain lors de la crise de 1929, est que la volonté politique se veut le ferment de la réussite de tout le processus de développement. Autrement dit, l'État apparaît comme un élément essentiel au développement, au point que d'aucuns parlaient d'État développementaliste.[448] Selon la définition que l'on donne à ce concept, l'État développementaliste fait du développement économique sa priorité en politique. Pour ce faire, cet État conçoit des instruments efficaces susceptibles de permettre la réalisation de cet objectif. Précisément, il est question pour cet État de mettre en place de nouvelles institutions formelles, d'établir des réseaux formels et informels de collaboration entre les citoyens et les fonctionnaires et de favoriser l'utilisation de nouvelles opportunités de commerce et de production rentables.[449] Par ailleurs, le point de vue général qui prévaut au sein de la classe des économistes du développement, notamment à ce sujet précis, c'est qu'un État développementaliste est essentiel au processus de croissance économique accélérée et de la transformation sociale d'un pays, quel qu'il soit. L'avantage d'un tel État réside dans la volonté que les autorités manifestent dans les

---

normes informelles de comportement, Ce sont les institutions qui fixent les « règles du jeu ». Ce sont elles aussi qui influent sur la performance de l'économie car elles fournissent la structure des échanges qui détermine le coût des transactions. Elles peuvent améliorer les niveaux de l'investissement et de la croissance en traitant l'information, en réduisant l'incertitude et en abaissant les coûts des transactions. Une manière utile de penser aux institutions et à leurs effets économiques est de faire la distinction entre les différents niveaux où les institutions forment la base des interactions entre les parties : Le niveau politique, le niveau public, le niveau public-privé et le niveau des agents privés. Voir. E.Aryeetey, J.Court, M.Nissanke et B.Weder, *Le renforcement de la participation de l'Afrique à l'économie mondiale*, Rapport de réunions consultatives d'experts organisées par l'UNU et le CREA, Première édition: Octobre 1998, pp26-27

[448]Commission Economique pour l'Afrique et Union Africaine, *Gérer le développement: Le rôle de l'État, dans la transformation économique,* Rapport économique sur l'Afrique 2011

[449]Commission Économique pour l'Afrique, Union Africaine, Rapport économique sur l'Afrique 2011; *Gérer le développement : Le rôle de l'Etat dans la transformation économique*, Addis-Abeba (Éthiopie), Mars 2011, www.uneca.org

réformes qu'elles entreprennent pour arriver à atteindre de tels objectifs.

De ce constat, il serait utile de rechercher dans la vision politique et économique des États de l'Afrique de l'Ouest et du Centre, que celle-ci intègre une telle approche du développement. Ainsi seulement, sera perceptible le recours aux outils tels que l'adoption de cadres juridiques propices et ouverts aux investissements étrangers, en plus de créer un cadre favorable et stimulant de l'initiative privée, au sein des couches sociales disposant de bonnes capacités financières. Dans cette perspective économique, il s'agira pour l'État d'adopter les réformes nécessaires pour impulser la macroéconomie au niveau national. Abondant dans le même sens, Ousmane Badiane recommande comme préalable à l'intégration d'accorder une plus grande attention aux politiques macroéconomiques nationales. Il juge fondamentalement contradictoire de poursuivre des politiques nationales introverties, tout en fondant l'intégration régionale sur des mécanismes d'échanges préférentiels.[450] En d'autres termes, en mettant en place des politiques macroéconomiques ouvertes et offrant un panel de choix et plus d'opportunités aux investisseurs extérieurs, cela peut multiplier les chances de réaliser le développement.[451] L'expérience montre que les stratégies de développement axées sur les politiques commerciales introverties se prêtent très mal à l'accroissement durable des échanges par le biais des formules de préférences commerciales réciproques ou d'autres mécanismes institutionnels.

En effet, un gouvernement fondant sa stratégie de promotion de l'industrie nationale sur le protectionnisme peut difficilement envisager des relations commerciales sans restrictions avec les pays voisins. Autrement dit, les pays engagés dans le processus d'intégration régionale, doivent arriver à un stade où ceux-ci développent des stratégies nationales qui ne privilégient pas les mesures protectionnistes. En effet, ces mesures orientées vers la restriction du commerce, affectent négativement le commerce

[450]Ousmane Badiane, «*Les politiques nationales et l'intégration régionale*» In *Intégration et coopération régionale en Afrique de l'Ouest*, IIeme Partie : Perspectives économiques, Édition Karthala et CERDI, 1996 Real Lavergne
[451]*Op.cit*

régional.[452] Cette situation va se traduire par le fait qu'elles favorisent l'émergence de structures de production à coûts élevés. Cette situation entraîne inéluctablement une autre liée à des pénuries de devises en raison de l'appréciation du taux de change réel et de l'effet de dissuasion qui en résulte sur la production des exportations. Pourtant, force est de constater que ces devises contribuent, de façon conséquente, à la constitution de la richesse nationale. Son absence ou sa rareté induit le recours à certaines pratiques nationales qui ont des effets considérables sur les échanges avec les partenaires extérieurs. Ainsi, les autorités seront conduites à prendre des mesures de contrôle des échanges telles que les interdictions, les licences d'importation ou le rationnement des devises qui entravent inévitablement le commerce avec les pays voisins. Pour arriver à une telle situation, le législateur national jouera un rôle d'autant plus grand qu'il sera conduit à entamer des reformes juridiques en vue de l'aménagement du Code des investissements qui accordent plus de place à l'ouverture qu'aux restrictions.[453] Le cadre juridique national doit avoir cette approche souple des perceptions et autres taxes tarifaires.

Mais aussi, le législateur, dans sa démarche, doit arriver à intégrer les grandes lignes des objectifs visés par le cadre législatif sous-régional.[454] Cela même, bien qu'il ne soit pas toujours aisé, au sein de la législation communautaire que les normes définissent clairement les manières auxquelles les États devront avoir recours pour atteindre l'objectif commun. Cela dit, la marge de manœuvre, ainsi laissée aux autorités nationales, ne doit pas leur faire perdre de vue le fait que le cadre législatif national entretient un lien étroit avec le cadre sous-régional. Par conséquent, lorsque les États se dotent de cadres juridiques qui ne se ferment pas à toute perspective sous-régionale, ils donnent plus de chances au sous-régional d'intégrer le national. Aussi favorisent-ils un développement auto-entretenu au niveau sous-régional. Cela d'autant plus vrai que dans leur ensemble, les pays de l'Afrique de l'Ouest et du Centre vivent d'exportation de leurs matières premières. Cependant, il faut voir dans la peur exprimée par les États, à travers la prise de mesures protectionnistes, la crainte de

---

[452]Dillé Bibata, thèse de Doctorat en Science économique, Octobre 2000, pp23, 24 et 29, op.cit, p458

[453]Priso-Essawe Samuel-Jacques, *"L'émergence d'un Droit Communautaire Africain de la concurrence : « double variation sur une partition européenne»"* In Revue Internationale de Droit Comparé (R.I.D.C), n°2, 2004, pp330-354

[454]*Op.cit*

voir leur marché national submergé par des produits plus compétitifs que les produits locaux. Partant, les taxes imposées à cet effet, deviennent une autre source d'entrée dont la suppression pour respecter la réglementation sous-régionale, a d'énormes coûts sur les recettes nationales.[455]

Face à toutes ces entraves, accentuées par la fragilité des économies nationales, les stratégies développées pour conduire l'intégration régionale, ont prévu des outils de soutien à ce manque à gagner. D'autre part, il serait utile d'entrevoir des politiques qui mettent davantage l'accent sur la promotion et la protection des secteurs d'activités, avec pour objectif, de contribuer à faire progresser l'économie nationale, en lui garantissant une bonne disponibilité sous-régionale. C'est le cas de la mobilité de l'emploi, susceptible de mettre à disposition une ressource humaine qualifiée et opérationnelle.

B- La promotion et la protection de certains secteurs d'activités : La mobilité de travail

De la lecture de l'article 3 du Traité révisé de la CEDEAO relatif aux buts et objectifs que s'est assignés la communauté, il ressort une nécessité d'harmoniser les politiques nationales relatives à certains domaines et secteurs.[456] Ceci tend à rendre le processus d'intégration

---

[455]Bien que très souvent, les acteurs étatiques essaient de justifier de telles pratiques par des nécessités d'ordre publiques ou de sécurité ou encore accoudée à leur souveraineté de l'Etat, n'empêche que ces mesures demeurent d'une certaine inefficacité. Dans le (Rapport de laTroisième Rencontre inter-Juridictionnelle des Cours communautaires de « l'UEMOA, la CEMAC, la CEDEAO et de l'OHADA», Dakar 4, 5, 6 Mai 2010,sur le thème *: La libre circulation des personnes et des biens dans l'espace UEMOA)* le rapport cependant ces impacts négatifs sr les efforts sous-région *;* Partageant les mêmes craintes *(*Rapport du Comité intergouvernemental d'experts 2011, *l'état d'avancement du processus d'intégration régionale en Afrique Centrale:*«E*njeux et opportunités des politiquesindustrielles en Afrique centrale*», Yaoundé (Cameroun), du 11 au 12 Mars 2011,p 28-30) trouvent que les États gagneraient en déployant un énorme capital de confiance dans les flux commerciaux extérieures et encourageant les échanges intra-régionaux.

[456]Cf article 3-Buts et objectifs, parag. 2 (a), du Traité révisé de la CEDEAO, en date du 24 juillet 1994,qui dispose : «*Afin de réaliser les buts énoncés dans le paragraphe ci-dessus, l'action de la Communauté portera par étapes sur l'harmonisation et la coordination des politiques nationales et la promotion de programmes, de projets et d'activités, notamment, dans les domaines de l'agriculture et des ressources naturelles, de l'industrie, etc.*»

régionale effectif par l'émergence de l'union économique susceptible d'élever le niveau de vie des peuples. Pour la réalisation de cette union économique, l'article 3 retient l'harmonisation, la coordination de politiques nationales, la promotion de programmes, de projets et d'activités relatives au secteur professionnel, des études et au secteur administratif. L'article 1 du Protocole Additionnel de la CEDEAO relatif au droit de résidence, reconnaît au citoyen ressortissant de la communauté, disposant d'une carte de résident dans un pays de la communauté, le droit d'occuper un emploi et de l'exercer.[457] Dans la perspective de favoriser cette migration de travail, le même protocole, en son article 18, requiert une coopération des administrations compétentes dans chaque État afin de faciliter l'échange d'informations en la matière.[458] Il s'agit pour ce protocole d'encourager les États à emprunter la voie de l'harmonisation de leurs politiques en matière d'emploi. Cette initiative a pour avantage, non seulement, de tenter de résorber le problème du chômage dans certains États, mais aussi, et surtout de faciliter l'échange du savoir-faire. Le migrant disposant d'une connaissance pourrait la mettre à la disposition du pays d'accueil. Le miracle ivoirien des années 1970 en a été une parfaite illustration. Il a permis à ce pays de bénéficier d'une main-d'œuvre abondante et qualifiée. Grâce au savoir-faire de cette main d'œuvre, la Côte d'Ivoire a pu se positionner comme le premier producteur de cacao dans le monde et le troisième pays producteur de café au niveau mondial. Malheureusement, le début des années 1980 a vu la mise en œuvre de politiques de restriction de l'immigration dans

---

[457]Cf. l'article 1 du Protocole Additionnel A/SP1/7/86 relatif à l'exécution de la 2ème étape (Droit de Résidence) du Protocole sur la libre circulation des personnes, le droit de résidence et d'établissement, qui dispose : « *« Droit de Résidence », le droit reconnu à un citoyen, ressortissant d'un Etat Membre, de demeurer dans un Etat membre autre que son Etat d'origine et qui lui délivre une CARTE ou un PERMIS DE RERIDENCE pour y occuper ou non un emploi.*»

[458]Cf.l'article 18 para.2 Titre VIII- Coopération entre les Administrations compétentes des Etats Membres, du Protocole Additionnel A/SP1/7/86 relatif à l'exécution de la 2ème étape (Droit de Résidence) du Protocole sur la libre circulation des personnes, le droit de résidence et d'établissement, qui dispose : « *Les Administrations compétentes des Etats membres doivent coopérer étroitement les une avec les autres d'une part, et, avec le Secrétariat Exécutif d'autre part, dans le domaine de la migration des personnes au sein de le Communauté et surtout en ce qui concerne la main d'œuvre migrante afin d'identifier les types d'emplois qui sont recherchés et la qualification des chercheurs d'emplois ainsi que le coût de la main-d'œuvre dans les États membres par échange d'information entre le Secrétariat Exécutif et chacun des États membres*»

ce pays. Cette tendance a été marquée par l'«*ivoirisation*» des emplois salariés, de la limitation de l'accès aux terres agricoles et l'institution des cartes de séjour pour tous les étrangers. De ce constat, il ressort une nécessité pour la communauté de prendre les mesures indispensables afin de pallier à d'éventuelles situations. Cette situation de crise invite à mettre en œuvre une politique communautaire de création d'emploi à l'instar de l'Union Européenne. En effet, la Commission de l'Union veille à la mise en œuvre de la Stratégie Européenne pour l'Emploi (SSE). Cette stratégie aide les pays à créer plus d'emplois et de meilleurs emplois. La Commission européenne plaide pour une approche durable destinée à soutenir la croissance et l'emploi en Europe. Elle soutient le développement de technologies durables, en récompensant les projets pionniers en matière d'énergie durable.[459]

La CEDEAO pourrait accompagner les États dans leur politique de création d'emplois, en identifiant des secteurs à promouvoir. La nationalisation des emplois dans les situations de crise économique constitue un frein à la sécurité de l'emploi et une menace à l'effectivité du droit de résidence des citoyens. Cette politique pourrait avoir des effets pervers sur le développement du pays. Le conflit foncier qui avait opposé les citoyens ressortissants du Burkina Faso et les populations autochtones du Centre-Ouest de la Côte d'Ivoire, en 1998, avait eu des conséquences désastreuses sur le rendement des plantations abandonnées et les récoltes non-effectuées.[460] La crise politique et militaire de 2002 avait vu la désertion des plantations par ces mêmes populations avec pour conséquence de contribuer fortement à la baisse de la production nationale de cacao et de café.[461] La coopération en matière d'emplois se veut alors un facteur de développement dans la mesure où l'histoire a démontré que les pays qui avaient développé une politique d'immigration ont connu l'introduction de techniques nouvelles sur le marché de la consommation. L'ingéniosité des *haoussas,* originaires du Niger, a permis l'introduction d'un plat très apprécié en Côte d'Ivoire, le

---

[459] Cf. www.ec.europa.eu/social/main.jsp

[460] Bado Alfred, *Le conflit foncier, «Ivoirité» et crise sociopolitique en Côte d'Ivoire* In *Les questions foncières rurales comme facteurs de crise en Afrique subsaharienne : Afrique du Sud, Côte d'Ivoire, Kenya,* Institut Français des Relations Internationales (IFRI)-Programme Afrique subsaharienne), Décembre 2009

[461] *Ibidem*

Garba.[462] La présence de ce même peuple au Sénégal a permis l'introduction d'un plat communément appelé la *Dibiterie.*[463] Aujourd'hui, les pays de la sous-région sont appelés à faire face à une forme de migration professionnelle, il s'agit de la migration des intellectuels ou diplômés. Contrairement à la migration professionnelle traditionnelle qui a prévalu dans la sous-région, cette nouvelle forme de migration pourrait s'expliquer par le nombre croissant de diplômés confrontés au problème d'insertion socioprofessionnelle, dans leur pays d'origine. Ces demandeurs d'emploi optent, à défaut d'émigrer vers l'Europe, pour la migration sud-sud. Cette forme de migration a l'avantage d'être porteuse de transfert de savoir-faire comparable à celui des pays occidentaux. En effet, la possibilité offerte à un ressortissant de la sous-région, détenteur d'un diplôme en ingénierie lui permettrait de mettre cela à la disposition du pays d'accueil, en plus de transférer les fruits de son savoir dans son pays d'origine. Ce dernier contribue ainsi au développement de deux pays de la sous-région. Pour une meilleure rentabilisation de cette forme de migration, il serait utile d'adopter la bonne pratique européenne qui consiste en la fourniture par les États membres de données sur les postes vacants.[464] Cette forme de migration est à encourager, car elle pourrait participer à réduire les impacts négatifs de la politique européenne de l'immigration choisie. L'institution d'une carte bleue dans le cadre élargi de l'Union Européenne (UE) ou d'une carte de séjour dénommée "*Compétence et*

---

[462]En tant que plat très prise par toutes les couches sociales de la Côte d'Ivoire, est constitué de garins de manioc (Attieké) et du poisson thon grillé, melangé avec du piment et parfois des oignons. Ce plat est la particularité d'être consommé aussi par les classes aisées que par les classes moyennes ou encore par la population démunie. Elle est réputée contribuée à assurer la satisfaction et le rassasiement du consommateur. Les membres de la communauté haoussa vivant en Côte d'Ivoire, en sont les principaux vendeurs, tandis que les grains de manioc (Attiéké) sont produits par les femmes originaires du Sud.

[463]Il s'agit de lieux de vente de viandes de mouton ou de beoufs tenus par les ressortissants haoussa, originaires du Niger. Ces lieux sont très fréquentés par les populations vivant au Sénégal. Ils ont pour la particularité de réunir aussi bien les nationaux sénégalais que les popualtions étrangères de toutes les couches sociales, venant s'approvisionner en dibit.

[464]Cf. l'article 2 du règlement de la Commission européenne n°19/2009 du 13 janvier 2009 portant application du règlement CE n°453/2009 du Parlement européen et du Conseil relatif aux statistiques trimestrielles sur les emplois vacants dans la communauté.

talents"[465] en France pourrait avoir des impacts négatifs sur le rendement des pays de la communauté. Étant donné que ces politiques privilégient et favorisent l'immigration des diplômés hautement qualifiés, celles-ci favoriseraient les projets d'immigration sud-sud échoués du fait d'absence de politique communautaire de promotion de la migration d'emploi au sein de la CEDEAO.

Le contexte mondial exige une politique communautaire allant dans le sens d'une gestion concertée de la migration orientée vers les pays de la zone. Tout en n'excluant pas la migration vers les pays occidentaux, cette politique devrait rentabiliser celle-ci par une politique communautaire de retour volontaire des immigrés ou encore développer, en partenariat avec ces derniers, des projets de développement des zones de départ. Il va alors sans dire que les institutions de la CEDEAO devront davantage coopérer avec l'UE, les gouvernements du Canada et des États-Unis d'Amérique (USA) afin de favoriser la mise à disposition de statistiques. La coopération administrative au niveau de la communauté participerait activement du progrès dans la mise en œuvre de nombreuses politiques. Elle faciliterait le transfert de données statistiques, en matière de disponibilité d'emplois dans un pays en outre de fournir des informations sur les formes de migrations et profil des migrants traversant les frontières. Dans le cadre de l'UE, la coopération entre administrations douanières a pour missions prioritaires de lutter contre le terrorisme, d'assurer la sécurité des citoyens de la communauté (Drogues, contrôles sanitaires et vétérinaires, contrefaçons dangereuses), veiller à la protection de l'économie (Trafic de cigarette) et de lutter contre la criminalité entre autres. Cette coopération est indispensable dans un contexte de suppression des frontières, mais aussi et surtout en vue de diminuer les marges d'erreur dans l'élaboration des stratégies communautaires de lutte contre la pauvreté. En effet, la disposition de données statistiques fiables sur le nombre exact de personnes passant les frontières d'un pays à un autre avec des motifs de migration exprimés permet d'identifier une stratégie adéquate. L'UE a fait de l'année 1966, "*année européenne de l'éducation et de la formation*" tout au long de la vie. Cette initiative pourrait pour plus d'une raison constituée une bonne pratique pour la CEDEAO. Elle contribuerait à faire du droit à

[465] Cf. Loi n°2006-911 du 24 juillet 2006 relative à l'immigration et à l'intégration, République française

l'éducation un droit fondamental et communautairement reconnu avec pour effet de faciliter sa protection.

Dans le Chapitre XI du Traité révisé, les États membres de la CEDEAO s'engagent à coopérer en vue d'assurer la mise en valeur effective de leurs ressources humaines. Pour ce faire, ceux.ci sont appelés à créer un cadre de coopération relatif à l'éducation, à la formation et à l'emploi, ce qui exige d'eux qu'ils harmonisent et coordonnent leurs différentes politiques dans ces domaines.[466] Au-delà de la promotion du droit à l'éducation et à la formation, cet article établit le lien direct entre ces deux droits et la promotion du droit à l'emploi. Une des particularités de cet article est de relever le fait que la mise en valeur des ressources humaines dans les États passe par l'éducation et la formation d'où toute l'importance accordée à ces droits fondamentaux. Cette initiative communautaire est un pas vers le développement. En effet, le lien entre le développement et ces droits fondamentaux ne fait plus l'objet d'un doute, car reconnu universellement.[467] La résolution de l'Assemblée Générale des Nations Unies de février 2000 réaffirme que l'éducation est un facteur indispensable du développement politique, social, culturel et économique de tous les peuples et que la science et la technique qui contribuent à développer les connaissances doivent être mises à son service (art12).[468] Le rôle de l'éducation et de la formation dans la réalisation du développement durable se veut déterminant dans la mesure où celles-ci constituent des facteurs déclencheurs de la remise en cause permanente de soi, d'où la promotion de la notion de responsabilité et de la prise en charge de son avenir. Les sociétés où ces droits sont le mieux partagés ont vu se développer un esprit de construction d'un avenir commun impliquant la participation de tous sur des fondements sociaux clairs et précis pour tous les citoyens. Ainsi, des peuples bien éclairés et bien informés prennent des décisions adéquates et responsables pour leur avenir commun susceptible de protéger la vie de leur descendance. Dans son livre blanc intitulé : "*Croissance, compétitive, et emploi*", l'UE[469] affirme

---

[466]Cf. Traité révisé CEDEAO 1993, article 60 alinéa 2-a, Ressources humaines

[467]Recommandation issue de la Déclaration sur le droit au développement de 1986 ; Résolution de l'Assemblée Générale des Nations Unies adoptée en février 2000

[468]Zacharie Zachariev, *Les droits à l'éducation et le droit au développement*, www.aidh.org/un/biblio

[469]Livre blanc de l'UE, 1993, intitulé : *Croissance, compétitivité et emploi. Les défis et les pistes pour entrer dans le XXIème siècle*, (COM(93)0700)

que l'éducation et la formation peuvent contribuer à maitriser les mutations économiques et sociales et à lutter contre le chômage. Elle note en outre que la possibilité d'accéder à une formation adéquate débouche également sur une élévation du niveau de vie des travailleurs. Elle reconnait aussi que la mobilité des étudiants favorise l'intégration dans l'État d'accueil et renforce les liens entre les ressortissants de l'union. Ce besoin de mobilité des étudiants dans le cadre de la CEDEAO répond à plusieurs exigences. Certains étudiants, du fait de l'inexistence de la formation préalablement suivie dans leur pays d'origine, sont tenus de se rendre dans le pays voisin où celle-ci existe. C'est le cas des étudiants ivoiriens devant se rendre à l'École inter-État de Médecine Vétérinaire, sise à Dakar, au Sénégal (EISMV). Une autre catégorie d'étudiants désireux de suivre une formation dans leur pays d'origine n'ont, malheureusement, pas pu être orientés dans la filière souhaitée. Alors, ces derniers émigrent dans un autre pays pour y suivre ladite formation. La faculté de médecine de l'Université Cheikh Anta Diop de Dakar accueille de dizaines d'étudiants ressortissants de la sous-région.

L'intérêt grandissant de cette mobilité et l'interaction existant entre elle et la création d'emploi incitent à une coopération des administrations de la sous-région. En outre, cet intérêt appelle les institutions communautaires à se pencher sur la question et à l'envisager dans une coopération des administrations nationales impliquées afin d'aller vers son effectivité dans la sous-région. La migration de certains de ces étudiants et travailleurs pourrait être motivée par des raisons liées à l'instabilité régnant dans leur pays d'origine. Cette forme de migration témoigne de la nécessité de développer des politiques nationales d'intégration de ces migrants et de sensibiliser les populations sur leur situation. En effet, il s'agit, outre le fait de développer des politiques de tolérance, de développer une culture de la paix au sein des États membres de la communauté, pilier indispensable et indissociable de l'assise d'une politique de développement durable et sain en Afrique de l'Ouest.

La capacité des dynamiques transfrontalières, à générer des emplois et à favoriser la création de richesses, est aujourd'hui indéniable.[470] Pour ce faire, elles contribueraient sûrement à soutenir

---

[470]À cet effet, voir les auteurs suivants : Dillé Bibata économique, 2000,pp 51,53 et 55, op.cit, p458 ; Lambert Agnès «*Les hommes d'affaires guinéens*» In Cahiers d'études africaines. Vol. 31 N°124. 1991. pp. 492, 493, 498 et 499.

les politiques nationales en matière de création d'emplois si elles pouvaient intégrer le champ de la détermination de la politique nationale en la matière. En effet, les espaces transfrontaliers constituent de véritables cadres d'échanges commerciaux très ouverts au monde extérieur et qui ont un rôle de régulateur "*caché*" des économies des États de la communauté. De par leur dynamisme, ils arrivent à reconstituer voire à créer des secteurs d'activités laissés en marge par les politiques nationales et dont l'impact sur l'économie nationale n'est nullement négligeable.

<u>Parag.II</u> : La nature et les impacts des échanges transfrontaliers sur l'économie nationale et sous-régionale

Les crises financières et économiques des années 1970 et 1980 ont sérieusement affecté les économies de l'Afrique de l'Ouest et du Centre et déformé la structure sociale et économique nationale. Ce bouleversement des rôles des acteurs économiques qui en a résulté a abouti à une réorientation de l'économie avec de nouveaux centres d'attraction économique et sociale.[471] Les réformes structurelles auxquelles les États devaient s'incliner et conformer leurs politiques et stratégies, auront certainement eu des effets prévisibles ou non, sur la vie sociale et économique des États-nations. Si, ces stratégies d'appui à l'État poursuivaient l'objectif de soutenir celui-ci dans sa tâche de premier pourvoyeur aux besoins de la population. Cependant, il faut noter qu'elles ont eu à réduire l'étendue de l'interventionnisme étatique poussant ainsi le désengagement de l'État des nombreuses structures et actions sociales et économiques.[472] Les populations, premières victimes de telles orientations politiques, n'ont pu que constater un affaiblissement de l'État qui les a contraints à la recherche d'autres sources d'approvisionnement à leurs besoins.[473]

---

[471]Hugo Philippe, Naïma Pagès, *Ajustements Structurels, emploi et rôle des partenaires sociaux en Afrique Francophone* ; Cahier de l'Emploi et de la Formation, 28, 1ere édition, Organisation Internationale du Travail, Geneva, 1998, op.cit

[472]Voir à cet effet, les points de vue : Ténier Jacques, *Intégration régionale et mondialisation : Complémentarité ou contradiction*, Paris, la Documentation française, 2003 ; Higgins Benjamin, *Economic development: principles, problems, and policies*, London, Constable & Company Limited, 1959

[473]Voir à cet effet : Hugon Philippe, *Les économies en développement à l'heure de la régionalisation*, Paris, Édition Karthala, 2003 ; Igue Ogunsola John et Goura Bio

L'émergence ou encore le développement des espaces frontaliers a pu, naturellement, s'inscrire dans cette mouvance. Tout était alors réuni pour que les trafics transfrontaliers prennent le dessus sur les activités nationales incapables, forcément, de répondre aux besoins de la société, tout en soutenant les coûts de la hausse des prix. Fort de ces remarques, certaines interrogations se donnent inévitablement à nous ainsi : Les échanges transfrontaliers doivent-ils forcément être vus comme étant illicites? À partir de quel moment pourrait-on apprécier ce caractère d'illicéité de ces échanges transfrontaliers? Ou encore : Ces échanges transfrontaliers produisent-ils seulement des impacts négatifs sur la vie économique et sociale des jeunes États aux économies nationales très fragiles?

À juste titre alors, il convient d'analyser le caractère licite ou illicite des échanges transfrontaliers (**A**), assortis de recommandations formulées relatives aux mesures efficaces pour des échanges transfrontaliers profitables à l'État (**B**).

A- Le caractère licite ou l'illicéité des échanges transfrontaliers

Le territoire de l'État est l'espace d'expression de sa souveraineté et de l'application de son pouvoir régalien.[474] Sur tout le territoire national, l'État est sensé appliquer les normes aux personnes, aux biens et aux services dont il a l'entière obligation de garantir la sécurité, en outre de créer les conditions nécessaires pour que ceux-ci puissent bénéficier de ces droits.[475] Pour atteindre cet objectif régalien, l'État délimite l'étendue de sa compétence territoriale à travers les frontières-lignes.

Soulé, *L'État-entrepôt au Bénin. Commerce informel ou solution à la crise,* Paris, Édition Karthala, 1992

[474]Cela s'illustre au mieux dans les propos de *Jean Bodin,* qui définit pour la première fois la souveraineté comme : «*La puissance absolue et perpétuelle de l'Etat….La souveraineté est le pouvoir de commander et de contraindre sans être commandé ni contraint par qui que ce soit sur la terre*». Voir. Bodin Jean, *Les six livres de la République*, Fayard, Corpus des œuvres de philosophie de langue française, 6 vol. 1986

[475]Ceci relève de l'obligation de l'Etat qui découlerait du «*contrat social*» de *J.JRousseau.* C'est aussi fort de cette obligation que l'Etat qui détient le pouvoir de commander, le faire au seul moyen du droit. En outre, pour se faire respecter et faire respecter sa loi, l'Etat a un recours légitime et légal à la violence, privilège dont lui seul peut jouir qu'à la seule condition de le faire dans le strict respect des normes en vigueur.

Du fait des conjonctures économiques et autres reformes institutionnelles et juridiques, issues des conditionnalités de financement des bailleurs de fonds, l'État africain s'est retrouvé dans une posture d'incapacité. Cela l'a obligé à opérer une révision de son mode d'intervention et de s'abstenir désormais d'intervenir dans certains secteurs de la vie sociale et économique nationale.[476] Certaines des conséquences de ces orientations politiques ont été observées sur les espaces frontaliers. En effet, ceux-ci se sont mués très vite en espace d'accueil pour des milliers de personnes actives des secteurs de l'économie nationale touchés par les reformes de l'État et contraints à la conversion professionnelle.[477] Les exigences de ces réformes de la structure étatique en Afrique noire ont été de nature à jeter des milliers de personnes actives au chômage. Elles ont obligé les entreprises étatiques ou privées avec la chaîne qu'elles alimentaient chacune, à observer de nombreuses restrictions aussi bien au niveau des ressources humaines qu'au niveau des investissements pour le fonctionnement de ces entités de production nationale. Il faut dire que ces exigences n'ont véritablement pas affecté les chaînes de production au niveau régional. Au contraire, elles ont contribué à les remettre en scelle comme des alternatives qui ont su faire l'unanimité de la réorientation des ambitions des individus et déployer les mécanismes nécessaires pour capter les investissements du secteur privé sous-régional.[478] Les échanges commerciaux qui ont lieu dans

---

[476]En effet, les premières années des indépendances africaines, ont été marquées par un dirigisme avancé avec une intervention de l'État dans tous les secteurs d'activités. Ce fut le cas de la Cote d'Ivoire, dont le miracle ivoirien a fait les beaux jours de ce pays durant les années 1970. Le dirigisme dont jouissait l'économie de ce pays est à associée au paternalisme et au dirigisme politique de l'ère Houphouët. Cf.Bouabre Paul Bohoun et Oussou Kouassy.1997, op.cit, p .Avec la crise des années 1980, les interventions des institutions financières internationales, notamment, dans le cadre des PAS, vont contraindre les États de l'Afrique subsaharienne, à adopter des reformes juridiques et institutionnelles, frisant un véritable recul de l'Etat de sa sphère de souveraineté. C'est la privatisation à outrance. Cf. Sylla Kalilou.2007, op.cit, p470. Certains auteurs parleront de fin des territoires étatiques qui va se recomposer au delà des seules frontières de l'Etat. Voir. Bennafla Karine.1999, op.cit, p70

[477]DilléBibata, thèse de Doctorat en Science économique, 2000,pp 51,53 et 55, op.cit, p458 ; Lambert Agnès. 1991. pp. 492, 493, 498 et 499,op.cit, p452 ; Bennafla Karine, 1999, pp. 24-49, op.cit, p70 ; Stary Bruno, 1997,pp151-158, op.cit, p485

[478]C'est le cas d'un pays qui est cité en exemple par Agnès Lambert, (*Les hommes d'affaires guinéens*. In Cahiers d'études africaines. Vol. 31 n°124. 1991. pp. 487-508) Le changement de régime en 1984 en Guinée correspond une phase de

les espaces transfrontaliers en Afrique de l'Ouest et du Centre portent sur divers produits et font participer, dans le déroulement du mécanisme, un groupe de personnes aussi bien du secteur privé que ceux du secteur public. Toutes ces personnes jouent un rôle majeur dans le bon déroulement de ce trafic qui génère une masse financière de taille considérable qui, du même temps, alimente toute l'économie nationale à deux niveaux. D'une part, cette chaîne fournit, en quantité et en qualité, le marché national en produits de choix à des prix défiant toute concurrence. D'autre part, nombreuses sont les études qui tentent de démontrer que ces échanges jouent un grand rôle dans la constitution du budget national à travers les taxes et autres impositions fiscales et douanières sur les biens et services passant par les frontières internationales de l'État.[479] Néanmoins, plusieurs études tentent de démontrer que ces impositions fiscales et douanières qui, en principe, devraient entièrement intégrer les comptes publics de l'État n'arrivent pas forcément à destination. Cela constitue un manque à gagner considérable pour l'État. Les raisons de cet échec de l'État dans le recouvrement des taxes transfrontalières résident dans plusieurs faits. Par ailleurs, il contribue à asseoir une économie sous-régionale considérable et favorise l'émergence et le fonctionnement d'activités de diverses natures dont le dynamisme n'est nullement

---

libéralisation du commerce favorisée par les bailleurs de fonds La société nationale import-export Importex est dissoute La Chambre de commerce est créée et le secteur bancaire réorganisé. Avec la suppression progressive des subventions aux produits de base et aux services publics les prix sont libéralisés. Du fait du libéralisme, le pays a attiré après 1984 des commerçants guinéens de étranger et des commerçants venus du Sénégal, de la Côte d'Ivoire ou du Mali ainsi que des entrepreneurs français projetant investir dans l'industrie, y compris des hommes d'affaires venus d'horizons divers pour investir dans l'importation du riz produit largement consommé dans ce pays. Il constitue en effet la base de l'alimentation et l'écoulement des stocks est rapide ce qui favorise la forte rentabilité du capital investi.

[479]Au regard de la position stratégique du Burkina-Faso, pays situé entre les économies sahélo-sahariennes du Soudan et du Niger et les économies subtropicales de la Côte d'ivoire et de la Ghana, ce pays constituait un territoire d'intense commerce du bétail. En 1950, la valeur totale du cheptel dans l'économie voltaïque était de 10.600.000.000 FCFA, tandis qu'en 1956, ce chiffre est passé à 16. 915.000.000 FCFA. L'ensemble des impôts et autres taxes sur les animaux remportait à l'administration coloniale environ 200 millions par an. Ce commerce florissant a facilité le développement économique de la colonie. (Seydou Oumar Kane, *Les états-nations face à l'intégration régionale en Afrique de l'Ouest : Le cas du Burkina-Faso,* Edition Karthala 2008)

contestable.[480] Ce constat conduit à se poser un certain nombre d'interrogations : qui sont les acteurs impliqués dans ce trafic transfrontalier? Ou encore ; quels sont les impacts de ce trafic transfrontalier sur les économies nationales des pays de l'Afrique de l'Ouest et du Centre?

Dans l'une de ses études sur les activités transfrontalières, Bruno Stary qualifie ce trafic transfrontalier de commerce transatlantique. [481] Il fait remarquer que ces produits proviennent de divers pays pour alimenter ce marché sous-régional des grandes villes de l'Afrique de l'Ouest telles que: Lagos, Cotonou et Lomé. Ainsi, ce sont plusieurs personnes qui sont impliquées dans ces activités transfrontalières qui partent des zones dites de productions aux zones dites de consommation.[482] Les grandes villes comme Lagos, Cotonou ou Lomé apparaissent aisément comme des zones de production du fait des potentialités naturelles liées aux infrastructures portuaires et qui offrent de fortes capacités d'accueil et de réception des produits venus des pays occidentaux, d'Asie et des pays arabes. De ces ports, les produits seront acheminés vers les grands marchés transfrontaliers de la sous-région pour y être vendus aux commerçants grossistes *Dyulas*, *Yoruba*, *Haussa*, etc.[483] Au niveau national, c'est tout un ensemble d'acteurs qui participent à faire fonctionner le réseau, en étroite collaboration avec les répondants dans les autres pays et ceux présents sur les grands marchés transfrontaliers. Cette collaboration étroite intègre un cadre de confiance mutuelle qui tire tout son fondement dans les rapports de parenté et de clientélisme coloré par divers sentiments. Ce fait est observé par Agnès Lambert selon qui l'efficacité et la cohésion des réseaux marchands sont dues au fait qu'ils sont structurés par des rapports de parenté, de clientélisme ou par l'appartenance à une même religion ou encore à une même

[480]C'est le cas de la dynamique commerciale entre la Côte d'Ivoire et le Ghana, basée sur l'agriculture de rente (Cacao et Café) qui constitue une grande partie des échanges commerciaux illégaux. Selon *BrunoStary,* ce trafic concerne une diversité de produits en outre du cacao et du café, et porte sur une manne financière considérable qui échappe au contrôle entier de l'Etat. Cf. Stary Bruno, «*Réseaux marchands et territoires étatiques en Afrique de l'Ouest»,* in "Le territoire, lien ou frontière?", Paris, 2-4 octobre 1995

[481]Stary Bruno, «*Réseaux marchands et territoires étatiques en Afrique de l'Ouest»*... 1995

[482]*Op.cit*

[483]*Ibidem*

confrérie religieuse.[484] Ces liens étroits qui soutiennent ces trafics transfrontaliers et fondent son dynamisme impliquent la participation d'acteurs de divers corps aussi bien publics que privés. [485] Mais, ce qu'il faut retenir ici, c'est que si les acteurs du secteur qui agissent à leur propre compte enregistrent une forte participation au processus de création de richesses, mesurable au niveau national, tel n'est pas le cas avec la participation des acteurs du secteur public impliqués dans ces trafics. Bruno Stary reconnaissait dans son étude que ces échanges transfrontaliers ont facilité le développement de nombreux petits métiers, allant du transport à l'usage de certains produits spécifiques.[486] Ainsi ont pu voir le jour dans ces zones transfrontalières les nombreux métiers tels que les coiffeurs ghanéens, passeurs à vélo ou à motos. D'autre part, avec la profusion des hôtels et autres auberges ou encore des restaurants, ces lieux d'hébergement emploient de nombreuses personnes. Il note aussi que les réseaux transfrontaliers ont développé d'énormes potentialités pour faire face à la dévaluation du Franc CFA.[487] En effet, il montre le cas de certains transporteurs qui organisent des convois de commerçants des villes ghanéennes vers les grandes villes ivoiriennes et arrivent à approvisionner les populations en produits de choix à moindre coût et, de fait, apparaissent comme des éléments de régulation sociale.

Cependant, il constate qu'ils participent, fortement, de la déterritorialisation dans un contexte de construction étatique encore actuel pour des États relativement jeunes.[488] Ce constat regrettable pourrait s'expliquer par la "*participation invisible*" des représentants de l'État à ces trafics, mais aussi, par le caractère illicite ou licite de ces trafics lucratifs qui se font du reste avec la complicité de certains agents de l'État. Les populations commerçantes de la Côte d'Ivoire et du Ghana ont bâti une économie basée sur l'agriculture de rente (Cacao et Café) qui constitue une grande partie des échanges commerciaux illégaux transfrontaliers. La partie ivoirienne qui a su

---

[484]Lambert Agnès, «*Espaces d'échanges, territoires d'État en Afrique de l'Ouest*», Autrepart, n°6, édition de l'aube, 1998

[485]Voir : Lambert Agnès, «*Espaces d'échanges, territoires d'Etat en Afrique de l'Ouest*»….1998, op.cit ; Igue.O. John, *États, frontières et dynamiques d'aménagement du territoire en Afrique de l'Ouest*….1993

[486]Stary Bruno, «*Réseaux marchands et territoires étatiques en Afrique de l'Ouest*»…. 1995

[487]*Op.cit*

[488]*Ibidem*

profiter de ce trafic illégal du cacao qui part du Ghana vers la Côte d'Ivoire avec environ 50.000 à 70.000 tonnes de cacao par année.[489]

Le fait que les commerçants ghanéens acheminent une aussi importante quantité de cacao vers la Côte d'Ivoire voisine pourrait s'expliquer par diverses raisons qui se situent, pour certaines, dans le court délai de paiement du produit par l'acheteur ivoirien au planteur ghanéen aussi du fait de la différence des prix garantis. D'autres produits comme l'essence, les friperies, les ustensiles de cuisine font l'objet des échanges transfrontaliers entre ces deux pays voisins. Certaines études estiment les exportations camerounaises en provenance du Nigéria, les réexportations du Bénin vers le Nigéria ainsi que les transactions principales du Niger avec le Nigéria, à plus du quart des importations officielles et 5% du Produit Intérieur Brut (PIB) de l'ensemble des 3 pays de la zone francs. Ces transactions sont marquées par le fait que le Cameroun et le Niger exportent des Francs CFA. Quant au Bénin, il fournit indirectement des devises au Nigéria. En 1993, les exportations et réexportations de ces 3 pays représentaient plus de 11% des importations officielles de la Fédération du Nigéria et un peu moins du tiers des importations des biens de consommation finaux de ce pays.[490] Par ailleurs, il apparaît qu'en dépit du volume des échanges interafricains officiels entre les pays de l'Afrique subsaharienne évalué par la Banque Mondiale (*Banque Mondiale 1989188-189*), à environ 6% du total du commerce de la région, le commerce interafricain non officiel intervient, quant à lui, dans l'écoulement de 30% à 50% de la production agricole d'exportation de certains pays africains. Cela représente des échanges annuels de millions de dollars de cultures vivrières, de minéraux et de biens de consommation.[491] Au regard du volume considérable des échanges transfrontaliers qui s'opèrent aux frontières internationales de l'État, il reste à se demander : Comment les qualifier dès l'instant où ceux-ci font intervenir les représentants de l'État. Faudrait-il parler

[489]Bruno Stary, «*Dévaluation et espaces transfrontaliers. Les marchés transfrontaliers de la Côte d'ivoire et du Ghana* », in *Le modèle ivoirien en question : Crises ajustements et recompositions,* Edition Karthala et ORSTOM, 1997, p151-158

[490]Johny Egg et Javier Herrera, *Echanges transfrontaliers et intégration régionale en Afrique subsaharienne,* Edition de l'aube, ORSTOM 1998

[491]Kate Meagher, «*Le commerce parallèle en Afrique de l'Ouest : Intégration informelle ou subvention économique*», in *Intégration et coopération régionale en Afrique de l'Ouest* sous la direction de Real Lavergne, Collection Economie et Développement, 1996

de commerce informel, non-enregistré ou parallèle, de fraude ou encore de contrebande?

Nombreuses sont, cependant, les études qui reconnaissent qu'il s'agit de vastes réseaux marchands organisés pouvant opérer sur de grands espaces. Ces échanges transfrontaliers transitent par des postes officiels de contrôle douaniers. Par conséquent, ils sont soumis aux exigences administratives assurées par les représentants de l'État. Ainsi seront-ils enregistrés dans les registres de l'État ainsi que dans les cahiers d'exercices ou comptabilisés dans les comptes des structures privées. Pour ces raisons, le caractère d'illicéité de ces échanges pose un gros problème aussi bien d'ordre sémantique que d'ordre fiscal et économique. L'intérêt d'un tel constat est de nature à soulever l'impérieuse nécessité d'encadrer ces échanges et d'envisager les voies et moyens qui, au niveau sous-régional, pourraient contribuer à faire profiter l'État de cette manne financière et d'entrevoir dans ce trafic lucratif une voie sûre de création de richesses.

B-Des mésures efficaces pour des échanges transfrontaliers profitables à l'État

Le concept de «*pays-frontière*» a intégré, officiellement, les annales des politiques africaines grâce aux actions de l'ancien Président Malien Alpha Oumar Konaré qui a proposé, au début des années 2000, ce concept en adoptant, le 11 octobre 2000, une nouvelle politique des frontières pour le Mali.[492] Dans un contexte de plein mouvement humain et de forte migration, à travers le continent, les exigences d'un cadre favorable à ces mouvements s'imposaient de plus en plus. Très peu soucieux des intérêts que pourrait procurer une politique de l'intégration régionale à leur politique nationale de développement, plus orientée vers le protectionnisme, les autorités politiques africaines plaçaient une confiance minime en l'intégration régionale. Cette méfiance traduit d'ailleurs la perception négative que les États-nations ont de l'étranger, du reste perçu comme l'envahisseur.[493]

[492]Voir à cet effet : Mémorandum sur *le concept de «pays-frontière» ou l'intégration de proximité,* Réunion des Ministres des Affaires Etrangères de la CEDEAO, tenue à Accra, au Ghana, 18 Janvier 2005

[493]Selon le Professeur *Pierre Kipré*, dans l'Afrique traditionnelle, l'étranger jouissait d'un statut prédéfini orienté vers son intégration. Néanmoins, dans l'État contemporain, on note des situations d'une certaine gravite qui tient au statut

Cette acception négative de l'étranger a contribué fortement à la montée en puissance de nombreux remous sociaux que traversent les sociétés africaines. Il faut aussi noter que cette tendance qu'ont les États-nations à percevoir les appartenances identitaires historiques en termes de rivalité, serait à l'origine de profonde crise d'identité qui les affaiblissent et vouent tout processus d'intégration régionale en cours sur le continent à l'échec.[494] Cependant, les populations sont arrivées tant bien que mal à réaliser une intégration à la base. Cette forme d'intégration a été matérialisée par la création d'espaces multiethniques d'échanges marchands et culturels, encore nommés *«pays-frontières»*.Ces espaces sont le fait de populations africaines qui voulaient recréer ou encore perdurer des pratiques marchandes ancestrales, qui autrefois, ont fait la fierté de certains peuples et contribuer à asseoir l'hégémonie de grands empires, outre leur participation à la création de communautés religieuses, particulièrement islamiques. Ces échanges ont su faire tomber les barrières frontalières, tout en érodant les souverainetés nationales, ouvrant ainsi les frontières pour faire tomber les barrières de contrôle et d'intégration. Cette volonté d'aller vers l'intégration des terres et des cultures est si forte chez les populations africaines qu'elle se mue souvent en des pratiques contestataires des normes administratives voire de favoriser l'émergence ou encore d'alimenter les conflits aux frontières de l'État.

L'adoption d'une nouvelle Loi sur les frontières par les autorités maliennes a pu se justifier par la volonté de minimiser les contestations territoriales, de prévenir les conflits frontaliers, d'instaurer un climat de paix et de permettre une intégration socio-économique de proximité des communautés frontalières.[495] Cette volonté politique s'inscrit dans la droite ligne déterminée par la CEDEAO qui, dans sa Déclaration du 1er février 2005, dispose que :

---

d'exclusion civique attachée au fait d'être d'une autre citoyenneté. Même lorsqu'il existe un dispositif juridique garantissant la liberté de circulation au niveau régional, on note une absence de réciprocité dans les faits. Voir. Kipré Pierre, 2010.pp10 et 13, op.cit, p449

[494]Stanislas Adotevi «*Les facteurs culturels de l'intégration économique et politique en Afrique*», in *"Intégration et coopération régionale en Afrique de l'Ouest"*, sous la direction Real Lavergne, CRDI, 1993, pp80-93

[495]Séminaire sous-régional sur le concept de « *pays-frontière* », qui s'est tenu à Sikasso en République du Mali, du 4 au 7 mars 2002, sous la haute présidence du Président Alpha Oumar Konaré

«l'intégration transfrontalière est désormais un objectif officiel de l'organisation et que le concept de : «Pays-frontière» est officiellement inscrit dans les agendas de l'organisation». C'est à ce titre que la CEDEAO propose la formulation d'un Programme D'Initiatives Transfrontalières (PIT) pour rapprocher davantage les localités de la Communauté.[496] Il s'agit d'un programme qui vise à démarginaliser les zones frontières à travers des projets de petite envergure moins ambitieux, mais réalisables dans des délais relativement courts. Cette nouvelle approche de l'intégration régionale vise l'accélération du processus d'intégration des communautés frontalières, le renforcement de la décentralisation, donc l'autonomisation, dans une certaine mesure, de l'échelon local et la prévention des conflits frontaliers. Cette approche adoptée par la CEDEAO entend lutter contre le fait que bien souvent les décisions prises au niveau interétatique ne touchent que peu les populations ce qui est aussi une raison pour laquelle l'intégration régionale en Afrique peine à prendre son essor. Force est cependant de noter que les États par nature constituent des espaces intégrés. En effet, le processus de l'intégration régionale est complémentaire de l'intégration au niveau national qui doit accompagner et soutenir les décisions prises dans ce sens au niveau régional. Par conséquent, les dispositions naturelles, parce que relevant des fortes aspirations des populations en vue de faire de l'espace national un cadre intégré. Ceci suppose que les violences politiques au niveau national, les intolérances sociales, la xénophobie et autres tares sociales qui mettent en danger l'intégration nationale, partant, sapent le processus de l'intégration régionale, devraient être encadrées juridiquement. Dans cet élan, les groupes d'intérêts divergents qui ont tenu à vivre ensemble devraient être privilégiés, voire adoptés en modèle par les

---

[496]Le Secrétariat Exécutif de la CEDEAO a soumis le 18 janvier 2005 au Conseil des Ministres des Affaires étrangères de la CEDEAO un mémorandum intitulé «*Le concept de pays-frontière ou l'intégration de proximité*». Ce mémorandum, avalisé par les ministres, a donné lieu à la mise en œuvre d'une Convention de coopération frontalière (à valider fin 2007 au sommet des chefs d'Etat) et d'un Programme d'Initiatives Transfrontalières (PIT). Le PIT s'appuie sur 4 opérations pilotes : entre Sikasso et Bobo Dioulasso (Mali-Burkina Faso) (1) ; en Sénégambie méridionale (Gambie-Sénégal-Guinée Bissau) (2) ; dans le bassin du Karakoro (Mali-Mauritanie) (3) ; le long de la frontière Niger-Nigeria (4). (Groupe de Recherche et de Réalisations pour le Développement Rural, *Suivi de l'opération pilote du bassin du Karakoro dans le cadre du PIT de la CEDEAO*, Frontières et Intégration en Afrique de l'Ouest (WABI) WABI/FI/34/07, Mai 2007, 2 pages

autres communautés. C'est alors que les communautés étrangères vivant en parfaite harmonie dans les espaces frontaliers marchands en Côte d'Ivoire pourraient bénéficier de programmes de la CEDEAO. Cette approche pourrait contribuer à promouvoir les solidarités organiques au sein des communautés voire des pays. Pour ce faire, une politique au niveau national, devrait contribuer à la promotion des langues transfrontalières comme c'est le cas dans certains pays comme le Mali.[497]

À l'instar des pays asiatiques, la nécessité de traduire l'outil informatique en langue transfrontalière dominante africaine s'impose de plus en plus. Cette politique poursuivra, à long terme, l'objectif de familiariser les populations analphabètes à majorité, en particulier, les populations actives du secteur informel, avec les Nouvelles Technologie de l'Informatique et de la Communication (NTIC). Une politique de promotion des langues transfrontalières, devrait instituer celles de ces langues qui se veulent les plus parlées telle que la langue des *Dyula*, des *Haussa*, des *Woolof* ou encore celle des *Puular* en tant que langues officielles de travail au sein des institutions communautaires sous-régionales.

La rencontre des cultures et traditions africaines se veut, de plus en plus, croissante pour une meilleure intégration régionale participative. Ce besoin appelle à adopter des politiques orientées vers l'organisation d'espaces ou cadres de rencontre entre communautés de même langue ou ethnies éparpillées sur divers territoires étatiques à travers l'Afrique de l'Ouest et du Centre.[498] Un cas illustratif serait de réunir régulièrement le peuple *Songhay* du Mali, du Niger et du Bénin au Mali, dans la ville de Sikasso où les autorités pourraient organiser une journée entièrement dédiée au *Balafon*.[499] Une journée culturelle pourrait réunir, régulièrement, le peuple *Sénoufo* de la Côte d'Ivoire, du Mali et du Burkina Faso dans le cadre de la célébration de l'accueil des initiés du *Poro*. Cette approche vise à asseoir une conscience historique commune et une large promotion de l'image revalorisée des

[497]Cette politique qui serait adoptée par l'ensemble des pays devrait favoriser les programmes orientés vers l'étude approfondie de ces langues avec pour objectif d'établir des lexiques de base spécialisées, des dictionnaires.
[498]Sanankoua Bintou, *Les états-nations face à l'intégration régionale en Afrique de l'Ouest : Le cas du Mali*, Edition Karthala 2007
[499]*Op.cit*

habitants de chaque pays chez ses voisins. En effet, dans une Afrique balkanisée dont l'écriture de l'histoire est malheureusement entachée d'empreintes extérieures, d'une part et d'autre part, cette histoire dont les faits réels demeurent encore méconnus du grand public.[500] Alors, le besoin de diffuser auprès de la jeune génération africaine et à l'ensemble des peuples africains séparés par les péripéties de l'histoire, les informations indispensables sur leur passé.[501]

La gestion de la migration doit se faire, de façon commune, avec l'élaboration et l'harmonisation de politiques régionales d'insertion socioéconomique de ceux-ci, dans les pays membres de la CEDEAO et de la CEMAC-CEEAC. Ces politiques pourraient privilégier les droits de résidence et d'établissement reconnus par les traités et autres textes régionaux en la matière. Ainsi serait-il urgent de prendre toutes les dispositions nécessaires pour la suppression des barrières à la libre circulation des personnes, en faisant la promotion des cartes bleues ou cartes d'identité admises au niveau sous-régional. Les passeports sous-régionaux devraient très tôt se substituer aux passeports nationaux, ceci faciliterait la circulation des populations dites flottantes fortement engagées dans les activités commerciales au niveau de la sous-région.[502] Tant on sait que les activités de ces populations génèrent une manne financière considérable au niveau des barrières frontalières et dont l'État n'en a aucune connaissance. La mise en place de moyen de contrôle communautaire de ces entrées financières et des mouvements aux frontières étatiques pourrait sûrement permettre à l'ensemble des États membres de la communauté de se rendre compte de tout ce qui se déroule à leurs frontières. L'objectif général poursuivi ici est l'intégration

[500]Cheikh Anta Diop, *Les fondements économiques et culturels d'un Etat fédéral d'Afrique noire,* Paris, Présence Africaine 1974 et Pathé Diagne, *Pour l'unité ouest-africaine. Micro-Etats et intégration économique,* Paris, Anthropos1972

[501]Pierre Kipré, *Migrations en Afrique noire : La construction des identités nationales et la question des étrangers,* Edition du CERAP. Abidjan 2010

[502]Suite à l'adoption de la Décision A/DEC.2/7/85 portant institution d'un Carnet de Voyage des États Membres de la CEDEAO, en date du 6 juillet 1985, les Etats Membres de la CEDEAO ont substitué ce Carnet de Voyage par un PassePort CEDEAO. Ce PassePort est aujourd'hui en cours dans toute la sous-régioon. Cependant, seuls quelques pays l'utilisent. Il s'agit entre autres : du Sénégal, du Mali, du Burkina Faso, du Niger, de la Côte d'ivoire. Il faut faire remarquer que bien que les passeports nationaux continuent d'être produits par les États membres de la CEDEA, ils comportent la mention CEDEAO-ECOWAS sur la couverture.

individuelle qui, seule, pourrait contribuer à l'intégration régionale des entités étatiques.

L'intégration à la base perçue comme une autre forme de ce processus d'intégration régionale réalisée par les populations, mérite d'être soutenue par les actions des autorités étatiques. Dans la perspective de soutien à un bon fonctionnement des espaces frontaliers, il serait utile de répercuter l'exemple de la ville de Bouaké carrefour commercial ouest-africain où les autorités ivoiriennes ont bâti un marché de gros en vue de l'écoulement des produits vivriers en direction des pays de la sous-région. Ainsi, il serait utile d'envisager la construction de tel marché au Sénégal en l'occurrence de l'envisager dans le programme de *Djamniadio*. Un tel marché pourrait fournir la sous-région en divers produits, en direction des pays tels la Gambie, la Guinée-Bissau, la Mauritanie et le Sénégal. Entre autres produits, il faudrait citer l'arachide ou encore la noix de cajou très prisée par les populations ouest-africaines fortement utilisées dans la fabrication d'autres produits finis tels l'huile de cuisine, le chocolat et le savon.[503] Le marché de gros de Bouaké pourrait continuer à desservir les pays sahéliens de la sous-région en produits vivriers originaires des pays comme le Ghana, le Togo, le Bénin, la Côte d'Ivoire et certains pays de l'Afrique du Centre. Pour ce faire, une collaboration étroite devrait être établie entre la CEDEAO et la Société des chemins de fer, la SITARAIL. Cette coopération vise à faciliter le transport des produits vers les différents marchés de gros. Aussi serait-il utile que la CEDEAO investisse dans la construction du chemin de fer afin de relier les pays de l'Afrique de l'Ouest. Une coopération entre la CEDEAO et les structures publiques au niveau national chargée de la gestion des infrastructures routières pourrait aboutir à la mise en place de programmes de construction de routes internationales à péage. Ces routes, une fois mises en œuvre pourraient certainement contribuer à l'acheminement des produits des marchés de gros vers les localités les plus reculées au niveau des pays. Il serait utile aussi que la CEDEAO établisse un partenariat avec les compagnies de transports routiers, dotées de gros camions pour

---

[503]Les pays comme le Mali, le Burkina-Faso et le Niger pourraient exposer les produits tels que le bétail, le maïs ou encore le mil dans un marché dont on pourrait envisager la construction dans un pays comme le Mali, en tant que pays à cheval entre le Sénégal et ses voisins immédiats ainsi que les États du Burkina-Faso et du Niger.

faciliter la fourniture régulière des localités les plus reculées de la sous-région.

Le problème d'infrastructures routières et ferroviaires se pose de façon accrue en Afrique du Centre, ce qui pourrait constituer un gros frein au bon fonctionnement des échanges transfrontaliers. Dans le cadre de la coopération plus élargie entre la CEDEAO et la CEMAC-CEEAC, il serait utile d'entrevoir la construction de vastes réseaux routiers allant de l'Afrique de l'Ouest, en particulier, les routes internationales Mali-Sénégal qui dessert la République de la Gambie et la Guinée-Bissau ainsi que la Mauritanie. Cette route pourrait être prolongée en passant par le Burkina Faso puis le Niger pour enfin arriver au Nigéria en passant par le Togo pour descendre vers le Centre du continent. Une autre route pourrait partir de la Côte d'Ivoire, en particulier de Bouaké pour arriver au Ghana puis passer par le Togo avant de descendre vers l'Afrique du Centre. Si, le premier réseau routier sera spécialisé en fourniture de produits comme l'arachide, la noix de cajou, etc. Le second réseau quant à lui sera spécialisé dans la fourniture de produits vivriers et autres produits fortement présents sur le marché de gros de Bouaké.

L'Afrique du Centre regorge de grands espaces commerciaux régionaux qui prennent ancrage au Tchad et au Cameroun.[504] Il serait alors utile que dans le cadre d'une coopération étroite entre la CEDEAO et la CEMAC-CEEAC que de vastes projets de construction de marchés de gros soient développés. L'objectif étant de trouver des espaces de part et d'autre où pourraient être écoulés les produits en provenance d'une ou de l'autre région du continent. Dans la perspective d'avoir un œil veillant sur la manne financière qui circule dans ces espaces frontaliers, il serait utile que les Banques Centrales adoptent une attitude coopérative avec les acteurs sur ces terrains très fructueux. Ainsi pourraient-elles, en étroite collaboration avec les banques commerciales et autres établissements de financement, établir des représentations dans ces espaces, tout en encourageant l'utilisation des mécanismes de vérification de l'authenticité des moyens d'échanges utilisés. En effet, ces espaces sont le lieu de circulation d'une quantité considérable de devises en

[504]Bennafla Karine, *Le commerce frontalier en Afrique Centrale : Acteurs, espaces et pratiques,* Paris, Édition Karthala, 2002

particulier du Dollar qui pourrait être captée par les autorités bancaires, à condition que celles-ci s'y fassent représenter. Aussi serait-il utile que les institutions sous-régionales telles que l'UEMOA et la CEMAC y soient représentées. La présence de ces institutions communautaires pourrait répondre à deux exigences. D'une part, cela pourrait contribuer à l'évaluation de la mise en œuvre des textes communautaires en outre de constituer un instrument de dissuasion pour les éventuelles politiques de favoritisme. D'autre part, la présence sur ces lieux pourrait permettre d'envisager les projets à développer en matière de coopération transfrontalière sous-régionale.

Le processus d'intégration régionale en cours sur le continent africain doit impérativement prendre en compte nombreux aspects de la question parmi lesquels, les échanges transfrontaliers qui jusque là demeurent dans l'ombre.[505] Ce qui permet de juguler les diverses crises économiques et sociales auxquelles l'État est tenu de faire face. Analysés sous un angle sécuritaire, il faut noter que ces échanges peuvent constituer souvent une menace pour la sécurité nationale, voire sous-régionale.

<u>Section II</u> : Les impacts des stratégies sous-régionales sur les droits économiques et sociaux en Afrique de l'Ouest et du Centre

La Commission Africaine des Droits de l'Homme et des Peuples (CADHP) reconnaît l'impact positif du transfert de la technologie et de l'intégration économique et régionale sur les droits de l'homme.[506]

Dans le même élan, la Commission demandait aussi bien à la CEA qu'aux CER de faire des rapports relatifs à la mise en œuvre effective

[505]Pourtant, ces échanges constituent une manne financière considérable dont le contrôle échappe aux autorités étatiques et tombent dans les caisses de ses représentants et autres acteurs de ce trafic. Par ailleurs, il faut dire que ce sont là une source potentielle de création de richesses et d'emplois.

[506]Dans sa résolution ACHPR /Res.73(XXXVI)04 portant sur les Droits économiques, sociaux et culturels en Afrique, La Commission Africaine des Droits de l'Homme et des Peuples (CADHP), réunie en sa 36ème Session Ordinaire, du 23 novembre au 7 décembre 2004, à Dakar, au Sénégal, reconnaissait : «Consciente du grand impact positif que *les technologies de l'information et de la communication (TIC), le transfert de technologies, l'intégration économique et régionale peuvent avoir sur la promotion, la protection et la réalisation des droits économiques, sociaux et culturels*»

des textes nationaux, sous-régionaux, régionaux et internationaux relatifs à ces droits fondamentaux de la personne. Fort de ces considérations, il apparaît que les institutions régionales et sous-régionales manifestaient un intérêt particulier pour les Droits Économiques, Sociaux et Culturels (DESC).[507] Mais, il faut rechercher cet intérêt dans la vision adoptée depuis l'entame du processus d'intégration régionale en Afrique.[508]

Au début des années soixante, l'actualité africaine était fortement marquée par les nombreuses violences aux droits de l'homme, notamment, les droits fondamentaux ayant trait à la vie politique et à la liberté de circulation. Des contraintes externes et internes, en début des années quatre-vingt-dix, les autorités politiques durent s'incliner face aux exigences démocratiques. Elles optèrent alors pour la voie de la concertation nationale. C'était l'heure de la création des Commission Nationales Vérités et Dialogue ou encore la mise en place des Forum Nationaux de Réconciliation, à travers le continent. Au Togo, c'est par le Décret pris en conseil des ministres, le 25 février 2009 que le Président Faure Gnassimbe créait le cadre des consultations nationales, à travers la création d'une Commission Vérité Justice et Réconciliation. La Commission Vérité et Réconciliation Nationale de l'Afrique du Sud sera mise en place par la loi n°34 de 1995 sur la promotion de l'unité nationale et la réconciliation.[509] Dans leur vision, ces instances et autres reformes qui

---

[507]Pacte international relatif aux droits économiques, sociaux et culturels, adopté et ouvert à la signature, à la ratification et à l'adhésion par l'Assemblée générale dans sa résolution 2200 A (XXI) du 16 décembre 1966, et *entrée en vigueur*: le 3 janvier 1976, conformément aux dispositions de l'article 27. L'article 27 dispose en ces termes: « *1. Le présent Pacte entrera en vigueur trois mois après la date du dépôt auprès du Secrétaire général de l'Organisation des Nations Unies du trente-cinquième instrument de ratification ou d'adhésion. 2. Pour chacun des Etats qui ratifieront le présent Pacte ou y adhéreront après le dépôt du trente-cinquième instrument de ratification ou d'adhésion, ledit Pacte entrera en vigueur trois mois après la date du dépôt par cet Etat de son instrument de ratification ou d'adhésion* ».

[508]En effet, la conception et la mise en œuvre des politiques, en matière d'intégration régionale, ont été orientées, de façon générale, vers l'intégration des économies et des marchés nationaux afin d'arriver à la création d'un Marché Commun Africain. C'est dire alors que la vision de l'intégration régioanle sur le Continent mettait en exergue la nécessité de promouvoir un développement purement économique au détriment de l'aspect social du développement.

[509]L'Afrique du Sud dont l'histoire est entachée de graves violations des Droits de l'Homme, notamment les Droits Economiques, Sociaux et Culturels, emboitera le

émergeront dès les années quatre-vingt-dix, entendront, désormais, faire des droits de l'homme, un pilier important du processus de développement du Continent.

Parag.I : L'aménagement d'un cadre favorable à la réduction des déséquilibres sous-régionaux en matière de développement

Les politiques d'intégration régionale recherchent la réalisation du développement économique et social des espaces à intégrer.[510] Cela entre dans la droite ligne de la détermination des politiques de développement telle que désormais perçue par les bailleurs et autres partenaires au développement. Cela dit, il faut reconnaître que cette acception du développement est l'œuvre des théoriciens du Développement Humain qui prône l'égalité des chances et le partage équitable des bénéfices des efforts communs entre les diverses composantes de la société.[511]

En Afrique de l'Ouest et du Centre, de telles politiques devraient concourir à la mise en place d'un tissu industriel intégré et compétitif. En effet, l'industrialisation étant au cœur du développement, elle appelle à une transformation des structures de production existant dans l'espace. Cela implique une charge énorme auquel un État seul ne peut faire face. Par conséquent, ces choix politiques impliquent que les États mettent ensemble leurs efforts pour arriver à construire de véritables cadres de production industrielle et de solides tissus industriels qui résisteraient mieux aux rigueurs de la concurrence mondiale.[512] Il convient d'analyser la mise en place d'un tissu industriel, intégré et compétitif (**A**) pour mieux comprendre comment il pourrait impulser la création d'un réseau de production et de consommation agricoles sous-régional autonome et compétitif (**B**).

---

pas aux autres pays. E effet, c'est là que verra le jour, pour la première fois sur le continent, une instance du genre.

[510]Aussi poursuivraient-elles cet objectif, tout en axant leur stratégie sur des moyens et outils qui contribueraient dans ce sens. Dans cette optique, elles ont tendance à prendre en compte les facteurs intrinsèquement liés à l'espace concerné.

[511]Dans cette perspective, le développement doit arriver à réduire, au maximum, les déséquilibres entre les espaces à intégrer, tout en créant un cadre de développement harmonisé

[512]Partant, de telles structures industrielles offrent un panel de choix aux producteurs et aux consommateurs, en outre de contribuer à un processus de développement nivelé.

A- La mise en place d'un tissu industriel intégré et compétitif au niveau sous-régional

Le constat que font de nombreuses études porte généralement sur le fait que l'Afrique de l'Ouest et du Centre, est constituée d'entités étatiques fortement marquées par des différences de tailles. Certains des États disposent d'un sérieux potentiel en termes de ressources naturelles et même en termes de ressources humaines, ce qui constitue des soutiens de taille au processus de développement. À l'opposé, d'autres États sont démunis de telles potentialités et demeurent dans des situations d'États dépendants de l'aide extérieure.[513] Par ailleurs, le fait qui demeure frappant dans ces parties du continent, c'est la pauvreté endémique à un taux considérable.[514] Les États sont obligés de faire face à certaines catégories diversifiées de pauvreté : pauvreté monétaire, d'insécurité alimentaire et économique, d'insécurité sociale et naturelle.[515] Tous ces fléaux entretiennent un lien étroit de proximité, de cause à effet qui influent directement sur le taux de

---

[513]Résultats de la Conférence internationale organisée par le Centre de recherche pour le développement international à Dakar (Sénégal), sur le thème : *L'intégration régionale en Afrique de l'Ouest,* Centre de Recherches pour le Développement International (CRDI), présenté et préparé par Momar-Coumba Diop et Réal Lavergne du ll au 15 janvier 1993, 2ème édition, 1995. 1 [ère] édition, 1994

[514]Depuis 1990, le nombre total de pauvres en Afrique subsaharienne, est passé de 217 millions à 302 millions de personnes, et 48,1% de la population était considérée comme pauvre. L'Afrique subsaharienne est la région où l'incidence de la pauvreté est la plus élevée au monde. Les études retiennent que cette pauvreté est fortement présentée en milieu rural. En effet, en milieu rural, toutefois, la pauvreté est souvent concentrée localement. Par exemple, au Cameroun, 45% des pauvres vivent dans les provinces de l'extrême- nord et du nord, zone agro écologique de savane où prédominent la culture du mil, du sorgho, du coton et de l'arachide, et/ou l'élevage (soit à peu près le type de système agropastoral mil/sorgho décrit au tableau 2). Les sécheresses sont fréquentes et les pénuries alimentaires n'y sont pas inconnues. De même, au Ghana, l'incidence de la pauvreté est particulièrement élevée dans les zones de savane et un peu moindre dans les zones côtières. Voir. Fonds International de Développement Agricole (FIDA), *Evaluation de la pauvreté rurale en Afrique de l'Ouest et du Centre,* Edition 2001. pp13-19

[515]Un autre élément qui caractérise la pauvreté en Afrique subsaharienne est la pandémie du VIH SIDA. En dépit du taux élevé de pauvres en Afrique subsaharienne, l'espérance de vie diminue partout depuis 1990 sous l'impact croissant de l'épidémie de VIH/SIDA. À la fin de 1999, selon des estimations officielles, il y avait en Afrique subsaharienne 25 millions de personnes contaminées, dont 5,9 millions en Afrique de l'Ouest et du Centre. Voir. Banque mondiale 2000b; Programme commun des Nations Unies sur VIH/SIDA ONUSIDA (statistiques)

croissance des pays, la capacité de productivité et de croissance économique et financière des entreprises. En effet, les nombreuses explications que les études donneront à cet état de fait mettent aussi l'accent sur un élément clé, à savoir le potentiel géographique.[516] L'aspect géographique aurait un impact déterminant dans la productivité des ressources naturelles indispensables à la productivité des entreprises. Aussi fait-elle remarquer que l'insularité de certains pays ne serait pas profitable pour le processus de développement en cours. Enfin, l'éloignement des grandes zones de production des grands espaces occidentaux serait un handicap pour ces États.[517]

---

[516]Tout en parlant du Traité de la CEA, Daniel Bach considère qu'il est autarcique et en total déphasage avec les expériences en matière d'intégration régionale sur les autres continent. Le Traité d'Abuja se propose de relancer l'intégration sans tenir compte des risques de désintégration et d'implosion sociale et politique qui menacent nombre d'États. Selon Bach, le préalable à toute relance de l'intégration régionale réside dans l'apaisement des conflits pour endiguer la montée de l'insécurité actuelle dans le continent. Discrédités dans leurs prétentions à assurer l'intégration et l'encadrement des territoires nationaux, affaiblis par la croissance du secteur informel, et confrontés à des replis ethniques et à des troubles politiques, les États sont moins enclins à accepter des transferts de souveraineté. Parallèlement, ils deviennent de plus en plus incapables de s'impliquer financièrement dans de grands projets à l'extérieur du territoire national. Ceci pourrait expliquer l'importance de l'espace géographique dans tous processus d'intégration régionale qui revêt une multitude d'implications aussi bien sécuritaire, économique, humaine, social et sociologique qu'alimentaire. Voir. Daniel C. Bach, *La crise des OIG ou l'impératif d'une refonte des scénarios et modèles d'intégration : le cas de l'ouest africain* In *L'intégration régionale en Afrique de l'Ouest,* sous la direction de Réal Lavergne, Edition CRDI, 1995-1994,p 27

[517]C'est le cas des régions ultrapériphériques (RUP) représentent un groupe de six îles et archipels réparti dans l'Océan Indien, la Caraïbe et la Macaronésie, ainsi qu'une enclave territoriale dans la forêt amazonienne. Cela se caractérise par un très grand éloignement par rapport au continent européen, renforcé par l'insularité ou l'enclavement territorial (s'agissant de la Guyane). Etant très isolées dans leurs espaces géographiques et largement excentrées des grands courants d'échanges, les RUP sont confrontées à l'impossibilité de tirer profit des avantages du marché de l'Union européenne. Aussi du fait des conditions géographiques (relief accidenté, densité de la forêt) et climatiques (vulnérabilité liée aux risques naturels notamment) particulières qui constituent des freins au développement des territoires. En outre, les RUP sont confrontées a un sérieux problème de l'accessibilité sous plusieurs formes, notamment: L'accessibilité physique ; L'accessibilité économique ; L'accessibilité à la connaissance. Les contraintes résultant du manque d'accessibilité dans ces régions constituent des entraves fortes au principe de libre circulation des personnes, des biens, des services, des capitaux et du personnel scientifique et académique (cinquième liberté). (Extrait de Contribution des Régions Ultrapériphériques a la consultation publique lancée par le Document de travail de la

Fort de tous ces freins au processus de développement en cours en Afrique de l'Ouest et du Centre, des outils ont été créés afin de traiter avec adresse ces entraves. L'enjeu majeur poursuivi par ces politiques et autres programmes est d'arriver à stabiliser l'économie et la croissance afin d'éradiquer la pauvreté. Pour ce faire, un accent devrait être mis sur l'harmonisation des politiques macroéconomiques pour la construction d'un espace économique commun ou Marché Commun sous-Régional. Cette alternative pourrait se justifier par les liens de dépendances développés plus haut lesquels liens que les États membres de la communauté entretiendraient dans le cadre d'une dépendance financière et géographique les uns des autres. Par conséquent, aucune politique macroéconomique développée au niveau local ne saurait prospérer réellement sans prendre en compte les considérations liées aux autres territoires de la communauté. En abordant les politiques de la manière suivante, il existerait alors plus de chances d'arriver à réaliser une stabilité macroéconomique au niveau sous-régional. La stabilité macroéconomique sous-régionale se réaliserait par une croissance soutenue du revenu par tête, un taux d'inflation bas, des soldes budgétaires et commerciaux positifs au niveau sous-régional. L'approche sous-régionale, dans la réalisation de la stabilité macroéconomique, a l'avantage de contribuer aisément à la convergence des politiques nationales.[518] Aussi arrive-t-elle à leur garantir la crédibilité nécessaire pour attirer les investissements étrangers et faciliter l'écoulement des productions d'origine à l'extérieur de la sous-région. Par ailleurs, adopter une politique sous-régionale d'harmonisation des taxes fiscales pourrait stimuler la stabilité macroéconomique et contribuer à une convergence des politiques et effets macroéconomiques.[519] En effet, dès l'instant où les États membres conviennent d'abonder dans cette voie, tout en adoptant des taxes fiscales raisonnables et homogènes, ce qui pourrait produire divers effets positifs. Ainsi pourrait-elle entraîner vers l'installation d'un espace commun, homogène et compétitif. À long terme, un tel espace conduirait aisément à la mise en place d'un

---

Commission Consultation sur la future Stratégie «EU 2020» (COM (2009) 647 final, du 24 novembre 2009, pp1, 2 et 3)

[518]Hugon Philippe, *Les économies en développement à l'heure de la régionalisation*, Editions Karthala, Paris, 2003 ; Hugon Philippe, *L'économie de l'Afrique*, Edition La Découverte, 2003

[519]*Op.cit*

espace monétaire commun et harmonisé.[520] Pour corolaire, ces atouts conduiraient, inévitablement, à susciter l'intérêt des investisseurs renforcés dans leur volonté d'agir par le fait qu'ils s'adressent désormais à un grand ensemble et non à une petite portion. Au-delà de tout, il faut dire que cette approche intègre aisément la vision fondamentale même du processus de l'intégration régionale, à savoir, constituer un espace économiquement et monétairement intégré, fiable et rassurant et à même de s'ouvrir à l'extérieur et de faire face aux ardeurs de la concurrence mondiale.[521] Cette attitude relève de la nécessité pour les pays engagés dans cette voie, d'adopter une stratégie de développement commun, tournée vers l'extérieur.[522] Bien que pareille option pour réaliser le développement, n'est pas sans être reprochable d'engendrer la marginalisation des pays concernés, de ce qu'elle les place dans une position ou ceux-ci enregistrent une croissance économique lente. Néanmoins, l'adoption de telle stratégie notamment pour les pays encore engagés sur la voie du développement dont ceux de l'Afrique de l'Ouest et du Centre, est d'autant plus importante que leurs marchés intérieurs sont extrêmement étroits. Nombreuses sont les options qui s'offriront alors à ces pays. Il s'agit, entre autres, de s'engager dans la voie de la libéralisation des régimes commerciaux et, de s'engager dans un processus de redynamisation du secteur primaire. Ces pays doivent adhérer à cette idée de libéralisation accrue de leurs régimes commerciaux internationaux. Une telle option implique

---

[520]Hugon Philippe, *La zone franc à l'heure de l'euro*, Edition Karthala, Paris, 1999

[521]N'Guessan Donald Jean Marc, thèse de Doctorat en Droit Public, Juillet 2010, op.cit, p117; Hubert Gérardin, *La zone Franc : La dynamique de l'intégration monétaire et ses contraintes*, Tome 2 Edition l'Harmattan 1994

[522]De l'avis des experts, cette approche serait très bénéfique pour le processus de création du Marché Commun Africain, mais aussi, pour le succès et la réussite des politiques de développement locaux. Voir. Ernest Aryeetey, Julius Court, Machiko Nissanke et Beatrice Weder, *Le renforcement de la participation de l'Afrique à l'économie mondiale*, Rapport de réunions consultatives d'experts organisées par l'Université des Nations Unies (UNU) et le Consortium pour la Recherche Economique en Afrique (CREA), 1ère Edition, Octobre 1998, pp15-18. Pour ce faire, l'Etat devra jouer un rôle moteur, aussi bien aussi au niveau national en s'investissant davantage auprès des initiatives privées et autres, en outre, de consentir à céder la part de sa souveraineté indispensable a la construction de la communauté économique et monétaire régionale. Voir. Commission Economique pour l'Afrique (UNECA) et Union Africaine (UA), *Gérer le développement, le rôle de l'Etat dans la transformation économique*, Rapport économique sur l'Afrique 2011

d'entreprendre l'élaboration commune de réformes commerciales crédibles et viables. Aussi devront-ils, dans cette voie, mettre l'accent sur la technique de l'harmonisation ou opter pour celle de la coordination sous-régionale efficace et libérée de toute contrainte ou influence politicienne des politiques nationales en la matière. Néanmoins, ils seraient tenus d'observer un rythme modéré de libéralisation de leurs échanges afin de ne pas perdre de vue l'impérieuse nécessité de tenir compte du rythme de l'enchaînement et de la modulation de la libéralisation de ceux-ci. Cette approche induit aussi pour ces États qu'ils s'engagent dans la voie de la libéralisation et de la promotion de leurs exportations. Cela se fait tout en se livrant systématiquement, mais sur une période de temps plus longue à la libéralisation de leurs importations.[523] L'option de développement axée sur l'harmonisation des politiques macroéconomiques n'entrave pas, mais au contraire renchérit la nécessité d'harmoniser les politiques sectorielles de production. Entre autres secteurs, il faut mentionner le secteur primaire qui contribue de façon majoritaire à la constitution de la richesse nationale de la grande partie des pays de l'Afrique subsaharienne. Par conséquent, une telle option induit pour ces États de s'engager dans la voie de la diversification de leurs productions dont la promotion serait garantie par l'espace économique et monétaire commun et fiable. Dans cette voie, l'intervention étatique serait de taille tout en finançant ce secteur de façon considérable. Cela renvoie à la nécessité de recourir au processus d'État développementaliste en Afrique. Dans un tel processus, le rôle de l'État va consister à accorder la priorité à la création ou au soutien d'instituts de recherche et de développement ainsi qu'à l'éducation et à la formation dans le secteur concerné. Tout aussi essentiels sont les investissements à réaliser dans l'infrastructure pour remédier aux pannes d'électricité aux pénuries d'eau et au mauvais état des réseaux routiers en milieu rural.

L'État développementaliste en Afrique doit être inclusif et fonctionner selon un cadre de gouvernance démocratique nécessaire pour assurer une vie sociopolitique sans exclusive.[524] Une telle

[523]Ernest Aryeetey, Julius Court, Machiko Nissanke et Beatrice Weder, octobre 1998

[524]Dans une Afrique subsaharienne, fortement ébranlée par les secousses des crises économiques et financières récurrentes, l'État développementaliste pourrait aider à établir le cadre indispensable au développement et, à définir les objectifs généraux de développement national ainsi qu'à appliquer les politiques macro-économiques, sectorielles, microéconomiques et sociales. Ces politiques auront, inévitablement

situation renforce la légitimité de l'État et de ses institutions et donne à l'État davantage d'autorité pour gérer les différends liés à la transformation. Le recours à une telle option ouvre une grande marge de manœuvre pour les États et leur donne plus de chances de réaliser ensemble un développement commun et harmonisé à quelque limite prés. Aussi impliquerait-elle que ces États s'engagent dans la réalisation de projets communs indispensables pour soutenir ce processus de développement parmi lesquels l'impérieuse nécessité de mettre un réseau de production et de consommation agricole sous-régional autonome et compétitif.

B-La mise en place d'un réseau de production et de consommation agricole sous-régional autonome et compétitif

Selon les chiffres de la majeure partie des études sur l'état de la pauvreté en Afrique subsaharienne, elle sévirait plus en milieu rural qu'en milieu urbain.[525] C'est le cas en Afrique de l'Ouest et du Centre où la pauvreté est essentiellement rurale. Dans ces deux sous-régions du continent, l'incidence de la pauvreté est évaluée à environ 75% en milieu rural sur une population pauvre de l'ordre de 120 millions de personnes. Face à ces chiffres, l'inquiétude se veut d'autant plus grandissante que le lien direct qui existe entre la pauvreté rurale et l'exode rural est si fort que ces deux cadres entretiennent des rapports de dépendance étroite. En effet, l'exode rural qui implique le déplacement massif et désordonné des populations rurales vers les villes à la recherche de mieux vivre, induit pour les espaces d'accueil de lourdes conséquences et des bouleversements des prévisions à divers niveaux. Pourtant, du fait de l'accroissement de la population urbaine, le besoin d'alimentation de cette population qui croit nécessairement implique pour la population rurale qu'elle puisse augmenter sa capacité de productivité.

---

pour effets, de produire des gagnants et des perdants au sein des divers groupes d'agents économiques, qu'ils soient producteurs ou consommateurs, et toutes les économies essentielles.

[525]Fonds International de Développement Agricole (FIDA), *Evaluation de la pauvreté rurale en Afrique de l'Ouest et du Centre*, Edition 2001. pp13-19 ; Banque mondiale 2000b; Programme commun des Nations Unies sur VIH/SIDA ONUSIDA (statistiques)) ; Mahmood Hasan Khan, *La pauvreté rurale dans les pays en développement : Orientation pour l'action publique,* Fonds Monétaire Internationale (FMI), Dossiers économiques n°26, Edition 2001

L'une des conséquences de ce phénomène d'enchaînement réside dans la fixation des prix des produits alimentaires. Du fait de la croissance de la population urbaine, les produits alimentaires disponibles sur le marché national devenaient insuffisants. Cela est dû à une baisse sensible de la main-d'œuvre agricole nécessaire pour une production agricole en quantité. Par effet d'enchaînement, cette situation engendre inévitablement l'augmentation des prix des denrées de première nécessité. Ce fut le cas en 2008 et 2009 avec la grave crise alimentaire mondiale qui a frappé de plein fouet les pays de l'Afrique subsaharienne. Cette crise résultait en partie d'une baisse des stocks alimentaires et de la hausse massive des prix en particulier pour les denrées de base. Les prix du blé, du riz et du soja ont augmenté de plus de 40 % (60 % dans le cas du riz) depuis le début de 2007.[526] Pourtant, les agriculteurs du monde entier ont eu une production record de 2,3 milliards de tonnes de céréales, en 2007, soit 7% de plus que l'année précédente.

Depuis 1961, la production mondiale de céréales a triplé alors que la population a doublé. Les stocks sont à leur niveau le plus bas depuis 30 ans pourtant il apparaît qu'en définitive, la production alimentaire mondiale est suffisante pour nourrir la population (FAO, 2008). Un tel contraste pourrait s'expliquer par certaines raisons. Le problème est que ces produits agricoles ne parviennent pas jusqu'à ceux qui en ont besoin. Moins de la moitié de la production céréalière mondiale est directement consommée par les populations. La plupart sert à l'alimentation animale et de plus en plus aux biocarburants à travers des filières industrielles gigantesques et rigides. Les produits alimentaires sont ainsi passés du statut de biens assurant l'alimentation et la sécurité des moyens d'existence des populations à celui de produits destinés à la spéculation, au marchandage et au bénéfice des investisseurs. Ces hausses de prix ont fortement alourdi la facture des importations pour la plupart des pays en développement. Par exemple, entre 2002-2003 et 2007-2008, la facture des importations de céréales, des pays à faible revenu et à déficit alimentaire, est passée de 6,5 milliards de dollars à 14,6 milliards de dollars en Afrique, de 7 milliards de dollars à 15,4 milliards de dollars en Asie et de 0,3 milliard de dollars à 0,7 milliard de dollars dans la

[526]Maros Ivanic & Will Martin, *Implications of Higher Global Food Prices for Poverty in Low-Income Countries,* The World Bank-Development Research/Group Trade Team , Policy Research Working Paper n° 4594, April 2008; Rapport 2006 de la situation humanitaire de l'Afrique de l'Ouest, OCHA

région d'Amérique latine et Caraïbe. Ainsi, en cinq ans, les importations de céréales de ces pays ont plus que doublé en valeur (CNUCED, 2008). Bien qu'en juin 2008, les prix des denrées alimentaires aient connu un déclin, la situation s'est empirée avec la crise financière qui s'est étendue à travers le monde, acculant à la pauvreté des millions de personnes à travers le monde.[527]

Les liens entre les crises financières et les crises alimentaires sont donc avérés et ont de sérieux impacts sur les processus de développement des États. Dans une perspective de prévention ou encore de traitement efficace des ces questions, il serait utile d'adopter notamment dans le contexte africain, une approche régionale de résolution de telle question. Une telle approche devra nécessairement prendre en compte les exigences découlant des aléas du temps, mais aussi, des contraintes de la structure sociale et économique, en permanence, sous influence des progrès de la science. Il va de soi alors qu'aucune politique de développement agricole ne saurait prétendre à l'efficacité sans s'appuyer sur les acquis, mais aussi en tenant compte des exigences du tissu industriel. En effet, l'agriculture a besoin de l'industrie en amont et en aval. En amont, l'agriculture, en pleine phase d'expansion, absorbe les produits de l'industrie mécanique, chimique et de transport pour un approvisionnement de tous les marchés en produits agricoles. En aval, l'industrie contribue à la création d'un secteur agro-industriel, se composant principalement des industries alimentaires, textiles, de cuirs et peaux. Alors, l'agriculture doit être profondément repensée, transformée et entièrement réorientée pour faire face et pour mieux contribuer à l'expansion du secteur industriel sous-régional.

Les innovations devront ainsi être introduites par l'élaboration de politiques hydrauliques, d'irrigation et de construction de grands barrages. Individuellement, les États de l'Afrique de l'Ouest et du Centre arriveront, très difficilement, à faire face à de telles charges. D'où, tout l'intérêt de l'aborder sous l'angle de la réunion des efforts et moyens nécessaires à cet effet. L'objectif d'élévation de la productivité du travail agricole trouve de meilleures conditions de réalisation dans l'ordre régional.[528] La mécanisation devra être l'autre outil utilisé à cet effet. Alors, les producteurs agricoles devraient

---

[527]Réseau d'Etudes des Dynamiques transnationales et de l'Action Collective. www.redtac.org/possibles/2010/10/08/les-causes-de-la-crise-alimentaire-mondiale-de-2008

[528]Kasse Moustapha, 1991, pp.50, 51 &52, op.cit

pouvoir disposer, à bon marché et en quantité suffisante, des outils modernes de production. Ceci contribuerait ainsi à l'amélioration de leurs exploitations et des formes de gestion.[529] Pour ce faire, l'intervention étatique devient plus que nécessaire pour faciliter l'introduction des mutations structurales adéquates et pour introduire des réformes politiques, institutionnelles et agraires nécessaires. Au niveau régional, il sera alors question, soit d'impulser cette mouvance, soit de la conduire, à travers un mécanisme sous-régional de coordination et de régulation de la production agricole.[530] Ces espoirs ne sauraient obstruer le fait qu'il existe de véritables obstacles au développement agricole. Dans l'une de ses études, le Fonds International de Développement Agricole (FIDA) faisait remarquer qu'en dépit des investissements considérables réalisés par les gouvernements et les donateurs depuis une trentaine d'années dans le monde agricole, ceux-ci n'ont pu traiter sérieusement la pauvreté endémique qui mine le monde rural. De multiples obstacles ont ainsi été relevés comme susceptibles d'entraver le processus et de rendre inefficace la production agricole, à court terme et à long terme, de contribuer à fragiliser d'avantage la situation des producteurs.[531]

---

[529]*Op.cit*

[530]Il appartient ainsi aux politiques nationales de déterminer les formes d'exploitation qui répondent le mieux aux options de base, que l'exploitation soit de type coopératif, de plantation ou capitaliste. Cf. Kasse Moustapha.Ibidem. C'est la politique agraire nationale et son orientation qui devront en décider souverainement. Cependant, deux éléments fondamentaux demeurent. Premièrement, il ne faudrait pas que l'État dans sa volonté de satisfaire aux exigences de l'industrie, s'emploie suffisamment dans la voie de la production orientée vers ce milieu au point de faire fi des besoins de consommation ménagère ou locale. Ce fut là l'une des causes profondes des crises alimentaires de 2007 et 2008. En second lieu, il est impératif que les efforts soient conjugués au niveau sous-régional, cela pour deux raisons fondamentales. D'abord, une telle option pourrait répondre à la politique de spécialisation agricole prônée depuis longtemps par les pays engagés dans le processus du NEPAD et ceux concernés par la *Grande Muraille Verte*. Ensuite, dans un processus de coordination sous-régional, il serait aisé d'organiser et de planifier les outils de gestion et d'organisation du processus à un coût supportable et avec plus d'efficacité.

[531]En effet, l'étude met l'accent sur les obstacles suivants : *Mise en valeur insuffisante du capital humain et social; Inadaptation des politiques macroéconomiques et sectorielles; Faible productivité des agriculteurs et grands problèmes de gestion des ressources naturelles dus à l'accroissement soutenu de la population urbaine et de la demande de produits vivriers; Inefficacité des mécanismes de commercialisation des produits agricoles et en particulier des produits vivriers et manque d'accès aux capitaux; Incapacité d'exploiter pleinement*

Au regard de tout cela, l'aménagement d'un espace sous-régional de communication se veut nécessaire pour un développement du secteur agricole et industriel, dans le cadre d'une coordination sous-régionale des efforts et synergies déployés au niveau des États par les divers acteurs impliqués.

Parag. II : L'aménagement d'un espace sous-régional de communication

Le développement, en tant que processus, s'effectue dans un temps et selon des étapes bien définies qui s'échelonnent dans l'espace.532 Aussi faudrait-il arriver, à chaque étape, à soutenir le processus de moyens et de cadres adéquats dont l'indispensabilité demeure une règle de la théorie en la matière. Aussi faudrait-il concevoir la construction d'infrastructures de base comme étant le soubassement de toute politique de développement, ceci requiert pour l'État d'énormes investissements et la disponibilité de ressources humaines de qualité. Le processus d'intégration régionale, dont l'objectif ultime est de réaliser le développement des États membres de la communauté, apparaît alors comme la meilleure option dans ce sens.[533] La construction d'infrastructures de base telles que les infrastructures de communication et de l'information d'envergure sous-régionale participerait à désengorger les voies de communication locales. Ces infrastructures faciliteraient l'ouverture de l'économie nationale sur d'autres sphères économiques aussi bien au niveau sous-régional que régional. Elles doivent toujours être accompagnées d'infrastructures routières qui, au niveau sous-régional, constituent un soutien de taille pour le processus de l'intégration régionale.

---

des possibilités d'activités non agricoles rémunératrices qui permettraient de réduire les risques et le développement insuffisant des infrastructures rurales. Cf. Fonds International de Développement Agricole (FIDA), *Evaluation de la pauvreté rurale en Afrique de l'Ouest et du Centre*, Edition 2001, op.cit

[532]Voir à cet effet : Tremblay Suzanne, *Du concept de développement au concept de l'après développement : Trajectoire et repères théoriques,* Université du Québec à Chicoutimi, Collection «Travaux et études en développement régional», Décembre 1999 ; Rist^Gilbert, *Le développement. Histoire d'une croyance occidentale*, Paris, Presses Universitaire de Sciences Po, 1996, 2001,2007

[533]En effet, cette option politique pourrait résorber les nombreuses difficultés auxquelles seul un État ne saurait faire face. D'autre part, cette option politique a l'avantage d'assurer aux États engagés dans ce sens, les meilleures chances d'atteindre les résultats fixés à l'entame de leur politique.

Pour mieux convaincre de ces nécessités, nous envisageons développer une démarche axée sur l'intégration des marchés et facteurs de production au niveau sous-régional (A) ainsi que la mise en place d'infrastructures de communication et d'information sous-régionale (B).

A- L'intégration des marchés et facteurs de production au niveau sous-régional

L'intégration sous-régionale des marchés et facteurs de production, visent divers enjeux, parmi lesquels, la pleine réalisation de la croissance et la réduction de la pauvreté. Cela se justifie par le constat général effectué, relatif au très bas taux d'investissement réalisé par les États de l'Afrique de l'Ouest du Centre. Cette faiblesse du taux d'investissement pourrait résider dans l'absence de sources de financement et d'investissement étranger, de l'épargne intérieure et du crédit intérieur.[534] Cette situation dénote l'inexistence d'une diversification des sources d'investissement et de l'inefficacité de l'aide au développement.[535] Aussi pourrait-il témoigner de l'absence d'un cadre favorable à l'épargne et au crédit national qui s'accompagne aussi de la nécessité d'établir un système efficace de paiement qui, à son tour, faciliterait les transactions et le commerce. Les liens, ainsi établis, démontrent la nécessité de réaliser un cadre axé sur la croissance économique orientée vers la réduction de la pauvreté à long et moyen terme.

La réduction de la pauvreté au niveau sous-régional implique que les politiques, en matière de captation de l'aide au développement, soient orientées vers l'investissement dans les secteurs d'activités

[534]Le capitalisme sur lequel est fondé le processus d'intégration régionale a un mode de production basé sur deux logiques à la fois concurrentes et complémentaires. La première logique dite externe se rapporte à l'expansion du capitalisme depuis ses foyers d'origine vers la périphérie du système. La seconde logique dite interne en tant que réaction à cette expansion, consiste en l'internalisation, de la prise en charge nationale de la dynamique de croissance capitaliste. Voir. Adda Jacques, *La mondialisation et l'économie : Genèse et problèmes,* 7ème édition, Édition la Découverte Paris, 2006,pp 124-125. Fort de ces éclaircissements, le cadre national doit être établi de manière à capter et attirer les investissements extérieurs.

[535]Selon *Jacques Adda,* le désintérêt des capitaux extérieurs pour l'Afrique peut s'expliquer par le fait que le secteur privé de ces pays est marqué par une certaine inertie, suivi de l'absence de toute stratégie de décollage industriel de la part d'appareils d'État restés en marge du progrès de la science et de la technologie. Cf. Adda Jacques.2006.Ibidem

économiques afin de soutenir l'initiative privée.[536] Le besoin pour les classes moyennes de disposer de crédits nécessaires pour financer leurs projets devient de plus en plus indispensable pour la construction du développement. Aussi serait-il plus efficace que les États envisagent des outils de captation de crédits aussi bien au niveau national qu'au niveau international, en vue du financement des projets de paysannerie, commerciaux ou encore de l'artisanat.[537] Ainsi, en permettant aux classes moyennes de disposer de crédits nécessaires pour financer leurs activités, on contribue, substantiellement, à réduire le taux de pauvreté, par la réduction de la dépendance de l'aide publique.[538] Aussi faut-il voir dans cette option, une façon de

---

[536]Le constat de la Commission Economique pour l'Afrique, relativement au financement du développement, met l'accent sur entre autres difficultés, deux du reste, très intéressantes. D'abord, le très faible taux de l'épargne intérieur brut, notamment en proportion du PIB, reste en dessous de 20%. Par conséquent, demeure insuffisant pour le financement de l'investissement pour maintenir la croissance du PIB. D'autre part, c'est la question de la transformation économique qui se pose comme difficulté insurmontable par les États africains. En effet, ceux-ci rechignent à opérer une transformation totale de la structure de production, de distribution et de consommation des biens et services. Voir.Commission Economique pour l'Afrique (UNECA) et Union Africaine (UA), *Gérer le développement, le rôle de l'Etat dans la transformation économique*, Rapport économique sur l'Afrique 2011, pp 4, 5 et 6

[537]Ceci implique des reformes institutionnelles et juridiques nécessaires afin de rendre le cadre national plus compétitif, notamment dans un cadre sous-régional ou régional, pour plus de poids et pour arriver a une croissance économique soutenue et durable. Le rôle de l'État africain dans la réalisation d'une croissance économique rapide et soutenue et d'un développement social à une transformation structurelle profonde devrait reposer sur celui d'un "*État développementiste*". Cette démarche devait être menée dans le cadre d'une planification rigoureuse dans laquelle les politiques sociales et économiques sont indissociables, se complètent et se renforcent mutuellement. Cf.UNECA-UA. Rapport 2011.Ibidem. Suite aux modifications intervenues dans les conditions d'exercice de l'activité des Banques Centrales dans le monde et les mutations de l'environnement régional et international, les Chefs d'États membres de l'UEMOA ont entrepris des reformes institutionnelles. Ces réformes visent à adapter l'architecture institutionnelle de la BCEAO et de l'UMOA aux évolutions intervenues dans les missions des banques centrales. Elle a également pour objectif de renforcer l'efficacité de la politique monétaire, créant ainsi les conditions d'un meilleur financement des économies de l'Union. Enfin, elle consolide la stabilité du système bancaire et financier dans notre zone. La BCEAO se trouve ainsi dotée de moyens d'action et d'instruments adéquats pour la conduite d'une politique monétaire crédible et efficace. (*www.bceao.int/internet/bcweb.nsf/pages/cpr678)*

[538]Commission Économique pour l'Afrique (UNECA) et Union Africaine (UA), *Gérer le développement, le rôle de l'Etat dans la transformation économique*, Rapport économique sur l'Afrique 2011

contribuer à rehausser le pouvoir d'achat des populations et partant à soutenir la consommation et la production locale.[539] Par ailleurs, l'intégration des marchés nationaux afin d'établir un marché sous-régional, pourrait substantiellement contribuer à l'amélioration de la concurrence qui se veut indispensable pour l'amélioration de la consommation. En effet, la faible taille des marchés favorise les monopoles, limite les accès et nuit, considérablement, à la concurrence et au dynamisme du marché. Cette situation conduit aux coûts élevés pour les services ainsi que les accès difficiles pour la majeure partie des populations. Pour faire face à de telle situation, la stratégie sous-régionale d'intégration des marchés se veut un levier puissant.

L'approche sous-régionale a l'avantage de contribuer à la défragmentation, à l'élargissement des marchés et à leur diversification.[540] Par conséquent, elle réduit les risques, tout en

---

[539] Vu l'opportunité des reformes des institutions financières sous-régionales de l'Afrique de l'Ouest, à savoir, la BCEAO et l'UEMOA, l'ancien Gouverneur de la BCEAO, estimait que : *«La stabilité des prix un objectif assigné aujourd'hui à la plupart des banques centrales modernes, et qui découle de l'observation des faits économiques. Il est ainsi apparu qu'à long terme, une inflation trop forte entrave la croissance. En effet, la hausse des prix se traduit par une érosion de la valeur de la monnaie (et donc du pouvoir d'achat des populations), et accroît l'incertitude quant à l'évolution future des prix, rendant plus difficile la prise de décision en matière de consommation, d'épargne et d'investissement. À l'inverse, le maintien d'un taux d'inflation faible et stable favorise un climat propice à l'investissement et à la création d'emplois. Dans un environnement d'inflation faible et stable, les consommateurs et les entreprises sont davantage en mesure de promouvoir des projets à long terme, puisqu'ils ont plus d'assurance sur la stabilité de la valeur de la monnaie, et partant, du pouvoir d'achat et des gains attendus. La stabilité des prix crée ainsi les conditions d'une croissance économique saine et durable»*.www.bceao.int/internet/bcweb.nsf/pages/cpr678

[540]La relance du processus d'intégration régionale en Afrique, durant les années 1990, est intervenue dans un contexte international caractérisé par la mondialisation et l'émergence et/ou la consolidation concomitante de grands blocs économiques régionaux. Dans un tel contexte, une nouvelle impulsion de l'intégration régionale prend toute son importance au regard du faible poids économique de pays dont certains comptent parmi les moins avancés au monde. Par ailleurs, elle facilite la création d'un espace géoéconomique plus grand permettant à ces pays de faire face collectivement aux défis de la concurrence internationale et de mieux s'insérer dans l'économie mondiale. Voir. UNECA, *Redynamiser l'intégration régionale en Afrique Centrale : Cadre Stratégique pour l'intégration et la coopération régionale en Afrique Centrale*, Avril 2004, ECA/SRDC-CA/TC/98/04. Par ailleurs, il faut dire que c'est la problématique de l'avantage que les États parties au processus d'intégration régionale pourraient tirer d'un telle politique qui se pose avec acuité.

favorisant la concurrence, la réduction des coûts et l'amélioration des capacités et de la qualité des services. Dans cette perspective, le besoin d'harmoniser les systèmes de paiement est nécessaire afin de réduire les risques de fraude et de contrebande, mais aussi, en vue de contribuer à l'attractivité de l'espace pour les investissements étrangers. Ainsi, un système de paiement moderne, rapide et sécurisé est essentiel pour la croissance au niveau du commerce sous-régional et pour une meilleure captation des investissements étrangers. De façon générale, tous ces facteurs concourent à soutenir le financement des politiques de réduction de la pauvreté qui se veut, du reste, essentiel. L'intégration des marchés financiers devrait aussi être le prétexte pour établir un cadre sous-régional de la microfinance très accessible aux couches défavorisées et aux petits opérateurs économiques. Le financement des projets des populations les plus pauvres doit s'orienter vers les cibles fortement présentes en milieu rural sans pour autant délaisser celles des zones urbaines. Cela dit, en mettant l'accent sur les activités des populations rurales, l'avantage est d'arriver à relancer le secteur devenu moribond du fait des nombreuses crises économiques et financières qui ont impacté sur les prix des produits d'exportation. D'autre part, du fait des effets pervers du changement climatique, la quantité de terres cultivables a fortement décru avec pour conséquence d'augmenter le nombre de populations pauvres dans les zones rurales. En effet, nombreuses sont les familles d'agriculteurs qui ont été contraintes d'abandonner leurs plantations et autres activités agraires[541] et d'espérer de la part de l'État une

---

Partant elle pourrait expliquer la faiblesse de l'intégration des marchés d'où peu de dynamisme constaté au niveau du commerce intra-communautaire. Au delà de ces nombreuses considérations, le processus de l'intégration par les marchés ou par la production vise selon les mots du Secrétaire d'État camerounais, les Investissements Publics et à l'Aménagement du Territoire, a créer : Espace de solidarité pour un développement harmonieux des États- membres ; Espace d'échanges préférentiels ; Espace accueillant pour l'investissement ; Espace de croissance durable ; et Espace d'intégration humaine.

[541]Les politiques macroéconomiques et agricoles menées, de 1970 à 1980 en Afrique subsaharienne, étaient généralement défavorables au développement rural. La conjugaison de plusieurs facteurs: surévaluation de la monnaie, présence d'offices étatiques ayant le monopole de la commercialisation sur le marché intérieur et du commerce international des produits agricoles, et obstacles tarifaires et non tarifaires élevés limitant les importations d'intrants manufacturés (pour protéger des industries naissantes à coûts élevés) a entravé le développement de marchés dynamiques pour les cultures vivrières et d'exportation. À cause du poids politique supérieur des groupes de pression urbains très concentrés et actifs (fonctionnaires et syndicats) en

assistance pour une reconversion professionnelle.[542] En effet, l'intégration financière induit une croissance au niveau des flux de capitaux avec des tendances élévatrices des prix et des rendements sur les capitaux financiers échangés dans les États membres de la région intégrée. De ce constat, l'intégration va au-delà de la simple collaboration et coopération initiale pour réussir à unifier les marchés et services financiers. Par conséquent, une intégration financière efficace implique que soient réunies les conditions indispensables pour assurer une stabilité macroéconomique nationale et des réformes du secteur financier.

Pour ces raisons, le processus d'intégration régionale, dans sa mise en œuvre, s'effectue en prenant certaines mesures qui, dans le domaine financier, sont indispensables pour intégrer les différents secteurs financiers nationaux. Les États membres, en étroite coopération avec la structure sous-régionale d'intégration, devraient être amenés à adopter des politiques financières, à mettre en place des

---

face de petits agriculteurs dispersés, les gouvernements ont poursuivi l'objectif implicite primordial d'opérer un transfert de richesse des campagnes vers les villes. Les recettes d'exportation des produits agricoles et minéraux ont financé l'expansion de la fonction publique sans nécessairement créer les conditions d'une croissance durable du secteur rural. À la faveur des PAS, au début des années 1990, l'interventionnisme étatique a connu un recul. Les activités d'investissement, dans la production et dans le crédit agricole, ont connu une expansion. Voir. FIDA, *Evaluation de la pauvreté rurale en Afrique de l'Ouest et du Centre*, Edition 2001. Pp38-39 et 40

[542]Tirant des leçons des PAS, il serait utile de donner plein effet aux politiques de décentralisation en Afrique, notamment, en faveur des collectivités locales. Cela en vue, d'assurer la participation des populations locales à la prise de décisions, l'autonomie financière et la responsabilisation des collectivités locales soient effectives. En garantissant le principe de la responsabilité des pouvoirs publics en zone locale, on assure, par ricochet, l'efficacité des services publics en zone rurale en ce sens que ceux-ci seront désormais tenus d'impliquer les populations locales à la prise des décisions et à la gestion des affaires publiques des communautés rurales. Le renforcement de l'autonomie locale et de la représentation populaire ainsi que les transferts budgétaires et la fiscalité locale pourraient conduire les collectivités à augmenter les dépenses locales destinées à l'élimination des principaux obstacles au développement rural. À long terme, ces politiques pourraient concourir à assurer l'autonomie des couches les plus défavorisées des milieux ruraux et à faire entendre leur voix. Aussi faut-il que les programmes des collectivités locales, assurent l'accès à l'éducation de base pour les familles pauvres. Ce n'est que si les vues et les besoins des pauvres sont compris et pris en considération par un dialogue politique qu'une meilleure gouvernance, favorable aux pauvres, aura des chances de s'imposer. Cf.FIDA. Edition 2001.Ibidem

infrastructures financières ainsi qu'à créer des institutions financières adéquates.[543] En principe, ces mesures entendent arriver à un stade de libéralisation et de grande ouverture du secteur des services financiers et par conséquent à accroître les investissements étrangers et nationaux. Les effets espérés de la réalisation de ces objectifs sont d'améliorer la solidité et le développement du secteur bancaire. En outre, ils contribuent à élargir l'accès au crédit, notamment, pour les petits opérateurs économiques et en fin de compte à arriver à un stade d'amélioration de l'efficacité générale de la politique monétaire. À cet égard, l'intégration monétaire et financière régionale devrait être appréhendée comme un outil du développement national qui ne s'épanouit qu'à l'ombre de réformes du secteur financier national. Aussi, les réformes introduites au niveau CER en Afrique, sont sous-tendues par la conviction largement partagée que des systèmes financiers solides contribuent à l'accélération de la croissance de la production et à la création d'avantages directs et indirects, tout au long de la chaîne de répartition des revenus.

Le besoin actuel d'arriver à un processus d'intégration régionale réussie qui soit axé sur l'intégration des secteurs financiers et monétaires pourrait impliquer certaines mesures indispensables à cet effet. De manière générale, l'infrastructure du secteur financier repose sur un certain nombre de composantes clés. Elles se déclinent en un cadre juridique et réglementaire clair et consensuel, un système de régulation et de supervision efficace, des systèmes d'audit réguliers et performants, un système de comptabilité et de procédures financières harmonisées. Tout cela tourne autour de systèmes de paiement et des institutions qui sous-tendent le fonctionnement des systèmes et marchés financiers. La viabilité et le niveau de développement des systèmes et marchés financiers reposent en effet sur la force de leur infrastructure de soutien. Par conséquent, les distorsions et les imperfections dans les infrastructures peuvent entraîner un fonctionnement inefficient des systèmes et marchés financiers. Il serait alors question d'envisager des institutions financières régionales, dont l'efficacité, et la solidité serait soutenue par une meilleure captation de l'aide au développement apportée par les

---

[543]Banque Africaine de Développement (BAD), *Intégration du secteur financier dans trois régionale d'Afrique : Comment l'intégration financière régionale peut soutenir la croissance, le développement et la réduction de la pauvreté*, 2010, pp.32, 33 &34

bailleurs de fonds.[544] Les objectifs principaux visés par ces institutions financières régionales se déclineraient en grandes actions. Elles consisteraient ainsi en une meilleure canalisation et coordination des aides techniques et des aides financières.

Une meilleure gestion de l'aide technique et la mise en place d'un mécanisme efficace de suivi et d'évaluation des coûts de fonctionnement des structures techniques qui, au niveau national, facilitent la mise en œuvre des grandes politiques en la matière. L'existence de tel cadre concourt à une meilleure intégration des marchés et des facteurs de production au niveau sous-régional. Par ailleurs, la mise en place d'infrastructures de communication et d'information sous-régionale serait de nature à soutenir, efficacement et durablement, cette ossature financière et monétaire sous-régionale avec pour objectifs, à long terme, d'arriver à traiter, avec adresse la situation de la pauvreté au niveau sous-régional.

B- La mise en place d'infrastructures de communication et d'information sous-régionale

L'intégration des économies nationales est devenue aujourd'hui une donnée incontournable pour arriver à faire face à la concurrence mondiale.[545] Dans cette perspective, la régionalisation économique est considérée comme une alternative pour le développement des pays d'Afrique subsaharienne. La réalisation des objectifs ultimes de ce processus impose aux États membres de la communauté de mener certaines r2formes et actions positives qui constituent les fondamentaux du processus.[546] Entre autres, il faut citer la construction de voies de communication et de l'information.[547]

---

[544]Daniel C. Bach, *La crise des OIG ou l'impératif d'une refonte des scénarios et modèles d'intégration : le cas de l'ouest africain* In *L'intégration régionale en Afrique de l'Ouest,* sous la direction de Réal Lavergne, *E*dition CRDI, 1995-1994

[545]Hugon Philippe, *Les économies en développement à l'heure de la régionalisation…*..2003

[546]Hugon Philippe, *La zone franc à l'heure de l'euro*, Edition Karthala, Paris, 1999

[547]Le NEPAD a lancé une nouvelle initiative de développement de l'espace en vue d'améliorer les prestations de services dans le domaine des infrastructures, notamment, de passer en revue les plans directeurs, juridiques et réglementaires. La CEA mettra ses programmes et activités en conformité avec les initiatives du NEPAD portant sur les infrastructures et fournira un appui stratégique en procédant à l'examen des études de faisabilité existantes dans les secteurs des transports, de l'énergie, des ressources en eau et des ressources naturelles destinées à promouvoir l'intégration régionale. La CEA, par l'intermédiaire de ses cinq bureaux sous-

Autrement dit, il s'agit pour ces États de s'engager fermement vers la construction d'infrastructures de base pouvant accélérer le processus, parmi lesquelles, les grands axes routiers qui constituent le moyen principal de communication.

L'autre atout incontestable qu'il faudrait reconnaître à cet outil déterminant dans le processus d'intégration régionale, c'est le fait qu'il concourt à mettre aisément en contact les populations de diverses couches sociales, et est utilisable par tous. Pour ces raisons, les infrastructures de communication et de l'information jouent un rôle déterminant dans les politiques d'éradication de la pauvreté et de réalisation de la croissance économique.[548] L'interrogation majeure qui se pose, résiderait en la capacité du processus de l'intégration régionale à contribuer sensiblement au développement des infrastructures de communication et de l'information en Afrique de l'Ouest et du Centre, d'une part. Et d'autre part, il serait à rechercher les impacts de leur développement sur les conditions de vie des populations de la communauté, notamment, en ce qui concerne la réduction de la pauvreté. Néanmoins, il faut dire qu'il n'est plus à démontrer que l'intégration du marché des services d'infrastructures de transport, d'énergie, de télécommunication entre autres, contribue sensiblement à la défragmentation de l'espace économique sous-régional. Aussi contribue-t-elle à le rendre plus compétitif, plus favorable à l'investissement étranger, à la diversification et la croissance soutenue.

---

régionaux, collaborera avec les CER en vue d'harmoniser et de coordonner les programmes et services portant sur les infrastructures dans l'ensemble des sous-régions. Voir.UNECA, *Évaluation des progrès accomplis en matière d'intégration régionale en Afrique,* 5ème session du Comité du commerce, de la coopération et de l'intégration régionales du 8 au 10 octobre 2007, a Addis-Abeba (Éthiopie), E/ECA/CTRCI/5/5-1er août 2007

[548]En Afrique Centrale, l'absence des infrastructures de transport et de communication constituent une véritable barrière intra-régionale. Ces insuffisances au niveau sous-régional, sont renforcées par des insuffisances d'infrastructures de communication, de télécommunication et de transport au plan national. À cela, il faut ajouter les conséquences de la rupture d'ancien réseau ferroviaire d'envergue sous-régionale. En effet, cette rupture implique pour les pays enclavés comme le Burundi, la République centrafricaine, le Rwanda et le Tchad, d'énormes difficultés pour l'expansion de leurs exportations vers l'espace régional ainsi que pour leur approvisionnement. Voir. CDSR/AC-UNECA, *Cadre stratégique pour l'intégration et la coopération régionale en Afrique Centrale* In *L'intégration régionale en Afrique Centrale : Bilan et perspectives,* sous la direction de H.B.Hammouda, B.Bekolo-Ebe et T.Mama, Editions Karthala 1999, pp65-66

Dans la perspective de la construction sous-régionale, les infrastructures jouent un rôle de levier du développement économique et social.[549] Aussi peuvent-elles contribuer à l'accélération du processus d'intégration régionale. Par conséquent, leur réalisation effective peut avoir des effets importants sur la croissance économique, le bien-être des populations, le développement de l'entrepreneuriat et de l'industrialisation enfin accroître la compétitivité au sein de la communauté.[550] Tout cela a des conséquences en termes de réduction de la pauvreté sous-régionale, favorisant l'émergence d'une zone de libre circulation aussi bien pour les services, les bien que les personnes. Dans le déroulement du processus d'intégration régionale en Afrique Centrale, diverses étapes ont été définies. Ainsi la première étape consistait à stabiliser le régime fiscal et douanier en vigueur et à éliminer progressivement des obstacles tarifaires et non tarifaires. Pour ce faire, un plan d'élimination progressive des droits tarifaires sur les échanges commerciaux intracommunautaires connus sous le nom de tarif préférentiel de la CEEAC a été adopté. Pour faciliter la mise en œuvre de cette politique, des règles d'origine et des procédures d'approbation au niveau communautaire ont été adoptées et devaient entrer en vigueur le 1er juillet 2004. Au terme de sa mise en œuvre, cette politique devait permettre la création d'une zone de libre-échange qui constitue la deuxième étape. Il était prévu la réduction de 100% des frais de douane sur les produits de l'artisanat traditionnel et local pour les produits manufacturés et miniers ayant statut originaire, une réduction croissante de 50%, 70%, 90% et 100%. La mise en œuvre de cette politique aurait sûrement eu des impacts énormes sur la vie des populations tant on sait que les populations actives de ces pays sont, pour la plupart, insérées au niveau du secteur informel. Néanmoins, jusqu'en 2007, le processus de réduction tarifaire pour l'établissement de la zone de libre-échange n'avait pas encore

---

[549]UNECA, *Évaluation des progrès accomplis en matière d'intégration régionale en Afrique,* 5ème session du Comité du commerce, de la coopération et de l'intégration régionales du 8 au 10 octobre 2007, a Addis-Abeba (Éthiopie), E/ECA/CTRCI/5/5-1er août 2007

[550]Valerie Ongolo Zogo Touna Mama, *Intégration physique à travers le développement d'infrastructures en Afrique Centrale* In *L'intégration régionale en Afrique Centrale : Bilan et perspectives,* sous la direction de H.B.Hammouda, B.Bekolo-Ebe et T.Mama, Editions Karthala 1999, pp85-86

commencé.[551] D'autre part, le besoin de se mouvoir étant inévitable chez les êtres humains, la mise en œuvre de cette mesure aurait participé à l'effectivité de ce droit fondamental. Précisément, le lancement du Plan Directeur Consensuel des Transports en Afrique Centrale (PDCT-AC) qui vise, à court terme, à permettre, à l'horizon 2010, de doter la région d'un système de transport favorisant la libre circulation des personnes et des biens par le biais d'infrastructures et services adéquats.

Dans le Traité de la CEEAC, en son article 6 paragraphe 3, il est mentionné que le passage d'une étape à une autre est conditionné par la prise d'une décision de la Conférence des Chefs d'État, sur proposition du Conseil des ministres à cet effet.[552] Cette décision est prise à la lumière de certains constats effectués, notamment que les objectifs fixés ont été atteints. De ces considérations, il ressort que l'impossibilité de réaliser les objectifs liés à la mise en œuvre des deux premières étapes a rendu difficile la mise en œuvre de la dernière étape relative à la mise en place de la communauté, à savoir l'Union Douanière avec l'adoption du tarif extérieur commun. Toutes ces politiques seraient, dans leur ensemble, sans suite du fait de l'absence de stabilité politique et sociale dans la région et le manque ou l'absence d'infrastructures reliant les pays. La mise en œuvre du Protocole sur la libre circulation des personnes demeure, elle aussi, est entachée de nombreuses difficultés. Pourtant, la CEEAC disposait d'un programme plus complet en la matière contrairement à l'Union Douanière et Economique d'Afrique Centrale (UDEAC). La promotion de la liberté de circulation impliquant le développement d'infrastructures indispensables à la libre circulation des personnes, des biens et des services, l'Afrique Centrale a son réseau routier très peu pratique. En effet, avec un réseau routier bitumé seulement à 15% sur 147314 km, ainsi que cinq réseaux ferroviaires (Angola, Congo, Gabon, République Démocratique du Congo) ne sont pas interconnectés. D'autre part, du fait de la crise militaro-politique sous-

---

[551]Département des Affaires économiques, Union Africaine, *Libre circulation des personnes, des biens, des services et des capitaux*, Avril 2008, p 28

[552]Cf. article 6-Modalités de la mise en place de la Communauté, du Traité de la CEEAC, en date du 18 octobre 1983, qui dispose : «*Le passage d'une étape à une autre est conditionnée par la constatation que l'essentiel des objectifs spécifiques fixés par le présent Traité ou la Conférence est atteint et que els engagements ont été tenus. La Conférence, sur proposition du Conseil, constate que les objectifs assignés à une étape ont été atteint et décide du passage à l'étape suivante.*»

régionale prolongée, le réseau maritime qui est doté de fortes potentialités en la matière, a durement été affectées par le manque d'entretien et de balisage des voies, les infrastructures portuaires et d'équipements des opérations de transports en mauvais état, insécurité récurrente. Quant au transport aérien, il se montre très peu performant, car doté d'un parc d'aéronefs en faible nombre et vétuste, des vols peu fiables, une quasi-inexistence de partenariat entre les quelques compagnies opérant dans la sous-région.

En Afrique de l'Ouest, la situation au niveau des infrastructures indispensables pour accompagner et soutenir le processus de l'intégration régionale n'est pas sans reproche. La structure sociale des États de cette sous-région, est marquée par la prédominance du secteur informel. Pourtant, ce secteur à la portée de toutes les couches sociales, est fondamentalement dépendant des infrastructures indispensables à son approvisionnement et à l'écoulement des produits.[553] L'une des composantes dont le commerce, en particulier, celui du commerce de la Kola, a participé bien avant l'institution des frontières, à l'intégration des peuples et populations de la sous-région. Les barrières frontalières et les tracasseries des agents frontaliers, en dépit même des textes, ont inévitablement des impacts négatifs sur le commerce. C'est l'exemple du commerce du mouton. Les taxes et les frais de police prélevés dans le cas du transport de ces bêtes, obligent les commerçants à fixer des prix hors de portée de la population.[554] Pourtant, une application effective des normes, en la matière, aurait pour avantage, en outre de faciliter l'accès de cet animal à toute la population, de participer au développement d'un commerce de portée sous-régionale. Les populations des pays comme la Côte d'Ivoire, le Sénégal sont généralement approvisionnées en moutons par les commerçants originaires du Burkina Faso et du Mali. Leurs populations musulmanes soucieuses de jouir pleinement de leur liberté de religion souhaiteraient s'acquitter du devoir musulman de faire le sacrifice du bélier, le jour de la Tabaski. Il est alors un devoir pour les autorités, de veiller à l'effectivité de cette liberté en prenant les

[553]C'est ce qui ressort du rapport de la Banque Mondiale consacré aux infrastructures, selon que : «*L'infrastructure peut beaucoup pour la croissance économique, la lutte contre la pauvreté et la préservation de l'environnement, mais seulement quand elle assure des services qui répondent à la demande effective et qu'elle le fait bien*». Voir.Banque mondiale, Rapport 1994, p. 3

[554]Observatoire des Pratiques Anormales, *11 ème Rapport de l'OPA/UEMOA,* Avril 2010, 24pages

mesures appropriées par la suppression de certaines taxes. Le commerce du mouton, en période de fête, est créateur d'emplois temporaires qui contribuent à bien des égards à la réduction du chômage, partant, réduit les tensions sociales.[555] Ainsi deviendrait-il urgent, voire indispensable, que ces activités économiques puissent connaître un essor que les infrastructures de communication puissent exister et leur être d'accès facile. La liberté de circulation participerait de la promotion d'une culture démocratique par le vocable de la communication et de la télécommunication. La mondialisation a favorisé le développement des voies de communications et de télécommunications, à travers le monde. Certains pays de l'Afrique de l'Ouest, tels que le Sénégal et la Côte d'Ivoire, bénéficient d'un réseau de téléphonie mobile et fixe à faible coût avec un large accès des populations à l'internet. Ces acquis ont, nécessairement, des impacts positifs sur la vie des populations jeunes et scolarisées dans un monde où l'accès à l'internet est devenu une nécessité pour l'acquisition du savoir. La volonté politique des autorités sénégalaises de faciliter l'accès à l'internet s'est d'ailleurs étendue à toute la population et cela pourrait être observé par l'équipement des Espaces Jeunes en matériels informatiques. Cette politique pourrait impacter sur l'esprit d'initiative des populations et faciliterait les recherches de partenariat entre Petites et Moyennes Entreprises (PME) nationales et celles d'ailleurs.[556] Cela contribuerait aussi à la recherche de débouchées pour les produits nationaux et à l'appropriation de savoir-faire nouveau.[557] Le plus souvent, ce partenariat est observé plus dans le sens nord-sud plutôt que sud-sud. En favorisant le partenariat entre

---

[555]Plus généralement, les infrastructures jouent dans l'économie deux rôles principaux. D'abord, elles fournissent des services essentiels, fondements non seulement de la réduction de la pauvreté (eau potable, électricité, mobilité) mais aussi de la capacité de l'individu d'avoir une activité productive. Ensuite, elles entraînent d'importants effets externes positifs sur l'ensemble de l'activité économique en facilitant la connection entre les différents individus et les différents marchés. (P.Jacquet et O.Charnoz, *Infrastructures, croissance et réduction de la pauvreté,* Agence Française de Développement (AFD), Paris, Septembre 2003)

[556]P.Jacquet et O.Charnoz, Septembre 2003. *Op.cit*

[557]Les liens entre l'ouverture du marche local à l'extérieur et la nécessité de disposer d'infrastructures a cet effet sont inextricables (CDSR/AC-UNECA, *Cadre stratégique pour l'intégration et la coopération régionale en Afrique Centrale* In *L'intégration régionale en Afrique Centrale : Bilan et perspectives,* sous la direction de H.B.Hammouda, B.Bekolo-Ebe et T.Mama, Editions Karthala 1999, pp65-66) Aussi faut-il reconnaître aux infrastructures leur rôle déterminant dans le processus de développement économique et sociale (Banque Mondiale, Rapport 1994)

Petites et Moyennes Entreprises (PME) de la sous-région, il serait observé un impact sur le rendement de celles-ci, en outre de favoriser la création d'emplois dans les pays de la sous-région. Les voies de communication étant un moyen de relier les peuples et pays, il serait important de mener des politiques de construction de grandes voies routières, ferroviaires, maritimes et aériennes.

Le coût du transport aérien demeure jusque là un luxe pour la majeure partie des populations à faibles revenus. Cette situation est à la base de l'utilisation des véhicules de transport terrestre comme moyen de déplacement le plus prisé par les populations. Les compagnies de transport terrestres constituent aujourd'hui un grand secteur créateur d'emplois dans la majeure partie des pays où ce secteur est développé, telle la Côte d'Ivoire. En effet, ce pays a connu au début des années 1990, l'émergence des compagnies terrestres faisant le transport sous-régional, avec la création de lignes allant de la Côte d'Ivoire au Bénin, en passant par le Ghana, à moindre coût et dans un certain confort. Ce type de transport pourrait participer à la création d'emplois dans la plupart des pays où ces compagnies sont représentées. Pour ce faire, les autorités sont appelées à harmoniser les législations et les politiques en la matière et à accompagner ces transporteurs en vue de la mise en œuvre d'un partenariat sous-régional entre les compagnies de transport.[558] Enfin, cet accompagnement suppose de vastes compagnes de communication et de sensibilisation des populations sur les droits qui leur sont reconnus dans le cadre du Protocole de 1979 et de ses protocoles additionnels. Cela viserait à faciliter la pleine jouissance par les citoyens de leur liberté de circulation nécessaire pour leur épanouissement social et économique.

La liberté de circulation participerait de l'épanouissement économique et social des populations en ce sens qu'elle constitue un facteur d'apaisement des tensions sociales.[559] La liberté en tant que

---

[558]Il faut dire qu'un tel accompagnement suppose un renforcement de capacité des gérants de ces entreprises de transport dont la majeure partie ne serait pas imprégnée des nouveaux outils de gestion des entreprises. Il suppose aussi, une sensibilisation des agents frontaliers sur l'existence de normes y relatives au niveau sous-régional.

[559]La relation entre l'intégration régionale et les Droits de l'Homme est selon toute probabilité de type bipolaire. Si les institutions régionales peuvent servir d'instrument de défense des Droits de l'Homme, une concentration d'énergie politique autour de valeurs politiques communes peut, à son tour, favoriser l'émergence, au niveau régional, de cet esprit communautaire et du sens de mission qui sont indispensables à la poursuite de l'intégration régionale en Afrique de

bien le mieux partagé par tous, demeure au cœur de toutes les conquêtes. L'une des libertés qui a poussé les hommes à mettre leur vie en péril, dans le courant des siècles dits des grandes découvertes, avec Vasco de Gama, Christophe Colombe, demeure la liberté de découvrir ou la soif de curiosité scientifique. Au-delà de ces enjeux pécuniaires et autres, ce besoin de voyager et de découvrir d'autres sphères, d'autres peuples, d'autres réalités et d'autres savoir-vivre, s'exprime fortement par le biais du développement des médias télévisés, radios et internet. Animé par le souci de marketing et le besoin de vendre une image positive de son espace, ces masses média présentent des sphères de rêves aux téléspectateurs, tout en aiguisant le besoin de découvrir. Outre cela, l'homme de par sa nature, aime le voyage, la liberté de se mouvoir et le besoin de découverte. Cependant, le réseau routier en Afrique de l'Ouest reste défectueux, rendant le transport terrestre difficile à pratiquer. Le transport aérien demeure un luxe pour les populations en majorité démunie. Cela s'explique par le coût élevé du prix du billet d'avion. Ainsi le billet d'avion Dakar-Abidjan varierait entre 250.000 à 300.000 FCFA, tandis que, le transport par car Dakar-Abidjan s'élèverait à 50.000FCFA. Cet état de fait est de nature à compromettre le plein épanouissement du droit à la liberté de circulation d'une grande frange de la société et constitue un frein au besoin des citoyens de la communauté de se déplacer. Les populations européennes bénéficient d'énormes possibilités pour se déplacer d'un État à un autre. Cela est dû au faible coût du transport au sein de la communauté. Le coût du billet d'avion Paris-Madrid varie entre 129,00 euros (environ 84.618 FCFA) et 144, 00 euro (environ 94.457 FCFA). Cette situation favorise le déplacement des populations et facilite les rencontres entre les peuples et les cultures, ce qui se veut un atout de taille pour la construction de la communauté.[560] L'impossibilité de se déplacer contraint une grande partie de la population urbaine des États de la sous-région, à se confiner dans les bidonvilles. Cette promiscuité est source de précarité et favorise le développement des pratiques telles que la prostitution, le banditisme et l'usage des stupéfiants. Les habitants des bidonvilles vivent le plus souvent dans une précarité et

l'Ouest et dans l'ensemble du Continent. Cf. E.K. Quashigah, 1996, pp 331-322, op.cit, p486

[560]Fall Demba Pape, *État-nation et migrations en Afrique de l'Ouest : le défi de la mondialisation,* Laboratoire de Géographie de l'Institut fondamental d'Afrique noire Ch. A. D Université Cheikh Anta Diop de Dakar (Sénégal), 2002

développent aisément des pratiques qui favorisent la prolifération du virus du VIH/Sida, avec pour conséquence d'emporter des personnes infectées et de constituer une perte en bras valides pour les États pauvres. En permettant aux populations de se mouvoir aisément, au sein d'une communauté, l'on multiplie leur chance de réalisation de soi ailleurs, d'où, l'apaisement des tensions sociales découlant de l'absence de perspectives d'avenir dans l'espace d'origine.[561]

[561]L'équipement en infrastructures, outre qu'il contribue à la réalisation de la croissance, est facteur de réduction de la pauvreté. Cf.P.Jacquet et O.Charnoz, 2003, op.cit, p546. Pour ce faire, ces infrastructures doivent arriver à la satisfaction des besoins essentiels des populations (Banque Mondiale. Rapport 1994) Cette nécessité doit être appréhendée par l'Etat, qui partant, envisage et planifie tout un ensemble de politiques et programmes à cet effet. Cf.Valerie Ongolo Zogo Touna Mama, 1999, pp85-86, op.cit, p543

Chapitre II
Liberté de circulation comme facteur d'émergence d'un espace sous-régional sécurisé et pacifique

Depuis la veille de l'accession à la souveraineté internationale, les États africains sont fortement convaincus des vertus de l'intégration régionale, en particulier, en tant que moyen de lever plus efficacement les principales contraintes au développement, d'accélérer la croissance et d'alléger la pauvreté.[562] Pour cela, ils feront de la politique d'intégration régionale, le socle de leur développement et la question fondamentale des grandes rencontres sous-régionales et régionales. L'intégration régionale connaîtra ainsi un regain d'intérêt aussi bien au sein de la classe politique qu'au sein de la classe des intellectuels africains.[563]

La CEA vise la réalisation de la libéralisation des échanges, la création de réseaux d'échanges et d'infrastructures transfrontalières ainsi qu'un environnement favorable au commerce et aux finances. En d'autres termes, l'option de l'intégration régionale devrait pouvoir mener à de vastes transformations économiques, monétaires, financières et sociales, au niveau des États, pris individuellement. Elle devrait aussi créer un cadre économique et monétaire intégré, regorgeant de multiples opportunités. Pour atteindre ces objectifs, l'Afrique dispose de richesses naturelles suffisantes et en quantité qui pourraient soutenir ce processus. En outre, le continent dispose d'une réserve de mains d'œuvres considérables dont l'ingéniosité et la

---

[562]Cela se traduisait dans les mots de Mehjemout Diop, en 1953, ces termes : *«...qu'il n'y a pas un instant de doute que le jour où naîtront les Etats-Unis d'Afrique, ces Etats auront tôt fait de balayer toutes ces frontières et d'en établir d'autres plus rationnelles et moins étanches»,* cité par M.Chemilier-Gendreau et D.Rosenberg, *L'espace national,* Encyclopédie juridique de l'Afrique. Tome 2, pp67-108.En d'autres termes, seule une fois l'unité du continent retrouvée, la voie du développement sera dessinera par elle-même.

[563]L'intégration régionale, si elle ne peut offrir aux Africains que leur identité considérée jadis perdue, elle devrait au moins pouvoir réaliser de nombreuses avancées dans le processus de développement du Continent. Ainsi, par l'intégration des marchés et des économies nationales, l'objectif fondamental recherché, consiste à créer pour les opérateurs privés, un espace économique régional ouvert et unifié, c'est-à-dire un marché régional unique, ouvert à la concurrence et bien intégré dans l'économie mondial.

capacité d'adaptation aux diverses situations sont incontestables. Cependant, l'Afrique reste sous le poids d'influences négatives qui minent tout processus de développement. Ainsi se constituent-elles en défis sécuritaires, économiques et en difficultés naturelles.

L'Afrique est fragmentée en un grand nombre de pays sans littoral et l'infrastructure des transports et des communications y est généralement insuffisante, tout particulièrement, dans sa région centrale. Par ailleurs, il abrite plus de deux tiers des pays les moins avancés (PMA) du monde dont une douzaine n'a aucun accès à la mer. Les politiques et les réglementations économiques ont parfois eu pour effet d'accentuer ces désavantages plutôt que d'y pallier.

Les États de l'Afrique de l'Ouest et du Centre font face à une élévation du taux d'infection VIH/Sida et de diverses autres maladies qui les affectent durement et compromettent, sérieusement, les réalisations en termes de développement.[564] Le corolaire fondamental de tous ces maux réside dans la résurgence de conflits occasionnée par les troubles sociopolitique et qui dégénère en conflits armés.

Pour faire face à ces situations, des stratégies sous-régionales sont conçues la construction d'un espace sécurisé et démocratique en Afrique de l'Ouest (**Section I**) ainsi que la mise en place d'un cadre pacifique et sécurisé garant de l'effectivité des droits civils et politiques en Afrique Centrale (**Section II**).

<u>Section I</u> : Les stratégies sous-régionales pour la construction d'un espace sécurisé et démocratique en Afrique de l'Ouest

La question de la sécurité en Afrique de l'Ouest se pose aujourd'hui sous un angle sous-régional.[565] Les États sont arrivés à se

[564]Ces obstacles sont fortement liés, selon de nombreuses études, à l'absence criarde de gouvernance politique et économique sur le continent, avec des effets de chaîne sur les divers aspects et domaine de la vie quotidienne des États. Cette mauvaise gouvernance conduit, inévitablement, à la faiblesse du capital humain, la faible compétitivité et la diversification des économies ainsi que le problème récurrent des endettements.

[565]Pour caractériser de tels conflits, *P.J.Christophe* parle de résurgence de nouveaux conflits en Afrique du fait de la fin du patronage de la guerre froide et de la résurgence de la mondialisation. Voir. Porteous, Jaquet Christophe, *L'évolution des conflits en Afrique subsaharienne*, Revue "Politique étrangère" n°2, 2003, 68ème année, pp. 307-320. Tandis que Ela Emmanuel considère ces conflits régionaux comme un mode de rechercher du leader sous-régional. Voir. Ela Ela Emmanuel,

persuader des impacts négatifs des conflits internes sur leurs voisins.[566] À cela, s'ajoute le fait que les phénomènes de la globalisation et de la mondialisation ne cessent de convaincre de la nécessité d'aborder les questions sous un angle plus vaste. L'autre constat que les observateurs effectuent, relativement à ces conflits dits nouveaux, c'est leur capacité de nuisance à grande échelle et les stratégies de destruction massives avec des traumatismes et cicatrices indélébiles qu'ils déploient.[567]

Si, de façon unanime, les médias de l'Afrique subsaharienne, aidés en cela par leurs confrères de l'hexagone et d'ailleurs, y voient généralement des causes ethniques, ce qui n'est pas forcement de l'avis des chercheurs. Certains chercheurs l'appréhendent comme un élément dissimulateur des causes profondes et des facteurs déclencheurs des conflits. L'ethnicité n'est alors qu'un symptôme. Elle intervient surtout dans la distribution de l'espace dans les alliances qui peuvent se nouer au-delà des tracés des frontières héritées de la colonisation.[568] Par conséquent, ces espaces reconstitués sur la base d'éléments hétérogènes et culturellement, linguistiquement

---

Les mécanismes de prévention des conflits en Afrique centrale, Article in "*Guerres mondiales et conflits contemporains"* Cain Info-PUF, 2001/2 n° 202-203, p. 227-239

[566]Il s'agit de ce qu'ils compromettent sensiblement, les chances de réalisation d'un développement sous-régional envisagé et planifié, sous les auspices du processus de l'intégration régionale. En effet, les effets pervers des crises internes qui se traduisent, de plus en plus, en effets de chaînes, en affectant la situation humanitaire, économique, et sociale voire politique des pays voisins. Par ailleurs, ces effets confortent, de plus en plus, cette idée de sous-régionalisation de l'insécurité. Voir aussi les auteurs : Bach Daniel, «*Régionalisme et régionalisation des conflits»* Revue Etudes Internationales, vol.34, n°1,2003, pp129-134 ; Porteous Tom, « *L'évolution des conflits en Afrique subsaharienne*», Revue Politique Etrangère, vol.68, n°2, 2003, pp 307-320 ; Ela Ela Emmanuel, « *Les mécanismes de prévention des conflits en Afrique Centrale*», Revue Guerres mondiales et conflits contemporains, Edition P.U.F, 200é-200 », n°202-203, pp22è-238

[567]En effet, ce sont des conflits qui s'étalent sur un temps anormalement long avec des effets latents et des prémisses qu'on pourrait percevoir. Leurs causes, de façon générale, demeurent plus ou moins les mêmes au delà des frontières de chaque État membre de la communauté. Voir aussi : Ela Ela Emmanuel, « *Les mécanismes de prévention des conflits en Afrique Centrale*», Revue Guerres mondiales et conflits contemporains, Édition P.U.F, 200é-200 », n°202-203, pp22è-238

[568]Rapport General de la Conférence sous-régionale sur le thème : *La sécurité humaine en Afrique de l'Ouest : Dynamiques de conflits et dynamiques de paix ;* Dakar les 27, 28 et 29 avril 2004 organisée par la Rencontre Africaine pour la Défense des Droits de l'Homme et à Fondation Friedrich Ebert, à l'hôtel Le Méridien Président.

et religieusement séparés des réalités de l'environnement d'accueil ne sont pas sans effets déclencheurs sur les conflits.[569] Partant, tout cela explique mieux le caractère sous-régional des conflits qui fragilisent la construction de l'État-nation en Afrique de l'Ouest. Dans cette perspective, les problèmes sont abordés en tenant par-devers soi le fait que les pays et les peuples présentent de multitudes similitudes et qu'il convient de capitaliser. Cette approche vise à assurer l'efficacité dans la résolution des crises tout en créant le cadre pour la résolution durable de ces conflits. Les stratégies ainsi développées se font dans un cadre de concertation entre divers acteurs et visent le renforcement de l'espace démocratique. Pour ce faire, plusieurs outils sont développés au niveau sous-régional avec pour objectifs de coordonner les politiques nationales en matière de sécurité, de maintien de la paix et de garantie de renforcement du cadre démocratique. C'est le cas en Afrique de l'Ouest où la Déclaration des Principes Politiques de la CEDEAO a été développée en tant que réponse à ces maux sous-régionaux.[570] L'analyse sera essentiellement focalisée sur les stratégies sous-régionales de renforcement de la liberté de circulation (**Parag.II**) le renforcement de la sécurité sous-régionale, garant de la liberté de circulation en tant que facteur de développement (**Parag.I**)

Parag.I : Le renforcement de la sécurité sous-régionale, garant de la liberté de circulation en tant que facteur de développement

Les crises économiques et financières de 2007, 2008 et 2009, ont démontré l'extrême fragilité des économies de l'Afrique de l'Ouest et, rehaussé le niveau d'alerte en matière de sécurité alimentaire sous-régionale. Aujourd'hui, la question de la sécurité, de façon générale et de la sécurité alimentaire, de façon particulière, dénote d'une envergue sous-régionale qui dépasse et met en totale inefficacité les

---

[569]Les autres facteurs stimulateurs, mais aussi, aggravants des conflits, résident pour la majeure partie dans les maux sociaux tels la mal gouvernance et ses nombreuses conséquences, parmi lesquelles, la corruption, les violations récurrentes de Droits de l'Homme et les processus électoraux défectueux. Aussi seraient-ils vus comme des facteurs de propagation des effets pervers de ces conflits, en outre d'être considérés comme élément entraineur de ses manifestations, au delà des frontières de l'État

[570]C'est lors de la 4ème Conférence des Chefs d'État et de Gouvernement de la CEDEAO, en date du 4 au 6 juillet 1991, tenue à Abuja, en République Fédérale du Nigéria, qu'a été adoptée par la Décision A/DCL/7/91 relative à la Déclaration des Principes Politiques de la Communauté Économique des États de l'Afrique de l'Ouest

réponses nationales. L'élément explicateur majeur résiderait dans le fait que ces espaces reconstitués de l'Afrique de l'Ouest demeurent, malgré les frontières, des espaces culturellement, ethniquement, religieusement et traditionnellement dépendants.[571] Par conséquent, les habitudes et les pratiques sociales, alimentaires et autres restent les mêmes et exigent que les dispositions prises pour leur satisfaction, intègrent davantage cette dimension de dépendance territoriale à caractère transfrontalier de la question sécuritaire.

Ainsi, les réponses politiques, militaires et civiles aux problèmes de sécurité devraient être axées sur des stratégies communes et intégrées de prévention, de gestion et de règlement des conflits. Cette approche sous-régionale, les diverses synergies déployées afin de faire face à cette problématique pourraient aboutir à une véritable promotion d'une culture de la paix en Afrique de l'Ouest. Pour ce, il convient d'analyser les moyens de promotion d'une culture de la paix en Afrique de l'Ouest (**A**), y compris les stratégies communes et intégrées de prévention, de gestion et de règlement des conflits (**B**)

A- La promotion d'une culture de la paix au sein des États membres de la CEDEAO

Les États membres de la CEDEAO ont affirmé une adhésion entière dans la voie de la promotion de la paix et du développement d'une culture de la paix sur le territoire communautaire.[572] Cette volonté s'est d'ailleurs raffermie avec la mise en place du Protocole

---

[571]En effet, la recherche des causes des conflits qui ravagent le Continent arrivent, de façon générale, à conclure à un déclassement de l'Afrique comme enjeu politique et idéologique suite à la fin de la guerre froide (Stephen Smith, L'Afrique aux Africains... en armes, *Libération,* 29 novembre 1998.), ou au découpage artificiel des frontières par les anciennes puissances coloniales (Hubert Vedrine, Hutus et Tutsis : à chacun son pays, *Jeune Afrique,* no 1875, décembre 1996), ou encore à la désagrégation des États (C. Young, Zaïre : Is there a state ?, *Canadian Journal of African studies,* n°1, 1994), ou enfin à l'émergence d'un nouveau bloc offensif ou encore illustration de la théorie des dominos, exacerbée par la répartition transfrontalière des ethnies Cf.Ela.Emmanuel. PUF, 2001, op.cit, p552

[572]Cf. l'article 4-(d-e-j) relatif aux principes fondamentaux, du Traité révisé de la CEDEAO, en date du 24 juillet 1993, qui dispose : «*Les Hautes parties contractantes affirment et déclarent solennellement leur adhésion aux principes fondamentaux ...non-agression entre les Etats membres ; Maintien de la paix, de la sécurité et de la stabilité régionale par la promotion et le renforcement de bon voisinage... Promotion et consolidation d'un système démocratique de gouvernement dans chaque Etat membre tel que prévu par la Déclaration de Principes Politiques adoptés le 6 juin1991 à Abuja*».

sur la Démocratie et la Bonne Gouvernance en 2001.[573] Cette initiative s'inscrit dans la droite ligne de la nouvelle orientation politique de la CEDEAO entreprise en 1993 par la révision du Traité de Lagos du 28 mai 1975. La politique de sécurité sous-régionale a évolué. En effet, elle passe d'une politique de non-agression et d'assistance mutuelle, en matière de défense, à une politique de prévention, de gestion, de règlement des conflits, de maintien de la paix et de la sécurité.[574]

La création, en 1998, d'un Mécanisme régional de sécurité, l'ECOMOG[575] marquait ainsi un pas important vers la mise en œuvre d'une paix sous-régionale.[576] Cet acquis sera renforcé par l'adoption

---

[573]Cf. Protocole A/SP1/12/01 sur la Démocratie et la Bonne Gouvernance Additionnel au Protocole relatif au Mécanisme de Prévention, de Gestion, de Règlement des Conflits, de Maintien de la Paix et de la Sécurité, adopté le 21 décembre 2001, à Dakar, au Sénégal par la Conférence des Chefs d'États et de Gouvernement de la CEDEAO

[574]Le Protocole s'applique à tous. Il a pour principal enjeu le développement de l'État de droit, la consolidation de la démocratie et l'adoption de principes communs de bonne gouvernance dans l'espace CEDEAO constitué par ses 15 pays membres. Il constitue un tournant dans la construction politique d'une communauté régionale qui se voulait au départ en 1975 essentiellement économique. Il vient compléter un volet spécifiquement consacré à la gouvernance, le Protocole de 1999 qui créait au niveau de la CEDEAO un mécanisme et des organes chargés de gérer les questions de prévention des conflits, de maintien et de construction de la paix et d'élaboration d'un système régional de sécurité. Le Protocole Additionnel constitue à la fois un moment et une dimension importantedans le processus d'édification régionale d'un cadre de gouvernance politique démocratique en appui au développement économique et social de l'Afrique de l'Ouest.Voir. Massaer Diallo, *Le Protocole Additionnel de 2001 de la CEDEAO: Place et rôle dans la promotion de la démocratie et la gouvernance en Afrique de l'Ouest*, OCDE, 2007

[575]Désignée sous le sigle Ecomog, qui résume son appellation officielle: ECOWAS Ceasefire Monitoring Group (Groupe de la CEDEAO chargé du contrôle et de la mise en œuvre du cessez-le-feu), elle a été crée en 1990 et depuis sa création est restée longtemps commandée par le Nigeria, qui lui a fourni l'essentiel de ses effectifs. Elle fera sa première intervention à Monrovia (Liberia), le 24 août 1990, huit mois jour pour jour après le déclenchement de la guerre civile au Liberia. Voir.www.fsa.ulava.ca/personnel/vernag/eh/ecomog

[576]En effet, tout commence à partir de 1970, avec le besoin pour les Chefs d'États d'assurer aux populations de cette sous-région, un climat de paix et de sécurité, condition indispensable pour la réalisation des objectifs de la CEDEAO. Alors ceux-ci signèrent à Lagos, en 1978, un Pacte de Non-Agression (PAN). Afin d'assortir le PAN d'un outil pratique pour son opérationnalisation, les Chefs d'États membres de la CEDEAO signèrent en 1981 à Freetown en Sierra-Leone, le Protocole d'Assistance Mutuelle en matière de Défense. S'inscrivant dans cette vision d'opérationnalisation du PAN, les Chefs d'États membres de la CEDEAO doteront

du Protocole A/SP1/12/01 sur la Démocratie et la Bonne Gouvernance en tant que Protocole Additionnel au mécanisme de prévention, de gestion, de règlement des conflits, de maintien de la paix et de la sécurité. Ce Protocole Additionnel a identifié un certain nombre de principes reconnus comme préalables pour une stabilité durable.[577] Dans une sous-région qui fait face à de nombreuses tensions sociales à coloration politique, ethnique et souvent religieuse, il était plus que nécessaire de doter l'institution communautaire d'un tel protocole. La paix n'étant pas seulement l'absence de conflit, il était nécessaire de repenser le système de sécurité régionale, en l'orientant vers le maintien de paix et de la sécurité par le développement de stratégie de prévention des conflits et des remous sociaux et économiques. Mais aussi fallait-il repenser le maintien de la paix, sous forme de prévention des conflits, avec pour effets escomptés de prévenir les conflits, en traitant leurs causes profondes et facteurs déclencheurs.[578]

Ainsi, en faisant de la lutte contre la pauvreté une préoccupation communautaire, les États de la CEDEAO conviennent que la pauvreté et les inégalités, à l'intérieur d'un État, peuvent contribuer à la déstabilisation des États. D'où, la nécessité d'adopter une approche de

---

le système sous-régional de prévention et de gestion des conflits, d'un outil militaire d'intervention en cas de conflits armés sur toute partie de l'étendue du territoire de la CEDEAO. Ainsi, l'ECOMOG, en tant que force ouest africaine de maintien de la paix, sera créée en 1990.

[577]Cf. l'article 1-Section I :Des Principes de Convergence Constitutionnels, du Protocole A/SP1/12/01 sur la Démocratie et la Bonne Gouvernance Additionnel au Protocole relatif au Mécanisme de Prévention, de Gestion, de Règlement des Conflits, de Maintien de la Paix et de la Sécurité, en date du 21 décembre 2001, qui retient comme principes : *Convergences constitutionnelles ; Elections libres et régulières (Observations des élections et assistance de la CEDEAO) ; Rôle des armées et des forces de sécurité dans la démocratie ; Lutte contre la pauvreté et promotion du dialogue social; Education, culture et religion ; Etat de droit, droits de la personne et bonne gouvernance et Droits des femmes, des enfants et de la jeunesse*

[578]Face à la complexité des conflits qui ravageaient le Continent africain, les interprétations allaient bon train concernant leur cause. Mais, une analyse qui s'est voulue dominante les percevait comme découlant d'un héritage colonial marqué par la violence politique. Aussi selon *Porteous.J.Christophe (*Porteous, Jaquet Christophe, *L'évolution des conflits en Afrique subsaharienne,* Revue "Politique étrangère" n°2, 2003, 68ème année, pp.309*),* le fait de privilégier les aspects humanitaires et économiques de ces conflits, tend à occulter leur dimension politique, et donc à obscurcir le fait essentiel que ces guerres, aussi violentes, désespérées et douloureuses qu'elles soient, sont en partie le produit d'un processus d'évolution politique absolument indispensable.

prévention des conflits qui intègrent la dimension socio-économique.[579] En appréhendant la question sous cet angle, il sera alors aisé de promouvoir des politiques régionales favorisant l'émergence d'un environnement propice aux investissements privés et une intégration économique renforcée. Cette politique serait facilitée par l'effectivité de la liberté de circulation des biens et des capitaux, perçue comme facteur de réduction de la pauvreté par le commerce, le développement du secteur informel. Au-delà, il est question, dans la politique de prévention, d'axer les synergies vers la recherche des causes profondes et des facteurs déclencheurs des conflits. Ils sont nombreux, mais aussi, pourraient se résumer en grandes catégories, en prenant ainsi en compte les aspects ethniques, les facteurs liés aux dynamiques transfrontalières, les questions foncières, le règne de l'impunité et les questions de mal gouvernance. Ces facteurs entretiennent des liens étroits et indissociables qui s'influencent les uns les autres et, contribuent à l'émergence d'un espace sous-régional déconnecté de la dynamique économique et financière mondiale.

L'un des facteurs déclencheurs des crises qui, ces deux dernières décennies, a été à l'origine de nombreux conflits internes en Afrique de l'Ouest, reste le dysfonctionnement des processus électoraux, en d'autres termes, le système établi pour l'accession à la magistrature suprême de l'État.[580] C'était le cas au Togo, en février 2005, après le

[579]En effet, en abordant le problème sous cet angle, il était plus aisé de lier les conflits actuels sur le Continent à leur origine coloniale. Dans cette perspective, l'analyse aura à démontrer qu'il s'agit bien d'un système établi par la colonisation afin de faciliter l'acquisition en matières premières à travers la construction d'empires coloniaux.Voir.Ndiaye Tafsir Malick, *Matières premières et Droit International,* NEAS, 1992, p35.Aussi, *Porteous.J.Christophe (*Porteous, Jaquet Christophe, *L'évolution des conflits en Afrique subsaharienne*, Revue "Politique étrangère" n°2, 2003, 68ème année, pp. 307-320*)* considère que les effets sont encore Les matières premières, la terre, la main-d'œuvre bon marché étaient les principaux enjeux. L'humanisme et la «mission civilisatrice» fournirent à l'entreprise une justification morale et politique. Cette période a légué à l'Afrique une culture de dépendance et d'impuissance.

[580]Du point de vue *M.A.Mody*, avec la grande vague démocratisation qui soufflait sur le Continent à l'orée des années 1990, les consultations législatives dites «ouvertures démocratiques» furent, dans la quasi-totalité des cas, l'occasion pour les présidents en exercice de remplier en se drapant de nouveaux habits de démocratie. Voir.Mohamadou Abdoul Mody, *Les défis électoraux et démocratiques en Afrique de l'Ouest* In *état de la démocratie en Afrique de l'Ouest,* Gorée Institut 2009, pp30-46

décès du Président général Eyadéma, en application de l'article 65 de la Constitution qui reconnaît que seul le Président de l'Assemblée Nationale peut assurer le pouvoir en cas de vacance du pouvoir. Le problème résidait ici dans la manière dont le Président par intérim accédera au poste de Président de l'Assemblée Nationale. La procédure[581] utilisée fut fustigée par la communauté internationale et fortement remise en question par l'opposition politique. En Côte d'Ivoire, suite au décès en 1993 du Président Félix Houphouët Boigny, au pouvoir depuis 1960, les querelles politiques pour sa succession vont aboutir, en 1999, à un coup d'État. La période de transition militaire marquera fortement l'avenir politique de ce pays en ce sens qu'elle donnera naissance à une Constitution qui viendra renforcer les discriminations en donnant un caractère restrictif à l'*«ivoirité»*. L'une des conséquences majeures, c'est que la ferveur nationaliste alimentée par les politiques, va se transformer et prendre des allures de sentiment populaire contre les étrangers, les musulmans et les Ivoiriens du nord. C'est ainsi que le constitutionnaliste ivoirien, le professeur Oragou Obou disait en ces termes *: «Cette constitution a été élaborée dans un contexte de crise et de passion (...) on a eu parfois à constitutionnaliser la passion»*[582]. Le débat ivoirien cristallisera autour de la nationalité du candidat au poste de la magistrature suprême. En République de Gambie, l'Assemblée Nationale va se dessaisir de ses prérogatives au profit du Président de la République. Par conséquent, le Président de la République pouvait démettre de leurs fonctions des élus du peuple tels que les Maires, les Présidents des Conseils et les élus locaux.[583]

De façon générale, ces dysfonctionnements du système politique trouvent leur origine dans la rupture ou l'absence de cadre adéquat au dialogue politique entre les divers acteurs. À cela, il faut ajouter le fait que les transitions mises en place afin de restaurer l'ordre constitutionnel sont marquées le plus souvent par des calculs politiques qui visent le contrôle du pouvoir par les militaires. Cette autre situation crée, à son tour, une adversité féroce entre les acteurs politiques et les hommes en tenue qui disposent d'un avantage de

[581]Le Président de l'Assemblée Nationale qui était Monsieur *Natchaba Ouattara* a été démis de ses fonctions via un vote unanime de 67 membres du Parlement et remplacé par *FaureGnassingbé.*

[582]Cité dans une étude menée par Gorée Institute sur le thème : *Elections, paix et sécurité en Afrique de l'Ouest*, en 2010, pp.28 & 29

[583]Mohamadou Abdoul Mody, 2009, pp.30,31 & 32,op.cit

taille : la maîtrise de l'appareil de répression étatique. Les violences politiques qui suivent généralement ces situations et qui aboutissent à des désastres humanitaires engendrent, dans l'effet de réactions en chaîne, une situation d'insécurité généralisée. C'est le processus d'organisation des élections qui est biaisé en dépit même de l'existence des Commissions Électorales Indépendantes (CEI). Néanmoins, la création des CEI est une réponse au refus des partis politiques d'opposition et de la société civile de confier l'organisation des élections au parti au pouvoir. Cela est en partie dû à l'attitude de l'administration jugée partisane et cherchant toujours à maintenir le pouvoir en place par des manœuvres frauduleuses.[584] Pourtant, en France, les consultations électorales sont organisées par le ministère de l'Intérieur de manière juste et transparente et le système n'est pas contesté. L'insécurité sous-régionale ainsi établie appelle à la mise en place de synergies sous-régionales pour répondre à ces difficultés. Ces efforts souffrent cependant de certaines insuffisances. L'une des premières insuffisances réside dans le caractère individuel des mesures prises par les États en vue de faire face à ces situations. Par conséquent, ces mesures qui visent à traiter les conséquences d'une crise ou d'un conflit interne ne prennent pas en compte ses conséquences externes qui réagiront à long terme pour affaiblir les efforts internes de reconstruction. Selon certaines études, dirigées par des acteurs non étatiques, les efforts déployés au plan national demeurent insuffisants ; ce qui ne contribue pas nécessairement à soutenir les efforts de paix au niveau sous-régional.[585] Fort de toutes ces considérations, les mesures à prendre doivent intégrer l'approche sous-régionale et être axées sur la prévention des conflits, sans pour autant délaisser la gestion et le règlement des conflits.

B- Les stratégies communes et intégrées de prévention, de gestion et de règlement des conflits

Dans le processus de révision du Traité de la CEDEAO, les États membres de la Communauté reconnaissent la nécessité et l'urgence d'adopter des stratégies concertées de gestion des crises sous-

[584]Guie.K.Honoré, Docteur d'Etat en Droit, Président du GERDDES-CI, *Les commissions électorales en Afrique de l'Ouest*, publié dans Débats. Courrier d'Afrique de l'Ouest, n° 11, janvier 2004, p. 13-18

[585]Gorée Institute, *Les implications socioculturelles et sécuritaires de l'instabilité en Guinée sur la sous-région : Cote d'ivoire, Guinée-Bissau, Liberia, Mali, Sierra-Leone et Sénégal*, 2010, pp.60 & 61

régionales.[586] Des considérations du Préambule du Traité de la CEDEAO, il ressort que l'orientation, à priori donnée à la politique d'intégration sous régionale, est d'ordre économique. Cette orientation politique mentionne timidement le développement social comme étant un objectif à atteindre par la communauté,[587] face à une réorientation du concept de développement qui prend désormais en compte divers pans de la vie des citoyens, sous l'appellation de développement durable ou développement humain,[588] les politiques d'intégration régionale ne sauraient rester en marge de cet appel. Prenant l'exemple de la question de la sécurité humaine, il faut dire qu'un consensus s'est progressivement dégagé sur la nécessité d'élargir et d'approfondir ce concept, en prenant en compte le contexte politique de la fin de la guerre froide.[589] En parfaite harmonie avec ce consensus, la communauté internationale a commencé à mettre en relation les questions de sécurité avec celles de développement au début des années 1990.

L'approche centrée sur la «sécurité humaine», appréhende les menaces et les défis pesant sur la sécurité, non plus, comme relevant de la seule sphère de compétence de la défense nationale, le respect des lois et de l'ordre. Cette approche intègre toutes les dimensions politiques, économiques et sociales permettant de vivre à l'abri du risque et de la peur comme devant faire partie des questions liées à la sécurité pour ainsi arriver à la notion plus efficiente de sécurité humaine. Elle envisage ainsi une appréhension de la sécurité en tant que «bien public», répondant au besoin stratégique de favoriser un

---

[586]Cf. Préambule du Traité révisé de la Communauté Economique des États de l'Afrique de l'Ouest (CEDEAO), en date du 24 juillet 1993, qui dispose : «... *que la promotion du développement économique harmonieux des Etats requiert une coopération et une intégration économique efficaces qui passent essentiellement par une politique résolue et concertée d'autosuffisance*», «*Conscients que notre objectif final est le développement économique accéléré et soutenu des Etats Membres, aboutissant au développement économique des pays de l'Afrique de l'Ouest* ».

[587]Cf. l'article 3 du traité révisé de la CEDEAO, en date du 24 juillet 1993, qui dispose : « *La communauté vise à promouvoir la coopération et l'intégration dans la perspective d'une Union économique de l'Afrique de l'ouest en vue d'élever le niveau de vie de ses peuples*»

[588]Rapport mondial des Nations Unies sur le développement humain 1991, PNUD ; Ed.Economia ; PNUD ; Paris 1991

[589]Karim Hussein, Donata Gnisci et Julia Wanjiru ; *Sécurité et sécurité humaine : Présentations des concepts et initiatives ; Quelles conséquences pour l'Afrique de l'Ouest ?* Club du Sahel et de l'Afrique de l'Ouest (CSAO), Décembre 2004

développement humain durable, tout en promouvant la paix et la stabilité nationale, régionale et mondiale.[590]

Dans le cadre de la gestion des conflits, la CEDEAO, après s'être dotée d'un Mécanisme de Prévention, de Gestion et de Règlement des Conflits, de Maintien de la Paix et de la Sécurité, adopté le 10 décembre 1990, va mettre en place, le Système d'Alerte Précoce, le Conseil de Médiation et de Sécurité, le Conseil des Sages et des Médiateurs spéciaux. Fort de la nécessité de développer un cadre stratégique, visant à soutenir les aspects préventifs du Mécanisme, au sein de l'espace communautaire, son Conseil de Médiation et de Sécurité en 2008, va mettre en place un Cadre de Prévention des Conflits (CCPC).[591]

Dans la perspective de renforcer l'architecture de la sécurité humaine, dans la sous-région, le CCPC a pour objectif la prévention des conflits et l'édification de la paix parmi les priorités de l'agenda politique des États membres, de manière à impulser une action opportune, ciblée et multidimensionnelle en vue d'atténuer ou d'éliminer les menaces potentielles et réelles à la sécurité humaine, de façon prévisible et institutionnelle. Il faut voir dans le CCPC, une

---

[590]À bien des égards, cette vision intègre au mieux les mêmes objectifs que ceux poursuivis par les pères fondateurs de la Communauté Européenne, en 1955. Fondamentalement lié à l'esprit capitaliste, à savoir assurer un cadre favorable à la libre entreprise, le besoin de paix devient la fin ultime des actions et politiques développées à l'échelle sous-régionale, avec pour effets immédiats d'assurer la sécurité sur tous les plans. Cette conception libérale de lier la consolidation de la sécurité et de la paix à une logique de coopération, et non pas à une logique de puissance et de force, a largement influencé le processus de construction européenne, vu qu'elle inspirait profondément les principaux pères fondateurs de l'Europe, tels que Richard Coudenhove-Kalergi, mais avant tout Robert Schuman et Jean Monnet. (Angela Meyer, *L'intégration régionale et son influence sur la structure, la sécurité et la stabilité d'Etats faibles : Exemple de quatre Etats centrafricains,* Thèse de Doctorat en Science Politique, Institut d'Études Politiques de Paris-Ecole Doctorale de Sciences PO, Paris, Décembre 2006)

[591]C'est lors de la réunion de la Commission d'Experts des Affaires Politiques, Paix et Sécurité tenue à Ouagadougou du 14 au 15 janvier 2008, que le Règlement MSC/REG.1/01/08 prévoyait la mise en place d'un Cadre de prévention des conflits de la CEDEAO. Le but du Cadre de Prévention des Conflits de la CEDEAO (CPCC) est de servir de référence au système de la CEDEAO et des États membres dans leurs efforts visant à renforcer la sécurité humaine au sein de la région. Le CCPC vise à assurer des opérations de coopération effectives et durables afin de prévenir les conflits violents au sein des Etats et entre les Etats, et d'appuyer l'édification de la paix dans les zones post-conflit

stratégie complète et opérationnelle de prévention des conflits et d'édification de la paix, à même de mobiliser les ressources humaines et financières, à l'échelle régionale et internationale, dans les efforts déployés par les États membres de la CEDEAO, en vue du maintien de la paix. Pour ce faire, cet instrument inclusif vise à déployer les synergies aussi bien au sein de la société civile que du secteur public, en vue de la transformation non violente des conflits. Mais au préalable, il faut noter que les décideurs de la CEDEAO avaient compris très tôt la nécessité de soutenir tous leurs efforts de maintien et de rétablissement de la paix et de disposer d'un minimum de consensus autour de certains principes de base. C'est ainsi que, ceux-ci mettront en place, le 8 juillet 1991, la Déclaration des Principes Politiques de la CEDEAO. À travers cette Déclaration, les Chefs d'État de la CEDEAO réaffirment leur objectif de construction d'un environnement politique stable qui assure aux populations la liberté, la sécurité, la paix et la primauté de la loi. À cette fin, les Chefs d'État de la CEDEAO se sont engagés dans la voie de la promotion dans leur pays respectif, du pluralisme politique ainsi que des institutions représentatives garantes de la sécurité et de la liberté individuelle dans le cadre du strict respect de la loi.[592] Dans cet élan de synergies sous-régionales, il devenait alors nécessaire de concrétiser tous ces efforts d'instruments et outils opérationnels.[593]

[592]Les observateurs sont unanimes qu'à la faveur de l'émergence de l'état de droit et l'exigence démocratique des années 1990, ont vu le jour des cadres juridiques garant des libertés fondamentales et protecteur des principes démocratiques. La rigueur de ce constitutionnalisme n'a pu être acceptée par les gouvernants soucieux de se maintenir au pouvoir. Alors, la fraude à la Constitution devenait monnaie courante à travers le Continent, ouvrant ainsi la voie aux nouvelles causes de troubles et conflits armés. Face à cette fraude à la Constitution, *S.M.Ouédraogo* souligne l'existence de synergie aussi bien au niveau national qu'au niveau sous-régional en vue de combattre ces pratiques antidémocratiques. Voir. Séni Mahamadou Ouédraogo, *La lutte contre la fraude à la Constitution en Afrique noire francophone*, Thèse de Doctorat en Droit, Université de Montesquieu Bordeaux, Mars 2011

[593]Dans cet élan, les Professeurs Ismaila Madior Fall et Alioune Sall, dans leur article "*Une Constitution régionale pour l'espace CEDEAO : Le Protocole sur la Démocratie et la Bonne Gouvernance de la CEDEAO*" faisait allusion à la décision de la Cour Constitutionnelle du Togo, qui privilégiait les textes endogènes (secrétées en Afrique) sur les textes exogènes venus d'ailleurs, le juge constitutionnel togolais contribue à «vulgariser» les dispositions du protocole et à «réhabiliter» ce texte important qui devrait être considéré comme le texte de référence du constitutionnalisme régional. En effet, la décision rendue par la Cour

Le Protocole de la CEDEAO sur la Démocratie et la Bonne Gouvernance de 2001 entendait répondre à cet impératif. La question qui demeurait, en dépit de tous ces outils sous-régionaux, portait sur leur capacité à garantir la paix et la sécurité sous-régionale. Partant de l'objectif global visé par l'ensemble de ces outils, notamment, le développement de l'état de droit, la consolidation de la démocratie et l'adoption de principes communs de bonne gouvernance, ceux-ci entendaient alors axer leur stratégie sur la prévention des conflits.[594] Dans cette perspective, l'impulsion d'une dynamique de démocratisation restée fragile et soumise au risque de réversibilité des coups d'État et autres crises devenait fondamentale. Cette stratégie de prévention des crises et des conflits devait arriver à faire la promotion, au niveau sous-régional, de certaines valeurs communes intimement liées aux Droits de l'Homme, à la paix, à la sécurité et à la culture démocratique. Aussi faut-il voir dans ces outils, la manifestation de la volonté des acteurs étatiques, de construire, à un niveau supranational, un levier pour impulser un cadre démocratique sécurisé. Les dispositions juridiques déployées dans ce sens s'appréhendent ainsi comme une forme de codification des principes partagés pouvant servir de référents dans la protection régionale de cadres démocratiques nationaux. L'objectif ultime poursuivi par tout cet arsenal juridique et institutionnel réside dans l'instauration d'un état de droit au niveau national. La Constitution étant un élément fondamental dans cette voie, elle ne saurait à elle seule, suffire pour réaliser cette fin ultime. En effet, l'état de droit renvoie à la reconnaissance, à l'observance réelle et à l'application non discriminatoire des lois démocratiques et universelles, de manière égale et identique, aux gouvernants et aux gouvernés. Ainsi, il est

---

Constitutionnelle du Togo, en date du 9 Juillet 2009, suite à un recours en déclaration d'inconstitutionnalité introduit par le principal parti d'opposition (UFC), tout en se référant à l'article 2.1 du Protocole de la CEDEAO, qui dispose : «*Aucune reforme substantielle de la loi électorale ne doit intervenir dans les six (6) mois précédant les élections, sans le consentement d'une large majorité des acteurs politiques*», consacre un droit constitutionnel commun en Afrique de l'Ouest.

[594]Cela s'apprécierait mieux si l'on se situe en amont, dans la stratégie de prévention des conflits. Ainsi, on pourrait citer les synergies au niveau national et sous-régional qui constituent des contrepoids contre toute velléité de violations des principes démocratiques ou encore de violations des droits de l'homme. En témoigne, du reste, la décision de la Cour Constitutionnelle du Togo, du 9 Juillet 2009, qui consacrait le caractère constitutionnel du Protocole de la CEDEAO sur la Bonne Gouvernance et la Démocratie.

impératif d'atteindre l'état de droit qu'à la seule condition d'arriver à une application réelle de la règle de droit contenue dans les textes. En effet, le souci d'une effectivité est un indicateur à la fois sur le déficit en la matière et la volonté d'amélioration. Dans cette perspective, l'état de droit fait l'objet d'une vision institutionnelle d'ensemble : *«Les États membres reconnaissent que l'État de droit implique non seulement une bonne législation conforme aux prescriptions des Droits de la personne, mais également une bonne justice, une bonne administration publique et une bonne et saine gestion de l'appareil d'État».*[595] La gestion des conflits doit, impérativement, passer par l'impulsion d'un état de droit, qui seul, peut contribuer à l'instauration d'un cadre pacifique et sécurisé.

Dans le contexte ouest-africain, il serait utile que cette vision intègre la mise en place d'un cadre d'activité politique fondée sur la recherche de consensus et la sincérité dans le dialogue politique. Cette stratégie de prévention des crises et conflits, au niveau sous-régional, doit aussi se baser sur une approche inclusive qui implique, aussi bien, les synergies de la société civile que celles du secteur public. Les politiques nationales, en matière de sécurité doivent être, de plus en plus, enclines à intégrer les données de la dynamique sous-régionale plutôt que de rester enfermées dans les considérations protectionnistes. La sécurité du citoyen doit être désormais assurée même au-delà des frontières nationales. Ainsi seulement, la liberté de circulation, dans un cadre sécurisé, sera garantie pour tous les citoyens de la communauté.

Parag.II : Les stratégies sous-régionales de renforcement de la liberté de circulation

En sa qualité de leader en matière de promotion du développement des citoyens de la communauté, la CEDEAO a mis en place des mécanismes et mène des actions de promotion et de protection du

[595]Club du Sahel et de l'Afrique de l'Ouest (OCDE) & CEDEAO ; *Le Protocole Additionnel de 2001 de la CEDEAO : Le rôle et la place dans la promotion de la démocratie et la convergence en Afrique de l'Ouest* ; Atelier d'appropriation, de dissémination et de mise en œuvre des instruments régionaux et des mécanismes endogènes de gouvernance démocratique et de prévention des conflits en Afrique de l'Ouest, Dakar & Saly, Sénégal 16 - 19 octobre 2007

droit fondamental à la liberté de circulation.[596] Fer de lance de toute politique d'intégration régionale, la liberté de circulation en est aussi le socle. Toute politique d'appui au développement des populations des pays en voie de développement, mérite à des stades de sa mise en œuvre de faire l'objet d'une revue en vue d'évaluer les impacts de ses réalisations sur les cibles.[597]

À la phase d'intégration négative, à savoir l'éradication des obstacles tarifaires et non tarifaires aux échanges des biens, pourrait correspondre un dispositif institutionnel plus rudimentaire. Cependant, l'intégration positive se veut plus exigeante en termes de dispositifs. Cette phase d'intégration consiste entre autres: en la mise en place de politique commerciale extérieure coordonnée ou commune; la libre circulation des personnes, des services et des capitaux; la liberté d'établissement; la politique monétaire commune et l'établissement d'une monnaie commune. Au regard de sa vaste composante, elle postule un système institutionnel et décisionnel complexe à forte teneur supranationale.[598] Le cadre institutionnel de promotion de la liberté de circulation (**A**) et les institutions sous-régionales de suivi de l'effectivité de la liberté de circulation (**B**) seront au cœur des prochains développements.

A- La mise en place d'un cadre institutionnel de promotion de la liberté de circulation

La promotion de la liberté de circulation participe du processus indispensable d'effectivité de la norme de droit communautaire. Pour sa connaissance par les populations auxquelles elle doit s'appliquer et

---

[596]Depuis maintenant une dizaine d'années, la CEDEAO s'oriente vers le regroupement des synergies au niveau sous-régional en vue d'impliquer au mieux dans ses politiques, ses programmes et ses stratégies, les questions relatives au développement durable. Ainsi, une Politique sous-régionale sur la gestion de la migration, appelée *Approche Commune de la CEDEAO sur la Migration,* a vu le jour, en début d'année 2008,. Cette approche établit un lien étroit entre migration et développement, en élaborant un Plan d'Action Migrations et développement décrivant des actions spécifiques à mener au sein de la sous-région pour atteindre les objectifs de développement durable au profit de la communauté ouest-africaine.

[597]En effet, en fonction des objectifs à atteindre, varieront les orientations politiques d'intégration régionale, aussi et surtout, les orientations politiques sont subordonnées à la phase atteinte et à la phase à atteindre.

[598]Luaba Lumu Ntumba, *Ressemblances et dissemblances institutionnelles entre la CEDEAO, la CEEAC et la ZEP* In *Intégration et coopération régionales en Afrique de l'Ouest,* Éditions Karthala et CDRI 1996, pp349-370

à qui elle est censée profiter, la norme de droit, dans le cas d'espèce la norme communautaire exige une adhésion nationale massive et totale.[599] Cette adhésion relève d'une volonté des politiques de faire connaître à leur population l'existence d'une convention à laquelle l'État est parti.[600] Pour ce faire, les autorités politiques doivent coopérer avec les instances communautaires en vue de la mise en œuvre des programmes communautaires. Celles-ci auront recours à des outils élaborés par ces instances dans une perspective de sensibilisation et d'information préalable à l'effectivité de la norme juridique. Cette première étape doit se faire en étroite collaboration avec les instances judiciaires nationales.[601] Elle fera l'objet d'une analyse afin d'en ressortir les insuffisances.

---

[599]Dans cette perspective, les juges jouent un grand rôle, en particulier, le juge chargé de vérifier la conformité à la législation nationale. Dans ce cas, l'on parlera du juge constitutionnel. Ainsi, en France, les observateurs notent une tendance de ce juge et du juge du Conseil d'État, à amorcer une approche unitaire de la hiérarchie des normes communautaires et nationales. Ainsi comme le souligne *Mathieu Bertrand*, le rapprochement opéré est d'abord substantiel. Le juge constitutionnel a tendance à interpréter le droit national, notamment constitutionnel, conformément au droit communautaire. Par ailleurs, le droit communautaire prend en compte au titre des principes généraux du droit communautaire, les principes constitutionnels communs aux États membres, et le droit de la Convention européenne. Le juge communautaire, comme le juge de Strasbourg, peut également être amené, du fait même des textes communautaires, à reconnaître des principes inhérents aux ordres juridiques constitutionnels nationaux. Voir. Mathieu Bertrand, «*Les rapports normatifs entre le droit communautaire et le droit national: Bilan et incertitudes relatifs aux évolutions récentes de la jurisprudence des juges constitutionnel et administratif français*» InRevue française de droit constitutionnel, 2007/4 n° 72, p. 675-693

[600]Traité révisé de la CEDEAO, article 5-2, relatif à l'engagement général, dispose : «*Chaque Etat membre s'engage à prendre toutes les mesures appropriées, conformément à ses procédures constitutionnelles, pour assurer la promulgation et la diffusion des textes législatifs et réglementaires nécessaires à l'application des dispositions du présent traité*». Comme souligné ci-dessus, l'attitude du juge français devrait pouvoir inspirer et encourager le juge africain dans cette initiative, d'autant plus que le premier s'inspire généralement du second. Aussi faut-il souligner l'existence de prémices de telle attitude, exemple de l'arrêt de la Cour Constitutionnel du Togo, en date du 9 Juillet 2009 ou encore l'arrêt du Conseil Constitutionnel de la Côte d'Ivoire rendue le 5 mai 2011 portant sur la reconnaissance de la victoire de Monsieur Alassane Dramane Ouattara aux élections présidentielles de 2010.

[601]Cf. Traité révisé de la CEDEAO, en date du 24 juillet 1993, en son article 5-3, relatif à l'engagement général, qui dispose : « *Chaque Etat membre s'engage à*

Dans le nouveau texte du Traité révisé de la CEDEAO, le principe de la supranationalité est affirmé. Un délai de 90 jours est imparti pour la mise à exécution des décisions de la Conférence des Chefs d'État. Celles-ci doivent faire l'objet de publication dans le Journal Officiel de chaque État de la communauté.[602] Cette norme tire toute son importance du fait que la Conférence des Chefs d'États et de gouvernement demeure l'instance suprême de la Communauté.[603] Cette instance détermine la politique générale et les orientations de la Communauté. Plusieurs facteurs expliquent la lourdeur de ces instances. En effet, les membres de cette haute instance sont préoccupés par les questions nationales qui deviennent des priorités et prennent le pas sur les priorités régionales.[604] Le fait aussi que les questions et intérêts nationaux divergents d'un pays à l'autre demeurent encore un obstacle important.Tandis que les autorités politiques d'un État en sortie de crise comme la Côte d'Ivoire ou encore le Libéria voire un pays en instabilité politique comme la République de Guinée, sont préoccupées par des problèmes d'ordre

honorer ses obligations au termes du présent traité et à respecter les décisions et règlement de la communauté»

[602]Cf. les articles 9 alinéas 5, 6 et 7 relatif aux Décisions de la Conférence des Chefs d'État

[603]Cf. l'article 7.para.1 du Traité révisé de la CEDEAO, en date du 24 juillet 1993, qui dispose : «*Il est créé la Conférence des Chefs d'Etat et de Gouvernement des Etats membres qui est l'Institution Suprême de la Communauté et qui est composée des Chefs d'Etat et/ou de Gouvernement des Etats membres.*»

[604]Cela dit, il serait bon de nuancer, un temps soi peu, pareille position car le problème fondamental tourne autour de la nécessité d'allier les intérêts communautaires et les intérêts nationaux. Abondant dans le même sens, *Ousmane Badiane* met en évidence deux omissions importantes dans les négociations passées sur l'intégration régionale: le rôle des politiques macro-économiques et celui des politiques sectorielles en matière de transport et de commercialisation. Pour lui, il ne saurait y avoir de politiques durables et viables d'intégration régionale, qu'à condition que celle-ci ait comme préalable la prise en compte des politiques macro-économiques nationales. À contrario, *Ousmane Badiane* reprouve la formulation de politique nationale introvertie, tout en fondant l'intégration régionale sur des mécanismes d'échanges préférentiels. Aussi fait-il remarquer l'impérieuse nécessité de simplifier la réglementation concernant le secteur commercial afin de faciliter la réalisation de l'objectif des CER, à savoir accroître le commerce régional. Par conséquent, *Ousmane Badiane* préconise l'adoption d'une stratégie globale de développement extravertie ; et la promotion des secteurs du commerce et du transport. (Ousmane Badiane, *Les politiques nationales et l'intégration régionale* In *Intégration et coopération régionale en Afrique de l'Ouest,* Editions Karthala et CDRI 1996, pp181-195)

électoral avec leur corolaire de querelles politiciennes, cependant, leurs populations doivent faire face à une crise alimentaire générale qui sévit dans toute la sous-région. Cette situation est de nature à mettre en mal le droit fondamental à l'alimentation et au bien-être des populations, à travers, le droit à un environnement sain. La primauté des intérêts politiciens, au plan national, engendre des problèmes liés à l'instabilité politique avec des répercussions sur la situation économique, mais aussi, sur la situation sociale des populations.[605]

Le droit à l'éducation des élèves et étudiants d'un pays comme la Côte d'Ivoire en particulier ceux de la partie nord du pays a été mis en mal par la crise qui a frappé le pays, durant neuf années. Les parents soucieux de donner une éducation à leurs enfants ont été tenus de les envoyer poursuivre leurs études dans d'autres pays ce qui a engendré un coût financier supportable que par les plus nantis. L'harmonisation des coûts des études universitaires dans les pays de la communauté n'étant pas encore effective dans l'ensemble des États, entrave la mobilité des étudiants dans l'espace communautaire. L'effectivité de cette réforme participerait activement de l'effectivité de l'un des objectifs fixés par l'article 3 du Traité de la CEDEAO. Il s'agit aussi de la matérialisation de l'un des principes fondamentaux du traité, à savoir la promotion, le respect et la protection des droits de l'homme.[606] La prédominance de l'interétatisme qui se manifeste par la primauté des intérêts nationaux sur l'intérêt général pourrait mettre en mal la mise en œuvre d'une telle réforme par les instances

---

[605]En d'autres termes, c'est la question de l'introversion des politiques régionales qui se pose avec acuité ainsi. En effet, tant que celles-ci intègrent suffisamment les intérêts des populations au niveau interne, elles contribuent ainsi à la réalisation de la croissance économique et du développement social. En effet, l'expérience montre que les stratégies de développement axées sur les politiques commerciales introverties se prêtent très mal à l'accroissement durable des échanges par le biais des formules de préférences commerciales réciproques ou d'autres mécanismes institutionnels. Pour cela, un gouvernement fondant sa stratégie de promotion de l'industrie nationale sur le protectionnisme peut difficilement envisager des relations commerciales sans restrictions avec les pays voisins. Cf.Ousmane Badiane. 1996, op.cit, p66.

[606]Cf. l'article 4 (g)-Des Principes fondamentaux, du Traité révisé de la CEDEAO, en date du 24 juillet 1993, qui dispose : «*LES HAUTES PARTIES CONTRACTANTES, dans la poursuite des objectifs énoncés dans l'article 3 du présent Traité affirment et déclarent solennellement leur adhésion aux principes fondamentaux suivants...respect, promotion et protection des droits de l'homme et des peuples conformément aux dispositions de la Charte Africaine des Droits de l'Homme et des Peuples*»

communautaires qui rencontreront la résistance des autorités politiques. Cette inquiétude se justifierait au mieux par l'adoption, en 1987, du Programme quadriennal de Relance Economique (PRE). Ce programme comportait deux volets dont le premier était consacré à la réforme des politiques, à court terme, et le second consacré à la relance des projets régionaux et nationaux. Du bilan effectué par la CEDEAO, relatif à la mise en œuvre du second volet, les résultats étaient très en deçà de ce qui était escompté. Selon les explications données par la CEDEAO, sur 136 projets préalablement retenus, seuls 31 ont reçu un financement d'un montant global de 462 millions au lieu de 1.6 milliard prévus. Ce constat s'explique par un manque criard de coordination et de suivi par les États. En effet, il s'est avéré que plus de la moitié des 136 projets ne répondaient pas aux critères de sélection préalablement retenus par les États eux-mêmes. Ainsi, la CEDEAO constatait avec désolation que certains projets initialement classés comme prioritaires par les États membres avaient été retirés des programmes nationaux, rendant impossible toute campagne de mobilisation des bailleurs de fonds par la CEDEAO.[607] Ceci demeure la preuve que la prévalence de l'intérêt national dans la mise en œuvre des décisions de la communauté constitue un frein. Le fait que les membres de cette instance aient préalablement retenu des critères de sélection pour les projets et que des projets aient été soumis tout en faisant fi des ces critères dénote de la suprématie de l'intérêt national sur l'intérêt régional. Cet interétatisme pourrait avoir des impacts considérables sur les droits de l'homme des citoyens de la communauté. Les instruments régionaux comme le Parlement et les Cours et Tribunaux régionaux sont les gardes fours de premier plan au niveau régional, chargé de leur promotion collective.

L'intégration et la coopération régionales ne se limitant pas à la coordination et à des stratégies de politiques économiques pour assurer de meilleures conditions de vie, la paix et la stabilité commune fondées sur des convictions politiques communes ne sont pas moins importantes.[608] Les Nations Unies ont décidé de se lancer dans une voie qui intègre au mieux cette dimension droits de l'homme et développement comme deux éléments liés et réalisables par

---

[607]Réal Lavergne et Cyril Kofie Daddieh, «*Visions et approches des bailleurs de fonds*», in "*Intégration et coopération régionale en Afrique de l'Ouest*", Editions Karthala et CDRI 1996, pp123-155

[608]E.K.Quashigah, 1996, pp301-321, op.cit, p486

l'éradication de la pauvreté dans un cadre pacifique.[609] Faisant sienne cette vision, la Conférence des Chefs d'États et de Gouvernement de la CEDEAO a adopté, en 1991, la Déclaration des principes politiques. Elle a pour objectifs d'intensifier les efforts conjoints en faveur de la paix et de la sécurité dans la région.[610] Cette Déclaration qui constitue un plaidoyer pour les principes démocratiques et les droits de l'homme demeure sans doute de par ses ambitions un solide instrument pour la réalisation de la paix et du développement durable dans la sous-région. Le Protocole de la CEDEAO sur la Démocratie et la Bonne Gouvernance édicte une panoplie de droits et de libertés fondamentales en faveur de la démocratie, de la justice sociale, de la paix et du développement.[611] Pour bénéficier aux populations des pays de la sous-région, celui-ci devrait faire l'objet d'une forte sensibilisation auprès de l'opinion publique. Malheureusement jusqu'en 2004, sur un effectif de neuf (9) pays requis pour l'entrée en vigueur du Protocole, seuls huit (8) États l'avaient ratifié.[612]

Ce constat témoigne du très peu d'égard manifesté par une majeure partie des autorités politiques de la sous-région pour cet instrument. La démocratie, la paix, la stabilité politique et la justice sociale ne pouvant pas exister en dehors de l'état de droit qui implique une législation conforme aux droits de la personne, constitue un des principes promus par le protocole. La pratique anti-démocratique par

---

[609]«*Il n'y a pas de développement sans sécurité, il n'y a pas de sécurité sans développement et il ne peut y avoir ni sécurité, ni développement si les droits de l'homme ne sont pas respectés. Si le combat n'est pas menés sur tous les fronts, aucune victoire ne sera possible* » « *Dans une liberté plus grande : développement, sécurité et droits de l'homme pour tous* » KoffiAnnan, Secrétaire général des Nations Unies 2005 ; « *La pauvreté et les inégalités entre les pays et à l'intérieur de ceux-ci sont désormais les problèmes les plus graves sur le plan des droits humains auxquels nous soyons confrontés* » Louise Arbour, Haute Commissaire aux droits de l'homme des Nations Unies, 2006

[610]Cf. Déclaration des Principes Politiques de la Communauté Economique des Etats de l'Afrique de l'Ouest, en date du 3 juillet 1991

[611]Cf. Protocole A/SP1/12/01 sur la Démocratie et la Bonne Gouvernance Additionnel au Protocole relatif au Mécanisme de Prévention, de Gestion, de Règlement des Conflits, de Maintien de la Paix et de la Sécurité, adopté le 21 décembre 2001, à Dakar, au Sénégal par la Conférence des Chefs d'États et de Gouvernement de la CEDEAO

[612]Note de présentation du Protocole sur la Bonne Gouvernance et la Démocratie ; L'article 49 du protocole exige 9 signatures pour l'entrée en vigueur du protocole, seuls : Ghana, Mali, Guinée, Burkina faso, Niger, Bénin, Sénégal et la Sierra Léone, avaient ratifié le protocole.

une grande partie de la classe politique dans la sous-région est un frein à l'application et pourrait expliquer le manque de volonté politique d'aller vers l'effectivité de pareil protocole. Ce système de sécurité régionale connaît l'implication au premier rang des hautes instances de la CEDEAO que sont la Conférence des Chefs d'États et de Gouvernement et le Secrétariat exécutif. Ces instances jouent le rôle d'instances de décisions et d'opérationnalisation de cet instrument. Ce pouvoir attribué à ces instances pourrait avoir de lourdes conséquences sur le bon fonctionnement de cet appareil. En effet, le principe du consensus requis pour la prise des décisions au sein de la communauté pourrait impacter sur la prise de sanctions à l'encontre d'États réfractaires aux principes promus par le protocole. Le coup d'État du mois de décembre qui a eu lieu en République de Guinée en est une illustration.[613] Tandis que le consensus était requis pour la prise de sanction contre cet État, certains États avaient entrepris une démarche allant dans le contre-sens d'une telle position.

Un autre exemple illustratif réside dans le fait qu'en dépit du fait que le protocole appelle à une élimination de toutes pratiques préjudiciables, dégradantes et discriminatoires envers les femmes, les enfants et la jeunesse. Le système judiciaire de la République Fédérale du Nigéria adopte des pratiques discriminatoires à l'égard des

[613] Le coup d'État de décembre 2008 en Guinée est la prise de pouvoir de la junte militaire emmenée par le Capitaine Moussa Dadis Camara, à la suite du décès du Président en exercice Monsieur Lansana Conté. L'intervention des militaires interrompit le processus constitutionnel qui devait voir Monsieur Aboubacar Somparé assurer l'intérim. En effet, selon l'article 34. Constitution du 23 décembre 1990 de la République de Guinée, qui dispose en ces termes: « *En cas de vacance de la fonction de président de la République consécutive au décès ou à la démission du président de la République, ou de toute autre cause d'empêchement définitif, la suppléance est assurée par le président de l'Assemblée nationale ou, en cas d'empêchement de celui ci, par l'un des vice-présidents de l'Assemblée nationale par ordre de préséance. (2)-La vacance est constatée par la Cour suprême, saisie par le président de l'Assemblée nationale ou, en cas d'empêchement de celui-ci, par l'un de ses vice-présidents. (3)-La durée maximum de la suppléance est de soixante jours. Le scrutin pour l'élection du président de la République a lieu sauf cas de force majeure constaté par la Cour suprême, trente-cinq jours au moins, cinquante jours au plus, après l'ouverture de la vacance.* » Le Capitaine Moussa Dadis Camara s'est autoproclamé Président de la République en instituant un Conseil National pour la Démocratie et le Développement dont il a assuré la présidence jusqu'au 3 décembre 2009 après avoir été victime d'un complot perpétré par sa propre garde rapprochée.

femmes.[614] Un autre handicap des impacts néfastes de l'interétatisme réside dans l'irrégularité avec laquelle cette instance est appelée à se rencontrer pour discuter des grands problèmes de la sous-région. En effet, appelé à se réunir une fois par an ou de façon exceptionnelle à la demande d'un État, il serait difficile que celle-ci puisse apporter des solutions, en un temps aussi réduit, aux grands défis de la période

[614] Le 22 mars 2002, dans un Etat du Nord du Nigeria, au Katsina, Amina Lawal Kurami, 30 ans, a été condamnée à mort par lapidation pour avoir eu un enfant hors mariage. La Cour d'appel islamique de Funtua a confirmé le 19 août cette condamnation à mort. Le juge a ordonné qu'Amina soit exécutée à partir de janvier 2004, une fois qu'elle aura élevé sa fillette de 8 mois, Wasila. Amina est la mère de quatre autres enfants. Cf.www.amnestyinternational.be/be/jeunes/spip.php ?article289. À cette triste affaire, il faut ajouter ces deux autres affaires préjudiciables pour les droits des femmes de ce pays. Hajara Ibrahim, 29 ans, a été condamnée le 5 octobre par un tribunal religieux de la région de Tafawa Balewa après avoir avoué avoir eu des rapports sexuels avec un homme de 35 ans et être devenue enceinte. Les magistrats ont toutefois mis en tutelle la jeune femme jusqu'à la naissance de son bébé, après quoi elle sera lapidée. Daso Adamu, 26 ans, a été condamnée le 15 septembre après avoir avoué avoir eu des relations extra-conjugales avec un homme de 35 ans à 12 reprises. Elle est écrouée à la prison de Ningi. Deux femmes coupables d'adultère ont été condamnées en l'espace d'un mois par des tribunaux islamiques à la peine capitale par lapidation dans l'État de Bauchi, au Nigeria. En revanche, les deux amants présumés ont été acquittés par manque de preuves. En réaction à cette situation du reste intolérable, la Commission de l'Union Africaine a effectué, du 20 février au 2 mars 2001, une mission d'information et de promotion des droits de la femme principalement dans l'État de Lagos, d'Enugu, de Kano et d'Abuja la capitale fédérale. Cette mission était dirigée par la Rapporteure Spéciale, Madame Julienne Ondziel-Gnelenga, Rapporteure Spéciale des Droits de la Femme en Afrique et Membre de la Commission Africaine. Un ensemble de recommandations a été formulés à l'endroit au gouvernement de la République Fédérale du Nigéria, parmi lesquelles : (1)-Prendre des mesures nécessaires et appropriées pour protéger les femmes contre toutes les formes de violence à leur égard, les croyances et pratiques traditionnelles telles que l'enterrement vivante de la femme épouse avec son époux, les MGF, la spoliation de la veuve... ; (2)-Informer, éduquer les femmes sur leurs droits fondamentaux en général, et ceux de la santé de la reproduction en particulier, afin de réduire le taux élevé de mortalité maternelle et infantile ; (3)-Le Nigeria étant une République Fédérale laïque, il y a lieu d'interdire la prédominance de toute religion dans la vie du citoyen ou de la citoyenne Nigériane. A défaut, veiller à ce que l'application de la « SHARIA » ne constitue pas un frein à la promotion et à la protection des droits de la femme ; (4)-Le Nigeria devrait veiller à ce que les lois des Etats fédérés ne soient pas contraires à la Constitution Fédérale ni aux normes sous-régionales, régionales et internationales que le pays a librement acceptées ; (5)-Prendre des mesures appropriées pour donner effet dans le pays tout entier aux engagements pris par le Nigeria a la Conférence d'évaluation à mi-parcours sur la mise en œuvre de la plate-forme mondiale de Beijing. SOURCE : http://www.achpr.org/fr/states/nigeria/missions/women-2001/

indiquée. La crise alimentaire qui a fortement touché le Niger en 2005 avait, en son temps, démontré l'inexistence ou l'inefficacité d'un système d'alerte sous régional pour faire face à pareille crise. Deux ans après, la même crise touchait toute la sous-région au point de faire descendre dans les rues des populations affamées.

L'autre instance de prise de décision au sein de la CEDEAO est le Conseil des ministres chargé d'assurer le bon fonctionnement et le développement de la communauté.[615] Celle-ci dispose du pouvoir de prendre toute directive d'harmonisation et de la coordination des politiques d'intégration économique ou de formuler des recommandations à l'intention de la Conférence. Cette instance qui peut se substituer à la Conférence sur délégation de pouvoir pour prendre des décisions ayant force obligatoires.[616] Cependant, ces décisions n'ont effectivement force obligatoire à l'égard des États membres qu'après leur approbation par la Conférence des Chefs d'État et de Gouvernement.[617] Cette tendance est de nature à ralentir le bon fonctionnement et le développement de la communauté d'autant plus que l'organe d'approbation ne se réunit que deux fois par an. Ainsi, les décisions du Conseil pourront rester en attente d'approbation pendant une longue période. Cet étatisme est une forme de transposition des réalités politiques nationales au niveau régional, particulièrement, de ce qui a trait à la centralisation du pouvoir entre les mains de l'exécutif. Dans le cadre de la CEDEAO, il pourrait être dit que le présidentialisme consacré par la Charte de l'OUA et repris par le Traité d'Abuja,[618] a été retenu comme la norme. D'autre part, la périodicité fort espacée des sessions politiques est susceptible de générer des inerties, d'accroître les pesanteurs, de susciter un immobilisme relatif et de rallonger les délais dans l'application de certaines décisions. La forte dépendance des instances de second rang

---

[615]Cf. l'article 10 para.3 du Traité révisé de la CEDEAO-Conseil des Ministres, Création, Composition et Fonctions, qui dispose: «*Le Conseil est chargé d'assurer le bon fonctionnement et le développement de la Communauté.*»

[616]Cf. Traité révisé de la CEDEAO, en date du 24 juillet 1993, en son article 12 alinéa 3, qui dispose : « *...Toutefois, les règlements ont d'office force obligatoire en cas de délégation de pouvoirs, conformément aux dispositions du paragraphe 3(f) de l'article 7 du présent traité*»

[617]Cf. l'article 12 alinéa 3 du Traité révisé de la CEDEAO, en date du 24 juillet 1993, qui dispose : « *...les règlements n'ont force obligatoire à l'égard des Etats Membres qu'après leur approbation par la Conférence.*»

[618]Voir l'article 8 de la Charte de l'OUA de 1963 et l'article 8 du Traité d'Abuja de 1990

comme le Conseil des ministres, vis-à-vis de la Conférence, contribue à alourdir davantage la machine communautaire. La centralisation du pouvoir par deux organes avec pour conséquences de rendre difficile les initiatives de la part des instances d'exécution dont les actions même autorisées, doivent avoir le consentement des autorités nationales, verront leurs actions vouées à l'échec en l'absence de toute volonté politique nationale afin de faciliter le travail de protection de la liberté de circulation au niveau communautaire.

B- La mise en place d'institutions sous-régionales de suivi de l'effectivité de la liberté de circulation

La liberté de mouvement, au cœur de nombreuses rencontres et réunions internationales, demeure la plus grande préoccupation du moment. Elle fait ressortir les différents aspects de la migration internationale vus sous deux angles différents. Le premier angle, celui du monde occidental, la perçoit comme une façon de dérégler le processus de construction de leur société voire un facteur de bouleversement de l'architecture occidentale. Le second angle, la vision du sud, à bien des égards, se présente comme un droit inhérent de l'impérialisme colonialiste et son justificatif, le capitalisme, la défend fermement.

Loin de percevoir ces deux acceptions de la migration internationale comme très opposées l'une à l'autre, il faut y rechercher l'existence du principe de cause à effet.[619] Si, le premier point de vue se veut, à bien des égards, un peu négativiste car réfutant toute option de migration internationale ou encore n'envisageant pas ce mouvement de personnes comme pouvant contribuer à l'essor de leur

---

[619] À ce niveau, l'approche des Nations Unies de la question se veut globale et conséquente, car elle met en relief les divers aspects de la migration. Cela s'est traduit en ces termes : «*Les migrations au-delà des frontières nationales et d'un continent à l'autre sont un phénomène indispensable à la paix, à la stabilité et au développement à l'échelle nationale, sous-régionale et régionale. Le potentiel qu'ont les migrants de contribuer à la transformation de leur pays d'origine intéresse au plus haut point les autorités nationales et locales, les institutions internationales et le secteur privé. On s'accorde de plus en plus à dire que si les pays coopèrent, les gains seront visibles à trois niveaux: les migrants, les pays d'origine et les sociétés qui les accueillent*» extrait du Document de référence pour le Dialogue de haut niveau sur les migrations internationales et le développement. Assemblée générale des Nations Unies, 14 et 15 septembre 2006. Voir.UNECA, *Migrations internationales et développement : Implications pour l'Afrique*, Résumé analytique, Septembre 2006

société. Quant à l'autre vision, elle apparaît comme la conséquence d'une politique qui, hier, était fondée sur la migration internationale à sens unique. Durant cette période, elle concernait le départ d'un espace, le monde occidental ou encore le monde de la civilisation vers un autre espace dit le continent vierge, le Continent des anciennes colonies, pour y apporter la civilisation. Il ne fait plus l'objet d'un doute que la migration internationale revêt plus d'un aspect positif tant on sait qu'elle a participé à la construction et au rayonnement des États-Unis d'Amérique de même qu'elle a participé à bâtir le développement de certains pays comme la Côte d'Ivoire.[620] L'histoire de ces deux États, parmi tant d'autres, pourrait témoigner des impacts positifs de la liberté de mouvement sur le développement de l'État d'accueil. Elle pourrait attester de ses impacts positifs sur le processus de construction de l'État d'origine. En effet, très tôt, ces deux États ont mis en place une politique d'ouverture au monde extérieur, en outre de favoriser la liberté de travail ou d'initiative privée garantie aux étrangers comme facteur de leur intégration dans le pays d'accueil. Ainsi, selon une étude réalisée en 1993 sur les «migration et urbanisation» par le Réseau REMUAO et l'Enquête Ivoirienne sur les Migrations et les Urbanisations (EIMU) en 1993, la Côte d'Ivoire occupe une place primordiale dans les flux migratoires entre les pays francophones de l'Afrique de l'Ouest.[621] Elle représente le principal centre de gravité de la région avec 1.409.000 migrations internationales qui lui sont destinées ou qui en proviennent, soit 57% de l'ensemble des migrations concernant ces pays.

---

[620]Dans le rapport du Secrétaire Général des Nations Unies (SG/SM/10504-AG/10477), du 6 Juin 2006, Koffi Annan, intitulé "Les migrations internationales, accompagnées des politiques voulues, peuvent être très profitables au développement", celui-ci a évoqué les aspects positifs de la migration internationale, notamment, en ce qui concerne leurs impacts sur le processus de développement. Ainsi, il s'exprimait en ces termes : «*Dans le rapport que je vous soumets aujourd'hui, je me suis concentré sur les aspects des migrations internationales qui sont les plus pertinents pour le développement. Le rapport montre bien que les migrations internationales, accompagnées des politiques voulues, peuvent être très profitables au développement tant dans les pays d'où viennent les migrants que dans ceux où ils arrivent. Mais il souligne aussi qu'il est indispensable, pour qu'elles soient ainsi profitables, que les droits des migrants eux-mêmes soient respectés et défendus*».

[621]Georges Photios Tapinos, Philippe Hugon et Patrice Vimard, *La Côte d'ivoire à l'aube du XXIe siècle : Défis démographiques et développement durable,* Editions Khartala, Paris 2001

Les apports de la migration internationale, notamment en termes de mains-d'œuvre abondante et bon marché, sont aujourd'hui avérés. Cela a lieu aussi bien du point de vue qualitatif que quantitatif pour certains pays. Partant, c'est tout un dispositif politique et autre mécanisme d'attraction qui est mis en place pour attirer les migrants en quête de mieux-être. Ainsi, le miracle ivoirien a correspondu durant 20 ans, à un système démo-économique expansionniste.[622] La politique française de migration choisie permet aujourd'hui à la France d'exercer un contrôle sélectif des taux et de la nature des migrations de travail sur son sol. En privilégiant l'entrée sur le sol français d'une catégorie de migrants dit qualifiés, l'État français entend bien sûr bénéficier de l'expertise étrangère ainsi que du savoir-faire externe en tant que plus-value de son économie et de son cadre de production. La politique de migration professionnelle et universitaire encouragée par le Canada, la *Grun-Card* des États-Unis d'Amérique, tout cela illustre au mieux cette thèse de l'impact positif ou des potentialités de la migration internationale sur le processus de construction d'un État. Pour la réalisation de ces objectifs, ces pays ne manquent pas de se doter de mécanismes efficaces de promotion de la migration qu'ils ont placés au cœur de leur politique nationale.

À cette politique de promotion de la migration, s'est ajoutée la politique de protection du migrant jusqu'à l'intégration nationale.[623]

La majeure partie de ces artifices d'attraction pour les migrants est le plus souvent développée au sein des pays occidentaux considérés

---

[622]La forte croissance du PIB (Taux de croissance annuel de 7% durant 20 ans) résultait d'une utilisation extensive des terres et d'un fort appel de facteur de production étranger (Mains d'œuvre immigrés, cadres expatriés, capitaux, technologies). Cela se voulait un motif d'encouragement pour les autorités politiques d'alors, qui n'hésitaient pas à s'y employer pleinement. Partant, on pouvait noter que le mode de croissance économique était ouvert, les politiques économiques étaient libérales.

[623]Dans les pays de l'Afrique subsaharienne, où, la question de l'intégration régionale se pose avec beaucoup d'intérêt, notamment appréhendée sous l'angle de stratégie de développement, le constat que font malheureusement nombreux auteurs, est que le cadre indispensable, aussi bien institutionnel que juridictionnel, pour l'intégration des migrants au niveau interne est inexistant. À contrario, *S.O.Kane* mentionne un regain de violences politiques au niveau national, accompagnées d'actes d'intolérance sociale, de xénophobie et autres tares sociales qui mettent en danger l'intégration nationale et, partant, sapent le processus de l'intégration régionale en Afrique. Voir. Kane Seydou Oumar, *Les états-nations face à l'intégration régionale en Afrique de l'Ouest : Le cas du Burkina-Faso.* Edition Karthala 2008

comme les espaces de forts taux d'immigration d'une part. D'autre part, au regard de la population vieillissante de ces pays, la nécessité de toujours renouveler la classe active s'impose à ceux-ci. Pour ce faire, le recours à la main-d'œuvre étrangère devient la seule voie pour combler le vide créé par le vieillissement de la population active.[624] En tant que premier acteur d'intégration régionale, la CEDEAO s'est vue assigner cette importante mission de promotion, mais aussi de protection du citoyen communautaire dans tout État membre de la communauté. Ainsi, il lui revient de veiller à ce que chaque État membre respecte ses engagements en la matière. Pour ce faire, elle a mis sur pied un ensemble de mécanismes d'effectivité de la liberté de mouvement dans la sous-région au profit du citoyen ressortissant de la communauté et au bénéfice des États. Ces mécanismes se sont vus assigner un certain nombre de rôles dont la promotion et la protection de la liberté de circulation en Afrique de l'Ouest. L'intégration des économies qui implique aussi l'intégration des facteurs de production et de consommation. Cela renvoie alors à reconnaître aux mécanismes communautaires de la CEDEAO le rôle de contribuer à la promotion et à la protection de certains secteurs et domaines d'activités liées à la liberté de mouvement. Si, l'effectivité de la liberté de circulation est acquise par sa promotion et l'est totalement qu'assortie de politique et instrument de protection de cette liberté.[625] La protection participe fortement du processus d'application et du respect de la règle de droit. La connaissance de la norme de droit par les populations auxquelles elle doit s'appliquer, facilite la mission des instances de protection de celle-ci et donne tout son sens à cette phrase : «*Nul n'est sensé ignorer la loi* ». Dans le cadre de la norme communautaire, elle fait appel à une réelle volonté politique afin d'impulser l'activité de protection des

---

[624]Cela répond aussi à la nécessité de maintenir ou encore d'améliorer le niveau de développement industriel et technologique de l'État en lui fournissant régulièrement des savoirs étrangers.

[625]Cela se traduit du reste à travers le constat regrettable que font les OIG de la situation des migrants dans les pays d'Afrique. En effet, il se trouve que la réponse des gouvernements africains aux problèmes des migrations a été très limitée et fragmentaire. Peu de pays ont mis en œuvre les conventions et les politiques internationales se rapportant aux migrations internationales. Ces dernières n'ont qu'une toute petite place dans les programmes nationaux de développement et n'ont été convenablement traitées dans aucun des cadres régionaux de développement comme le NEPAD, les OMD et les DSRP. Voir. UNECA, *Migrations internationales et développement : Implications pour l'Afrique*, Résumé analytique, Septembre 2006

instances judiciaires, parlementaires et autres au niveau national, eu égard à la règle de l'épuisement des recours internes. Cette coopération entre les instances communautaires et les instances nationales favorisera sûrement la synergie requise pour la mise en œuvre effective des programmes communautaires de protection de la liberté de circulation. L'article13-alinéa 1 du Traité révisé de la CEDEAO institue un Parlement de la Communauté. Pour l'effectivité, l'application et le respect de la liberté de circulation au sein de la Communauté, ce Parlement devrait regorger de larges compétences, allant de pouvoirs consultatifs au pouvoir de sanction à l'encontre de la Conférence des Chefs d'État et du Conseil des ministres. En effet, ses décisions et règlements devraient pouvoir passer au crible devant ce parlement afin que celui-ci y apporte sa caution. Ces pouvoirs auront l'avantage de conformer ces mesures aux principes et objectifs de la communauté dont ce parlement se veut le gardien.

Une meilleure promotion et protection de la liberté de circulation passerait par une collaboration active entre le Parlement et la Cour de justice de la CEDEAO. Pour ce faire, le parlement devrait être doté d'un pouvoir de surveiller et de sanctionner l'application des normes en matière de liberté de circulation. Ce pouvoir pourrait se traduire par sa capacité juridique à diligenter des enquêtes relatives aux actes portant atteinte à cette liberté fondamentale en outre d'ester devant la Cour de justice afin qu'une lumière soit faite sur ces faits.[626] Le fonctionnement et l'organisation démocratique de ce Parlement pourraient être un exemple pour la promotion de la culture démocratique dans la sous-région.[627] Cela pourrait passer par le mode de désignation de ces membres qui devrait se fonder sur le principe du suffrage universel. Il sera constitué de commissions techniques composées de techniciens choisis sur des critères de compétences dans les universités, centres de recherche sous régionaux, parlements nationaux. Il entretiendra une coopération relative à l'échange de bonnes pratiques avec les parlements de l'UE, et des États occidentaux. La collaboration étroite avec la Cour de justice communautaire devrait être encouragée pour le bénéfice des citoyens de la communautaire.

---

[626]Quashigah.E.K, «*Les droits de l'homme et l'intégration régionale*» in "*Intégration et coopération régionales en Afrique de l'Ouest*", Édition Karthala et CERDI, 1996

[627]*Op.cit*

La Cour de justice de la CEDEAO est prévue par l'article 15 du Traité révisé de 1993.[628] L'un des principes fondamentaux du traité de la CEDEAO est le respect, la promotion et la protection des droits de l'homme conformément aux dispositions de la Charte Africaine des Droits de l'Homme et des Peuple (CADHP).[629] Cet objectif implique la participation de plus d'une institution, dont la Cour de justice communautaire. Cette Cour devrait pouvoir coopérer activement avec les cours et tribunaux nationaux afin de promouvoir au mieux les droits des citoyens de la communauté. Une bonne pratique qu'elle adopte, à savoir, les audiences qui ont lieu dans les pays de la communauté demeure une façon de promotion des droits des citoyens. En effet, outre le fait que cela participe de la promotion de la cour, elle redonne l'espoir aux justiciables. Cet espoir réside dans le fait que les justiciables ne croyant pas trop à l'impartialité des cours et tribunaux nationaux pourront désormais saisir cette cour, d'où tout l'intérêt de la suppression de la norme de l'épuisement des recours internes. D'autre part, la Cour devrait développer une étroite coopération avec les Organisations non gouvernementales de défense des droits de l'homme et les institutions internationales de défense des droits de l'homme présentes dans le territoire de la communauté.

Selon l'article 17 du Traité révisé de la CEDEAO est créé un Secrétariat Exécutif doté de larges attributions allant de coordination des activités de la communauté à la supervision de celles-ci.[630] Le Secrétaire Général devra veiller à l'exécution des décisions de la Conférence et des règlements du Conseil.[631] Cette mission de haute ampleur exige pour sa réussite à n'en point douter la coopération des autorités politiques nationales. Dans le cadre de l'Union Monétaire et Économique de l'Afrique de l'Ouest (UEMOA), relativement à la liberté de circulation des personnes et des biens, les autorités du Niger avaient mis sur pied une brigade mobile mixte pour veiller à

---

[628]Cf. l'article 15 para.1 du Traité révisé de la CEDEAO-Cour de Justice, Création et Compétence, qui dispose: «*Il est créé une Cour de Justice de la Communauté.*»

[629] Cf. Traité révisé de la CEDEAO, en date du 24 juillet 1993, en son article 4-g

[630]Cf. l'article 17 du Traité révisé de la CEDEAO-Secrétariat Exécutif, Création et Compétence, qui dispose: «*Il est créé un Secrétariat Exécutif de la Communauté*»

[631]Voir l'article 19 para.3 (a) du Traité révisé de la CEDEAO-Secrétariat Exécutif, Création et Compétence, qui dispose: «*Sans préjudice de l'étendue générale de ses responsabilités, le Secrétariat Exécutif est chargé de l'exécution des décisions de la Conférence et l'application des règlements du Conseil.*»

l'application effective des dispositions en la matière.[632] Cette initiative marque un grand pas en avant et témoigne d'une volonté politique réelle d'appropriation nationale des normes communautaires.

Les Commissions techniques de la Communauté chargées de veiller au suivi et de faciliter l'application des dispositions et des protocoles régissant la CEDEAO, sont malheureusement trop dépendantes du Conseil des ministres.[633] Ces commissions voient la mise en œuvre de leurs activités conditionnées par l'approbation du Conseil tandis que le Conseil fonctionne selon la règle du consensus qui veut que les règlements de celui-ci fassent unanimité avant d'acquérir force obligatoire. Cependant, cette règle est fortement soumise au respect du principe de la souveraineté des États membres. En dépit des avantages du principe du consensus, celui-ci regorge d'énormes inconvénients relatifs à la durée et aux méthodes employées, outre le fait d'aboutir à des solutions de compromis qui n'est rien d'autre qu'une solution de façade basée sur un désaccord.[634] Cette remarque pourrait traduire au mieux les difficultés et les lenteurs rencontrées dans l'effectivité des normes communautaires. Les Commissions techniques pourraient être affaiblies par leur composition. En effet, celles-ci sont constituées de représentants de chacun des États-Membres.[635] Bien que marquée par le souci de représentativité par pays, cette norme tendrait implicitement à faire la promotion de l'intérêt national sur l'intérêt communautaire. Dans la mise en œuvre des programmes régionaux, les actions des gouvernants nationaux sont guidées par l'intérêt national cumulé à l'intérêt communautaire. Ainsi avec une certaine aisance, ces derniers arrivent

---

[632] Bulletin hebdomadaire de l'UEMOA, Semaine de l'UEMOA ; n°017 du 07 au 13 juillet 2003 ; *Une brigade mixte de contrôle de la libre circulation des personnes et des biens créée au Niger*

[633]Voir l'article 23 du Traité révisé de la CEDEAO, qui dispose: «*Dans son domaine de compétence, chaque Commission a pour mandat...de préparer des projets et programmes communautaires, et de les soumettre a l'approbation du Conseil par l'intermédiaire du Secrétariat Exécutif, soit sur propre initiative, soit a la demande du conseil ou du Secrétariat Exécutif. De suivre et de faciliter l'application des dispositions du présent Traitè et des Protocoles relevant de son domaine de compétence.*»

[634]Ntumba Luaba Lumu, *Ressemblances et dissemblances institutionnelles entre la CEDEAO, la CEEAC et la ZEP* In *Intégration et coopération régionales en Afrique de l'Ouest*...1996, pp349-370, op.cit

[635]Cf. l'article 22 para.2-Les commissions techniques, Création et Composition, du Traité révisé de la CEDEAO, en date du 24 juillet 1993, qui dispose:«*Chaque Commission comprend les Représentants des Etats membres*»

à cumuler les fonctions normatives et exécutives. Quant aux délégués gouvernementaux, ils seraient plus enclins à mettre l'accent sur l'intérêt national au détriment de l'intérêt général communautaire.[636] En dépit de la marge de manœuvre offerte à ces commissions,[637] leur liberté d'action n'étant pas celle requise pour l'accomplissement d'une mission d'aussi grande envergure, se trouvent mis en mal le bon fonctionnement et le développement de la communauté.

Au regard de ces quelques développements, il ressort que la forte implication de certains organes de la CEDEAO est de nature à peser sur le bon fonctionnement et poserait alors la nécessité d'aller vers un allégement de leur pouvoir de décision. En outre, le fonctionnement et l'organisation de la CEDEAO requièrent un certain nombre d'aménagements. Le fondement de toute structure réside dans sa capacité à donner corps à ses politiques. Dans le cadre de la CEDEAO, de multiples actions sont menées à cet effet.

Section II: Un cadre pacifique et sécurisé garant de l'effectivité des droits civils et politiques en Afrique Centrale

Dans le souci de s'inscrire dans la droite ligne décrite par l'UDEAC, en harmonie avec la nouvelle approche d'intégration régionale, issue de la Conférence des Chefs d'État de l'OUA, lors de la Conférence d'Abuja de juillet 1991, les Chefs d'État de la sous-région ont manifesté leur volonté de réaliser d'énormes avancées dans le processus d'intégration de leurs États. De nombreuses initiatives ont été entreprises dans ce sens. Ces initiatives visent dans leur ensemble le développement des États par la mise en œuvre d'une Union Economique et Monétaire telle que préconisée dans le cadre de la CEA. À long terme, cela devra atteindre un objectif ultime, à savoir, la mise en place d'un Marché Commun Africain. Le processus d'intégration régionale en cours en Afrique Centrale, a été révisé pour passer d'une situation de coopération à une situation d'union. Cette politique serait susceptible de parachever le processus d'intégration économique et monétaire. Par ailleurs, elle pourrait s'inscrire dans la

---

[636]NtumbaLuaba Lumu, «*Ressemblances et dissemblances institutionnelles entre la CEDEAO, la CEEAC et la ZEP*»…..1996, pp349-370, op.cit

[637]Cf. Traité révisé de la CEDEAO, en date du 23 juillet 1993, en son article 24, qui dispose: «*Sous réserve des directives du Conseil, chaque Commission se réunit aussi souvent que nécessaire. Elle établit son règlement.*»

donne mondiale du moment qui impose aux entités étatiques de se réunir afin de faire face à la concurrence de plus en plus rude.[638]

Les États de la sous-région entendent, par le biais de la CEMAC, mettre en action les résolutions et projets restés en sommeil dans le cadre de la CEEAC.[639] Pour réaliser ce vaste projet, les autorités politiques de la sous-région ont entendu orienter leurs nouvelles initiatives vers la promotion de la paix et du développement harmonieux.[640] Aujourd'hui, toute la communauté internationale est unanimité autour d'une conception du développement, celle du développement durable en tant que droit auquel les populations peuvent prétendre. Dans cet ordre d'idée, le processus de regroupement des politiques et actions nationales en matière de développement se présente comme le moyen efficace d'atteindre ces objectifs. Le processus entrepris dans la sous-région centre du continent a connu un nouvel aménagement qui lui a assigné de nouvelles missions, suscitant ainsi des interrogations relativement aux possibilités offertes par ces missions de réaliser le développement durable. Autrement dit, il s'agit d'analyser les conséquences de ces politiques sur la situation sociale et économique des populations d'Afrique du Centre. Il convient alors de s'intéresser à la nouvelle vision du processus d'intégration régionale (**Parag.I**) ainsi que les institutions sous-régionales indépendantes, en charge de la promotion de la liberté de circulation en Afrique Centrale (**Parag.II**).

---

[638]Le principe même de la mondialisation qui est sous-tendu par la globalisation des échanges et de l'information et du savoir se fonde sur la coopération et le partenariat étroit pour atteindre les objectifs fixés par la communauté. Par ailleurs et du fait de la proximité qu'elle crée entre les États, tout mettant en branle les barrières frontalières, la mondialisation fait du regroupement des États la seule voie efficace d'atteindre les objectifs de développement durable.

[639]Cette évolution institutionnelle devrait pouvoir, non seulement, combler des insuffisances dans le processus en cours. Mais aussi, elle marquerait la volonté des politiques de la sous-région d'aller vers une véritable intégration des politiques nationales dans les divers domaines de la vie de l'État-nation

[640]Voir l'article 2 du Traité révisé de la Communauté Économique et Monétaire de l'Afrique Centrale (CEMAC), de 2008. Cette attitude impulsive de la volonté politique d'aller de l'avant a pu se traduire par de nombreuses actions qui, en principe, doivent permettre de réaliser le développement durable tant recherché par les populations d'une sous-région marquée par près d'une décennie de conflit armé.

Parag.I : Une nouvelle vision du processus d'intégration régionale

Le processus d'intégration régionale, en cours en Afrique Centrale, a connu, ces dernières années, une certaine avancée. Celle-ci se manifeste à travers la mise en œuvre d'un nouvel instrument d'intégration régionale, la CEMAC. Bien que la venue de cet instrument réponde à la nouvelle donne en cours sur le continent, il intervient dans un contexte difficile où cette sous-région fait face pour la première fois de son histoire à un conflit régional. Ainsi, il appartient à cet instrument de tenir compte des réalités du terrain. Ceci constitue d'énormes défis à relever.[641]

Les conflits armés qui minent cette région du continent, trouvent leurs causes dans certains maux qui ont pour nom : confiscation du pouvoir, la prise non démocratique du pouvoir et la gestion non démocratique du pouvoir. Ces conflits sont exacerbés par le poids de la forte crise d'endettement et des mesures drastiques. Cette situation a pour conséquence de favoriser les tensions sociales, en outre de créer le cadre idéal pour les contestations armées à défaut des contestations pacifiques possibles que dans un contexte de dialogue social. La volonté des autorités politiques de la sous-région, d'aller vers une résolution de ces crises que traversent leurs États respectifs, se manifeste aussi avec la relance des activités de la CEEAC, longtemps restée en léthargie. C'est dans cette perspective que les dirigeants des États de la sous-région se sont engagés à élaborer des politiques en faveur de la réduction de la pauvreté. Pour une meilleure compréhension de tout cela, on s'intéressera aux exigences de paix et de sécurité sous-régionale (**A**) ainsi qu'aux nouvelles orientations pour la réussite du processus d'intégration sous-régionale en Afrique Centrale (**B**).

---

[641]Voir Préambule du Traité instituant la Communauté Économique des États de l'Afrique Centrale (CEMAC), adopté 1998, à N'Djamena, en République du Tchad. Dans une perspective de relever ces défis, les Chefs d'État, dans le préambule du Traité instituant la CEMAC, réaffirment leur attachement aux principes de démocratie, de droits de l'homme, de la bonne gouvernance, du dialogue social et des questions de genre. Le fait pour ces dirigeants, de réaffirmer leur attachement à ces principes de base de l'État moderne, témoigne de la volonté d'aller vers la construction d'un cadre étatique favorable au développement économique et social de leur population.

A- Les exigences de paix et de sécurité sous-régionale

Avec près de trois millions de morts causés par le conflit régional qui mine la région des Grands Lacs et dont souffrent les populations de l'Afrique Centrale tout entière,[642] les conflits armés ont eu raison des politiques et autres programmes de développement économique et social. Cette partie du continent fait face à de nombreux conflits armés qui ont de sérieux impacts sur la stabilité de la structure étatique et ont compromis les politiques d'intégration régionale.[643] Pourtant, force est de constater, avec beaucoup de regrets que les ressources indispensables pour réaliser ses objectifs de développement et appliquer une véritable politique d'intégration des économies nationales soient suffisamment disponibles dans cette sous-région du Continent. Située en pleine zone forestière, la région centrale d'Afrique demeure, de par la richesse de son sous-sol et de sa végétation, incontournable dans le processus de développement du continent. En effet, l'Afrique Centrale regorge de vastes gisements d'or noir, de nombreuses mines d'or et de métaux précieux, et de vastes espaces forestiers. Cette richesse qui était censée profiter à sa population reste cependant l'une des causes de sa souffrance et de son appauvrissement.[644]

---

[642]Au vu de l'extension dans le temps et dans l'espace de ces conflits, *E.Ela-Ela* considère qu'il faut situer ces conflits depuis la période de l'accession à l'indépendance, en plus de les considérer comme étant le quotidien des populations de cette sous-région de l'Afrique. Cf.Ela-Ela Emmanuel. 2001, op.cit. Les conséquences de ces conflits, en termes, de pertes massives en vies humaines, vagues de réfugiés, populations déplacées, criminalité urbaine qui se répandent à travers l'Afrique Centrale. Ces conflits sont remarquables par l'ampleur des dégâts qu'ils causent. Cf.Ela Ela Emmanuel, p. 227-239. Ibidem

[643]Face au caractère régional de ces conflits armés, certains observateurs sont tentés de dire qu'ils pourraient menacer la paix au delà des frontières de cette sous-région. Selon *A.Ayissi*, l'insécurité qui règne en Afrique est une menace sérieuse pour la planète et risque de ressusciter le vieux concept de «planète vaisseau» suivant lequel tous nous coulerons ou tous nous serons sauvés. Dès lors, la sécurité collective apparaît comme un élément fédérateur de la communauté internationale. Pour être opérationnelle, celle-ci doit, nécessairement, prendre en compte les spécificités régionales. Voir. Ayissi Anatole, *Le défi de la sécurité régionale en Afrique après la guerre froide : vers la diplomatie préventive et la sécurité collective,* New York et Genève, Nations Unies, UNIDIR, 1994, p. 60

[644]Effectivement c'est la, tout le contraste de ce triste constat. En effet, cette richesse n'est pas forcement cause de bonheur pour les populations de l'Afrique Centrale. Ainsi, elles contribueraient, selon *Roland Pourtier*, à nourrir une anarchie qui règne dans un pays comme la République Démocratique du Congo (RDC), vaste comme un «sous-continent», avec plus de 2,3 millions de km^2 et une cinquantaine de

Du Tchad à la République Démocratique du Congo (RDC) en passant par la Centrafrique avec une mention spéciale dans les Grands Lacs, les conflits armés sont vécus par les populations avec beaucoup d'atrocité. En effet, des crimes odieux et des exactions sont commis envers les populations sans défense, violant ainsi leurs droits et libertés fondamentales. Ces conflits ont d'énormes impacts humains, outre le fait de revêtir une ampleur sous-régionale, faisant des milliers de morts de part et d'autre des frontières des États voisins.[645] Ils ont aussi jeté sur les chemins de l'exil des millions de femmes, d'enfants et d'hommes en quête d'espace de stabilité. Ces vagues de populations ont formé de nombreux camps de réfugiés. Ces camps sont devenus par la suite des viviers des entrepreneurs de guerre où ont été formés des groupes de militaires qui tiennent aujourd'hui les rênes du pouvoir dans un pays comme le Rwanda. Ce pays s'est illustré en 1994, à travers l'horreur causée par le génocide, visant à détruire tout ou en partie, un groupe ethnique, national, racial ou religieux. En outre, l'encrage de la violence, loin de rester circonscrit au huis clos des frontières rwandaises, s'est diffusé dans les pays voisins, si bien que la question rwandaise a affecté l'Ouganda, le Burundi et le Kivu dans l'est de la RDC. Elle est indirectement à l'origine de la guerre civile congolaise et donc de la déstabilisation de toute l'Afrique Centrale. Il est aussi à déplorer le fait que ces horreurs se produisent dans un cadre d'impunité totale. De l'autre côté des Grands Lacs, le conflit armé qui mine la République du Tchad, a impacté sur la situation sociopolitique de son voisin centrafricain. Si, les autorités tchadiennes accusent le pouvoir en place au Soudan d'entretenir et d'accueillir sur son sol les

---

millions d'habitants. *Roland Pourtier* note aussi que, le contrôle et le bon usage des ressources naturelles dont l'exploitation est au cœur des enjeux géopolitiques d'un pays aux richesses «potentielles» considérables. C'est pourquoi il a toujours été très convoité, autrefois par les puissances coloniales relayées par les États-Unis, aujourd'hui par les États voisins. Voir. Roland Pourtier, *L'Afrique Centrale dans latourmente: Les enjeux de la guerre et de la paix au Congo et alentour*, Edition. La Découverte *Hérodote,* 2003, n°111, pp.11-39. Ce point de vue est partagé par d'autres auteurs comme : Ndiaye Tafsir Malick, 1992, p35, op.cit, p557 ; Porteous, Jaquet Christophe, *L'évolution des conflits en Afrique subsaharienne*, Revue "Politique étrangère" n°2, 2003, 68ème année, pp. 307-320.

[645] Bach Daniel, «*Régionalisme et régionalisation des conflits*» Revue Etudes Internationales, vol.34, n°1,2003, pp129-134 ; Porteous Tom, «*L'évolution des conflits en Afrique subsaharienne*», Revue Politique Etrangère, vol.68, n°2, 2003, pp 307-320 ; Ela Ela Emmanuel, « *Les mécanismes de prévention des conflits en Afrique Centrale*», Revue Guerres mondiales et conflits contemporains, Edition P.U.F, 200é-200 », n°202-203, pp224-238

rebelles tchadiens, La Centrafrique dénonce le soutien apporté par les autorités tchadiennes aux forces rebelles qui déstabilisent son territoire. Par ailleurs, l'opposition centrafricaine accuse les mercenaires congolais de l'ancien chef de guerre congolais, actuellement devant la justice internationale, Monsieur Jean Pierre Bemba, d'avoir commis des exactions contre les populations de la Centrafrique.

L'une des principales causes de la régionalisation de ce conflit serait la contestation du pouvoir.[646] Cette remarque est d'ailleurs partagée par le Secrétaire Général des Nations Unies dans son rapport politique où il reconnaissait que : « *...c'est la nature du pouvoir politique dans bien de pays d'Afrique de même que les conséquences (...) de la prise du pouvoir et du maintien de celui-ci qui est une source majeure de conflits dans le continent*». L'autre cause de ce conflit réside dans la pauvreté croissante des populations de la sous-région.[647] En effet, la régionalisation et la durée des conflits qui minent cette sous-région seraient l'un des vecteurs de propagation de la pauvreté outre le fait que la pauvreté serait à la base des contestations populaires contre la mal gouvernance. La pauvreté et la violence vont de paire, dans la mesure où les peuples appauvris par la mauvaise gestion des ressources nationales, seraient enclins à la violence dès l'instant où le régime en place rendrait impossible la contestation pacifique et confisquerait la liberté de manifestation, d'expression pour une partie de la population. Il ressort de ces considérations un certain constat qui pourrait justifier les conflits

---

[646]Cette remarque est faite en dépit même de l'émergence des vagues de démocratisation au début des années 1990. L'une des explications données à de telles situations résiderait dans le fait que face à l'impossibilité de se maintenir au pouvoir, les dirigeants politiques se pliaient aux exigences démocratiques, mais se gardaient de renoncer à leur projet. Voir. Seni.M.Ouedraogo, *La lutte contre la fraude à la constitution en Afrique noire francophone,* Thèse de doctorat, Université Montesquieu Bordeaux VI, mai 2011. Ainsi, ces derniers usaient de techniques susceptibles de se doter de «constitutions spectacles» pour obtenir la reconnaissance à laquelle ils aspirent dans le concert des nations modernes. Voir. Lavroff Dimitri Georges, *Les systèmes constitutionnels en Afrique noire : Les Etats francophones,* Paris.A.Pedone.1976. Pour cette raison, *Faure* retient que les constitutions africaines de la période de la démocratisation, se sont éloignées de la vision originelle inspirée de la Charte suprême à ses origines en Europe, de ce qu'elles sont des instruments de domination plutôt que d'être des instruments de limitation du pouvoir. Cf. Faure.Yves André, *Les constitutions et l'exercice du pouvoir en Afrique...* 1984,

[647]Pourtier Roland, «*Nommer l'espace. L'émergence de l'État territorial en Afrique noire, L'Espace....*1986, pp. 91-108

armés dans la sous-région par une absence de la culture démocratique, la gestion clanique du pouvoir ou sa gestion par un groupe restreint d'amis, la question de l'impunité et celle des minorités auxquelles il faudrait ajouter le contrôle et la limitation des armes. De façon générale, il se pose dans cette sous-région le problème familier à la grande majorité des États du continent, à savoir le problème de la mauvaise gouvernance.

La bonne gouvernance repose sur la culture démocratique tandis que la culture démocratique se veut garante des droits de l'homme et accorde à tous les mêmes chances de participation au pouvoir politique.[648] Elle est également une forme non violente de gestion des conflits intérieurs. Une action communautaire axée sur le long terme et visant sa promotion en Afrique Centrale peut aider à instaurer une paix durable. Pour se rapprocher davantage de la bonne gouvernance appelée de tous leurs vœux par les populations de cette sous-région, cette action devrait comporter un certain nombre de critères. Il s'agit entre autres de : La gouvernance qui fait intervenir un ensemble d'institutions et d'acteurs n'appartenant pas tous à la sphère du gouvernement ; en situation de gouvernance, les frontières et les responsabilités sont moins nettes dans le domaine de l'action sociale et économique ; la gouvernance traduit une interdépendance entre les pouvoirs des institutions associées à l'action collective; la gouvernance fait intervenir des réseaux d'acteurs autonomes; la gouvernance part du principe qu'il est possible d'agir sans s'en remettre au pouvoir ou à l'autorité de l'État. Celui-ci a pour rôle d'utiliser des techniques et des outils nouveaux pour orienter et guider l'action collective.[649]

Au regard des conflits qui continuent de déstabiliser l'Afrique Centrale, il convient d'orienter les politiques communautaires dans le sens de la prévention des crises par le biais de la prévention proactive. La prévention proactive est un ensemble de mesures soigneusement, mise en œuvre pour éviter le déclenchement d'un conflit armé. Les institutions communautaires seront appelées à mener des politiques axées sur la prévention des conflits armés, en étroite collaboration avec tous les acteurs de développement, en particulier les Nations

---

[648]Ela Ela Emmanuel, « *Les mécanismes de prévention des conflits en Afrique Centrale*»…2003-2006 », n°202-203, pp224-238

[649]Stoker (1998), *Gouvernance, économie sociale et développement en Afrique,* pp20-21; Yao Assogba ; Cahier de la Chaire en Développement communautaire (CRDC) 2000 ; Série recherche n°16 ; Université du Québec à Hull, p 9

Unies qui disposent de solides expériences en la matière et de programmes y afférents. Ainsi, elles serviront de courroie de transmission entre les Nations Unies et les États membres des communautés. Elles pourraient servir de catalyseurs des politiques d'assistance technique et financière pour la prévention des conflits armés aux États. Dans la perspective onusienne, d'élargir l'interprétation du Chapitre VII de l'ONU relatif aux opérations de maintien de la paix,[650] avec pour objectifs de faire face aux tensions internes qui menacent la paix et la sécurité internationale, les instituions communautaires pourraient s'engager dans ce sens. Elles pourraient aussi solliciter l'aide de l'ONU dans la mise en œuvre de programmes régionaux dans lesquels sera insérée la notion de prévention des conflits.

Dans le cadre du COPAX,[651] il est utile pour les institutions communautaires d'instituer un programme de surveillance de la circulation des armes sur le territoire régional. Ce programme pourrait prévoir la mise en place de postes de contrôle aux différentes frontières, composés d'agents de douane issus des États membres de la communauté. La résolution et la prévention des conflits qui déstabilisent l'Afrique Centrale exigent une coopération multilatérale entre États, acteurs non gouvernementaux, sociétés civiles et le système de l'ONU. Cette synergie des actions se veut d'une grande importance. Par ailleurs, la démocratie et le développement étant fortement liés, cela implique que tout programme de promotion de la culture démocratique intègre la prise en compte des politiques de réduction de la pauvreté. Les nouvelles orientations des institutions communautaires ne manquent pas de s'imprégner de cette exigence.

B- Les nouvelles orientations pour la réussite du processus d'intégration sous-régionale en Afrique Centrale

Ces nouvelles orientations contenues dans les déclarations de politiques communautaires s'inspirent fortement des Objectifs du

---

[650]Déclaration faite par le Président du Conseil de Sécurité des Nations unies, le 31 janvier 1992, « *...la paix et la sécurité internationale ne découlent pas seulement de l'absence de guerre et des conflits armés. D'autres menaces de nature non militaires, trouvent leur source dans l'instabilité qui existe au niveau sociale, économique, humanitaire et écologique*»

[651]Cf. Protocole relatif au Conseil de Paix et de Sécurité de l'Afrique Centrale (COPAX), en date du 4 février 2000

Millénaire pour le Développement (OMD) des Nations Unies.[652] Elles témoignent de la volonté manifeste de coopérer avec le système dans l'optique d'aller vers le développement sous-régional. Ces orientations incluent les programmes relatifs : VIH/Sida ; l'intégration de la dimension genre dans les politiques sous-régionales; le Commerce international; l'Énergie; le Transport et la mise en œuvre du NEPAD.

Sur ces nouvelles orientations se greffe le besoin énorme d'assurer une sécurité alimentaire des populations. Enfin, la mise en œuvre de l'ensemble de ces politiques exige pour sa réussite une refonte de l'aide publique au développement y affectée par la communauté internationale.[653] La régionalisation des conflits armés dans cette région du continent par le canal de mercenaires utilisant le plus souvent des techniques de déstabilisation du moral de l'adversaire. Ainsi, il était plus fréquent que ces derniers usent des pratiques telles le viol des femmes. Ces pratiques ont produit des effets pervers sur la santé des populations par la transmission du virus du VIH/Sida. La

---

[652]Résolution adoptée par l'Assemblée générale des Nations Unies (A/RES/55/2) portant Déclaration du Millénaire a sa 55 ème session, 8e séance plénière, en date du 8 septembre 2000

[653]Du fait de la libéralisation économique et de la démocratisation politique en Afrique sub-saharienne, au début des années 1990, on a assisté à une profonde redistribution des cartes de l'aide tant au niveau des acteurs locaux que des donateurs. Ainsi, l'Aide Publique au Développement pour les pays de l'Afrique subsaharienne, connaitra une hausse substantielle. Cependant, un consensus existe aujourd'hui pour reconnaître que l'aide internationale octroyée aux pays pauvres, bien qu'ayant été sans conteste d'un apport substantiel pour la consolidation voire l'amélioration de leurs conditions sociales n'a pas pour autant atteint globalement, les résultats escomptés. Certes, les pays en développement les mieux gouvernés économiquement ont pu faire un usage combiné de l'aide et de leurs ressources propres pour accélérer leur croissance économique, s'insérer dans les circuits d'échanges mondiaux et sortir de la misère. Voir.Guèye Fatou, *L'efficacité de l'Aide Publique au Développement : Cas du Sénégal,* Mémoire de DEA, UCAD, 2006-2007. Mais, la majeure partie des pays aidés, notamment en Afrique, sont encore pris dans la trappe de la pauvreté et ont peu de chance de réaliser les Objectifs Millénaires de Développement fixés pour 2015. Face à cette situation de mal gouvernance, la communauté internationale a entendu redéfinir les règles du jeu en matière de soutien aux pays en besoin de financement, d'où la Déclaration de Paris sur l'Aide Publique au Développement, adoptée en 2005. L'innovation principale contenue dans la déclaration de Paris est la mise en place d'un cadre de suivi des engagements, a travers des indicateurs de progrès qui doivent permettre de suivre cinq domaines : L'appropriation des politiques; L'alignement des donateurs ; L'harmonisation entre donateurs ; La gestion par les résultats ; La capacité à rendre compte entre donateurs et pays partenaires. Voir. Nicolas Ponty, *Le nouvel Agenda de l'Aide Publique au Développement*, PNUD, 2007

période post conflit implique la mise en œuvre de politiques de reconstruction nationale, dans le cas d'espèce, il s'agit de politiques de reconstruction sous-régionale. Ces politiques devraient prendre en compte la dimension de la lutte contre le VIH/Sida. C'est justement, dans cette perspective que s'inscrit le Fonds Régional de lutte contre le SIDA pour financer les programmes régionaux de lutte contre cette pandémie.

Dans le souci de promouvoir l'intégration de l'approche Genre dans les politiques nationales et sous-régionales, une politique de Genre a été élaborée et adoptée. Selon l'analyse de la situation des femmes en Afrique Centrale, il s'avère que la pauvreté touche plus les femmes que les hommes. Cette discrimination concerne plusieurs domaines, dont celui de l'éducation, l'accès au marché de l'emploi et aux facteurs de production. L'éducation de la jeune fille a été longtemps considérée comme un luxe pour certains parents qui accordent plus de privilèges aux garçons. La sous-région connaît un taux de scolarisation des filles très bas. Selon les statistiques, le taux de scolarisation des filles est de 20 % en 1999 contre 42 % pour les garçons au Tchad. Cependant, le pourcentage des garçons est de plus de deux fois supérieur à celui des filles. En République centrafricaine, le taux de scolarisation des filles est de 20 % et celui des garçons de 29 %. L'écart qui est de 9 points de pourcentage reste assez important. Au Gabon, le taux étant de 87 % pour les filles et de 85 %. La sous-scolarisation de la jeune fille explique les faibles taux d'alphabétisation des femmes adultes par rapport à celui des hommes. Les écarts les plus élevés enregistrés par la Guinée Équatoriale et la Centrafrique sont respectivement de 20,7 et de 25,9 points de pourcentage. [654] Le protocole établissant la politique d'insertion de l'approche genre, a retenu des objectifs à atteindre par la CEEAC. Il s'agit ainsi de : La création d'un espace de paix, de sécurité et de démocratie, sans discrimination entre hommes et femmes ; la mise en conformité de la sous-région aux conventions internationales sur la question tout en prenant en compte ses spécificités. En principe, cette politique devrait pouvoir participer de toutes les formes de discrimination à l'égard des femmes dans la sous-région. Par contre elle ferait la promotion de l'égalité des chances dans les divers

---

[654]Commission Économique pour l'Afrique (UNECA) & Centre de Développement Sous-Régional pour l'Afrique Centrale *; Profil de la pauvreté en Afrique Centrale ;* In : *Les Economies de l'Afrique Centrale 2002* ; Publication : 2002 ; ISBN : 2-7068-1627

secteurs de développement économique des pays. Elle devrait aussi favoriser la participation féminine dans la gestion du pouvoir afin d'impulser la représentativité féminine au sein des instances dirigeantes des pays et des institutions communautaires. Suite à l'appel lancé par l'institution internationale, notamment l'Organisation Mondiale du Commerce (OMC) et l'UE, les autorités de la sous-région ont réaffirmé leur volonté de mettre en place une zone de libre-échange. Cette politique pourrait alors prendre en compte les exigences de ces organisations, à savoir l'institution d'accord de libre-échange avant 2010. Elle constitue un instrument de positionnement de la sous-région dans le contexte de la mondialisation par la mise en œuvre d'un marché commun en tant qu'un grand pas vers la CEA.

L'Afrique Centrale est l'une des régions dont le sous-sol est très riche, c'est aussi, une région riche en fort potentiel forestier. Cependant, cette richesse ne profite pas à toute la population de la sous-région. Pour parer à cette situation, les autorités envisagent de mettre en place un pool de leurs ressources énergétiques. Par la Résolution n°001/PEEAC/03 du 12 avril 2003, les États ont défini un cadre intergouvernemental pour la réalisation d'une politique énergétique commune en matière de production transport, distribution et exploitation des réseaux électriques et services connexes. La dotation de la communauté en infrastructures nécessaires pour le développement du transport régional est un préalable pour le développement du processus de l'intégration régionale en Afrique Centrale.[655] Pour concrétiser cette vision, en janvier 2004, un Plan

[655]Fort de la grande faiblesse des infrastructures en Afrique Centrale, nombreux sont les auteurs qui admettent l'idée selon laquelle ce handicap serait irrévocablement un frein à tout processus d'intégration durable et viable dans cette partie du Continent africain. Plus d'informations à ce niveau Voir : P.Jacquet et O.Charnoz, *Infrastructures, croissance et réduction de la pauvreté,* Agence Française de Développement (AFD), Paris, Septembre 2003 ; Banque Mondiale. Rapport 1994 ; Valerie Ongolo Zogo Touna Mama, *Intégration physique à travers le développement d'infrastructures en Afrique Centrale* In *L'intégration régionale en Afrique Centrale : Bilan et perspectives,* sous la direction de H.B.Hammouda, B.Bekolo-Ebe et T.Mama, Editions Karthala 1999, pp85-86 ; UNECA, *Évaluation des progrès accomplis en matière d'intégration régionale en Afrique,* 5ème session du Comité du commerce, de la coopération et de l'intégration régionales du 8 au 10 octobre 2007, a Addis-Abeba (Éthiopie), E/ECA/CTRCI/5/5-1er août 2007 ; CDSR/AC-UNECA, *Cadre stratégique pour l'intégration et la coopération régionale en Afrique Centrale* In *L'intégration régionale en Afrique Centrale : Bilan*

Directeur des Transports en Afrique Centrale qui regroupe les priorités en matière de liaisons entre les pays. Ce plan directeur vise trois objectifs principaux déterminés dans le temps. À long terme, il envisage de doter la sous-région d'un système de transport favorable à la libre circulation des personnes, des biens et des services. Dans une perspective de court terme, il est question de créer un cadre consensuel pour les négociations entre les différents acteurs régionaux et internationaux. Enfin, il s'agit, d'ici 2010, de rendre la circulation plus aisée sur l'ensemble des voies bitumées reliant les différentes capitales de l'Afrique Centrale. Lancées dans une perspective d'appropriation sous-régionale du NEPAD, les institutions de la sous-région mènent diverses actions dans ce sens. En plus des activités de vulgarisation et le processus d'interface entre le NEPAD et la sous-région, il a été mis en place en 2004, un Secrétariat de la Coordination Régionale de Suivi du NEPAD en Afrique Centrale. Outre les représentants étatiques, cette structure comprend ceux des deux institutions d'intégration de la sous-région (CEEAC et CEMAC) et de la CEA. Elle comporte en son sein des représentants du secteur privé et de la société civile. Afin de faciliter la mise en œuvre au plan national des grandes décisions prises dans ce cadre, il a été mis en place des coordinations nationales, constituées par les États selon leurs spécificités. Le conflit sous-régional que connaît l'Afrique Centrale, a un impact très important sur la production alimentaire de cette sous-région.[656]

En novembre 1996, les Chefs d'État et de Gouvernement de la CEEAC s'étaient engagés, pendant le Sommet mondial sur l'alimentation, à entreprendre des actions à tous les niveaux. Ces actions visent à accroître la production vivrière de l'Afrique Centrale et à faciliter l'accès à la nourriture pour tous. Dans la perspective de relance du processus de construction régionale, la Conférence des Chefs d'État et de Gouvernement a doté la sous-région d'un

et perspectives, sous la direction de H.B.Hammouda, B.Bekolo-Ebe et T.Mama, Editions Karthala 1999, pp65-66

[656]Ces conflits ont obligé de milliers de paysans à fuir leurs terres pour aujourd'hui dépendre de l'aide alimentaire mondiale. Cette situation réduit le taux de productivité et augmente le taux de consommation sous-régionale, plaçant ainsi l'Afrique Centrale dans une dépendance envers l'extérieur.

programme alimentaire.[657] Ce programme se veut un cadre de coordination et d'harmonisation des politiques de sécurité alimentaire des États membres qui peut également être utilisé comme support pour la mobilisation des ressources humaines et financières, ainsi que de cadre de concertation et d'harmonisation des politiques pour les organisations professionnelles et interprofessionnelles œuvrant dans le domaine. Par ailleurs, il est prévu la mise en place d'une structure régionale de promotion des investissements agricoles et des mécanismes institutionnels de la CEEAC du Programme Régional de Sécurité alimentaire. Aujourd'hui, l'Afrique du Centre se caractérise par une redynamisation du processus de construction de l'intégration sous-régionale. Dans le même temps, cette sous-région qui sort peu à peu des conflits armés qui ont fait d'énormes victimes, a besoin d'orienter sa politique d'intégration sous-régionale dans un sens qui prenne en compte les réalités du terrain.

Parag.II : La mise en place d'institutions sous-régionales indépendantes, en charge de la promotion de la liberté de circulation en AfriqueCentrale

L'intégration régionale, perçue comme la clé du développement harmonieux des États et de leur peuple, la liberté de mouvement devient la clé de voûte et le maillon central des politiques et actions menées par les entités manifestant cette volonté. En Afrique Centrale, nonobstant l'abondance en ressources minières stratégiques dans la majorité des pays, on y enregistre, en particulier, depuis les années 1990, de faibles performances en matière de croissance économique, un affaiblissement de l'État, une montée du risque, une plus faible intégration économique sous-régionale par rapport aux pays de l'Afrique de l'Ouest ainsi qu'une instabilité politique.[658] Le contraste qu'engendre cette situation a conduit Dietrich à écrire qu' « *en Afrique Centrale, la corrélation entre la pauvreté, l'instabilité et les diamants*

---

[657]Il s'agit du Programme Régional de Sécurité Alimentaire (PRSA), ECA/SRO-CA/ICE/XXII/04/PD/0, adopté par la Conférence des Chefs d'Etat et de Gouvernement, en janvier 2004.

[658]Nsaka Kabunda Anne Marie, «*L'intégration de la République Démocratique du Congo dans la CEEAC : Traités, domaines de coopération, perspectives d'avenir, innovations et particularités*»,www.the-rule-of-law-in-africa.com/wp-content/uploads/2010/09/Anne-Marie_Franz.pdf

donne à croire que la région est accablée par sa richesse en diamants plutôt que d'en être fortunée».[659]

Dans cette partie du continent africain, à l'exception de trois pays (Cameroun, Gabon, Guinée-Equatoriale) marqués par une stabilité politique, les autres États ont pour la plupart depuis les années 90, été plongés dans une instabilité politique couronnée par des conflits armés ou encore par des guerres d'agression. Ces situations de crise qui sont les grands maux que connaît cette sous-région, sont à la base du ralentissement du processus de l'intégration régionale qui y est en cours pourtant depuis 1958, bien avant les autres sous-régions du continent. Par ailleurs, ces longues crises ont contribué à désarticuler les sociétés sous-développées et à fragiliser davantage l'architecture étatique au point de mener à sa quasi-inexistence. Par conséquent, une analyse s'impose relativement aux institutions communautaires de la CEEAC en charge de la promotion de la liberté de circulation (A) ainsi qu'aux institutions communautaires en charge de la promotion de la liberté de circulation au sein de l'espace CEMAC (B).

A- Les institutions communautaires de la CEEAC en charge de la promotion de la liberté de circulation

Les objectifs, que se sont assignés les États membres de la CEEAC, étaient de deux ordres. Il s'agit de la mise en place d'un espace de libre circulation des biens et des personnes, en outre de la mise en œuvre d'une zone de libre-échange.[660] Par la suite, il a été identifié en 1996 un autre objectif relatif à la sécurité alimentaire dans la sous-région.[661] Il faut noter que pour faciliter l'effectivité de la liberté de

---

[659]Dietrich.C, *Monnaie forte : l'économie criminalisée des diamants dans la RDC et les pays voisins,* Partenariat Afrique Canada, 2002

[660]Voir l'article 4, Chapitre II, du Traité instituant la Communauté Economique des Etats de l'Afrique Centrale (CEEAC), du 18 Juillet 1983, qui dispose : «*Aux fins enoncees au paragraphe ci-dessus et conformement aux dispositions pertinentes du present Traitee, la Communaute a pour objectifs…la suppression progressive entre les Etats membres des obstaclees a la libre circulation des personnes, des biens, des services et des capitaux et au droit d'etablissement.*»

[661]Ceci se voulait opportun dans un contexte où cette sous-région plongeait dans une vague de conflits armés allant du conflit Rwandais en 1994 au conflit de la République Démocratique du Congo (RDC) en 1996. Il faut dire que ce conflit congolais avait déjà débuté à partir de 1960 avec les velléités de sécessions du Katanga et la rébellion armée de 1964. Cf. Pourtier Roland, 2003, n°111, pp.11-39, op.cit

circulation en Afrique Centrale, les décideurs politiques adoptèrent, à Yaoundé, le 28 septembre 1972, la Convention relative à la libre circulation des personnes et le libre établissement. La mise en place d'un tel dispositif juridique constituait pour la communauté une avancée majeure. En effet, elle représentait la consécration de ce droit par le fait que cela revêtait un caractère solennel de l'ambition des États membres de faire de leur espace communautaire un territoire à la fois économiquement, culturellement et politiquement intégré.[662] Le constat longtemps effectué dans cette sous-région, relativement à la question de la liberté de circulation, est que cette liberté a été restreinte concernant les seuls travailleurs migrants.[663] Ainsi par sa décision n°3/70- UDEAC-70 du 18 décembre 1970, le Conseil des Chefs d'État de l'Union Douanière des États de l'Afrique Centrale, créa une Commission ad'hoc, spécialement dévouée aux questions migratoires dans les États membres.[664] Cette Commission devait s'intéresser aux questions relatives à la mobilité de la main-d'œuvre, du travail et de la sécurité sociale, particulièrement, elle devait examiner toutes les questions relatives à la main-d'œuvre, au travail et à la sécurité sociale entre les États membres.

Dans la perspective de se doter d'une politique commune, en matière de migration du travail, les décideurs politiques de la communauté entamaient une reforme du Secrétariat Général, tout en y installant un Département de la main-d'œuvre, du travail et de la sécurité sociale, avec pour objectif, de mieux coordonner les politiques portant sur ces questions.[665] Cette Commission proposait un projet de Convention sur la libre de circulation des personnes et le droit d'établissement qui fut adopté par Acte n°1/72- UDEAC, du 22 novembre 1972, à Libreville, conformément à la Décision

---

[662]Tonnang.G.Edouard, *Droit matériel et intégration sous-régionale en Afrique Centrale (Contribution à l'étude des mutations récentes du marché intérieur et du droit de la concurrence CEMAC),* Thèse de doctorat en droit….Mars 2004

[663]*Op.cit*

[664]*Ibidem*

[665]La mobilité de la main d'œuvre est traditionnellement présentée à la fois comme *«un élément essentiel pour l'entreprise qui peut décider du lieu d'implantation le plus favorable du point de vue économique»* et comme *«un avantage non négligeable d'avancée sociale».* Cf.Tonnang edouard Gnimpieba, thèse de doctorat.2004, op.cit. Voir aussi : Archer Delphine, *Impérativité et ordre public en droit communautaire et Droit International Privé des contras (Etude de conflits de lois),* Thèse de doctorat Université Cergy-Pontoise, Octobre 2006, p352-354, op.cit

complémentaire n°6/77-UDEAC-70 du 21 décembre 1970370.[666] Un Département sera mis en place en vue de la gestion de la main d'œuvre au niveau sous-régional.[667] Ce Département avait pour mission de mettre en route le travail recommandé par la décision n°6/77-UDEAC-218, consistant en la coordination et en l'harmonisation des législations nationales sur la sécurité sociale. Le sommet des Chefs d'État de décembre 1979, réuni à Bangui, attribua au Département du travail, de la main-d'œuvre et de la sécurité sociale comme mission :[668]

- En matière de main-d'œuvre, de garantir l'accès des États membres à toutes les informations relatives aux opportunités d'emploi dans la sous-région ;
- En matière d'administration et de législation sociale, de prendre toutes les mesures nécessaires afin de renforcer les moyens d'action des inspecteurs du travail et des services de statistique du travail, de proposer dans les meilleurs délais des propositions d'harmonisation des législations et réglementations nationales relatives aux conditions d'embauche, de gestion et de licenciement des travailleurs et de la main-d'œuvre, de la sécurité sociale ainsi que les mesures d'harmonisation de la sécurité et de l'hygiène dans les États membres ;
- En matière de sécurité sociale, de faire des propositions sur les moyens de coordination des législations nationales pertinentes, d'harmonisation des normes dans chaque branche de la sécurité sociale et de faciliter le rapprochement des pratiques administratives en la matière.
- De faire une ébauche de partenariat type à proposer à l'Organisation Internationale du Travail (OIT) dans le cadre d'harmonisation des règles sous-régionales aux dispositions internationales relativement aux migrations internationales de la main-d'œuvre ainsi qu'à la gestion des carrières des travailleurs migrants.

---

[666]Tonnang.G.Edouard, *Droit matériel et intégration sous-régionale en Afrique Centrale (Contribution à l'étude des mutations récentes du marché intérieur et du droit de la concurrence CEMAC),* Thèse de doctorat en droit….Mars 2004

[667]Cf. Acte n°13/76-UDEAC-217 du 19 décembre 1976 relative à la création Département de la main d'œuvre, du travail et de la sécurité sociale

[668]Tonnang.G.Edouard. Mars 2004. *Op.cit*

De ces travaux, découlaient certaines propositions qui furent soumises au Comité de Direction et au Conseil des Chefs d'État, au sommet de décembre 1978, portant sur trois projets de conventions, relatives, respectivement, à la mobilité des travailleurs communautaires, à l'harmonisation des législations nationales relatives à la sécurité sociale des travailleurs migrants et au partenariat à venir avec l'Organisation Internationale du Travail (OIT). Les décideurs politiques de l'Afrique Centrale avaient très tôt œuvré dans le sens de l'adoption d'une Politique Commune, relative à la migration, notamment, à la Migration du travail entre les États membres. Fort de sa mission, le Secrétariat de l'UDEAC a fait des propositions aux États membres, portant, entre autres, sur les critères d'entrée, de séjour de la main d'œuvre, des travailleurs indépendants et des opérateurs économiques, souhaitant investir dans les États membres de la communauté.[669] L'une des propositions, formulées par le Département, est relatives à la mobilité de la main-d'œuvre qui portait sur l'instauration de documents de voyage commun aux travailleurs migrants originaires des États membres.[670]

Ces documents pouvaient être, entre autres, un contrat de travail à durée déterminée ou indéterminée pouvant justifier de l'installation du migrant dans le pays d'accueil. Cette proposition fut assortie d'une invitation aux pays membres, à procéder à une révision de leurs législations nationales. Ces révisions concernaient les dispositions régissant le contrat de travail, l'emploi de la main-d'œuvre étrangère et, en priorité, celle en provenance des États membres ainsi que la suppression des dispositions discriminatoire (Visa).[671] Une autre proposition a été faite dans le sens de l'harmonisation des salaires au sein des États membres, cela, en vue de prévenir les risques de fuite de cerveaux vers les espaces les plus généreux en la matière. Du fait du statut de citoyen communautaire recherché par ces actions, en cours

[669]Tonnang edouard Gnimpieba, thèse de doctorat.2004, op.cit. Voir aussi : Archer Delphine, *Impérativité et ordre public en droit communautaire et Droit International Privé des contras (Etude de conflits de lois),* Thèse de doctorat Université Cergy-Pontoise, Octobre 2006
[670]*Op.cit*
[671]Tonnang edouard Gnimpieba, thèse de doctorat.2004, op.cit. Voir aussi : Archer Delphine, *Impérativité et ordre public en droit communautaire et Droit International Privé des contras (Etude de conflits de lois),* Thèse de doctorat Université Cergy-Pontoise, Octobre 2006

au niveau sous-régional, l'une des propositions était relative au séjour et à la liberté de déplacement à l'intérieur du territoire du pays d'accueil. En ce qui concerne la mobilité des travailleurs indépendants, il a été demandé aux États membres de procéder à une harmonisation progressive des règles nationales régissant certaines activités de dimension communautaire.[672] Il s'agit entre autres des professions indépendantes commerciales ou libérales. Quant à la liberté d'établissement, une proposition fut faite dans ce sens portant sur le droit pour les entreprises installées dans un État membre de bénéficier des droits liés au libre établissement. Par ces nombreux chantiers, il allait de soi que les autorités politiques de l'UDEAC s'étaient, résolument engagées dans la voie de la création d'une communauté de libre circulation. Celle-ci était orientée vers la prise en compte d'une catégorie de personnes actives, notamment les acteurs économiques, les travailleurs et tout autre acteur intervenant dans les circuits de production économique ou encore dans la prestation de service.[673] Cependant, ces chantiers n'ont pas abouti à des résultats positifs. Selon Edouard Gnimpieba Tonnang, cette consécration conventionnelle théorique plutôt que d'être suivie d'effet positif, verra les pays, notamment, les plus économiquement avantagés, fermer leurs frontières, du moins, adopter des législations anti-migratoires, fondées beaucoup plus sur des choix purement politiques que sur leurs réalités économiques internes.[674] Ces pratiques conduiront, malheureusement, à des expulsions de masse des citoyens des autres pays membres, tout en rendant inopérantes les dispositions conventionnelles de 1972. Cela allait porter un sérieux coup à l'aventure communautaire en Afrique Centrale. Il faut noter que le paradoxe de ce constat réside dans le fait que cette sous-région disposait de deux entités communautaires, à savoir l'UDEAC et la CEEAC. Celles-ci avaient un objectif commun, l'établissement d'un marché commun par l'intégration des économies nationales.

Dans le Préambule du Traité de la CEEAC, il est stipulé que seule par : «*une coopération efficace, soutenue par une politique résolue et*

---

[672] *Op.cit*

[673] Cf les dipositions de l'article 27 de la Convention régissant l'Union Economique de l'Afrique Centrale (UEAC)

[674] Tonnang.G.Edouard, *Droit matériel et intégration sous-régionale en Afrique Centrale (Contribution à l'étude des mutations récentes du marché intérieur et du droit de la concurrence CEMAC),* Thèse de doctorat en droit….Mars 2004

concertée que l'objectif d'un développement économique accéléré et harmonieux des États sera atteint». De cette disposition découle l'orientation de la politique de la CEEAC. Il s'agit d'orienter sa politique vers la coopération entre les États membres dans l'optique d'impulser le développement de ceux-ci par l'harmonisation des politiques nationales.[675] Le Préambule rappelait que ce développement devait être accéléré. Cette volonté d'aller vers un développement accéléré a été reprise dans l'article 4-2(h) qui prône un développement rapide des États membres sans littoral, insulaires, partiellement insulaires, semi-enclavés ou appartenant à la catégorie des pays les moins avancés.[676] Ce même article a institué un fond de coopération et de développement. Les autorités de la CEEAC entendaient donner un nouvel élan au processus d'intégration en cours dans la sous-région, en plaçant sa réalisation dans une période bien définie et très restreinte. Il était prévu que cet objectif serait atteint en un laps de temps de douze années.[677] Il était prévu que la communauté réaliserait son objectif de développement économique accéléré en trois étapes de quatre années chacune. La léthargie dans laquelle avait plongé cette institution communautaire a pu entraver son efficacité et cela continue d'avoir des effets pervers sur son bon fonctionnement. L'absence de volonté politique longtemps affichée par les décideurs d'aller vers une véritable intégration économique pourrait découler de la nature même des régimes qui ont prévalu à ce moment dans cette sous-région. En effet, de la nature du régime en place dans un espace étatique pourrait découler l'orientation de sa diplomatie régionale, sous-régionale ou internationale. Selon Anne Marie Nsaka, la nature monolithique et dictatoriale des régimes politiques en place en Afrique Centrale n'a

---

[675]Mais au delà, il est question d'emmener ces derniers à créer le cadre de l'application effective des normes et standards internationaux en matière de protection des travailleurs migrants, tel que la mise en œuvre effective la Convention internationale sur la protection des droits de tous les travailleurs migrants et des membres de leur famille, *date du 18 décembre 1990*

[676]Cf. article 4 para.2(h)-Objectifs de la Communauté, du Traité de la CEEAC, en date du 18 octobre 1983, qui dispose :«*Aux fins énoncés au paragraphe 1 ci-dessus et conformément aux dispositions pertinentes du présent Traité, la Communauté a pour objectifs….le développement rapide des Etats membres sans littoral, insulaires, partiellement insulaires, enclavés et/ou appartenant à la catégorie des pays les moins avancés.*»

[677]Cf les dispositions de l'article 6 du Traité de la Communauté Economique des Etats d'Afrique Centrale (CEEAC), relatif aux *modalités de mise en place de la communauté, en date du 18 octobre 198*

pas permis l'intégration économique qui, dans cette sous-région, avait été assignée à la CEEAC.[678] La mauvaise gouvernance caractérisée par la dilapidation des fonds au profit de l'entretien du pouvoir autoritaire, la frustration des acteurs de l'intégration économique par les violations des droits de l'homme. Tous ces facteurs ont pu contribuer à ralentir la mise en œuvre effective du programme de la CEEAC au niveau national.

Le processus d'intégration économique, dans le cadre de la CEEAC, a été marqué par une absence de leadership[679] indispensable au sein d'un regroupement d'États.[680] Dans le cas de l'Afrique de l'Ouest, l'on a noté depuis très longtemps le leadership ivoirien au sein de l'UEMOA ainsi que le leadership en gestation du Nigeria, au sein de la CEDEAO. Ce leadership joue un rôle important dans l'influence des décisions à prendre et peut contribuer au maintien matériel et financier de la structure communautaire. La liberté de circulation des personnes étant l'un des baromètres principaux de l'intégration régionale, son effectivité exige un cadre juridique et politique structuré et programmé.[681] Ainsi, la CEEAC avait un panel

---

[678]Nsaka Kabunda Anne Marie, «*L'intégration de la République Démocratique du Congo dans la CEEAC : Traités, domaines de coopération, perspectives d'avenir, innovations et particularités*», www.the-rule-of-law-in-africa.com/wp-content/uploads/2010/09/Anne-Marie_Franz.pdf

[679]Si au sein de l'UEMOA, un pays comme la Côte d'Ivoire apparaît comme le leadership, la République Fédérale du Nigéria joue un rôle de leader au sein de la CEDEAO, ce qui lui permet de se positionner pour la gestion de certaines affaires communautaires. C'est le cas de l'ECOMOG dont le gros lot de la troupe a été fourni par le Nigéria, cas de l'intervention au Libéria en 1999.

[680]Au delà du cadre de l'Afrique Centrale, *A.M.Nsaka* tire cette insuffisance en matière d'intégration régionale en plongeant ses racines dans la période des indépendances. En effet, selon l'auteur, l'une des faiblesses majeures de l'OUA résidait dans la conception des pères fondateurs suivant laquelle l'indépendance et l'unité politique constituaient une panacée et qu'elles étaient à elles seules suffisantes pour conduire l'Afrique au développement et assurer le bien-être de ses peuples. L'intégration économique ne figurait pas au nombre des objectifs de l'organisation continentale. Pour les pères fondateurs, c'était l'indépendance et l'intégration–politique d'abord, l'économique allait nécessairement suivre. Cf. Nsaka Kabunda Anne Marie, «*L'intégration de la République Démocratique du Congo dans la CEEAC : Traités, domaines de coopération, perspectives d'avenir, innovations et particularités*», www.the-rule-of-law-in-africa.com/wp-content/uploads/2010/09/Anne-Marie_Franz.pdf

[681]Il faut retenir que cela ne figure pas véritablement dans les priorités des décideurs politiques du Continent, ceci d'autant plus que les questions d'intégration

de programmes à mettre en œuvre à cet effet. Malheureusement, ceux-ci n'ont pu prendre forme du fait de la léthargie un moment donné de la structure. C'est à la suite de cette situation que des programmes plus ambitieux, et conformes aux objectifs de la Communauté Économique Africaine ont été prévus dans le cadre de la CEMAC. À travers cet outil d'intégration sous-régionale, il s'agissait de promouvoir effectivement la liberté de circulation dans la sous-région.

B- Les institutions communautaires en charge de la promotion de la liberté de circulation au sein de l'espace CEMAC

Dans l'optique d'instituer une communauté économique, à l'échelle continentale, les Chefs d'États africains, réunis à Abuja, ont signé le Traité de la CEA, le 3 juin 1991. En visant le développement économique et social[682] des peuples par le biais de l'intégration des économies africaines, la CEA avait la lourde charge d'établir un cadre de mobilisation et d'utilisation des ressources humaines et matérielles du continent.[683] En adhérant à ce vaste projet, les Chefs d'État des

---

économique n'ont eu chapitre aux programmes de l'OUA qu'à partir de 1970. Ainsi, *Anne.M.Nsaka* note que les économies africaines restent essentiellement extraverties en ce sens que les États africains n'ont pas développé les échanges commerciaux entre pays de la région. Ensuite, les échanges commerciaux entre pays africains appartenant aux mêmes institutions sous-régionales et le flux des échanges sont fort négligeables. Cf. Anne Marie Nsaka, décembre 2005, op.cit, p591Nsaka Kabunda Anne Marie, «*L'intégration de la République Démocratique du Congo dans la CEEAC : Traités, domaines de coopération, perspectives d'avenir, innovations et particularités*»,.....

[682]Survenu en pleine période de mutation du concept de développement, de l'émergence de la mondialisation et de la globalisation, le Traité, aussi, appartenait-il aux décideurs politiques africains d'orienter la notion du développement vers la prise en compte de l'aspect social qui venait de surgir sur la scène internationale. Au-delà de cet aspect externe aux réalités du Continent, il se trouve que l'Afrique entrait de plein pied dans une nouvelle ère d'idéologie politique et ce, avec une certaine brutalité. On pourrait alors comprendre tout le mal que les Programmes d'Ajustements Structurels (PAS) ont rencontré pour se faire accepter comme politiuqes susceptibles d'influencer positivement le processus du développement en cours.

[683]Les indépendances une fois acquises, les États africains ont été conduits à chercher à résoudre en commun les problèmes économiques et sociaux qui se posent à eux à l'échelle continentale. À cette fin, la Commission Économique pour l'Afrique (CEA) créée par les Nations Unies en 1957 et qui rassemble les représentants de tous les États africains, s'efforce, en entreprenant des études appropriées, de leur donner le moyen de se prononcer sur la direction à donner à leurs politiques

pays de l'Afrique Centrale ont entendu créer le cadre sous-régional adéquat à ce développement économique et social pour leurs populations. Ce vœu, ils l'ont affirmé dans le préambule du Traité de la CEMAC, en ces termes : «*Conscients de la nécessité de développer ensemble toutes les ressources humaines et naturelles de leurs États membres et de mettre celles-ci au service du bien-être général de leurs peuples dans tous les domaines*». La réalisation d'un tel objectif exigeait la réunion d'un certain nombre de conditions, dont un cadre pacifique indispensable.

S'attachant à cette exigence, les Chefs d'État ont assigné à la CEMAC, la délicate tâche d'instrument de promotion de la paix. Cette attribution s'accompagne de celle d'instrument de développement harmonieux des pays. Les Chefs d'État ont alors convenu de mettre en place deux unions chargées de la mise en œuvre de ces objectifs.[684] Pour aller vers cette intégration, le Traité de la CEA appelle les pays à supprimer les obstacles aux mouvements de marchandises, de personnes et de services. Cet appel a eu un écho favorable dans le cadre de la CEMAC.[685] Passer de la coopération à l'intégration par le biais de deux unions, cela avait pour objectif d'instituer un cadre de libre circulation au profit des biens, des services et des personnes.[686] Il s'agissait pour la CEMAC de promouvoir la liberté de déplacement,

---

économique, financière et sociale, avec l'objectif d'élever les niveaux de vie de leurs populations. Voir. Milhaud Maurice. *Ledéveloppement communautaire, instrument de développement économique et social en Afrique.* In Revue Tiers-Monde. 1962, Tome 3 n°9-10. pp. 313-320.

[684]Cf. l'article 2 du traité de la Communauté Économique des États d'Afrique du Centre (CEMAC), de 2008, qui dispose : «*La mission essentielle de la communauté est de promouvoir la paix et le développement harmonieux des Etats membres, dans le cadre de l'institution de deux unions : une Union économique et une Union Monétair*»

[685]Voir l'article 2 du Traité instituant la Communauté Économique des États de l'Afrique Centrale (CEMAC), révisé en 2008, à N'Djamena, en République du Tchad, qui dispose ; « *...Dans chacun de ces deux domaines, passer d'une situation de coopération, à une situation d'union susceptible de parachever le processus d'intégration économique et monétaire*».

[686]Voir Le Traité instituant la Communauté Économique et Monétaire de l'Afrique Centrale (CEMAC), du 16 Mars 1994, révisé le 25 Juin 2008, en son article 2 dispose *: «La mission essentielle de la Communauté est de promouvoir un développement harmonieux des Etats membres dans le cadre de l'institution de deux Unions : une Union Economique et une Union Monétaire. Dans chacun de ces deux domaines, les Etats membres entendent passer d'une situation de coopération, qui existe déjà entre eux, à une situation d'union susceptible de parachever le processus d'intégration économique et monétaire».*

de résidence et d'établissement, en instituant un cadre commun avec une liberté totale d'établissement, d'immigration et de mouvement des biens et services.[687] L'institution de l'UEAC vise l'établissement des conditions d'un développement économique et harmonieux dans le cadre d'un marché ouvert et d'un environnement juridique approprié.[688] Les objectifs que s'est assignés l'UEAC touchent à tous les domaines de la vie sociale et économique des citoyens.[689] Il faut ajouter que ceux-ci prennent en compte les grandes composantes des Objectifs du Millénaire pour le Développement. La Convention de l'UEAC, en son article 27, limite la liberté de circulation dans l'espace communautaire aux seuls acteurs économiques, aux

---

[687]Selon *E.G.Tonnang*, l'échec des expériences unilatérales obligeait les États membres de l'UDEAC a redécouvrir les vertus du régionalisme économique comme la voie la plus probante dans leur objectif d'insertion dans les mouvements de mondialisation économique et de globalisation financière. Dans cette perspective, la relance du processus d'intégration des pays de l'Afrique Centrale a été axée sur la modernisation des instruments devant aider les pays membres à construire un espace économique fortement intégré, dans lequel la liberté de circulation des facteurs de production vient au secours de la libre circulation des marchandises à l'intérieur du territoire des États membres. La liberté de circulation des personnes prend à cet égard une nouvelle dimension, et apparaît comme la condition *sine qua non* de la construction du marché commun. Cf.Tonnang.G.Edouard, *Droit matériel et intégration sous-régionale en Afrique Centrale (Contribution à l'étude des mutations récentes du marché intérieur et du droit de la concurrence CEMAC),* Thèse de doctorat en droit….Mars 2004

[688]À l'instar de l'OHADA et de l'UEMOA qui constituent de véritables outils d'intégration productifs de dynamique économique par l'investissement privé direct étranger ou national. En effet, ces outils d'intégration économique devraient, dans le cadre d'une démarche sécuritaire et impulsive, pouvoir arriver à l'édification d'un cadre juridique communautaire stimulateur des investissements. Cf. N'Guessan Donald Jean Marc, *Développement et intégration régionale en Afrique de l'Ouest : Analyse des contributions de l'OHADA et de l'UEMOA,* Thèse de doctorat en Droit public…juillet 2010, op.cit

[689]Dans cette perspective, il a été retenu plusieurs objectifs à atteindre par l'UEAC, parmi lesquels : la création d'un marché commun fondé sur la libre circulation des biens, des services, des capitaux et des personnes : Adoption de politiques communes dans les domaines de l'agriculture, l'élevage, le commerce, les transports, la pêche, l'industrie, les télécommunications, l'aménagement du territoire communautaire et les grands projets d'infrastructure, les technologies de l'information et de la communication, le dialogue social, l'énergie, l'environnement et les ressources naturelles, les questions de genre, la bonne gouvernance et les droits de l'homme, la recherche, l'enseignement et la formation professionnelle. Cf. l'article 1 du Titre I : Les fondements de l'union Economique, Chapitre I-Des objectifs du Traite instituant l'UEAC, en date 1993

travailleurs et à la main d'œuvre originaire des États membres, à l'exclusion des membres de leur famille ou encore de tous les autres nationaux n'intervenant ni dans les circuits de production économique, ni dans celui de la prestation des services. À cette exigence, s'ajoute celle de l'existence préalable d'un lien économique entre les personnes bénéficiaires et le déplacement.[690]

À ces catégories de personnes, la Convention de l'UEAC reconnaît certains droits parmi lesquels le droit d'entrée et de séjour ainsi que le droit d'accès aux emplois salariés, pour la réalisation de ces droits par le citoyen communautaire ainsi esquissé, le Traité de la CEMAC indique que ces droits devront être effectifs au cours de la première étape de la réalisation du Marché Commun de la CEMAC. Pour ce faire, le législateur communautaire exige des États membres que ceux-ci harmonisent leurs législations internes notamment les règles relatives à l'immigration, les dispositions de leurs Codes nationaux du travail et les dispositions législatives et réglementaires applicables aux régimes nationaux de protection sociale. Selon *Edouard Gnimpieba Tonnang*, une telle position s'explique par la prudence qui caractérise l'approche communautaire des questions relatives à l'ouverture des frontières internes en Afrique Centrale.[691] Cela pourrait s'expliquer par le fait qu'en dépit du vaste mouvement de transformation systémique, du début de la décennie quatre-vingt-dix, les États membres n'ont pas su ou voulu profiter des multiples mutations juridiques ayant accompagné le renouveau démocratique pour adapter leurs législations nationales aux nouvelles ambitions sous-régionales qu'ils partageaient pourtant unanimement.[692] Ce constat a lieu en dépit des démarches et des campagnes de sensibilisation et d'information conduites par le Secrétariat de la CEMAC auprès des États afin de leur expliquer la nécessité de respecter le programme quinquennal dont ils se sont librement dotés. Cette sensibilisation invite ces États, à adopter les mesures indispensables à l'effectivité de la réforme communautaire des politiques migratoires communes, notamment, en ce qui concerne les mécanismes de libération des activités

[690]Ceci dénote de l'orientation purement économique des questions d'intégration régionale en Afrique. Et comme le disait *A.M.Nsaka*, c'est un choix opéré depuis la période des indépendances. Cf. Anne-Marie Nsaka, décembre 2005, op.cit, p591

[691]Tonnang.G.Edouard, *Droit matériel et intégration sous-régionale en Afrique Centrale (Contribution à l'étude des mutations récentes du marché intérieur et du droit de la concurrence CEMAC),* Thèse de doctorat en droit….Mars 2004

[692]*IOp.cit*

indépendantes. Le rôle du Secrétariat dans la mise en œuvre des normes communautaires au niveau de la CEMAC se veut primordial. Face au retard ou encore aux différentes pratiques adoptées par les États membres dans la seule optique de ne pas s'acquitter de leurs obligations, le Secrétariat adopte des approches encourageant l'étroite coopération entre ces instances et les autorités gouvernementales. Ainsi, il a procédé à la mise à disposition des États membres, de certaines pratiques susceptibles d'entraver la liberté de circulation.[693] La richesse de ces objectifs se traduit aussi par la prise en compte de la bonne gouvernance et des droits de l'homme ainsi que des questions de genre. En faisant de la promotion et du respect des droits de l'homme, un objectif, l'UEAC s'est engagée dans une voie de développement d'une sous-région marquée par de fortes violations et atteintes portées à ces droits. Ces nombreuses atteintes et exactions témoignent de la nécessité de mettre en place des politiques de promotion des droits des citoyens de la communauté.

De par la dimension régionale de ses programmes, l'UEAC arrivera ainsi à faire la promotion de ceux-ci. Par ailleurs, en tant que moteur d'intégration sous-régionale, l'UEAC pourrait favoriser la promotion du droit à la liberté de circulation des citoyens de la communauté. À côté de la Convention régissant l'Union Économique de l'Afrique Centrale, les autorités politiques ont mis en place l'Union Monétaire de l'Afrique Centrale (UMAC). Selon les termes de l'article 1 de la Convention UMAC qui dispose : « *l'union monétaire est mise en place en vue de créer les conditions d'un développement économique et social harmonieux, dans le cadre d'un marché ouvert et d'un environnement juridique approprié*». Quant à l'article 3 de l'UMAC, [694] il identifie le mécanisme financier utilisé en vue de faciliter la promotion du principe de libre circulation des capitaux au sein de la communauté.

---

[693]Il s'agit entre autres : des problèmes relatifs aux visas d'entrée et de sortie au profit des ressortissants des États au niveau des représentations consulaires des pays membres ; des multiples tracasseries financières et policières susceptibles de freiner les flux transfrontaliers des travailleurs ; la survivance du préalable du visa administratif comme condition essentielle d'accès aux emplois salariés et aux activités indépendantes.

[694]Cf. l'article 3 de la Convention instituant l'UMAC, en date de 2008, qui dispose : «*L'Union Monétaire se caractérise par l'adoption d'une même unité monétaire dont l'émission est confiée à un Institut d'Emission commun, la Banque des Etats de l'Afrique Centrale (ci-après dénommée la Banque), régi par des statuts propres annexés à la présente Convention*»

Dans une sous-région en proie à des conflits armés, il est plus que nécessaire de veiller à créer un cadre pour permettre aux citoyens de circuler librement en sécurité, en particulier, les demandeurs d'asile et les réfugiés. En effet, cette catégorie de personnes demeure des personnes en besoin de protection du fait de leur situation de personne fuyant un conflit armé. Cette situation de précarité les place dans l'obligation d'aller chercher refuge ailleurs. L'actualité des conflits armés qui minent la région est marquée par de nombreux faits de viols et de violences faites aux femmes et aux jeunes filles. Lors des conflits, des jeunes filles et des femmes font l'objet d'enlèvement et de viols. D'où, la nécessité de mettre en place des programmes sous régionaux de promotion de leurs droits. Pour la réalisation des autres objectifs qu'elle s'est assignés, la CEMAC a mis en place un certain nombre d'instruments parmi lesquels le Code de la navigation, le Code communautaire de la route. Quant à l'harmonisation de la monnaie, il a été décidé de mettre en place de l'UMAC. Ce mécanisme d'harmonisation des politiques monétaires participe de la promotion de la liberté de circulation des biens, des services et des personnes parce qu'il facilite les opérations de transaction des citoyens.[695]

L'usage d'une monnaie unique, par des citoyens d'une même communauté, favorise la circulation des citoyens sur l'ensemble du territoire de la communauté.[696] En effet, ceux-ci se verront épargnés de la procédure de change, rendant difficiles les transactions et leurs coûts financiers.[697] La promotion des politiques de la liberté de circulation se veut une opération d'une grande importance dans la mise en œuvre des programmes et la réalisation des objectifs assignés à la l'organe communautaire. Pour l'effectivité de ces politiques, il y a un besoin de prendre des mesures de protection des droits et libertés promus. Cette exigence place les institutions communautaires dans une posture délicate et fait appel à une plus grande sensibilisation des autorités nationales pour établir de véritables courroies de transmission au niveau national.

---

[695]Gérardin.Hubert, *La zone Franc : La dynamique de l'intégration monétaire et ses contraintes*, Tome 2 Edition l'Harmattan, 1994

[696]Voir à cet effet : Gérardin.Hubert, *La zone Franc : La dynamique de l'intégration monétaire et ses contraintes*, Tome 2 Edition l'Harmattan, 1994 ; Hugon Philippe, *La zone franc à l'heure de l'euro*, Edition Karthala, Paris, 1999

[697]*Ibidem*

CONCLUSION

Dans la perspective de garantir la liberté de circulation, dans l'ensemble du territoire de la communauté, les États membres des CER de l'Afrique de l'Ouest et du Centre, ont opté pour l'adoption d'une politique relative à la migration de travail. Ce choix a abouti à la mise en place d'instances communautaires chargées de développer un ensemble de propositions et d'actions nécessaires, pour arriver à l'effectivité de ce droit. Ces instances communautaires ont formulé un ensemble de recommandations qui, malheureusement, n'ont pu prendre effet, du fait de nombreuses considérations liées, de façon générale, à l'orientation politique axée sur le protectionnisme de l'emploi au niveau national.[698]

Les grands défis auxquels, ces parties du continent africain font face depuis la chute du Mur de Berlin, trouvent leur nom dans les conflits armés, les crises sociales issues des contestations populaires ou des manifestations revendicatrices de libertés et autres droits fondamentaux confisqués par des régimes trop autoritaires.[699] Ces défis sont aussi la conséquence de l'absence de perspectives pour les

---

[698] À certains égards, des politiques protectionnistes ont pris des allures de zénophobie ou encore de nationalisme exarcebé qui ont plongé les pays dans une tourmente indescriptible. En effet, si les politiques profitent dans certaines situation, véritables occasions leur permettant de brandir les fibres nationalistes pour conforter leur pouvoir, les populations emportées par cette fièvre, ne s'en ressaisissent qu'après avoir été victimes et bourreaux.

[699]Le renversement du régime du Président François Bozizé, le 24 mars 2013 par les forces rebelles de la Séléka en dit long au regard des motifs évoqués par ces derniers. Accusé de divers maux entre autres l'absence de gestion démocratique du pouvoir, la corruption, le favoritisme et le bâillonnement de l'opposition politique, le pouvoir de François Bozizé a dû faire face, durant plusieurs années, à une rébellion armée stationnée aux frontières avec la République du Tchad voisin. C'est ainsi qu'après avoir déposé le régime en place, le Chef de la Séléka, Président autoproclamé de la République de la Centrafrique, M. Michel Djotodia, s'exprimait en ces termes : "J'estime nécessaire (...) de dissoudre l'Assemblée Nationale ainsi que le gouvernement. Pendant cette période de transition qui nous conduira à des élections libres, crédibles et transparentes, je vais légiférer par ordonnances", a-t-il déclaré, précisant qu'un scrutin serait organisé d'ici à trois ans. Aussi a-t-il affirmé que le futur exécutif devra *"restaurer la paix et la sécurité, réorganiser les forces de défense et de sécurité, réorganiser l'administration territoriale"* et *"poursuivre le processus de DDR (désarmement, démobilisation et réintégration)"* des anciens combattants. Extrait de : "Centrafrique : les rebelles veulent suspendre la Constitution", Le Monde.fr avec Reuters et AFP.25/03/2013,http.lemonde.fr/afrique

populations due à une pauvreté grandissante et la floraison de maladies et autres pandémies. Tous ces maux qui sapent le processus de développement, au niveau national, entament fortement la stabilité de la structure étatique et de l'architecture sociale nationale.

L'orientation politique axée sur le protectionnisme au niveau national constitue un gros obstacle a pu expliquer la léthargie des institutions communautaires, notamment, en Afrique Centrale. Par ailleurs, il faut souligner que ce nationalisme exacerbé est constaté dans une sous-région en grand besoin d'intégration des économies, des espaces et de réintégration des ethnies. Aussi entrave-t-il davantage un processus d'interaction régionale, devenu désormais un impératif auquel nulle entité étatique ne saurait échapper. Pourtant, l'on note de considérables obstacles aussi bien physiques que d'ordre politique et institutionnel qui demeure sur la longue marche vers l'intégration des économies. Ainsi, ces deux sous-régions sont fortement marquées par une absence criarde d'infrastructures routières et autres voies de communication indispensables à la liaison des populations et des espaces.

Le grand besoin d'intégration dans ces sous-régions pourrait aussi s'expliquer par le règne de régimes autoritaires et son corolaire de mauvaise gouvernance qui développe un ensemble de maux parmi lesquels le clientélisme étatique aux dépens d'une grande frange d'investisseurs aussi bien nationaux qu'expatriés. Partant, cela crée un grand manque à gagner qui, inévitablement, ne saurait être comblé que dans d'autres territoires plus libéraux. Pour les populations en manque de perspectives, les errances aux espaces frontaliers pourraient être le prétexte de s'adonner aux trafics de tous ordres. Ceci pourrait expliquer la régionalisation des conflits dans ces sous-régions facilitée par l'existence de réseaux de combattants (mercenaires) ou encore de vendeurs d'armes ou de recruteurs de combattants.[700]

La nécessité d'adopter une perception du processus d'intégration sous-régionale qui cadre avec les vœux des pères fondateurs, a forcé en début des années 90, les décideurs politiques de l'Afrique de

---

[700] Le conflit sous-régional qui secoue la République Démocratique en est une illustration avec la prise part active des forces alliées venues de pays voisins pour soutenir la rébellion armée fortement opposées au pouvoir de Kinshasa. Aujourd'hui, le Mali connait le même phénomène avec la crise au Nord du pays où se sont retrouvés des éléments armés hétéroclites car réunissant en leur sein divers groupuscules venus de pays voisins et partageant une même idéologie, le radicalisme et l'extrémisme religieux.

l'Ouest et du Centrale, à donner une nouvelle impulsion au processus en cours dans leur sous-région. La naissance de la CEMAC et de l'UEMOA, en est une concrétisation.

En dépit des avancées réalisées dans le cadre de ces CER d'Afrique de l'Ouest et du Centre, un ensemble de difficultés demeurent. Elles trouvent leur source dans l'absence de volonté politique, d'aller vers une véritable intégration des territoires par la suppression des barrières à la liberté de circulation.[701] Pourtant, ces régions de l'Afrique restent en proie, depuis plus d'une décennie, à des conflits aux allures régionales avec d'énormes conséquences humanitaires et sécuritaires. Sans douter de l'absence de volonté politique, d'aller vers une réelle intégration sous-régionale, en Afrique de l'Ouest et du Centre, freine la pleine application des Objectifs du Millénaire pour le Développement (OMD).[702] Aussi faut-il mentionner qu'une telle attitude entame à priori l'efficacité des nombreux programmes sous-régionaux, parmi lesquels, le Programme de Développement Communautaire (PCD) de la CEDEAO.

Par ailleurs, s'il faut dire que ces constats mettent au grand jour les insuffisances des politiques en matière d'intégration sous-régionale conduites par les CER d'Afrique de l'Ouest et du Centre ; aussi justifient-ils la nécessité de privilégier l'approche sous-régionale dans la conception des politiques de pacification et de sécurisation des territoires étatiques. En effet, les développements ci-dessus ont tenté de démontrer la résurgence et la nostalgie des liens ancestraux qui au sein des populations aux diverses frontières étatiques continuent d'entretenir ce besoin des retrouvailles.

[701]Ces entraves pourraient être résumées en : des problèmes relatifs aux visas d'entrée et de sortie au profit des ressortissants des États au niveau des représentations consulaires des pays membres ; des multiples tracasseries financières et policières susceptibles de freiner les flux transfrontaliers des travailleurs ; la survivance du préalable du visa administratif comme condition essentielle d'accès aux emplois salariés et aux activités indépendantes.

[702]En effet, l'échec réalisé dans la mise en œuvre de ces objectifs, au niveau d'un État membre de la communauté, pourrait avoir pour conséquence de pousser sa population, à immigrer vers les autres pays voisins dont le processus de mise en œuvre des OMD ne se veut pas totalement effectif.

BIBLIOGRAPHIE

i- Ouvrages

A

A.E.Agbodji& Kossi.A.Djoké, «*Profil de la pauvreté infantile dans quatre pays de l'UEMOA: une analyse comparative basée sur l'approche multidimensionnelle de la pauvreté*», Politiques Économiques et Pauvreté-CRDI In Revue africaine de l'Intégration Vol. 3, n°1, janvier 2009

Achanfuo-Yeboah.D (1993), *Grounding a theory of african migration in recent data on Ghana* In international Sociology 8 (2)

Adda Jacques, *La mondialisation de l'économie : Genèse et problèmes,* Édition La Découverte, 7e édition, Paris, 2005

Aderanti.A (1998), «*Emigration dynamics in sub-saharan*» In regina Appleyard (ed), Emigration Dynamics in Developing Countries, vol.1 Sub-Saharan Africa, 365p.,p.338-362

Agier.M (1983), *Commerce et sociabilité, les négociants soudanais du quartier zongo de Lomé*, Editions de l'Orstom, coll. Mémoires, n°99.Paris

Akindès Francis, «*Migrations, politiques publiques de l'étranger et citoyenneté en Afrique de l'Ouest*», Université de Bouaké (Côte d'Ivoire), 2005

Ajayi.A.& Crowder.M (1972), *History of West Africa*, vol.1, New York, Columbia University Press

Ajibewa, et Akinrinade.S (2003), *Globalisation, migration and the new African diasporas: towards a framework of understanding,* Colloque international sur migration et pauvreté en Afrique de l'Ouest, 13-14 mars 2003, Université du Sussex, Brighton, Royaume-uni

Alexis.B.A.Adande, *Intégration régionale, démocratie et panafricanisme : Paradigme anciens et nouveaux défis,* Conseil pour le Développement de la Recherche en Sciences Sociales en Afrique (CODESRIA) 2007

Austry.(J), *Le scandale du développement*, Édition M.Rivière 1964

Axelle Kabou, *Et si l'Afrique refusait le développement ?* Édition l'Harmattan 1991

Ayissi Anatole, *Le défi de la sécurité régionale en Afrique après la guerre froide : vers la diplomatie préventive et la sécurité collective,* New York et Genève, Nations Unies-UNIDIR, 1994

B

Bach.C.Daniel, «*L'Afrique de l'Ouest: organisations régionales, espaces nationaux et régionalisme transétatique, les leçons d'un mythe*» In Revue "Afrique Politique", 1994, Paris, Talence, Édition Karthala, CEAN, pp. 93-115

Bach.C.Daniel, «*La crise des OIG ou l'impératif d'une refonte des scénarios et modèles d'intégration : le cas de l'ouest africain*» In "*L'intégration régionale en Afrique de l'Ouest*", sous la direction de Réal Lavergne, Édition CRDI, 1995-1994, p 27

Bach.C.Daniel, *Régionalisation, mondialisation et fragmentation en Afrique subsaharienne*, Édition Karthala, 1998

Bach.C.Daniel, «*Régionalisme et régionalisation des conflits*» In Revue Études Internationales, vol.34, n°1, année 2003, pp129-134

Badiane Ousmane, «*Les politiques nationales et intégration régionale*» In Real Laverne, *intégration et coopération régionale en Afrique de l'Ouest*, Paris. Édition Kathala-CRDI, 1996, p.181-194

Bado Alfred, *Le conflit foncier, «Ivoirité» et crise sociopolitique en Côte d'Ivoire* In *Les questions foncières rurales comme facteurs de crise en Afrique subsaharienne : Afrique du Sud, Côte d'Ivoire, Kenya,* Institut Français des Relations Internationales (IFRI)-Programme Afrique subsaharienne), Décembre 2009

Baldé Sory, *La convergence des modèles constitutionnels : Étude de cas en Afrique subsaharienne*, Droit et Sciences Politiques, Éditions Publibook, Paris, 2011

Barry Boubacar, *La grande Sénégambie au XXe siècle : le défi de l'intégration régionale* In *La Sénégambie du XVe au XIXe siècle. Traite négrière, Islam et conquête coloniale*, Paris, L'Harmattan, 19881992

Becart Alain, *Intégration et développement*; *Bilan et perspective de la zone Franc en Afrique,* Éditions L'Harmattan, 1997

Bennafla Karine, «*Entre Afrique noire et monde arabe : nouvelles tendances des échanges informels tchadiens*» In Revue Tiers-Monde, n°152, Octobre-Novembre 1997, p.879-896

Bennafla Karine, «*Mbaiboum, un marché au carrefour de frontières multiples*» In Revue Autrepart, n°6, 1998, pp.53-72

Bennafla Karine, *Le commerce frontalier en Afrique Centrale : Acteurs, espaces et pratiques*, Paris, Édition Karthala 2002

Bertrand Monique, *La question foncière dans les villes du Mali, marchés et patrimoines*, Paris, Edition Karthala-ORSTOM, 1994

Biao Barthelemy, «*Intégration régionale en Afrique de l'Ouest : Bilan et perspectives*» In "*L'intégration régionale en Afrique Centrale : Bilan et perspectives*", sous la direction de Hakim Ben Hammouda, Bruno Bekolo-Ebe et Touna Mama, Éditions Karthala 2003

Bossard Laurent, *Ensemble et séparément: Réflexion sur l'opérationnalisation de l'approche commune des migrations des États membres de la CEDEAO*, Club du Sahel et de l'Afrique de l'Ouest (CSAO), juillet 2008

Bonzon Suzanne, «*Modernisation et conflits tribaux en Afrique noire*» In Revue française de science politique, 17e année, n°5,1967. pp. 862-888

Bolle Stephanie, *Conditionnalité démocratique dans la politique africaine de la France*, Paris, Édition l'Harmattan 2008

Bouabré Paul Bohoun et Oussou Kouassy, «*Ouverture sur l'extérieur et performances macro-économiques en Côte d'Ivoire*» In "*Le modèle ivoirien en question : Crises, ajustements et recompositions*", Édition Karthala et ORSTOM, 1997, pp11-25

Bouquet Christian, «*Du mauvais usage de la démocratie en Afrique*» In Revue "Géopolitique Africaine", n° 14, printemps 2004, p. 237-254

Braillard Philippe et De Senarclens Pierre, *L'impérialisme,* Paris, Presses Universitaires de France (Coll. «Que sais-je?», no. 1816), 1980

Burdeau Georges, *L'État libéral et les techniques politiques de la démocratie gouvernée*, Traité de science politique, tome V, In: Revue internationale de droit comparé. Vol. 6 N°2, Avril-juin 1954. pp. 372-379

C

Cabani André et Michel L Martin, *Les Constitutions d'Afrique francophone : Évolutions récentes,* Paris, Éditions Karthala 1999

Camara Mamadou et Alpha Mamadou Diallo, «*Langues et cultures guinéennes comme facteur d'intégration régionale en Afrique de l'Ouest*» In "*Les États-nations face à l'intégration régionale en Afrique de l'Ouest : Le cas de la République de Guinée*", Edition Karthala 2009

Cerexhe (Étienne), *Introduction a l'Union Economique et Monétaire*, CEEI, Ouagadougou, 1996

Chauveau.J.P , Bosc.P.M et Pescay.M.(1998), «*Le plan foncier rural en Côte d'Ivoire*» In Lavigne Delville.P, *Quelles politiques foncières pour l'Afrique rurale ? Réconcilier pratiques, légitimité et légalité*, Paris, Édition Karthala-Coopération Française, p553-582

Chretien.J.P. et G.Prunier, *Ethnies, ethnicité, ethnicismes : Un défi à la compréhension de l'histoire ancienne et récente de l'Afrique* In *Les ethnies ont une histoire,* Édition Karthala 2003

D

Dal.Pane (L), *Transformation des structures économiques de l'Italie*, Revue économique, n°3, 1965

Dahou Karim, Tarik Dahou et Cheikh Guèye, *Espaces frontières et intégration régionale : le cas de «SKBo»*, Enda Prospectives Dialogues politiques. Étude réalisée pour le compte du Secrétariat du Club du Sahel et de l'Afrique de l'Ouest, 2002

Daum Christophe, *Les migrants, partenaires de la coopération internationale : Le cas des maliens de France*, OCDE, Paris, 1995

Decraene Philippe, *Le panafricanisme*, Paris, Édition des PUF ; Que sais-je, 1970

De Lary (Henri), *La libre circulation des personnes et des biens dans la CEE*, PUF, Paris

Delmas-Marty.M, *Le relatif et l'Universel*, Paris, Édition du Seuil, 2004

Diagne Pathé, *Pour l'unité ouest-africaine. Micro-Etats et intégration économique,* Paris, Édition Anthropos, 1972

Diakité Moussa, *Le défi de l'intégration économique en Afrique de l'Ouest*, Paris, Édition l'Harmattan 1997

Diallo Massaer, *Le Protocole Additionnel de 2001 de la CEDEAO: Place et rôle dans la promotion de la démocratie et la gouvernance en Afrique de l'Ouest*, OCDE, 2007

Diop Cheikh Anta, *Les fondements économiques et culturels d'un État fédéral d'Afrique noire,* Paris, Présence Africaine 1974

Diop El Hadj Oumar, *Partis politiques et processus de transition démocratique en Afrique noire : Recherches sur les enjeux juridiques et sociologiques du multipartisme dans quelques pays de l'espace francophone,* Paris, Éditions Publibook, 2006

Diouf Mamadou, «*Privatisation des économies et des États africains* In *Politiques africaines : L'État en voie de privatisation»* édité par l'Association des Chercheurs de Politique Africaine, n°73, Édition Karthala Mars 1999, pp16-24

Dile Fortrie et Marie.J, *Les revenus départementaux en 1964 et 1954: Recherche sur l'économie française*, Édition Colin.1959

Dillé Bibata, *Frontière et développement régional impacts économique et social de la frontière Niger-Nigéria sur le développement de la région de Konni,* Thèse de Doctorat en Science économique, Université Lumière Lyon2, Octobre 2000

Dumont René, *L'Afrique noire est mal partie*, Paris, Édition du seuil, 1962

Duverger Maurice, «*Sociologie des régimes politiques*» In Traité de sociologie publié sous la direction de G. Gurvitch, Presses Universitaires de France, i960, t. II, p.4

E

Edem Kodjo, *Et demain l'Afrique,* Paris, Edition Stock, 1986

Etanislas Ngodi, «*Intellectuels, panafricanisme et démocratie en Afrique : Bilan et perspective*» In *Intégration régionale, démocratie et panafricanisme : Paradigme anciens et nouveaux défis,* CODESRIA, 2007 pp55-77

Ela Ela Emmanuel, «*Les mécanismes de prévention des conflits en Afrique centrale* » In "*Guerres mondiales et conflits contemporains*" Cain Info-PUF, 2001/2 n° 202-203, p. 227-239

F

Fall Ismaïla Madior, *Textes constitutionnels du Sénégal de 1959 à 2007,* Centre de Recherche, d'Étude et de Documentation sur les Institutions et les Législations Africaines, Collection du CREDILA, XXIII, Mai 2007

Fall Demba Pape, *État-nation et migrations en Afrique de l'Ouest : le défi de la mondialisation,* Laboratoire de Géographie de l'Institut fondamental d'Afrique noire Ch. A. D Université Cheikh Anta Diop de Dakar (Sénégal), 2002,

Fédou Michel, *Le christianisme à l'heure de la mondialisation*, Édition THÈMES, Études 2002/9, Tome 307

G

Ghadhi Ahmed Mohamed, *La longue marche de l'Afrique vers l'intégration, le développement et la modernité politique,* Collection Études Africaines, Édition l'Harmattan 2009

Galy Michel, «*Politologie d'une rébellion. Une «gouvernance par la violence» au Nord de la Côte d'Ivoire ?*» In Revue "*Cultures & Conflits*" n°65, printemps 2007

Gaulme François, «*Le Gabon à la recherche d'un nouvel ethos politique et social*» In Revue Politique Africaine "Gabon", pp50-62

Garot Marie José, *La citoyenneté de l'Union européenne,* Collection Logiques Juridiques dirigées par Gérard Marcou, Édition l'Harmattan, 1999

Gonidec.P.François, *L'État africain : Évolution, fédéralisme, centralisation, décentralisation*, Paris. Librairie Générale de Droit et de Jurisprudences (L.G.D.J), 1970

Gendre Jean Louis, *Dimension régionale et développement économique*, Thèse de doctorat en sciences économique, Université Clermont-Ferrand, Janvier1966

Gérardin.H, *La zone Franc : La dynamique de l'intégration monétaire et ses contraintes*, Tome 2 Édition l'Harmattan 1994

Gneba Akpale Jacob, *Mass media et impérialisme culturel en Afrique noire : Cas de la radio et de la télévision en Côte d'Ivoire*, Thèse de doctorat en Sciences Humaines, Académie de Paris-Université René Descartes-Sciences Humaines Paris V-Sorbonne, 1989

Gojosso Éric, «*L'encadrement juridique du pouvoir selon Montesquieu : Contribution à l'étude des origines du contrôle de constitutionnalité*» In Revue française de droit constitutionnel, 2007/3 n° 71, p. 499-512

Gorée Institute, *Les implications socioculturelles et sécuritaires de l'instabilité en Guinée sur la sous-région : Cote d'ivoire, Guinée-Bissau, Liberia, Mali, Sierra-Leone et Sénégal*, Dakar, 2010

Grimal Henri, *La décolonisation de 1919 à nos jours*, Éditions Armand Colin 1965

Grosdidier Jean de Matons, *Facilitation du commerce et du transport en Afrique subsaharienne : Un recueil des instruments juridiques internationaux*, Banque mondiale, région Afrique, mai 2004

Guèye Babacar, «*La démocratie en Afrique : succès et résistances*» in Revue française d'études constitutionnelles et politiques "Pouvoirs" n°129, avril 2009, La démocratie en Afrique, p.5-26

Guichonnet Paul, et Raffestin Claude 1974, *Géographie des frontières,* Édition PUF (Coll. Sup-Le Géographe), Paris, 1974, 223 pages

Guillamont Paul et Guillamont.S, *Zone Franc et développement africain*, Édition Economica, Paris, 1984

Guillaumont Suzanne Janneney et Patrick Guillaumont, «*Les conséquences sociales de l'ajustement en Afrique selon la politique de change*» In "Politiques africaines", n°45, 1992, pp.101-122

Gumisai Mutume, *Stimuler le commerce intra-africain, en levant les barrières douanières et en diversifiant la production*, Afrique Relance ONU, Vol.16.2-3, septembre 2002

Guie.K.Honoré, «*Les commissions électorales en Afrique de l'Ouest*» In "Débats-Courrier d'Afrique de l'Ouest", n°11, janvier 2004, p.13-18

H

Hakim Ben Hammouda, Bruno Bokolo-Ebe et Touna Mama, *L'intégration régionale en Afrique Centrale; Bilan et perspective*, Paris, Édition Karthala, 1999

Hegel.G.W.F, *La raison dans l'histoire*, Paris, 10/18, 1971

Higgins Benjamin, *Economic development: principles, problems, and policies*, Constable, London, 1959

Hugon Philippe, Naima Pages, *Ajustements Structurels, emploi et rôle des partenaires sociaux en Afrique Francophone*, Cahier de l'Emploi et de la formation, 28, 1re édition 1998 Organisation Internationale du Travail (OIT), Geneva

Hugon Philippe, *Les différentes formes d'intégration régionale en Afrique Subsaharienne et les programmes d'ajustement structurel*, Nanterre (France), Laboratoire de recherche en économie appliquée (LAREA), Université de Paris X, 1990

Hugon Philippe, *Les économies en développement à l'heure de la régionalisation*, Paris, Édition Karthala, 2003

Hussein Karim, Donata Gnisci et Julia Wanjiru, *Sécurité et sécurité humaine : Présentations des concepts et initiatives ; Quelles conséquences pour l'Afrique de l'Ouest ?* Club du Sahel et de l'Afrique de l'Ouest (CSAO), Décembre 2004

I

Ibriga Luc Marius, «*L'UEMOA : Une nouvelle approche de l'intégration économique régionale en Afrique de l'Ouest*», In African Yearbook of International Law-Annuaire Africain de Droit International, volume 6,1998, p24

Igue Ogunsola John, *Les territoires et l'Etat en Afrique : Les dimensions spatiales du développement*, Paris, Édition Karthala, 2006

Igue.O. John, *États, frontières et dynamiques d'aménagement du territoire en Afrique de l'Ouest,* (Document de travail du projet "Étude des perspectives à long terme en Afrique de l'Ouest"), Abidjan, Ouagadougou, Paris, CINERGIE, CILSS, OCDE, 1993

Igue Ogunsola John et Goura Bio Soulé, *L'État-entrepôt au Bénin. Commerce informel ou solution à la crise,* Paris, Édition Karthala, 1992

J

Jacques Robert et Jean Duffar, *Droits de l'homme et libertés fondamentales*, Édition Montchrestien, 7e édition, 1999

Joseph Roger de Benoist, *Afrique Occidentale Française : de 1944 à 1960,* Les Nouvelles Éditions Africaines, 1982

Joseph Roger de Benoist, *La balkanisation de l'Afrique de l'Ouest Francophone (AOF)*, Dakar, les Nouvelles Éditions Africaines (NEA), 1979

K

Kaboré Pagoundé, «*La future monnaie unique ouest-africaine*» In Revue Juridique et Politique, "*indépendance et coopération*", n°2, Mai-Août 1999, pp.146-157

Kane Seydou Oumar, *Les États-nations face à l'intégration régionale en Afrique de l'Ouest : Le cas du Burkina Faso,* Paris, Édition Karthala, 2008

Kassé Moustapha, *Le développement par l'intégration,* Les Nouvelles Éditions Africaines du Sénégal (NEAS), Dakar 1991

Kipré Pierre, *Les migrations en Afrique noire : La construction des identités nationales et la question des étrangers*, Les Editions du CERAP, Abidjan 2010

Kitsimbou Xavier Bienvenu, *La démocratie et les réalités ethniques au Congo,* Thèse de Doctorat en Sciences Politiques, Université de Nancy II, Octobre 2001

Kouassi Hugues Kouadio, *Intégration économique développement et croissance*, Thèse de Doctorat en sciences économiques, UFR Sciences Economiques, Université Paris I-Panthéon Sorbonne, mars 2008

L

Lambert Agnès, *L'intégration par les échanges : le cas du sous-ensemble Sénégal, Mali, Gambie, Mauritanie, Guinée et Guinée-Bissau,* Club du Sahel, Paris-CILSS.Ouagadougou, Octobre1989

Lambert Agnès, *La dynamique des réseaux marchands en Afrique de l'Ouest*, Club du Sahel, Paris-CILSS, Ouagadougou-Octobre 1989

Latouche Serge, *«En finir une fois pour toutes avec le développement»* In *les mirages de l'occidentalisation du monde,* Le Monde Diplomatique, Mai 2001

Lavroff Dimitri Georges, *Les systèmes constitutionnels en Afrique noire : Les États francophones,* Paris. Édition A.Pedone.1976

Legoute Jean Ronald, *Définir le développement : historique et dimensions d'un concept plurivoque,* Paris, Presse Universitaire France (PUF).1986

Lewis Oscar, *Les enfants de Sanchez, Autobiographie d'une famille mexicaine*, Édition GALLIMARD, 1972

Lothars Weiss Thomas, *Contribution à une réflexion sur la crise de l'État en Afrique et sa gestion par les populations des espaces périphériques; Le territoire, lien ou frontière?* Paris 2-4 octobre 1995, Projet OCISCA-ORSTOM

M

Mactar Kamara, «*La promotion et la protection des droits fondamentaux dans le cadre de la Charte Africaine des Droits de l'Homme et des Peuples et le Protocole facultatif additionnel de juin 1998*» In Revue trimestrielle des droits de l'homme, Éd. Memesis Bruylant, n°63, juillet 2005

Malcolm Gillis-Dwight.H-Perkins Michael Roemer-Donald.R.Snodgrass, *Economie du développement*, 2e édition, Nouveaux Horizons de boeck

Mathieu Bertrand, «*Les rapports normatifs entre le droit communautaire et le droit national: Bilan et incertitudes relatifs aux évolutions récentes de la jurisprudence des juges constitutionnel et administratif français*» In Revue Française de Droit Constitutionnel, 2007/4 n° 72, p. 675-693

Meagher Kate, «*Commerce parallèle en Afrique de l'Ouest, intégration informelle ou subvention économique?*» In Real Lavergne, *intégration et coopération en Afrique de l'Ouest*, Édition Karthala, Paris 1996, pp.197-222

Merigot (J), *La nation dans la pensée économique,* Revue de science l'économie contemporaine, Juin et septembre 1950

Metegue N'Nah Nicolas, «*L'union nationale au Gabon (1960-1961)*» In *"Le Gabon Malgré lui"*, Revue Association Rupture Solidarité n°6, Éditions Karthala 2005, pp33-51

Meyer Angela, *Intégration et son influence sur la structure, la sécurité et la stabilité d'États faibles : L'exemple de quatre États centrafricains*, Thèse de Doctorat en Sciences Politiques, Institut d'Études Politiques de Paris-Ecole Doctorale de Science Politique, Programme doctoral Relations Internationales-Centre d'Études et de Recherches Internationales (CERI), Décembre 2006

Milhaud Maurice. «*Le développement communautaire, instrument de développement économique et social en Afrique*» In Revue Tiers-Monde. 1962, Tome 3 n°9-10. pp. 313-320

Mohamadou Abdoul Mody, *Les défis électoraux et démocratiques en Afrique de l'Ouest* In *état de la démocratie en Afrique de l'Ouest,* Gorée Institut 2009

Myrdal (G), *Théories économiques et pays sous-développés*, Édition Présence Africaine.1959

N

Naceur Bourenane, *Des fondements théoriques et stratégiques de la construction communautaire* In *Coopération et intégration et régionale en Afrique de l'Ouest*, Paris, Édition Karthala, 1996

Nana Emmanuel, «*Union Economique et Monétaire Ouest-Africaine (UEMOA) : Un projet d'intégration économique s'inspirant de l'AOF*» In *"AOF : réalités et héritages-sociétés ouest-africaines et cadre colonial 1895-1960"* sous la direction de Charles Becker et al.Dakar, Direction des archives du Sénégal. Tome1, p.504

N'Dre Paul Yao, *Droit des organisations internationales*, Édition PUCI, Abidjan, 1996

Ngong Benjamin, *Pouvoir, violence et résistance en postcolonie : Une lecture de en attendant le vote des bête sauvages d'Hamadou Kourouma* ; Thèse de Doctorat en Philosophie, Universite de Minnesota (USA), Décembre 2008

Nguyen Quoc (Dinh), Dailler (Patrick), Pellet (Alain), *Droit International Public*, L.G.D.J, Paris, 7e édition , 2002

N'Guessan Donald Jean Marc, *Développement et intégration régionale en Afrique de l'Ouest : Analyse des contributions de l'OHADA et de l'UEMOA*, Thèse de Doctorat en Droit Public-Droit

International et relations Internationales, Université de Reims-Champagne Ardenne, Ecole Doctorale des Sciences de l'Homme et de la Société, Juillet 2010

Ntumba Luaba Lumu, «*Ressemblances et dissemblances institutionnelles entre la CEDEAO, la CEEAC et la ZEP*» In "*Intégration et coopération régionales en Afrique de l'Ouest*", Paris, Édition Karthala-CDRI 1996, pp.349-369

Nzinzi Pierre, «*La démocratie en Afrique: l'ascendant platonicien*» In Revue Politique africaine n°77-Mars2000, " Le Dossier-Philosophie et politique en Afrique

O

Olatunde.J.B.Ojo, *L'intégration dans le cadre de la CEDEAO : succès et difficultés* In *Régionalisation, mondialisation et fragmentation en Afrique Subsaharienne,* Édition Karthala 1998

Ongosulo.J.Igue et Kossiwa Zinsou-Klassou, *Frontières, espaces de développement partagé,* Paris, Édition Karthala 2010

Ongolo Valerie, Zogo Touna Mama, «*Intégration physique à travers le développement d'infrastructures en Afrique Centrale*» In "*L'intégration régionale en Afrique Centrale : Bilan et perspectives*", sous la direction de H.B.Hammouda, B.Bekolo-Ebe et T.Mama, Éditions Karthala 1999, pp85-86

Otayek René, «*La démocratisation entre mobilisations identitaires et besoins d'État : Y- a-t-il une exception africaine?*» In Revue AUTREPART, Éditions de l'Aube, IRD (ex ORSTOM), 1999

Oscar Lewis, *Les enfants de Sanchez, Autobiographie d'une famille mexicaine*, Edition GALLIMARD, 1972

Ouattara Ibrahim, *Le commerce de la Kola et l'intégration des populations en Afrique de l'Ouest (1895-1960)*, Mémoire de Diplôme d'Études Approfondies (D.E.A), Faculté des lettres et sciences humaines, Département d'histoire (UCAD), Année académique 2005-2006

Ouattara Azoumana, «*La réconciliation au défi du tiers absent*» In "*Logiques du tiers, Littérature, Culture, Société*", Laurence Daihan Gaida, Éditions Presses Universitaires de Franche-Comté n°*1045*-Annales Littéraires de l'Université de Franche-Comté n°814, 2007

Ouédraogo Mahamadou, *La lutte contre la fraude à la Constitution en Afrique noire francophone*, Thèse de Doctorat en Droit, Université de Montesquieu Bordeaux, Mars 2011

P

P.Jacquet et O.Charnoz, *Infrastructures, croissance et réduction de la pauvreté,* Agence Française de Développement (AFD), Paris, Septembre 2003

Padmore George, *Panafricanisme ou communisme ? La prochaine lutte pour l'Afrique*, Editions Présence Africaine, Paris, 1960

Paul Valéry, *Aspect actuel du régionalisme et du mondialisme,* Economique appliquée, 1960

Pellerin Hélène. *Intégration économique et sécurité. Nouveaux facteurs déterminants de la gestion de la migration internationale*, Choix, vol. 10, n°3, Montréal-Institut de Recherche en politiques Publiques, avril 2004

Perrot Étienne, «*Penser la mondialisation*» In Revue "*Recherches de Science Religieuse"*, n°86, 1998

Perroux François, *L'économie du X eme siècle,* Paris. Édition des Presses Universitaires de France (PUF), 1964

Perruchoud Richard, *Glossaire de la migration. Droit international de la migration,* Organisation internationale les migrations (OIM), n°9, Rédacteur en chef, 2004

Photios Georges Tapinos, Philippe Hugon et Patrice Vimard, *La Côte d'Ivoire à l'aube du XXIe siècle : Défis démographiques et développement durable,* Paris, Édition Khartala, 2001

Porteous Tom, « *L'évolution des conflits en Afrique subsaharienne*» In Revue Politique Étrangère, vol.68, n°2,

Porteous Jaquet Christophe, *«L'évolution des conflits en Afrique subsaharienne»* In Revue "Politique étrangère" n°2, 2003, 68e année, pp.3092003, pp 307-320

Pourtier Roland, «*Les géographes et le partage de l'Afrique»* In numéro spécial d'Hérodote sur les frontières n°41, avril-juin 1986, pp91-108, p.91

Pourtier Roland, *L'Afrique Centrale dans la tourmente: Les enjeux de la guerre et de la paix au Congo et alentour*, Édition la Découverte "*Hérodote"*, 2003, n°111

Priso-Essawe Samuel-Jacques, «*L'émergence d'un Droit Communautaire Africain de la concurrence : double variation sur une partition européenne»* In Revue Internationale de Droit Comparé (R.I.D.C), n°2, 2004, pp330-354

Q

Quashigah.E.K, «*Les droits de l'homme et l'intégration régionale*» In "*Intégration et coopération régionales en Afrique de l'Ouest*", Paris, Édition Karthala-CRDI, 1996, pp.301-320

R

Régis Bénichi, *Histoire de la mondialisation*, Edition Vuilbert, Juillet 2003

Réal Lavergne, *Intégration et coopération régionales en Afrique de l'Ouest*, Paris, Edition Karthala-CRDII,1996

Real Lavergne, «*Champ d'action pour l'intégration et la coopération régionales en Afrique de l'Ouest*» In *Intégration régionale et coopération en Afrique de l'Ouest* sous la direction de Real Lavergne, Édition Karthala CRDI, 1996

Régis Bénichi, *Histoire de la mondialisation,* Edition Jacques, Marseille, Juillet 2003

Rigaux (François), Fallon (Marc), *Droit International Privé*, Paris, Edition Larcier, 2005

Ripert (Georges), Roblot (René), *Traite de Droit Commercial,* Tome I, Paris, LGDJ, 17e Ed, 2005

Rivero (Jean), Sabatier (Jean), *Droit du Travail,* PUF, Paris, 1960

Rist Gilbert, *Le développement, histoire d'une croyance occidentale*, Edition des Presses de Sciences Po, Paris 1996

Rodière Pierre, *Droit Social de l'Union Européenne*, LGDJ, Paris, 1998

Rostow Walt Whitman, *Les étapes de la croissance économique,* ancienne Édition MAJ MASSE, 1960, Édition Points Économie, 2001

Rousseau Jean-Jacques, «*Que la générale soit indestructible*» In "*Du contrat social ou Principes de droit politique",* Livre IV, Chapitre 4.1, Les classiques de sciences sociales, Paris 2002, pp74-75

S

Sanankoua Bintou, *Les États-nations face à l'intégration régionale en Afrique de l'Ouest : Le cas du Mali*, Paris, Edition Karthala 2007

Sall Alioune, *Les mutations de l'intégration des États en Afrique de l'Ouest : Une approche institutionnelle*, Études Africaines, Édition l'Harmattan 2006

Sall Ebrima, *Sénégambie: Territoire ; frontières, espaces et réseaux sociaux,* Institut d'étude développement économique de l'Université de Paris 1-Travaux et Documents, série n°36, dirigés par Daniel Bach, 1992

Salah Matoussi Mohamed, «*La mise en concurrence des systèmes juridiques nationaux : Réflexions sur l'ambivalence des rapports du droit et de la mondialisation*» In Revue internationale de droit économique. De Boeck Université, 2001/3 t. XV, 3, p. 251-302

Sangaré Aby, «*Peuples et langues d'Afrique de l'Ouest comme élément dynamique d'une intégration réussie*» In *Les états-nations face à l'intégration régionale en Afrique de l'Ouest : Cas de la Cote d'ivoire,* Les éditions Karthala 2009, pp207-220

Savina Ammassari, *Gestion des migrations et politiques de développement : Optimiser les bénéfices de la migration internationale en Afrique de l'Ouest*, Cahiers de migrations internationales 72 F, Bureau International du Travail (BIT)

Schumpeter.J, *Capitalisme, socialisme et démocratie*, Édition Payot, 1961

Servet Jean-Michel, *Le grand renversement : de la crise au renouveau solidaire*, Édition Desclée De Brouwer, Paris, 2010

Sindjoun Luc, «*États, individus et réseaux dans les migrations africaines*, Paris, Édition Karthala, volume 2004, 2005

Stanislas Adotevi, «*Les facteurs culturels de l'intégration économique et politique en Afrique*» In "*Intégration et coopération régionale en Afrique de l'Ouest*", Sous la direction Real Lavergne, CRDI, 1993, pp80-93

Stary Bruno, *Réseaux marchands et territoires étatiques en Afrique de l'Ouest :* Le territoire, lien ou frontière? Paris 2-4 octobre 1995, Université de Paris X-Nanterre

Stary Bruno, «*Dévaluation et espaces transfrontaliers de la Côte d'Ivoire et du Ghana*» In "*Le modèle ivoirien en question : Crises, ajustements et recompositions"*, Édition Karthala et ORSTOM, 1997, pp151-158

Sylla Kalilou, «*Pourquoi le processus d'intégration économique piétine-il en Afrique ? Nouvelles explications de l'échec de la politique d'intégration*» In *Intégration régionale, démocratie et panafricanisme : Paradigmes anciens et nouveaux défis,* CODESRIA, 2007, pp.56-79

T

Tafsir Malick Ndiaye, *Matières premières et Droit international,* Les Nouvelles Éditions Africaines du Sénégal (NEAS), 1992

Ténier Jacques, *Intégration régionale et mondialisation : Complémentarité ou contradiction*, Paris, la Documentation française, 2003

Teulon Fréderic, *Croissance, crise et développement*, Paris, Presse Universitaire de France (PUF), 1992

Tonnang.E.Gnimpieba, *Droit matériel et intégration régionale en Afrique Centrale : Contribution à l'étude des mutations récentes et du droit de la concurrence CEMAC,* Thèse de Doctorat en Droit et financement du développement, Université de Nice-Sophia Antipolis (U.N.S.A)-Institut du Droit de la Paix et du Développement (I.D.P.D), Mars 2004

Tredano.A.Benmessaoud, *Intangibilité des frontières coloniales et espace étatique en Afrique,* Tome XLVII, Bibliothèque Africaine et Malgache, Librairie Générale de Droit et de Jurisprudence (L.D.G.J) Paris 1989

Tremblay Suzanne, *Du concept de développement au concept de l'après-développement : Trajectoire et repères théoriques,* Université du Québec à Chicoutimi, Décembre 1999, Collection «Travaux et études en développement régional»

Tricat Jean, «*Les échanges entre les zones forestières de la Côte d'Ivoire et les savanes soudanaises*», in Cahiers d'Outre-Mer, n° 35, p213

V

V.Grenier, P.G. Laberge,M. J.Lamontagne et S.M. Fortier , L*es politiques Keynésiennes encore d'actualité? L'auteur, la théorie, les concepts et les applications du modèle keynésien, Histoire du capitalisme, du 18 au 20e siècle,* Université de Sherbrooke, Avril 2005

Valadier Paul, «*La mondialisation et les cultures*» In Revue "*Études*", Tome 395, n°5 novembre 2001, pp505-515

Vazoumana Meite, *L'intégration régionale dans la dynamique de la mondialisation*, Conférence publique lors des vendredis du Centre de Recherche et d'Action pour la Paix (CERAP), le 17 mars 2006

V.Dujardin, Y.Decrot, R.Costa & V.de Moriamee, *La crise économique et financière 2008-2009, l'entrée dans le 21e siècle?* Bruxelles, Éditions Scientifiques Internationales, 2010

W

Wallerstein Immanuel, *The Modern World System* : par Samir Amin, *impérialisme et sous-développement en Afrique,* Editions anthropos1976

Y

Yéo Souleymane, «*La participation des étrangers aux élections en Côte d'Ivoire : Les leçons d'une expérience d'intégration ouest-africaine*» In *Les États-nations face à l'intégration régionale en Afrique de l'Ouest : Cas de la Côte d'Ivoire,* Édition Karthala 2009, pp14-20 & 125-232

ii- Rapports et textes officiels

Acte additionnel n°07/06-CEMAC-168-CCE-SE, portant aménagement du mandat de la force multinationale de la CEMAC (FOMUC), du 29 juillet 2006

Banque Africaine de Développement (BAD), *Intégration du secteur financier dans trois régions d'Afrique : Comment l'intégration financière régionale peut soutenir la croissance, le développement et la réduction de la pauvreté*, 2010

Bureau des Nations-Unes pour l'Afrique de l'Ouest (UNOWA), *Migrations irrégulières en provenance d'Afrique de l'Ouest : Description du phénomène et analyse des causes et conséquences des flux migratoires,* Dakar, Études thématiques-, Septembre 2008

Centre Africain de Politiques Commerciales-UNECA, *Processus de création du Marché Commun Africain : Une vue d'ensemble*, Rapport Juillet 2004

Commission de l'Union Africaine, *Libre circulation des personnes, des biens, des services et des capitaux*, Addis-Abeba, Département des Affaires Economiques, Avril 2008

Commission Economique pour l'Afrique et Union Africaine, *Gérer le développement: Le rôle de l'État, dans la transformation économique,* Rapport économique sur l'Afrique 2011

Convention régissant l'Union Economique de l'Afrique Centrale, du 16 juillet 1996

Convention régissant l'Union Monétaire de l'Afrique Centrale, du 5 juillet1996

Département des Affaires Économiques-Union Africaine, *Libre circulation des personnes, des biens, des services et des capitaux*, Addis-Abeba, avril 2008

Fonds International de Développement Agricole (FIDA), *Évaluation de la pauvreté rurale en Afrique de l'Ouest et du Centre*, Edition 2001

Haut Commissariat des Nations Unies aux Droits de l'Homme (HCDH), *République Démocratique du Congo (RDC) 1993-2003 : États de la région impliqués*, extrait de Rapport Mapping des Nations Unies, Fiche d'information n°6, 30 août 2010

Groupe de Recherche et de Réalisations pour le Développement Rural, *Suivi de l'opération pilote du bassin du Karakoro dans le cadre du PIT de la CEDEAO*, Frontières et Intégration en Afrique de l'Ouest (WABI) WABI/FI/34/07, mai 2007

Organisation des Nations Unies-Commission Economique pour l'Afrique-Union Africaine, *Etat de l'intégration régionale en Afrique III : Vers l'intégration monétaire et financière en Afrique*, Addis-Abeba, UNECA, 2008

Mémorandum sur *le concept de «pays-frontière» ou l'intégration de proximité*, Réunion des ministres des Affaires étrangères de la CEDEAO, tenue à Accra, au Ghana, 18 Janvier 2005

PNUD, *Rapport mondial sur le développement humain*, 1991, Paris, Édition Economia, 1991

PNUD, *Mesure de la pauvreté selon la méthode de degré de satisfaction des besoins essentiels (DSBE) : Expérience du Niger*, Niamey, année 2007

PNUD, *Précis de mesure du développement humain : Lignes directrices et outils pour la recherche statique, l'analyse et les actions de sensibilisation*, New York, mai 2008

Protocole de la CEDEAO sur la libre circulation des personnes, le droit de résidence et d'établissement du 29 mai 1979

Protocole additionnel relatif à l'exécution de la deuxième étape (Droit de résidence) du Protocole sur la libre circulation des personnes, le droit de résidence et d'établissement, du 1er juillet 1986

Protocole additionnel relatif à l'exécution de la troisième étape (Droit de résidence) du Protocole sur la libre circulation des personnes, le droit de résidence et d'établissement, du 29 mai 1990

Protocole A./SP1/12/01 sur la Démocratie et la Bonne Gouvernance Additionnel au Protocole relatif au Mécanisme de Prévention, de Gestion, de Règlement des conflits, de Maintien de la Paix et de la Sécurité, du 21 décembre 2001

Rapport Banque Mondiale, *L'Afrique subsaharienne : De la crise à une croissance durable, étude de prospective à long terme*, Washington D.C, 1989

Rapport Mondial sur le Développement Humain, "*Définir et mesurer le développement humain*", New York, PNUD, 1990

Rapport General de la Conférence sous-régionale sur le thème : "*La sécurité humaine en Afrique de l'Ouest : Dynamiques de conflits et dynamiques de paix", à* Dakar, les 27, 28 et 29 avril 2004 organisée par la Rencontre Africaine pour la Défense des Droits de l'Homme et Fondation Friedrich Ebert, à l'hôtel Le Méridien Président

Rapport de "8e Réunion du Forum pour le Partenariat avec l'Afrique, tenue à Berlin, en Allemagne 22-23 mai 2007, APF/BER-2007/01

Rapport de la troisième Rencontre inter-Juridictionnelle des Cours communautaires de « l'UEMOA, la CEMAC, la CEDEAO et de l'OHADA», Dakar 4, 5, 6 Mai 2010, sur le thème *: La libre circulation des personnes et des biens dans l'espace UEMOA*

Rapport Mondial sur le Développement Humain, *"Durabilité et équité : Un meilleur avenir pour tous",* New York, PNUD, 2011

Rapport du Comité intergouvernemental d'experts 2011, *l'état d'avancement du processus d'intégration régionale en Afrique Centrale : «Enjeux et opportunités des politiques industrielles en Afrique centrale»*, à Yaoundé (Cameroun), du 11 au 12 Mars 2011

Traité instituant la Communauté économique des États d'Afrique de l'Ouest (CEDEAO), du 28 juillet 1979 et révisé en 1993

Traité instituant la Communauté Economique des États d'Afrique du Centre (CEEAC), du 18 octobre 1983

Traité instituant la Communauté Economique et Monétaire des États d'Afrique du Centre (CEMAC), 16 mars 1994

Traité d'Abuja instituant la Communauté Économique Africaine (CEA), du 3 juin 1991

Traité de Maastricht instituant l'Union Européenne (UE), du 29 juillet 1992

UNECA, *Évaluation des progrès accomplis en matière d'intégration régionale en Afrique,* 5e session du Comité du commerce, de la coopération et de l'intégration régionales du 8 au 10 octobre 2007, a Addis-Abeba (Éthiopie), E/ECA/CTRCI/5/5-1er août 2007

TABLE DES MATIÈRES

Côte d'Ivoire
aux éditions L'Harmattan

Dernières parutions

LE FORFAIT SANITAIRE AU SECOURS DE LA COUVERTURE MALADIE UNIVERSELLE EN CÔTE D'IVOIRE
Robé Donatien
Avec la contribution de Serge Blafond - Préface de René Hokou Légré
Ce livre traite de l'accès des Ivoiriens aux soins de santé. Il fait un inventaire de toutes les politiques de santé initiées en Côte d'Ivoire depuis l'indépendance en 1960 à ce jour, notamment le projet de couverture maladie universelle (CMU) en voie de mise en œuvre depuis l'accession au pouvoir d'Alassane Ouattara. L'auteur, critique vis-à-vis de ce projet, met en exergue ses failles techniques dans le mode de financement, la gestion du risque maladie et la maîtrise des dépenses, non sans pointer du doigt ses insuffisances sur le plan de l'équité, de l'égalité face à la maladie et de la solidarité nationale.
(Coll. Points de vue, 12.50 euros, 116 p.)
ISBN : 978-2-343-09723-7, ISBN EBOOK : 978-2-14-001515-1

LA CÔTE D'IVOIRE ET SES ÉTRANGERS
Viti Fabio
Cet ouvrage travaille sur la question de la présence et du rôle des étrangers en Côte d'Ivoire. Le discours public autour de cette question y est analysé, ce qui permet de dégager une typologie de l'État et de la société ivoirienne. Véritable «société de sociétés», où différents rapports aux figures plurielles d'étrangers coexistent, la Côte d'Ivoire nous est présentée sous un jour différent. Un ouvrage collectif qui affine et complexifie le regard.
(Coll. Études africaines, 28.00 euros, 278 p., Illustré en noir et blanc)
ISBN : 978-2-343-08366-7, ISBN EBOOK : 978-2-14-001437-6

LES MIGRANTS ENVIRONNEMENTAUX EN CÔTE D'IVOIRE
Quels droits, quelles protections ?
Gallon Kémonthé Marius-Jonas
Après un examen des instruments et mécanismes internationaux et régionaux, des politiques gouvernementales et des données factuelles recueillies sur le terrain, l'auteur propose une esquisse de solutions efficaces et durables pour une meilleure garantie des droits des migrants environnementaux.
(Coll. Afrique : politiques publiques, sécurité, défense, 18.50 euros, 178 p.)
ISBN : 978-2-343-09149-5, ISBN EBOOK : 978-2-14-001409-3

LA MODERNISATION DE L'ADMINISTRATION PUBLIQUE EN CÔTE D'IVOIRE
Politiques de réforme de la fonction publique (1957-2015)
Yao Wozanhou Benjamin - Préface de Dominique Bangoura
Cet ouvrage est une contribution au débat sur la modernisation de l'État en Afrique. L'auteur se demande si les réformes administratives menées en Côte d'Ivoire depuis près de six décennies y

ont contribué. Ce livre consiste à identifier les principes et les conditions de toute administration moderne et à relever les limites des réformes entreprises en Côte d'Ivoire.
(Coll. Afrique : politiques publiques, sécurité, défense, 18.00 euros, 174 p.)
ISBN : 978-2-343-09148-8, ISBN EBOOK : 978-2-14-001400-0

L'ALCOOL EN CÔTE D'IVOIRE
Histoire, usage et signification
Brou Konan Denis - Préface du Professeur Opadou Koudou
Avec l'indépendance de la Côte d'Ivoire en 1960, l'alcoolo-dépendance qui a pris naissance en 1946 semble gagner toutes les strates sociales. L'on assiste résolument à un alcoolisme de type moderne, occidental, dont les avatars se font de plus en plus sentir sur les rapports sociaux. Pour en atténuer l'acuité, l'auteur pense que l'on doit désormais considérer l'alcoolo-dépendance comme un problème de santé publique ; introduire l'enseignement de l'alcoologie à l'école ; instituer de façon formelle l'injonction thérapeutique ; veiller à la répartition équitable des richesses du pays.
(Harmattan Côte-d'Ivoire, 21.50 euros, 212 p.)
ISBN : 978-2-343-09700-8, ISBN EBOOK : 978-2-14-001583-0

LES PRIX DE TRANSFERT DANS L'INDUSTRIE DES MATIÈRES PREMIÈRES STRATÉGIQUES EN CÔTE D'IVOIRE
Aspects juridiques, fiscaux et économiques
Kouame Noel-Faustin - Postface de Abdourahmane Cissé
A partir de l'exemple du café et du cacao, secteur dans lequel la Côte d'Ivoire est leader mondial en termes d'exportations, ce livre vise à démontrer que l'arsenal fiscal ivoirien qui a fait florès hier semble devenu aujourd'hui obsolète, dépassé et incapable de répondre aux défis d'une économie désormais globalisée. L'analyse purement juridique des problématiques d'évaluation des échanges intragroupes devrait nécessairement céder le pas à une analyse économique du droit, moins dogmatique et plus pragmatique.
(39.00 euros, 422 p.)
ISBN : 978-2-343-07482-5, ISBN EBOOK : 978-2-14-001386-7

ANALYSES EN GRAMMAIRE FRANÇAISE
Pour une approche rénovée dans l'enseignement en Afrique
Adopo Achi Aimé - Préface de François Adopo Assi
L'auteur rappelle quelques méthodes et principes d'analyse en grammaire pour expliquer certaines vérités grammaticales et montre ainsi comment s'approprier ces méthodes et ces principes d'analyse pour identifier correctement les mots, groupes de mots et propositions, ainsi que leurs fonctions dans la phrase. Il remet par ailleurs en question certaines analyses grammaticales traditionnelles devenues des «vérités éternelles» et fait des propositions novatrices.
(Harmattan Côte-d'Ivoire, 22.50 euros, 218 p.)
ISBN : 978-2-343-07813-7, ISBN EBOOK : 978-2-14-001517-5

POLITIQUE OU GUERRE DES ESPRITS EN CÔTE D'IVOIRE
Gueu Denis
La dynamique politique et démocratique en Afrique noire, et en Côte d'Ivoire en particulier, se manifeste dans la passion, avec pour décor la violence, le fétichisme, la sorcellerie. Il s'agit d'un combat non démocratique caractérisé par la négation de l'adversaire par tous les moyens occultes. Cet ouvrage interpelle la conscience collective ivoirienne, en vue d'adhérer à une démocratie constructive avec des projets crédibles sans hypocrisie, en vue d'une cohésion sociale durable.
(Coll. Harmattan Côte-d'Ivoire, 11.00 euros, 72 p.)
ISBN : 978-2-343-07173-2, ISBN EBOOK : 978-2-336-39409-1

SI LA CÔTE D'IVOIRE RENONÇAIT AU MODÈLE DÉMOCRATIQUE FRANÇAIS
Zra-Bi Claude
Un refrain parcourt cette œuvre : renonçons en Côte d'Ivoire à la démocratie républicaine française. Que chaque groupe ethnique (ou région) choisisse son représentant. Et tous les représentants choisissent parmi eux un président pour un mandat de 5 ou 7 ans, non renouvelable

mais tournant. Et les représentants de chaque région siégeront comme des vice-présidents, attendant, chacun, son tour de gouverner. Cette politique préserve l'identité des ethnies évitant ainsi l'immixtion de prédateurs politiques ou économiques dans le débat politique interne. Utilisons ce modèle et non la République qui met au rebut le camp adverse.
(Coll. Harmattan Côte-d'Ivoire, 12.50 euros, 98 p.)
ISBN : 978-2-343-07793-2, ISBN EBOOK : 978-2-336-39706-1

CÔTE D'IVOIRE, ALASSANE OUATTARA ET LES DROITS DE L'HOMME
Diaby Moustapha Ben Ismaïla - Préface de Diaby Moussa Abdoul Kader
Les droits de l'Homme en Côte d'Ivoire et l'action d'Alassane Ouattara dans ce domaine constituent une question cruciale. Quelle orientation voudrait-on donner aux droits de l'Homme en Côte d'Ivoire aujourd'hui ? La construction d'un État démocratique devra être fondée sur la promotion des droits de l'Homme, cela à travers la recherche des objectifs de développement, qui ne vont pas sans le respect des droits fondamentaux de l'homme. Ce livre essaie d'analyser les avancées constatées dans la construction d'un espace démocratique et d'exercice des droits de l'Homme en Côte d'Ivoire.
(Coll. Harmattan Côte-d'Ivoire, 18.00 euros, 170 p.)
ISBN : 978-2-343-07044-5, ISBN EBOOK : 978-2-336-39443-5

IDÉOLOGIE, CONSCIENCE ET COMBAT POLITIQUE EN AFRIQUE
Koné Katinan Justin - Préface de Lazare Koffi Koffi
Faisant suite à son premier ouvrage *Côte d'Ivoire, L'audace de la rupture*, Justin Koné Katinan montre qu'il est un citoyen libre et qu'il a pleine conscience de l'histoire. Il s'inscrit à la suite des devanciers de la lutte, particulièrement du président Gbagbo, victime du néocolonialisme. Il appelle à un sursaut nationaliste et panafricaniste.
(Coll. Afrique liberté, 26.00 euros, 262 p.)
ISBN : 978-2-343-07691-1, ISBN EBOOK : 978-2-336-39507-4

CÔTE D'IVOIRE
Du chaos à la renaissance – Derniers assauts contre la souveraineté
Kouame Bibli Robert-Jonas - Préface de Lazare Koffi Koffi
En Côte d'Ivoire, s'oppose depuis des années les nostalgiques de la soumission à l'Occident et à la France et les défenseurs de la refondation du pouvoir et du combat pour les libertés. Entre les deux positions, le fossé reste abyssal. Mais, malgré les fractures, bouleversements et atteintes au respect de l'humanité, l'auteur reste optimiste quant à la restauration d'une République de Côte d' Ivoire, démocratique et jalouse de sa souveraineté.
(Coll. Afrique liberté, 25.00 euros, 248 p.)
ISBN : 978-2-343-07692-8, ISBN EBOOK : 978-2-336-39506-7

RÉFLEXIONS SUR LA CÔTE D'IVOIRE
Yahot Christophe - Préface de Gisèle Dutheuil
Réfléchir sur la Côte d'Ivoire d'aujourd'hui nous permet de présenter un certain nombre de réalités et de pratiques qui interpellent à la fois les politiques, les décideurs et la société civile. Les sujets abordés, d'ordre politique, social, culturel, économique, spirituel sont une invitation adressée à tous les citoyens, acteurs directs ou indirects de la construction d'une société moderne articulée autour de certains principes et valeurs, notamment républicains.
(Coll. Harmattan Côte-d'Ivoire, 26.00 euros, 258 p.)
ISBN : 978-2-343-07897-7, ISBN EBOOK : 978-2-336-39692-7

ONE REPUBLIC, TWO PRESIDENTS
My cry of heart for Côté d'Ivoire
Dandi Lou Amanan Hélène – Préface Georges Alula
This book features the testimony of a humanitarian worker who witnessed the aftermaths of war : Dandi Lou saw danger coming and tried to thwart it from exploding in Côté d'Ivoire, preaching peace to all the politicial leaders of her country and those who claimed to be heirs of late President Houphouet-Boigny. Yet, it did not save the country from burning since these

leaders found nothing better than make fun of her. Called «the cry baby», she decided to write this book to yearn for peace and a renewed and united country, land of opportunities and welfare for all the Ivorian people.
(Coll. Harmattan Côte-d'Ivoire, 30.00 euros, 294 p.)
ISBN : 978-2-343-07732-1, ISBN EBOOK : 978-2-336-39618-7

LA CÔTE D'IVOIRE DE NOTRE RÊVE
Comment peut-elle éclore ?
N'Guettia Kouassi René
Cet ouvrage aide à mieux appréhender l'essentiel des vertus cultivées et enseignées par Félix Houphouët-Boigny, qui a fait de la recherche permanente de la paix et de l'unité nationale, la clé de voûte de sa politique de développement. Ce livre offre donc aux Ivoiriens, et particulièrement à la classe politique, une boîte à outils dans laquelle elle peut puiser des ressources pour consolider le pacte républicain ou le contrat pour le «vivre ensemble», et servir d'aiguillon à la pratique de la bonne gouvernance politique et économique.
(Coll. Études africaines, 17.50 euros, 160 p.)
ISBN : 978-2-343-06634-9, ISBN EBOOK : 978-2-336-39300-1

POURQUOI FAUT-IL LIBÉRER LAURENT GBAGBO ?
Pour une vraie réconciliation en Côte d'Ivoire
Kouamé Séraphin Sky
Pour l'auteur, le maintien de Laurent Gbagbo en prison à la Haye ne peut servir à rien d'autre qu'à raviver les tensions et à retarder la réconciliation entre les Ivoiriens. Que l'on soit du côté du pouvoir, de celui de l'opposition ou de la société civile, cette situation interpelle tout le monde. C'est pourquoi l'auteur invite tous les Ivoiriens, tous les partis politiques et surtout les présidents Bédié et Ouattara à s'impliquer activement dans cette cause. Dans l'intérêt supérieur de la Côte d'Ivoire.
(Harmattan Côte-d'Ivoire, 8.00 euros, 48 p.)
ISBN : 978-2-343-07424-5, ISBN EBOOK : 978-2-336-39307-0

LE CHEF DE L'ÉTAT QUI A PERDU LE NORD DE LA CÔTE D'IVOIRE
Cla Charles
Ce livre est le récit des faits marquants parfois pathétiques qui ont jalonné la vie publique en Côte d'Ivoire durant plus d'une décennie; et il répond à la question : «Qu'est-ce qui a pu réellement se passer pendant cette dernière décennie en Côte d'Ivoire, dans ce pays autrefois paisible, pour conduire à la guerre et son chef d'État devant la Cour pénale internationale ?
(Harmattan Côte-d'Ivoire, 16.50 euros, 148 p.)
ISBN : 978-2-343-07196-1, ISBN EBOOK : 978-2-336-39332-2

LE MORONOU, TERRE MÉCONNUE DE CÔTE D'IVOIRE
Géographie, Agriculture et Sociétés
Ekanza Simon-Pierre
Le Moronou est un grand méconnu sur le territoire ivoirien. L'ouvrage est consacré à l'aspect physique, à la société et à l'économie du Moronou ancien, cette période de son histoire antérieure à l'intrusion européenne. Outre la nature et la qualité exceptionnelles du sol, le climat subtropical et la végétation qui y prévalent, les facteurs humains tiennent, dans l'ouvrage, une large place. En dégageant les grandes orientations et les tendances économiques du Moronou, l'ouvrage souligne les habitudes et les structures permanentes de cette région.
(Coll. Études africaines, 20.50 euros, 192 p.)
ISBN : 978-2-343-05105-5, ISBN EBOOK : 978-2-336-39353-7

L'HARMATTAN ITALIA
Via Degli Artisti 15; 10124 Torino
harmattan.italia@gmail.com

L'HARMATTAN HONGRIE
Könyvesbolt ; Kossuth L. u. 14-16
1053 Budapest

L'HARMATTAN KINSHASA
185, avenue Nyangwe
Commune de Lingwala
Kinshasa, R.D. Congo
(00243) 998697603 ou (00243) 999229662

L'HARMATTAN CONGO
67, av. E. P. Lumumba
Bât. – Congo Pharmacie (Bib. Nat.)
BP2874 Brazzaville
harmattan.congo@yahoo.fr

L'HARMATTAN GUINÉE
Almamya Rue KA 028, en face
du restaurant Le Cèdre
OKB agency BP 3470 Conakry
(00224) 657 20 85 08 / 664 28 91 96
harmattanguinee@yahoo.fr

L'HARMATTAN MALI
Rue 73, Porte 536, Niamakoro,
Cité Unicef, Bamako
Tél. 00 (223) 20205724 / +(223) 76378082
poudiougopaul@yahoo.fr
pp.harmattan@gmail.com

L'HARMATTAN CAMEROUN
BP 11486
Face à la SNI, immeuble Don Bosco
Yaoundé
(00237) 99 76 61 66
harmattancam@yahoo.fr

L'HARMATTAN CÔTE D'IVOIRE
Résidence Karl / cité des arts
Abidjan-Cocody 03 BP 1588 Abidjan 03
(00225) 05 77 87 31
etien_nda@yahoo.fr

L'HARMATTAN BURKINA
Penou Achille Some
Ouagadougou
(+226) 70 26 88 27

L'HARMATTAN SÉNÉGAL
10 VDN en face Mermoz, après le pont de Fann
BP 45034 Dakar Fann
33 825 98 58 / 33 860 9858
senharmattan@gmail.com / senlibraire@gmail.com
www.harmattansenegal.com

L'HARMATTAN BÉNIN
ISOR-BENIN
01 BP 359 COTONOU-RP
Quartier Gbèdjromèdé,
Rue Agbélenco, Lot 1247 I
Tél : 00 229 21 32 53 79
christian_dablaka123@yahoo.fr

Achevé d'imprimer par Corlet Numérique - 14110 Condé-sur-Noireau
N° d'Imprimeur : 134938 - Dépôt légal : janvier 2017 - *Imprimé en France*

www.ingramcontent.com/pod-product-compliance
Lightning Source LLC
LaVergne TN
LVHW011436061026
849535LV00004BA/828
9782343094618